The Power Law

ザ・パワー・ロー

ベンチャーキャピタルが変える世界

［下］

セバスチャン・マラビー

村井浩紀＝訳

Venture Capital and
the Making of the New Future

日本経済新聞出版

THE POWER LAW

by Sebastian Mallaby

Japanese translation rights arranged with The Gernert Company, New York,
through Tuttle-Mori Agency, Inc., Tokyo.

The Power Law

ベンチャーキャピタルが変える世界 ｜ 下

目次

上巻　目次

第9章

ピーター・ティール、Yコンビネーター、そしてシリコンバレーの若者たちの反乱

Peter Thiel, Y Combinator, and the Valley's Youth Revolt

2004年の年末、セコイアの投資チームが興味をそそられる会合に集まってきた。31歳のパートナーであるロアロフ・ボサが自分よりも若い起業家で、ハーバード大学2年生のマーク・ザッカーバーグの来訪を手配した。最近、セコイアの関係者たちはスタートアップの創業者がとても若くなっていることに気づいていた。ザッカーバーグの場合、まだ20歳だった。ソフトウエア

のベンチャー企業が注目されるこの新しい時代にあって、起業家に求められるのは、プログラムに精通し、製品化のアイデアがあり、一心不乱で取り組むことだけだった。

会合は8時に設定されていたが、8時5分になってもザッカーバーグは現れなかった。これは危険な出来事が起きる前触れだった。富を生み出す起業家はまだ青二才だった。ゲストがまだこちらに来る途中なのかどうか、ボサは電話で確認した。

やがてザッカーバーグと彼の相棒のアンドリュー・マッカラムがセコイアの本部に姿を見せた。2人は単に遅刻しただけではなかった。パジャマのズボンにTシャツといういでたちだった。

既に引退していたドン・バレンタインはこの日、オフィスに来ていて、若者たちをロビーで見かけた。1970年代に、アタリのノーラン・ブッシュネルをはじめとする、わがままな性格の人物たちを相手にしたことを思い出したバレンタインには、ピンときた。パジャマ姿の狙いは挑発であり、挑戦だった。ザッカーバーグの会社に投資するチャンスをつかむためには、バレンタインがブッシュネルにしたことと同じ行いを、セコイアが2004年にしなければならなかった。冷静さを保ち、裸になって、一緒にホットタブにつかることだった。

バレンタインは会議室へと急ぎ、間もなく訪れる視覚的な衝撃に備えさせた。「彼が着ているものを気にしてはならない。試されている。なぜパジャマ姿なのか尋ねてはならない」と強い口調で言った。そして、出ていった。70歳代の自分には、会話を円滑にする役目が務まらないと分かってのことだった。[1]

会議室に入ったザッカーバーグとマッカラムは、寝過ごしたのでパジャマを着たままだと弁明した。そのメッセージは「セコイアだって？ 知ったことか」だった。名高いベンチャーキャピタルとの面会があっても、目覚まし時計をセットする理由にはならなかった。

　誰もが寝坊の話を信じたわけではなかった。ザッカーバーグはシャワーを浴びたばかりのように見えた。髪はまだ乾いていなかった。[2] 到着の遅れの理由を事実とは異なる形で説明することは、セコイア側にとって気持ちのいいものではなかった。ザッカーバーグは起床すると、体を洗い、そして決意した。パジャマ姿で、尊大ぶって、遅れてゆくと。意図的に相手を軽んじることは、意図しない場合よりも悪質だった。

　ザッカーバーグは会議テーブルの前に座り、スライドの資料を用意した。プレゼンテーションでは、大学のキャンパスで野火のように広がるソーシャル・ネットワーキングのウェブサイトである「ザ・フェイスブック」への言及はなかった。代わりに、ザッカーバーグはワイヤーホッグという利用者の間でファイルを共有できる、まだ実績の乏しいサービスについて紹介した。シリコンバレーでの投資案件に選択権を行使することに慣れたセコイアに、このときばかりは、付随的なプロジェクトの大げさな説明に耳を傾けさせるつもりだった。

　ザッカーバーグの説明資料のタイトルはさらに侮辱的だった。「ワイヤーホッグに投資してはならない上位10項目の理由」という、あざけるような表現だった。

「理由、その10。我々には売り上げがない」と資料は始まった。

「理由、その9。我々はおそらく音楽業界から訴えられる」

少しして「理由、その3。我々はオフィスにパジャマ姿で遅れて現れた」

「理由、その2。ショーン・パーカーがかかわっているから」

「理由、その1。我々はロアロフに言われて、ここにいるだけ」

セコイアのパートナーたちは、これまでにも扱いにくい創業者と一緒に仕事をしてきた上に、ほかのベンチャーキャピタルよりも規律を重んじていた。自分たちのプライドも、相手に対する偏見も制御していた。また、バレンタインからの忠告であらかじめ用心していた彼らは、パジャマ姿の挑発に乗るつもりはなかった。それでも、パートナーたちがいくら試みても、ザッカーバーグとの話はかみ合わなかった。


この若き訪問者はロアロフ・ボサのことは明らかに尊敬していた。後には、彼をフェイスブックに採用しようと企てている。しかし、ザッカーバーグにはセコイア全体からも、特にそのリーダーのマイケル・モーリッツからも魅力的に思われたいという考えはなかった。ザッカーバーグは、いかにも気取った大学2年生らしい詭弁を弄しているように見えた。やりたくない仕事の面接に出かけ、そこで年長者をからかう楽しみを味わっているかのような振る舞いだった。

パジャマを着たザッカーバーグの悪ふざけは、ベンチャーキャピタル業界が重大な転機を迎えている兆候だった。この2004年後半には、グーグルが上場し、ほかの若手の起業家たちもブリンとペイジの作戦にならって、VC（ベンチャーキャピタル）に素っ気ない態度を示して、射止めにくい存在を演じていた。もっとも、グーグルの創業者たちの行動と、ザッカーバーグが見せた態度はかなり異なる。グーグルの2人はVCと厳しい駆け引きを繰り広げた末に、資金を手にしたが、ザッカーバーグはセコイアによる支援を心底、望んでいなかった。

＊

セコイアのパートナーたちは、ワイヤーホッグに関する説明を受けた直後、ザッカーバーグが決して彼らからの出資を受け入れないだろうということを完全には認識していなかった。しかし、ショーン・パーカーに触れた最後から2番目のスライドで現実への手がかりを得たはずだった。25歳にして既に悪名高いパーカーは、シリコンバレーに広がる若者たちのますます反抗的な文化を体現する典型例だった。プログラマーのパーカーは16歳のとき、企業と政府のコンピューター・ネットワークにハッキングしたとして連邦捜査局（FBI）に逮捕され、公共奉仕を課せられた。[3] 20歳のときに再び法律に抵触した。音楽ファイルの海賊版サイトのナップスターの運営に関与したことを問われた。そして、第3幕として、パーカーはソフトウエア会社のプラクソを立ち上げた。このスタートアップでは一時的に勝利を確実にしたが、結局、屈辱を味わった。

プラクソはオンラインのアドレス帳を自動更新する機能を提供していた。同社のソフトウエアを搭載すると、既存のデータを取り込んで、すべての電子メールのアドレス宛に次のようなメッセージを送信した。「こんにちは。私はアドレス帳を更新中です。あなたの最新の連絡先情報を確認するために少々お時間をください」[4]。受信者が応じると、瞬く間にその受信者側のアドレス帳に名前のある人々にまで同じ文面の電子メールを送った。これはプラクソがサービスの利用者を獲得するための手段でもあった。短期間のうちに数百万件のアドレスにプラクソからの売り込みを兼ねた電子メールが舞い込むようになった。

このとき、パーカーは後にテクノロジー系の巨大企業の成長を牽引した「バイラル・オンライン・マーケティング」の手法を作り上げていた[5]。人から人へウイルスのように（バイラル）伝わっていく様子から、この呼び方が定着した。しかし、プラクソはウエブ上で最もしゃくにさわるサービスだとの批判も浴びた。ソフトウエアの利用者のアドレス帳に登録されているだけの理由で、プラクソとは直接関係のない人々が、それぞれの意向はお構いなしに、毎日何通もメールを送りつけられたからだ。しかし、パーカーは平然としていた。「プラクソは、大衆には知られていないが、同業のミュージシャンには大きな影響を与えたインディーズ・バンドのようなものだ」と胸を張った[6]。

２００４年初めまでにプラクソは２００万人の利用者を獲得した。セコイアのマイケル・モーリッツの取りまとめで2度の出資を受け入れた。ところが、パーカーにはよくあることだったが、勝利目前で逆転負けを喫した。彼は職場に顔を出さないことがあった[7]。現れたときも、仕事ぶりはいつも建設的とは言えなかった。パーカーのほかに2人いる共同創業者のうちの1人は、「彼は自分がスタートアップの創業者だと見せつけるため、たくさんの女性をオフィスに連れてきた」と不平を漏らした。[8] 04年4月、セコイアとほかの投資家たちが介入した。彼を解雇し、共同創業者たちは胸をなでおろした。[9]

セコイアが斧を振り下ろしたあとで、パーカーは第4幕に取りかかった。復元力こそ彼の取りえだった。フェイスブックがキャンパスを席巻していると聞き、ザッカーバーグに電子メールを送り、投資家たちに紹介すると提案した。ニューヨークで夕食を共にした2人は、多くの共通点に気づいた。どちらも野望を抱く若き創業者で、オンラインのソーシャル・ネットワーキングの実験に乗り出していた。04年6月、ザッカーバーグと数人の友人たちがパロアルトに引っ越してきて、パーカーの住まいの1ブロック先に建つ牧場主の家屋に似た住居を借りた。

ある晩、パーカーはザッカーバーグとフェイスブックの同僚たちと一緒に夕食をとった。食事の途中でパーカーに弁護士から電話があった。プラクソの取締役会は、既に彼を追い出していたが、権利が未確定だった彼の残りの株式について、そのおよそ半分を付与しないと決定したという。烈火のように怒り出すパーカーを、フェイスブックのチームはたじろぎながら見た。「VCには恐ろしい響きがある」とザッカーバーグは心の中で思った。[10]

パーカーはザッカーバーグに誘われて同じ家に住むことになった。パーカーの階には、マットレス以外に何もなかった。裕福な時期から何とか維持していた白のBMWは、フェイスブックのチームとの共用になった。パーカーは仕事でも合流した。プラクソの弁護士を雇ってフェイスブックを法人登記した。会社運営を担うマネジャーを採用し、投資家向けの情報発信を任せた。グーグルが株式取得を希望していた。ベンチマーク・キャピタルも電話をかけてきた。

２００４年９月には、ザッカーバーグがパーカーのことをフェイスブックの社長と呼ぶようになり、一方でパーカーはザッカーバーグを従来型のベンチャーキャピタリストたちから遠ざけた。パーカーはベンチマークとグーグルに対して出資を受け入れないと伝えた。代わりに選んだ相手は、グーグル自身の台本にあったエンジェル投資家たちだった。

最初に声をかけた相手は起業家のリード・ホフマンだった。プラクソでの問題を決着させる過程でパーカーを導いてくれた人物である。しかし、ホフマンはフェイスブックへの投資で主導的な立場に就くことを拒んだ。ホフマン自身がリンクトインというソーシャル・ネットワークを始め、ライバルの関係になる可能性があったからだ。そこで、ホフマンはパーカーにピーター・ティールを引き合わせた。スタンフォード大学時代からの友人で、ペイパルというオンライン決済サービス会社の共同創業者である。ティールは10・２％の会社の持ち分と引き換えに50万ドルを投資し、ホフマンも３万８０００ドルを拠出した。[11] ３人目のソーシャル・ネットワーキングの起業家、マーク・ピンカスも同じく３万８０００ドルの小切手を切った。

ベンチャーキャピタリストたちのレーダーの探知範囲の外で反乱の機運が高まっていた。フェイスブックはグーグルと同様にエンジェル投資家たちから資金を調達した。しかし、グーグルとは異なり、資金提供者はオンラインのソーシャル・ネットワーキングというフェイスブックと同じニッチな事業に焦点を合わせている起業家たちばかりだった[12]。彼らは緊密なグループを形成した。特定の種類のソフトウエアのスタートアップを、特定の時期に立ち上げた経験を共有して団結していた。マーク・ピンカスは当時の雰囲気を次のように回顧している。「消費者向けのインターネット関連事業に関心がある人々を6人ほど知っていた。全員が同じ2軒のコーヒーショップの顔なじみだった[13]」

時代の潮流からして、この起業家兼エンジェル投資家の新しい集団が伝統的なベンチャーキャピタルのコミュニティに懐疑的なのは自然な成り行きだった。グーグルの2人はVCに立ち向かう方策を示した。ポール・グレアムはかつてないほど巨大化したベンチャー投資ファンドと、資金需要が限られるソフトウエアのスタートアップの間の緊張した関係を指摘した。

さらに、世代的な要因も働いていた。1990年代にVCが上げた桁外れの利益は、幹部職のパートナーたちがその地位にとどまる誘因となり、ブームで誰もが羽振り良く見えたため、引退を強いられる例は皆無だった。この結果、VCのパートナーの平均年齢は上昇したが、企業の創業者の平均年齢は下降した。双方の間の文化的な溝が広がったのは不思議ではなかった。グーグルのエンジェル投資家たち、特にラム・シュリラムとロン・コンウェイはスタートアップとベンチャー投資家たちを結びつける役目を果たした。しかし、新しい起業家兼エンジェル投資家のグループには、シュリラムらに匹敵する伝統的なVCとの絆はなかった。このグループは、むしろポール・グレアムが唱える「VCが最悪なわけを説明する統一理論」のいくつかのバリエーションをまくしたてそうだった。

部分的には偶然から、また部分的には成功には代償が避けられないという事情から、このベンチャーキャピタル一般に対する敵意はセコイアに集中的に向けられた。既に見てきたように、シヨーン・パーカーはマイケル・モーリッツに対して特別な怒りを抱いていた。ザッカーバーグの奇妙なパジャマ姿も、パーカーによる手の込んだプラクソをめぐっての意趣返しだった。しかし、パーカーは1人ではなかった。ザッカーバーグを支援したエンジェル投資家のピーター・ティールにもモーリッツに対するわだかまりがあった。

＊

法律家にして哲学者、そしてヘッジファンドのトレーダーであるティールは、多くの点でシリコンバレーでは特異な存在だった。スタンフォード大学で二つの学位を得たという意味では、シリコンバレーの標準的な型にはまっているものの、それらは工学、経営学のいずれでもなかった（哲学学士および法務博士）。彼はリバタリアン（自由至上主義者）の思想に傾倒し、ロースクール（法科大学院）で優秀な成績を収め、カリフォルニアを捨ててニューヨークに移った。証券関連の法務に携わったあと、銀行でデリバティブを扱ったが、企業での単調な繰り返しばかりの仕事に幻滅した。1995年に銀行のトレーディング部門を辞めて西海岸に戻ったが、テック・ブームには距離を置いた。大学のキャンパスのマルチカルチュラリズム（多文化主義）を攻撃する論争的な著作を出版し、小規模なヘッジファンドを設立した。これは北カリフォルニアらしい一種のカウンターカルチャー（対抗文化）的な行動と言えた。ティールは自らを哲学者兼投機家であるジョージ・ソロスの若き右派バージョンに作り上げた。市場動向を抽象的な枠組みで大胆に分析しながら、金融取引に大きく賭けた。彼は学生時代に共同で創刊したリバタリアン色が濃いスタンフォード・レビュー紙にも寄稿した。

1998年半ば、グーグルの2人がベクトルシャイムに出会ったころ、ティールはスタンフォード大学で外国為替取引についての講義を行った。エアコンが快適に効いた講堂は、真夏の猛暑からの避難所だった。講義が終わると、わずかに東ヨーロッパのなまりがある真剣な表情の若者が近づき、自己紹介した。

「こんにちは。マックスです。私はルーク・ノゼックの友人です」

「ルークを知っているんだね。それは素晴らしい[14]」

ティールはこの間柄を実は覚えていた。ルーク・ノゼックはエネルギッシュなコンピューター科学者で、マーク・アンドリーセンの少しあとにイリノイ大学で学び、シリコンバレーに移ってきた。そして、このマックスは、フルネームをマックス・レフチンと言い、同じくコンピューター科学者だった。2人ともリバタリアンだった。

レフチンはティールにセキュリティ技術の会社を作るアイデアがあると伝えた。彼自身の暗号理論に関する学術的な研究に基づいていた。

ティールは賢い人物が好きで、レフチンの計画に興味をそそられた。高校生時代のティールは数学の神童で、カリフォルニア州全体のコンテストで1位になったことがあり、暗号パズルの優雅さを理解していた。ただし、あまり知らないスタートアップに対して投機的な賭けをしたくなかった。ティールは既にレフチンの友人であるノゼックが興した会社に10万ドルを投じて失敗していた。シリコンバレーで金融がらみのリスク・テイクを行うことは生やさしいものではなかった。

「明日の朝、用事はあるかな」とティールは尋ねた。

「何もありません」とレフチンは答えた。

「では、一緒に朝食でも」

2人はスタンフォード大学のキャンパスに近い朝食向きのレストランのホビーズで落ち合った。レフチンはアパートからの距離を間違えてしまい、息せき切って15分遅れで到着した。ティールは赤、白、青の彩りのスムージーを1杯飲み終えていた。

「ここだよ」。ティールの声にはうれしそうな響きがあった。彼はスムージーをもう1杯注文し、レフチンは卵白のオムレツを頼んだ。

レフチンはたどたどしい言葉遣いではあったが、新会社の構想を何とか説明した。楕円曲線暗号という技法を用いて、１９９０年代後半に人気を博した携帯端末のパームパイロットをビジネス関連の情報を収納するデジタル金庫に変えるというアイデアだった。企業は秘密が盗まれないようにするため、従業員向けに暗号化ツールを購入すると考えた。

ティールはひと呼吸ほどおいて返答した。わずか30歳ながら、彼は重々しい落ち着いたたたずまいだった。「分かった。出資したい」とついに言った。

ティールはレフチンに30万ドルを出すと約束した。ベクトルシャイムがグーグルの2人にリスクを負って賭けた金額の3倍余りだった。そしてティールはレフチンに新会社を立ち上げるために、ほかからも資金を集めるようにと促した。

このときは1990年代後半のブーム期だったものの、続く資金調達先を見つけるのは難しかった。レフチンにはプログラマーとして申し分のない実績があった。しかし、事業の展望を説得力のある形で語ることには長けていなかった。また、企業はデータの暗号化にお金を払うという見方に、すべての投資家が同意しているわけではなかった。そもそも、デジタル分野でのセキュリティの確保に企業が必要性を感じていないのではと疑問視する声さえあった。レフチンの弱点を補うため、ティールも売り込みに加わった。同時並行でヘッジファンドでのトレーディングに関与していたが、スタートアップの事業運営の責任者を装った。ティールはさらにレフチンが計画を再検討する作業を支えた。もし、企業がまだ暗号化は不可欠だと気づいていない場合には、何か別のものを、例えばセキュリティの需要が明確な分野で、暗号化の対象を選んでみてはと発想した。ティールは具体例として現金の支払いを提案した。レフチンがプログラミングの妙技をこれに適用できたなら、人々は電子メールを使って安全に送金し合えるはずだとティールは展望した。

方向転換を果たしたティールとレフチンは、彼らの決済サービスをペイパルと、会社をコンフィニティと命名した。再び資金調達に乗り出したが、改めて拒絶された。ほぼすべての名だたるベンチャーキャピタルがノーと言い、1999年の半ばになってようやく、フィンランドの通信機器メーカーのノキアの新しいベンチャー投資部門から450万ドルを獲得した。A級リストに名前が並ぶVCからことごとく冷遇され、ティールの不満は募った。しかも、ペイパルのサービスが即座に軌道に乗ったことで、既存のVC勢力が本当に賢明なのか、彼の疑念がさらに強くなった。

もし、ティールとレフチンがこのまま成功を収めていたなら、シリコンバレーの歴史は変わったかもしれない。コンフィニティは意気揚々とIPOの舞台に進み、その創業者たちは、VCの王子たちへの恨みを忘れて、シリコンバレーの王族の仲間入りを果たしただろう。しかし、現実には1999年末、イーロン・マスクという名前の創業者が興したX・ドット・コムとの闘いに直面した。両社は極めて似ていた。どちらもおよそ50人の従業員と30万人の利用者を擁していた。そして、どちらも急成長を遂げ、一時期パロアルトのユニバーシティ・アベニューの同じビルに入居していた。

ただし、X・ドット・コムのほうに、一つの際立つ優位性があった。コンフィニティはシリコンバレーでは傍流のプレイヤーであるノキアから資金を得たが、Ｘ・ドット・コムの後ろ盾はセコイアだった。ほかならぬマイケル・モーリッツの主導でセコイアは２５００万ドル、コンフィニティが集めた資金の5倍余りをＸ・ドット・コムに注ぎ込んだ。モーリッツはさらにビル・ハリスという経験豊富なＣＥＯを起用し、Ｘ・ドット・コムの経営を強化していた。

コンフィニティとＸ・ドット・コムは正面からぶつかった。料金を割り引いて利用者を引きつけ、多額の損失を抱え込んだ。すぐに双方とも理解した。倒れるまで闘うか、それとも合併で流血を止めるか、いずれかを選ぶことができると。

モーリッツはセコイアのパートナーたちに合併がより良い選択肢だと告げた。両社は中世のイタリアの町の中で対立している二つのファミリーのようなもので、通りを挟んで矢を放ち合っていた。合併した場合、セコイアの統合会社への出資比率は低下するが、それを受け入れるだけの価値はあった。[15]

ティールとレフチンはパロアルトのギリシャ料理店、エビアでイーロン・マスク、ビル・ハリスと会い、モーリッツの提案について協議した。マスクは2社の統合に全面的に賛成だった。ただし、セコイアの後押しを得ているため、連携するにあたっては自分たちのほうが上位に就くものと想定していた。Ｘ・ドット・コムでは、銀行口座により多くの資金があり、名の通ったベンチャーキャピタルが陣営にいて、そのＶＣは必要なら追加出資に応じるとしていた。一部の見方では、コンフィニティの技術チームのほうが優れていた。[16] しかし、闘いが長引いたなら、先に資金が底をつくのはコンフィニティのほうだった。[17]

マスクは夕食をとりながら、コンフィニティの創業者たちに通告した。合併を進めることになった場合、X・ドット・コム側の株主が統合会社の92％を所有するという。[18]

随分大きく出たな。レフチンは心の中でうなり声を発した。バリケードでお前たちを待っているぜ。

ティールはレフチンほど血の気が多くなかった。「少し考えてみます」とマスクとハリスに冷静に返答した。

次の数日間、ティールは押し返した。X・ドット・コムの株主の統合会社への出資比率を92％から60％に引き下げることにマスクが合意するまで説得を試みた。この条件ならティールは決着させるつもりだった。大金を得て、この事業から撤収し、ヘッジファンドに専念できそうだった。

しかし、ティールをいらいらさせることが残っていた。レフチンがこの交渉の成果に満足しなかった。プログラミングのチームを率いる者として、レフチンは自分たちが作り上げたものが、少なくともライバルの制作物と同等であると皆に知らしめたかった。これは名誉の問題だった。

「60対40の比率は受け入れられない」とレフチンは主張した。[19]

ティールは渋々ながらも交渉の打ち切りに同意した。協力への道は閉ざされ、血みどろの競争が続くことになった。

物語のこの段階になって、モーリッツが幕の後ろから登場した。ベンチャーキャピタリストたちはこれまでシリコンバレーで競争と協力のバランスを管理してきた。トム・パーキンスがアンガマン・バスとシリコン・コンパイラーズというクライナー・パーキンスの投資先どうしの対立を、ソロモン王のように取り仕切った１９８０年代以来の伝統だった。20年後の今回、モーリッツは協力が優先されるべきだと判断していた。セコイアにとって、ホームランを打つ可能性のある統合会社で少ない株式を持つほうが、失敗しそうな単独企業で多くの株式を保有するより望ましいと、パートナーたちに説明した。

２０００年2月のある週末、モーリッツはX・ドット・コムとコンフィニティの両社の本社があるパロアルトの一画を訪れた。彼はレフチンを見つけると、正面に座った。モーリッツは前かがみになって、肘を膝の上に置き、両手を組み合わせ、その上にあごを載せた。モーリッツは裾の長いダークカラーのコートを着たままで、２人の顔と顔の間はわずか1メートルしか離れていなかったと、後年までレフチンは鮮明に覚えていた。[20]

モーリッツはレフチンに言った。「あなたが合併を進めてくれるなら、私は1株たりとも売らない」。つまり、ベンチャーキャピタルは出口を目指さず、合併会社は成長し続けるだろうと示唆していた。これは偉業を目指そうと訴えるＶＣの典型的な口上の一つだった。ベテランの有力ベンチャー投資家が、若き起業家に尋ねていた。あなたは今後何年も記憶に残るような大企業を築き上げたいのか、それともあなたには、宇宙に足跡を残すに足る人格が欠けているのか――。

期待どおりにレフチンは感銘を受け、反対意見を取り下げた。モーリッツの壮大なビジョンをプログラマーとしてのプライドより上に位置づけた。合併への道は開け、流血の事態は終わろうとしていた。

1日ほど過ぎて、レフチンはマスクに出くわした。マスクは「60対40の比率はあなたたちに、もったいないくらいだ」となじった。「ご存じのように、あなたたちは多くのものを手にしつつある。この合併（での企業価値の評価）は平等とは言えず、あなたたちのための窃盗だ」

レフチンは青ざめた顔に笑みを浮かべて退いた。そしてティールを呼び出し、思いを吐き出した。「止めましょう。私にはこの取引を進める気はありません。無礼です。どうにもなりません」。言い終えるとレフチンはオフィスを出て、自分のアパートメントに戻った。

ビル・ハリスはレフチンが怒り心頭だと聞きつけた。モーリッツとセコイアからX・ドット・コムに招かれたハリスは、株主が競争より協力を選好していることに特に敏感だった。急いでオフィスから出てレフチンを探した。

レフチンはアパートメントの建物の洗濯室にこもっていた。WEBという会社の古い洗濯機が並んでいるのが、レフチンには面白かった。これらの疲れた野獣たちを働かせるために25セント硬貨を何枚も与えた。

ハリスはレフチンが服をたたむのを手伝い、考えを改めるよう頼んだ。ハリスはマスクの侮辱的な物言いをなかったことにして、訴えた。自分も会社の取締役会もレフチンは敬意しか抱いていない。それが誠であることを示すため、X・ドット・コムには譲歩の用意があった。60対40ではなく、50対50に比率を変えることだった。

最終的にレフチンは反対意見をぐっと飲み込み、合併計画は前進した。マスクは対立する相手を不当に罵倒したことで、多額のお金を失う羽目になった。

*

合併が成立したことで、ティールは嫌々ながらも、モーリッツに感謝すべきだったかもしれない。彼のVCはレフチンの背中をティール自身が望んでいた方向へと押してくれた。決定打となった驚きの50対50の合併条件の背後にも確実にモーリッツがいたのであり、ティール自身が交渉した60対40の場合より、懐を温めてくれた。しかし、次に起こった事態は感謝の気持ちをすっかり足元に埋めてしまった。X・ドット・コムの社名を受け継いだ合併後の会社は、内部闘争に陥った。その後の小競り合いのなかで、ティールは何度もモーリッツと頭をぶつけ合うことになった。

最初の衝突は合併会社を誰が運営するかをめぐってだった。モーリッツがティールを鋭い知性の持ち主だが、経営者ではないと見なしたのは、理由のないことではなかった。彼は結局のところ、ヘッジファンドのトレーダーであり、会社をスケールアップさせた経験を持たなかった。[21] 結果的にモーリッツは、ビル・ハリスが初代のCEOとして選ばれるように取り計らい、ハリスの更迭後には、マスクを後任に据えた。トップのポストを逃したティールはX・ドット・コムの財務担当副社長を辞任した。ただし、大株主としては残り、非常勤の会長職を続けた。

数カ月後の2000年9月、マスクはオーストラリアでのハネムーンに向かった。彼の有力な補佐役たち――その多くは合併前にコンフィニティ側にいた――はこの反乱の機会を逃さなかった。マスクは2社の統合をうまく管理できておらず、レフチンのソフトウエアの書き換えを要求し、またペイパルのサービスを悩ます詐欺行為を取り締まれずにいた。シスコで起きたサンディ・ラーナーの排除に至る騒動に似て、X・ドット・コムの副社長たちがセコイアのオフィスを訪れ、マスクが追放されずに残るなら、自分たちが辞めると主張した。

「これは宮廷クーデターだ」とモーリッツは心の中で叫んだ。彼はシスコでの物語をよく覚えていて、その結末も詳しく知っていた。チームの支えを失ったCEOを守ることなどベンチャーキャピタリストにはできなかった。「我々はこれを目の当たりにしたことがあった」と静かに自分に言い聞かせた。[22]

モーリッツはマスクが去ることになるだろうと理解したが、反乱軍の2番目の要求を受け入れる準備はできていなかった。彼らはティールが後任になるべきだという。モーリッツの当初の疑念に反して、ティールは明らかに仲間たちから忠誠を勝ち取っていた。彼は見かけ以上に、生まれながらのリーダーだった。

モーリッツには、このシグナルを受け止める余裕がなかった。彼はこのとき、グーグルの2人に外部からのCEOを認めさせるための闘いの真っ最中だった。彼は若くて無遠慮な経営幹部たちに小突き回されるわけにはいかなかった。ベンチャー投資家には、スタートアップの経営を監督し、トップを選ぶという権利、実際には義務があった。つまり、VCとして守るべき原則があった。さらにテクノロジー株の暴落でセコイアのファンドが打撃を受けていた。たとえ副社長たちがティールへの信頼を示したあとでも、モーリッツには自分たちの数少ない有望な投資先を型破りな経営者に任せる気にはなれなかった。しかも、この経営者は同時に、自ら興したヘッジファンドにも精力を傾けていた。

X・ドット・コムで対決必至の取締役会が招集された。メンバーは6人で、このうち3人が創業者たちで、残り3人が投資家側からだった。皮肉なことに2人の創業者、ティールとレフチンは、ティールのヘッジファンドのオフィスから電話回線で参加していた。レフチンがファクシミリを改造して、スピーカーホンとして機能させていた。この2人は3人目の取締役としてジョン・マロイの協力をあてにできた。彼は当初から支援していたノキアのVC代表者だった。しかし、モーリッツとマスクから賛同を得る望みはまったくなかった。票決の行方は、6人目の取締役、第二弾以降の資金調達に応じた投資家たちの代表者にかかっていた。[23]

結局、取締役たちはマスクからティールへのCEO交代に同意した。しかし、モーリッツはティールの勝利を完全なものにさせなかった。新しいCEOには暫定的に就任することになった。本格的に任せる経営者を外部から選ぶこととし、経営人材の紹介会社と契約した。結局、候補は見つからず、ティールはトップを続けたが、モーリッツに対する反感はさらに強くなった。さながら、ゲルマン的な真面目さという鎧をまとったティールと、サーベルを振り回すような機知に富んだ行動で攻めるモーリッツの対決だった。ティールの味方の1人が記憶していた。「ピーターはモーリッツに虐げられていると感じていた。とても激しく、しかも狙い撃ちされていると」[24]

5カ月後の2001年2月、ティールの苦々しい思いが深まった。株式相場は悲惨な状況で、ナスダック総合株価指数は前年のピークのおよそ半分の水準に落ち込んだ。そのようななかでも、X・ドット・コムは何とかシリーズDの資金調達で9000万ドルを確保した。景気は軟調で、株式相場はさらに下落しかねないと見たティールは、この新たに調達した資金の一部をヘッジファンドに預け、X・ドット・コムはその身を守ることを提案した。今後、株式相場の低迷が長引けば、追加の資金調達が危険にさらされる。そこで、ヘッジファンドはナスダック指数が下落した場合に、利益が上がる方向に賭けて、X・ドット・コムが逆境をしのげるようにするというものだった。[25]しかし、ティールの市場の方向性に対する認識が正しく、また彼のリスクヘッジの願望が合理的だとしても、この提案は私的な取引に該当しかねなかった。彼はある会社での立場を利用して、別の会社での資金の運用規模を膨らませようとしていたと言えた。モーリッツはティールがコーポレート・ガバナンスをきちんと理解していないと非難し、見下すような冷笑を浮かべて咎めた。「緊迫した劇的な場面だった」とある取締役会のメンバーが振り返った。[26]

次の1年半で双方の見解にはますます隔たりが生じた。モーリッツとティールは買収提案に応じるかどうかでも衝突した。あるときイーベイが3億ドルの買収額をX・ドット・コムに示した。

モーリッツはヤフーをめぐる経験を踏まえて、時期尚早に出口に向かうことに反対した。彼の考えでは、電子メールを利用して他人にお金を支払うという魔法は、最終的にはるかに大きな評価額を勝ち取ることができると見ていた。これに対し、ティールにはトレーダーの気質が染みついていた。自分が持っているものを手放す際の値段が常に決まっていた。「彼はヘッジファンドの人間だった。（手じまいすると決めたなら、すぐに）自分のお金を全額引き出そうとする。私が言いたいのは、やれやれ、ということだ」とモーリッツは後に語っている。[27]

ある時点から、モーリッツはレフチンへの働きかけを始めた。以前は合併の利点をレフチンに気づかせたが、今度は身売りへの抵抗感をより強くさせようとした。ペイパルは上り調子にある。なぜ、ここで持ち株を売る必要があるのか。才能あふれる部下たちをもっと活用する方法も考えようと説いた。

「マックス。（身売りしたなら）ほかに何を始める？」とモーリッツは質問した。

「ペイパルのような会社をまた立ち上げるでしょう」とレフチンは答えた。

「マックス」。モーリッツは15年間、このビジネスに身を置いてきた重みと、その間の体験で得た思いを込めて語った。「あなたは、チャンスがどれほどまれにしか訪れないものなのかを分かっていない。仮にあなたが１５０歳まで生きたとしても、ペイパルほど大きくて、無限のチャンスをもう一度手にすることはない」[28]

レフチンはモーリッツの側につき、３億ドルの買収提案は退けられた。２００２年７月になってイーベイは新たな提案を持って戻ってきた。X・ドット・コムはこのときまでに上場し、社名はペイパルになっていた。イーベイが示した金額は15億ドルだった。モーリッツの我慢の教えがレフチンの富を5倍に増やし、同じことがティールの財産にもあてはまった。

この間の出来事を振り返っても、モーリッツがどこで失態を演じ、それを見て若い世代が反発したのかを特定することは難しい。彼はプラクソからショーン・パーカーを追い出した。しかし、それはパーカーの共同創業者たちの支持を得て、しかも会社の利益を最優先して実行した。また、モーリッツはティールと何度もぶつかった。しかし、それぞれの場面での判断は合理的だった。少なくとも当初、ティールが生粋のスタートアップのCEOではないと疑ったことも、ティールが提案したヘッジファンドとの連携の構想を私的な取引だとして却下したことも合理的だった。そして、イーベイが初期に提示した低額で相手を見くびるような買収案を拒否したことは劇的なほど正しかった。[29] さらにモーリッツは、コンフィニティとX・ドット・コムを合併に導く役割も担った。これが実現していなければ、ペイパルは挫折していたかもしれなかった。10年後、ティールはシリコンバレー時代に学んだスタートアップの教訓について自らの考えをまとめ、その重要な一つは競争の回避だったと指摘した。[30]「すべての失敗した会社は同じ」であり、「競争から抜け出せなかった」と記した。[31]

それでも、モーリッツがパーカーとティールを遠ざけたのは事実だった。その代償はザッカーバーグがわざとパジャマ姿でオフィスを訪れるという辱しめをセコイアに与えたことだった。[32] 結局、当時最も注目されたスタートアップであるフェイスブックの取締役会は、ザッカーバーグとこの2人のモーリッツの敵で構成されることになった。セコイアには出資のチャンスは回ってこなかった。セコイアに対する制裁はこの一つの案件で終わらない可能性があった。若者たちの反乱の範囲は広がっていた。ワイヤーホッグのエピソードから数カ月も経たないうちに、ベンチャー投資に関連した二つの事業が立ち上がった。そろって伝統的なベンチャーキャピタルに対する挑戦に着手した。

＊

挑戦的な二つの事業のうち一つ目はティールが興した。偶然、横から出てきたような事業で、コンフィニティを設立したときに似て、その場その場で対応しているうちに始めることになった。ティールはたまたまレフチンに出会い、コンフィニティに投資することになり、空白が生まれるなかで同社のCEOに就いた。真っ直ぐではなく、カニの横歩きのように進みながらティールは、今度は自身のベンチャー・ファンドを旗揚げすることになった。

イーベイが2002年にペイパルを買収した際に、ティールは自分が会社から離れる条件を秘かに交渉していた。買収にあたり、ほかの経営陣はそれぞれの地位にとどまることを求められたが、ティールは自分自身には適用を緩めて、社外に飛び出し、5500万ドルもの多額の退職金を手にした。[33] 30歳代半ばのティールはパロアルトからサンフランシスコに転居し、けばけばしいほど豪華なナイトクラブに資金を提供し、シルバーのフェラーリを購入した。

彼はヘッジファンドを再始動し、クラリアム・キャピタルと改称した。自己資金を1000万ドル積み、世界的な石油不足がエネルギー価格を高騰させるという見通しのもとに運用した。[34] さらにスタンフォード大学とペイパルで培った人脈を利用してプロジェクトを矢継ぎ早に打ち出した。04年にはペイパルのエンジニアを採用して連邦政府の情報機関向けのソフトウエアを開発したほか、スタンフォード大学ロースクールの友人を招き、その人物にパランティアというコンサルティング会社を率いさせた。また、もう1人のスタンフォードの友人でペイパルの株主だったリード・ホフマンのおかげで、ティールは前述したようにフェイスブックのエンジェル投資家となった。ティールはホフマンのソーシャル・ネットワーキングのスタートアップであるリンクトインにも出資した。

これらの取り組みのいずれも、ティールの財産を何倍にも増やすのに役立った。彼のヘッジファンドは最盛期には、70億ドルの資産を運用していたが、その後は損失を計上し、投資家に次々と払い戻すことを迫られた。しかし、リンクトインとパランティアの企業価値は200億ドルを突破し、フェイスブックのそれは数千億ドル規模に膨らんだ。ティールはさらに別のスタンフォードとペイパルの両方の「卒業生」であるケン・ハウリーと、ベンチャー企業向けの投資事業の立ち上げを協議した。これは2人が話し合ううちに、付け足しのように出てきたアイデアだった。

2005年に始動したベンチャーキャピタルの名前は、ファウンダーズ・ファンドだった。この呼称には、ペイパルなどを創業した人々（ファウンダーズ）こそが、次の世代の起業家集団の支援に向いているのであり、彼らに対して敬意を持って接すると約束する――それはこれまでの創業者たちが望んでいたものでもある――という信念を込めた。設立時のパートナー（共同経営者）には、マックス・レフチンの旧友でやはりペイパルの卒業生であるルーク・ノゼックが名を連ねた。間もなくほかならぬショーン・パーカーも加わった。「もっぱら我々自身が創業者だったことが理由なのだろう。我々には自らがお金持ちになることよりも、新しい起業家たちが成長して、成功したリーダーになるよう支えることのほうに、そもそも関心があった」とパーカーは主張した。[35]

当然のことだが、モーリッツとの闘いを経験したティールとパーカーがいるファウンダーズ・ファンドは、外部からCEOを連れてくるキューム方式を明確に排除した。起業家が自分の会社を支配することは、譲れない一線だった。グーグルの2人はこの路線の開拓者たちだった。エリック・シュミットを三頭政治のメンバーとして受け入れたが、シュミットはボスそのものではなかった。フェイスブックはさらに先に進み、ザッカーバーグが揺るぎなく君臨した。ファウンダーズ・ファンドは、この国王政治のモデルを支援対象のスタートアップすべてに広げようとした。ティールはあらゆる優れたスタートアップには「君主制の側面」があると感じていたと、側近の1人は説明した。「ファウンダーズ・ファンドはピーターのリバタリアンの部分ではなく、君主の部分が作り上げた」

ファウンダーズ・ファンドの一部のパートナーたちにとって、起業家を王位に就かせることは倫理的な責務だった。ファウンダーズ・ファンドの名前を思いついたノゼックの場合、ペイパル時代からモーリッツに対して感情的になり、激しく嫌悪していた。伝統的なベンチャーキャピタルを「おぞましい」存在だと見なした。[36]「世界で最も価値のある発明家たちの創造物を彼らは破壊してしまう」と声高に批判した。[37] ほかのパートナーたちにとっては、既存の大手ＶＣとの違いを明確にするブランドづくりという要素もあった。業界の新参者は自らを差別化しなければならなかった。これはハウリーがアメリカ国内の機関投資家にファウンダーズ・ファンドへの資金拠出を求めたものの、失敗したときに直面した事実でもあった。[38] もっとも、ティール自身の見方では、企業になぜ君主制が重要なのか、その理由の説明はもう少し微妙なものだった。それはＶＣの機能に対する、ティールならではの見解が関係していた。

ティールは、べき乗則が支配する世界についてはっきりと語った最初のベンチャーキャピタリストだった。アーサー・ロックにまでさかのぼる、過去のベンチャー投資家たちは、自分の運用成績は競争に勝つような一握りの企業が投資先に含まれているかどうかに左右されることを十分に理解していた。

ティールは分析をさらに進め、これはより広く起きている現象の一部だと認識した。「パレートの法則」、別の呼称では80対20の法則を生み出したヴィルフレド・パレートの言葉を引用して、自然界と社会では、富の偏在など根本的に不平等な結果が一般的に観察できるとした。パレートが執筆活動をしていた20世紀初め、イタリアでは人口の20%にあたる人々が全体の土地の80%を所有していた。身近なところでは、パレートの庭で収穫されたえんどう豆のさやの20%から、全部の豆の80%が採れた。ティールは続けて、同じく最も被害が甚大な数回の地震が、ほかの小さな地震を全部集めたものより何倍も強力だとした。また、いくつかの大都市を選んだだけで、残りの小さな町をすべて合わせたものよりも大きくなると指摘した。

したがって、ベンチャーキャピタルの1件の投資が、そのVC全体の投資の結果に決定的な影響を及ぼすのは、珍しい出来事ではなかった。むしろ、一種の自然の法則であり、ベンチャーキャピタリストたちが従う法則そのものだった。過去、現在、そして確実に未来において、一つのスタートアップがあるニッチな領域を独占してしまい、何百万社に達する、差別化できていない残りの競争相手全体を上回る価値を獲得することになるという。[39]

ティールはこのようにして得られた理解から、何が示唆されるかを秩序立てて考え抜いた。過去のベンチャー投資家たちは、ホームラン狙いというこのビジネスの特徴を、リスク・テイクを正当化する根拠としてきた。ファンドに利益をもたらすのは、一つないし二つの大ヒットであるため、失敗する企業を支援してしまった多くの事例をリミテッド・パートナーたちは許容すべきだとされた。

ティールはここで終わらずに、べき乗則の観察から追加的な教訓が導かれるとした。それは因習を打破するような主張だった。ベンチャーキャピタリストは創業者に対する指導を止めるべきだと説いたのである。ロック以降のベンチャー投資家たちは、スタートアップへのコーチングと助言に大きな誇りを持っていた。ベンチマークのようなVCにとっては、ビジネスを支える不可欠な要素でもあった。2000年のある調査では、コーチングと助言の重要性は後退しているどころか、ますます大きくなっていた。モア・ダビドウというVCでは5人のパートナーが投資先企業の中に入って、フルタイムで経営支援にあたった。ボストンのチャールズリバー・ベンチャーズでは6人以上のスタッフがスタートアップ向けに経営幹部の人選、設備のリース、契約関連の法務サービス、その他の支援を受け持った。ハーバード大学ビジネススクールのポール・ゴンパースはこれらの展開を進歩と受け止めた。「職人芸からビジネスへと向かうベンチャーキャピタルの進化だ」と彼は表現した。[40]

しかし、ティールに言わせれば、進化という認識は的外れだった。べき乗則に従えば、重要な企業は例外的な外れ値でなければならなかった。シリコンバレーで本当に支援に値する新興企業は、どの年でもほんの一握りしかなかった。[41] これらの傑出したスタートアップの創業者たちは必然的に極めて才能に恵まれているため、VCのコーチングを多少受けたところで、彼らの業績にはほとんど変化は生じないと考えられた。[42]「投資先の中で最も優れた業績を上げている企業をよく見れば、一般的に言って、我々の関与が最も少ない企業ばかりだ」とファウンダーズ・ファンドのパートナーの1人は率直に述べている。[43] 賢明な助言を与えることは、ベンチャー投資家側の自己満足かもしれなかった。VCの職人芸とは、ダイヤモンドの原石を探すことであり、時間をかけてそれを磨くことではなかった。[44]

ティールはこれでも挑発が不十分かのように議論を押し進めた。VCによるコーチングが何らかの違いを生み出すまで続けた場合、その違いとは、むしろ否定的なものになるかもしれないとティールは主張した。VCが自分たちの手法を起業家に強要するとき、彼らは暗黙の裡に実証済みの常套手段が、既成概念にとらわれない実験に打ち勝つことに賭けているからだった。アクセルとクライナー・パーキンスの投資姿勢を区別する以前からの言い回しを援用するなら、ベンチャーキャピタリストはこのとき事前の準備を怠らない「準備された心」を持つほうが、新しいものをありのまま受け入れることよりも優れていると言っているに等しかった。

しかし、べき乗則を認め、一握りの本当に独創的で逆張りのスタートアップだけが成功する運命にあると規定するなら、各社の特異性を抑圧することは理にかなわない行為だった。むしろVCは、大多数とは異なる唯一無二の創業者を積極的に迎えるべきであり、創業者はとっぴであればあるほど望ましかった。変わり者ではない創業者はあまりに普通のビジネスを作り出す。そのような創業者は良識的な事業計画を思いつくかもしれないが、良識的であるということは、ほかの人々も着想する程度の事業計画だということだ。これでは結果的に、あまりに多くの企業がひしめき合う、競争の激しい、大きな儲けの出ない領域に向かうことになる。[45]

最良のスタートアップの創業者たちが、しばしば傲慢だったり、人間嫌いだったり、狂人すれすれだったりするのは偶然ではないとティールは続けた。ペイパルの初期の従業員6人のうち4人には高校生時代に爆弾を製造した経験があった。[46] イーロン・マスクは最初のスタートアップの利益の半分をレーシングカーに注ぎ込んだ。その車の助手席にティールを乗せて衝突事故を起こしたとき、マスクは保険をかけていなかったと笑っただけで済ませた。そのような極端でエキセントリックな様子は実際には良い兆候だとティールは強調した。VCは創業者の不適合を称賛すべきで、社会に順応するよう導くべきではないという。

ファウンダーズ・ファンドは設立の数年後に、配車サービスの新興企業ウーバーへの出資を拒否するという高くつくミスを犯した。同社のやんちゃ坊主のような創業者のトラビス・カラニックがハウリーとノゼックを遠ざけたからだった。ウーバーが満塁ホームラン級だと分かったとき、ティールは「我々は奇妙だったり、過激だったりする創業者にもっと寛容であるべきだった」と記した。[47] ノゼックも「我々はろくでなしに2度目、3度目のチャンスを与える必要があるだろう」と深く悔やむように認めた。[48]

ティールは風変わりな天才を抑圧してはならないとして、VCが創業者を指導することに反対したが、そのような出しゃばりを嫌う理由はもう一つあった。投資する側の観点に立てば、積極行動主義に伴ってかなりの機会費用が発生することだった。投資先企業の指導で日々を過ごしているベンチャーキャピタリストには、次のまとまった投資の機会を探す時間がなくなってしまう。あるとき、ルーク・ノゼックはパワーセットという投資先のトラブルにかかりっきりになった。

CEOが退任してしまい、会社を是が非でも売却することになった。「私は多大な労力を注いだものの、稼ぎは10万ドルほどだった」とノゼックは後悔しながら振り返った。パワーセットで手がいっぱいだったため、彼はフェイスブックやツイッターをはじめとするほかのチャンスを追求できなかった。「あまりに忙しすぎて、人と会えずに終わった」[49]

ティールはそのいかめしく、重々しい態度から超然とした文献研究の哲学者のように見えることがあった。相手をはっとさせる極論的な表現にまとめる傾向もあり、複雑な現実をほとんど無視しているにもかかわらず、無表情で確信を持った口調で説明した。また、エキセントリックな慈善的活動に少しばかり手を出すことを好んだ。例えば、政府の管轄外である公海にリバタリアンのユートピアを築く「シーステディング」という海上自治都市構想、さらには加齢を克服するプロジェクトや、著しく高い知的能力に恵まれた学生を大学から中退させる取り組みなどである。

そして、ジョージ・ソロスと同様に、自分自身の哲学的な信念を実際の投資に結びつける度胸があった。ロンドン・スクール・オブ・エコノミクスで学んだソロスは、人間には認識に限界があるため、真実を安定的に理解することができないという考え方に到達していた。そこでソロスは、人間の不完全な認識が引き起こす金融市場のブームと破裂の循環が加速するなかで、果敢に投機的な取引を展開することになった。[50]

べき乗則が示唆するものを吸収したティールは、それらを自分のVCの運用に体系的に取り入れた。ファウンダーズ・ファンドは、どれほど投資先のスタートアップの創業者が異様な振る舞いをしようとも、決して追い出さないと決めた。15年経っても同VCはこの原則を忠実に守っていた。[51]実際、ファウンダーズ・ファンドは投資先の取締役会での票決で一度たりとも創業者と異なる行動を取らなかった。また、大抵の場合、取締役会のメンバーに加わらなくても満足していた。これはドン・バレンタインとトム・パーキンスが確立した投資先に積極的にかかわるハンズオン型の伝統に対する大胆な反転の試みだった。

破天荒な創業者に信を置くティールは、VCのパートナーも慣例にとらわれることのない人物を選んだ。ルーク・ノゼックとの最初の会話での話題は、将来、医学的に蘇生が可能になることを願って、ノゼックなら死後どのように冷凍保存されたいかということだった。このときのやり取りは、ティールがノゼックをパートナーとして歓迎することの障害にはならなかった。同じく、ショーン・パーカーは法的なトラブルを抱えていたものの——業界の実力者のモーリッツとのもめごとは言うまでもないが——ティールは受け入れた。

そして、ファウンダーズ・ファンドは合意を重視する発想を排除し、業界の慣行である月曜日のパートナーシップ会議も採用しなかった。サンドヒル・ロードの伝統である連帯責任に代わって、斬新な分権化を進めた。ファウンダーズ・ファンドの投資担当者は独自に案件を調整し、少額の小切手は互いに相談することなく切っていた。比較的大型の案件では協議が求められたが——金額が大きくなるほど、より多くのパートナーの同意が必要だった——最大の投資案件でも、過半数の賛成は推進の前提条件ではなかった。パートナーの1人は「通常、強い確信を持つ誰かが拳でドンと叩いて『これは実行しなければならない』と言わなければならない」と要約した。[52]

ソロスと同様に、哲学的な関心を持っていたからこそ、ティールは並外れた積極姿勢でリスクを取ることに平気だった。ソロスの長年のパートナーで分身でもあったスタンレー・ドラッケンミラーは、ソロスの非凡な才能の本質は、巨額でタイミングの良いギャンブルにあったと観察した。ソロスは市場の方向性を、ほかのトレーダーよりも頻繁に正しく見立てていたわけではなかった。ソロスを際立たせたのは、本当に強固な確信を抱いたときには、それに基づいてより敢然と行動したことだった。[53]

同じくティールは、べき乗則への理解を踏まえて勇気を持って行動し、正しいときに大きく賭けた。指数関数的に成長するのは、ほんのわずかなスタートアップに限られるため、堅実にしか見えないチャンスに興奮しても時間の無駄だった。ベンチャー投資では運用成績が中央値どまりでは失敗だった。ティールは大化けしそうな案件にめぐりあうと、テーブルにチップを積み上げた。1998年、彼がマックス・レフチンに賭けた30万ドルは、ベクトルシャイムのブリンとペイジへの投資の3倍の大きさだった。当時、ベクトルシャイムのほうが投資に回せる資金は多かったにもかかわらずである。2004年、ティールが切ったフェイスブックへのエンジェル投資の小切手は、ホフマンとピンカスによるそれの13倍の金額だった。分散化によってリスクを管理しようとするほかの投資家たちには、そのような集中的な賭けをする気は起きなかった。しかし、べき乗則が支配する世界では、少数の確信のある賭けのほうが、多数の拡散した中途半端な賭けよりも優れた結果をもたらすのは間違いないとティールは見ていた。[54]

ティールは自分たちとの比較対象として、同じく新興ＶＣのアンドリーセン・ホロウィッツ――本書で後に詳しく取り上げる――をめぐる物語について話すことを好んだ。２０１０年、アンドリーセン・ホロウィッツはソーシャル・ネットワーキングのアプリの開発会社インスタグラムに25万ドルを出資した。この投資はいくつかの指標では見事なホームランだった。フェイスブックが２年後に10億ドルでインスタグラムを買収し、アンドリーセン・ホロウィッツは７８００万ドル、すなわち３１２倍のリターンを獲得した。

しかし、別の指標をあてはめれば、惨敗と言えた。アンドリーセン・ホロウィッツは総額15億ドルのベンチャー投資ファンドからインスタグラムに出資しており、この７８００万ドルの払い戻しを19回実現してようやく全体の収支が合う計算だった。多数の企業を支援して、成功事例が出てくることは、自尊心には良いことだが、残忍な真実はインスタグラムへの出資額があまりに少なく、ビジネスとしては、せっかくの機会を無駄にしたということだった。

対照的にファウンダーズ・ファンドでは、２００７年にフェイスブックへの追加出資のチャンスが回ってくると、沸き立った。ノゼックは手持ちのチップすべてを賭けることにした。彼はファウンダーズ・ファンドのリミテッド・パートナーに電話をかけて、フェイスブックに特化した投資の受け皿である特別目的事業体に追加の資金を投入するよう説得した。さらには自分の両親の退職金を全額、フェイスブックに投じた。[55]

時間が経つにつれて、ティールは新しい種類のリスクを受け入れるようになった。大金の小切手を切ることに加えて、より大胆なプロジェクトを支援するようになった。ファウンダーズ・ファンドの設立から数年後、自分は「世界を変える可能性を本当に秘めた、いささかリスクのある、型破りな企業」を追いかけるつもりだと説明した。[56] 時流に乗るソフトウエア分野に閉じこもらずに、より重要で収益性も高いが、まだあまり注目されていない分野にいる、ムーンショット型の企業を応援することにした。２００８年、ティールはこの約束を果たす機会を得た。

ティールはある友人の結婚披露宴で、ペイパルでライバルだったイーロン・マスクと鉢合わせした。ティールの味方がマスクをペイパルから追い出した経緯から、2人の関係は必ずしも友好的ではなかった。しかし、マスクはその出来事から立ち直り、ペイパル株を手放して得た資金をスタートアップ2社に投じていた。電気自動車を製造するテスラと、宇宙空間への輸送コストを劇的に削減して、火星の植民地化をも可能にするという野望を抱くスペースXだった。この結婚披露宴という場で、マスクはティールに対してスペースXへの出資を受け入れる用意があると告げた。

「喜んで」とティールは言った。「互いに矛を収めよう」[57]

ティールはパートナーたちに電子メールを送り、５００万ドルという比較的控えめな投資額を提案した。ショーン・パーカーは宇宙旅行が自分にとってあまりに遠くにあるものだとして、そのアイデアに乗るつもりはないと返答した。ノゼックの反応は違った。ファウンダーズ・ファンドのビジネスが月に向かってロケットを打ち上げるようなムーンショットの支援にあるのなら、火星を目指すマーズショットは確かに魅力的だとした。

ノゼックはスペースXの経営を精査するデューデリジェンスの作業を開始した。「これがうまくゆくかどうかは誰にも分からなかった」とケン・ハウリーは当時を振り返った。「ロケットがことごとく爆発していた」とつけ加えた。[58] また、ノゼックが調査を進めている間に、スペースXに対するほかの支援候補が撤退した。さらにもう一つの候補に至っては、ティールとパートナーたちが正気を失っていると記した電子メールをうっかりファウンダーズ・ファンドに同報で送ってきた。[59] それでも、ノゼックは信じようと決意した。宇宙を飛行する技術は1960年代に大きな進歩を遂げたが、その後はほぼ横ばい状態だった。1キログラムの質量を宇宙に打ち上げるコストは2000年になっても1970年と同じだった。カギとなるのは、スペースXが科学の発達を利用してフロンティアへと道を開けるかどうかだった。マスクのロケットは爆発したが、エンジニアたちがその理由を理解しているかどうかもポイントだった。失敗から学ぶなら、それはボーナスになる。さらに、マスクこそまさに傲慢な天才だった。ファウンダーズ・ファンドが自分たちの理論に従うなら、マスクが自分のレーシングカーを無保険のまま衝突させてしまったことを笑い飛ばした事実は、彼を支援する理由になった。

2008年7月、スペースXの3度目のロケットの打ち上げが失敗した直後、ノゼックはティールを説得して、マスクに対して2000万ドルを賭けさせ、彼の会社の持ち分の4%を受け取った。10年後、スペースXの評価額は目もくらむ260億ドルに上った。この案件などを通じて、ファウンダーズ・ファンドはトップクラスの運用成績を誇るVCとしての地位を確立した。そして、経営に介入しないハンズオフ型で、ハイリスクを志向する、極端に逆張りのスタートアップに対するアプローチが有効であることを実証した。[60] 従来型のVCにとって警告は明らかだった。グーグルの2人が始め、ザッカーバーグのパジャマ姿の悪ふざけによって劇的な形で表現された若者たちの反乱は、ティールと彼のファンドによってとうとう制度化された。そして、このティール効果は、既存の秩序に対するまた別のカルト的な批評家が、ほぼ同時期に立ち上げたもう一つのVCによって強化された。

＊

これまでのベンチャー投資のあり方に対する第二の挑戦は、「VCが最悪なわけを説明する統一理論」を掲げるハッカーにしてブロガーであるポール・グレアムのVCが突きつけた。ティールと同様にグレアムは、ベンチャーキャピタリストたちが何について間違っているのか、強い確信を持っていた。しかもティールより踏み込んで、それらの間違いの修正に理屈はほぼ後回しで着手した。

パジャマ姿の悪ふざけから数カ月後の2005年3月、グレアムはハーバード大学の講堂

305エマーソン・ホールに現れた。学内のコンピューター好きが集まる団体主催の講演会だった。演題は「スタートアップの始め方」で、定員を超える100人ほどが詰めかけた。学生たちはグレアムが書いたプログラミングと生活に関する思索を読み、彼と同じように会社を興したがっていた。[61] グレアムが罫線のある黄色い紙のシートに書いたメモをそろえている間、ささやき声すら聞こえなかった。[62]

グレアムは講演をお気に入りのテーマに沿って進めた。良いアイデアを持つハッカーにはビジネスを始める資格がある。ベンチャー投資家に任せてはいけない。創業者に必要なのは家賃と食料品をまかなうための少額の現金だけ。そして、理想的にはその現金は、スタートアップを立ち上げた経験があるエンジェル投資家、つまり助言と仲間意識を提供してくれる人物から得るべきだと話した。

グレアムは、その誰かとはグレアム自身のような人物のことだと聴衆が考えているに違いないと感じた。全員から見つめられているような、ヒリヒリする感覚に突然、襲われたからだ。「彼らがこぞって、私に事業計画を電子メールで送りつけてくる恐ろしい光景を思い描いていた」と後日語っている。投資を要請された場合の法的な手続き、そして管理面の作業の煩わしさに身震いしたグレアムは、ここで聴衆の視線を遮断した。「私ではありません。違います」と強調した。彼は若きコンピューター科学者たちに尊敬されるのを大いに楽しんだが、ベンチャーキャピタリストになるつもりはなかった。[63]「100人の失望したコンピューター・マニアたちの一斉にうなる声がこだました」とある学生が後に書いている。[64]

講演が終わると、グレアムはファンに取り囲まれた。バージニア大学の2人の学生たちは14時間かけて列車に乗って聞きにやってきた。1人目は楕円形の眼鏡をかけた痩せた金髪の青年で、グレアムにサインを求めたが、あまりにも畏敬の念を抱いている様子で、多くを語らなかった。2人目は背が高く、ひょろっとしていて、プログラミング言語のＬｉｓｐに関するグレアムの著作のうちの1冊を取り出し、サインを頼んだ。

グレアムの笑みがこぼれた。プログラミングについての自著に署名を求められたのはこれが初めてではなかった。

背の高い青年にはもう一つの願い事があった。グレアム博士のために飲み物を買い、自分と友人が構想しているスタートアップについて話す時間はあるかと尋ねた。

うれしく思ったグレアムは壇上での決意を一瞬忘れて、その日の夜に会うことに同意した。「はるばるバージニアから来たきみたちに、ノーとは言えないね」と答えた。[65]

グレアムは少し遅れて待ち合わせ場所に到着した。ゆったりとしたポロシャツにカーキ色のショートパンツという装いだった。一行はカフェ・アルジェという店のテーブルの周りに座った。ひよこ豆の料理フムスが給仕されると、背の高いほうの青年が話し始めた。彼がアレクシス・オハニアンで、友人がスティーブ・ハフマンだった。彼らが取り組もうとしていたのは、レストランの業務の流れを変えることであり、お客がテキスト・メッセージで料理を注文できるプログラムの開発を検討していた。
オハニアンの口上が5分続いたところでグレアムがさえぎった。突然、大きな声で「これは行列がなくなるということと同じだ」と叫んだ。小さなプロジェクトから大きなアイデアを切り出した瞬間だった。「誰ももう二度と列に並ぶ必要はない！」。レストランでの注文とモバイル通信の発展の歴史を結びつけたグレアムは、学部生の2人により大きなスケールで考えるよう促した。彼の知識を共有することは、2人にとってとてもスリリングだった。
4日後、グレアムとガールフレンドのジェシカ・リビングストンは大学キャンパスに近いハーバードスクエアで金曜日の夕食をとったあと、自宅へと歩いていた。ほとんど春の時期にもかかわらず、学園都市ケンブリッジの気温は氷点をわずかに超えた程度だった。いつものおしゃべりが続いた。リビングストンはあるベンチャーキャピタルのマーケティング担当職に応募し、返事を待っているところだった。一方、グレアムはカフェ・アルジェでの出会いがまだ新鮮で、自分がエンジェル投資に引きつけられていると感じていた。ベンチャーキャピタリストになることは控えていたものの、若き創業者たちへの指導は社会への還元の一つの方法だった。「私はスタートアップの経験者は少なくとも若干のエンジェル投資をするべきだと常に考えていた」と後に回顧している。「もし、誰もスタートアップに投資してくれなかったら、彼らはいったいどのようにして事業を始めたらよいのだろう」[66]
カップルが斑点のあるレンガの歩道を進んでいる間に、アイデアが固まった。2人で一緒にエンジェル投資の会社組織を立ち上げるというものだった。リビングストンは回答待ちのベンチャーキャピタルの代わりに、そこで働き、グレアムが非常に魅力的ではないと感じた管理や法務を引き受ける。そして、グレアムは創業者の経験を生かして次の勝者選びを進める。これは完璧なパートナーシップに思えた。[67]

次の数日をかけて2人はまったく新しいシード投資の計画をまとめた。それはグレアムが主流のベンチャーキャピタルで見た穴を埋めるものだった。新種のソフトウエア会社の創業者たちが必要としていたのは、食料品を買えるだけの現金、それに加えてプログラミング作業の孤独を和らげてくれる指導と仲間意識だけだった。またグレアムとリビングストンの計画では、あちこちに散らばるエンジェルたちのその場その場の衝動に頼るのではなく、組織だって投資を進めることにした。事務所を構え、従業員を配置し、標準的な手順を定めた。グレアム自身が10万ドルを拠出し、彼と共にソフトウエア会社のヴィアウェブを創業したもう2人が5万ドルずつ積んだ。そしてグレアムは自分のブログで余計な飾りを省いて10ポイントのヴァーダナの書体で計画を正式に発表した。太字のタイトルには「サマー・ファウンダーズ・プログラム」とあった。

グレアムは当初、この計画を従来型の大学生向けの夏季アルバイトを置き換える実験的な試みだとうたった。参加者はアルバイト代ではなく、プログラミングを3カ月間続けていくための費用としてそれぞれ6000ドルを受け取った。彼らは実践的、そして精神的な支援も得た。このグレアムとリビングストンの事業はYコンビネーターと命名され、スタートアップの法人登記、銀行口座の開設、特許への対応などを後押しした。グレアムと数人の友人たちは若きハッカーたちのプロジェクトに意見し、週に1度程度は夕食会を開いて、彼らが互いに知り合う機会を提供した。一連の対価としてYコンビネーターは彼らの小規模な会社の株式、通常は6％を取得した。[68]グレアムはこの夏季プログラムを暫定的な取り組みと位置づけていた。しかし、Yコンビネーターが一度に複数のチームに投資しているうちに、何が機能し、何がそうではないかが分かってきた。そして、起業家をひとまとめにして対応するこの「バッチ処理」は、実に効果的だと判明した。[69]集団は互いに支え合い、グレアムとリビングストンの負担軽減につながった。Yコンビネーターとしてもスタートアップを一つのグループとして面倒を見ることができた。講師を夕食会に招いて、支援対象の起業家全員に体験談や助言を聞かせた。そして起業家たちを特定の日に集めて、Yコンビネーターに続く資金提供者となる可能性がある投資家向けに実演して売り込むデモ・デーを開催した。これまで誰もこのようなやり方でエンジェル投資を組み立てることを構想していなかった。[70]

2005年4月、リビングストン、グレアム、そしてヴィアウェブのもう2人の共同創業者は、グレアムが購入したばかりの元キャンディ工場に集まった。5カ所の天窓、明るい白の壁、そして、まばらに置かれた前世紀の半ばに流行したデザイン（ミッドセンチュリーモダン）の家具が特徴だった。正面のドアは柿色に塗られていた。

ここを会場にグレアムとその仲間たちは面談を実施した。応募のあった227件から選り抜きの20チームが対象だった。45分ずつのセッションでは、呼ばれたチームは次々に浴びせられる質問に巧みに受け答えしなければならなかった。ヴィアウェブの創業者のロバート・モリスが気難しい聞き手の役割を演じた。グレアムは眉間にしわを寄せ、下唇を突き出したモリスの似顔絵をホワイトボードに描き、「それは決してうまくゆかない」というキャプションを添えた。それでも、いくつかのチームの構想は首尾よく進みそうだった。スタンフォード大学からやってきた落ち着きのあるサム・アルトマンは、19歳の実年齢以上に賢く見え、後にグレアムの後継者として、Yコンビネーターを主導することになる。バージニアのハフマンとオハニアンもいた。この2人はやがてレストランの予約システムを捨て、レディットというニュースサイトを選好し、Yコンビネーターにとっては最初の大きな利益が出たエグジットとなった。合わせて8チームが投資対象として残った。合格率は3・5％で、ハーバード大学メディカルスクールと同等だった。

選ばれたチームは、家賃を支払い、ピザを買うには十分なだけのお金――そのほかには、あまり費やせないが――をもらって、一心不乱に働いた。グレアム自身がヴィアウェブの立ち上げの際に実践していた、昼夜を分かたずプログラミングを続ける生活を再現した。一息つくのは火曜日の夜だった。プログラマーたちは夕食に集まった。グレアムはキャンディ工場を改装した建物のキッチンで腕を振るった。缶詰の中身を電気調理器に入れ、かき混ぜて、愛情を込めて「グロップ（ドロッとしたもの）」という名前の料理にした。この「夏季アルバイト」たちは、歩き回って互いのプログラミングの進捗状況を比べ合い、レモネードやリビングストンが得意なミント入りのアイスティーを飲んだ。[71] やがて彼らは天窓の下に置いた長いメラミン化粧板のテーブルの両脇の不安定なベンチに腰を下ろした。[72] グロップでお腹がいっぱいになった彼らは、グレアムが呼んだ外部の講演者に耳を傾けた。驚くことではなかったが、講演者はしばしばグレアムの見解を増幅して話した。ある人物の場合、グループとの議論のためのスライドに次の問いを掲げた。「ベンチャーキャピタルは、魂のないサタンの手下か、それともただの不器用な婦女暴行犯か[73]」

数年後、Yコンビネーターはパロアルトに移転し、グレアムはスタンフォード大学でのイベントの講演者として、ほかならぬマーク・ザッカーバーグを招いた。かつてワイヤーホッグのプレゼンテーションを行った彼は、立ち上がって新世代が共有する信念を表明した。「若い人々こそもっと賢い[74]」

＊

孫正義による成長期のベンチャー企業に対する小切手攻勢、ベクトルシャイム流のエンジェル投資の拡散、そしてピーター・ティールのハンズオフ型の投資に続いて、Yコンビネーターが伝統的なベンチャーキャピタルにまた一つの課題を突きつけた。既存のVCの欠点を診断したグレアムは、ソフトウエア分野の発足間もないスタートアップに、多額の小切手を渡すことは有害だとの判断から、個々の投資を少額にとどめた。そして、小規模なベンチャー企業をひとまとめで支援する発想に到達した。ハッカーを創業者に変えるための、気取らない、邪悪さを排した進め方を編み出した。グレアムの考えでは、この新しい投資の手法は従来型のベンチャーキャピタルとは根本的に異なっていた。彼は起業家たちと会い、その才能を利用しただけではなかった。彼はティーンエイジのプログラマーを集め、起業家精神を培っていた。

グレアムはこの錬金術をプログラミングの専門用語で表現した。世界経済に対する「ハック」、つまり分析して改良を加えることである。ハッカーはコンピューターを動かすコードの広がりの中から、素晴らしい近道を見つけ出す。グレアムも人間社会を研究して、ささやかな微調整で、もっと効率的に運営できることに気づいた。「会社を始めることができそうな何千もの聡明な人々がいるのに、実際には実現していない。適切な場所に、比較的小さな力を加えるだけで、我々は世界をスタートアップの新しい流れで驚かすことができるはずだ」と彼はYコンビネーターの設立から1年経った2006年に書いている。

次々とスタートアップが出てくることが望ましいのは、さらなる富が作り出されるからだけではない。若きハッカーたちに、より完全な自由を与えるというシグナルを発するからだった。「私が大学を卒業した1986年には基本的に二つの選択肢しかなかった。仕事に就くか、大学院に進むかだった。今は第三の選択肢がある。自分の会社を興す、である」とグレアムは記した。「行く道が二つから三つに増えるという変化は、数世代に一度しか起きないような社会的な大転換である。これがどれほど大きな衝撃を及ぼすのか予測は難しい。産業革命と同じくらいだろうか」[75]

もちろん、ハッカーの自由を擁護する発想は、全面的に新しいものではなかった。むしろ、草創期のベンチャーキャピタルが訴えていたことの拡張版だった。アーサー・ロックは、ヒエラルキーを内側に抱えた企業組織の中で窒息していたかもしれない才能を解放した。グレアムは企業組織に加わる前に、人々は自分自身を開放できるのだと説いたのである。グレアムはそのメッセージを、いくつかの奮い立たせるようなフレーズにまとめた。自分のために働く。自分のアイデアの価値を把握する。はしごを登るのではなく、自分の下のはしごを伸ばす——。「隅々まで統制され、階層のある20世紀半ば以降の企業組織は、より小さな企業組織のネットワークに取って代わられつつある」とグレアムはスタートアップを称賛した。その革新的な優位性はアナリー・サクセニアンが学術的に突き止めている。[76] ソフトウエアの存在感がますます大きくなる時代には、グレアムが認識していたように、小規模な企業組織がこれまで以上に増えていく。スタートアップのネットワークは、企業と市場の間のどこかに位置して、資本主義的な機構の第三のカテゴリーを形成することになる。これはおそらく規模の変化という意味での産業革命にあたるだろう。

このように発展的な見方をするグレアムは、投資の枠組みも広げていった。夏季イベントの第一弾が成功すると、グレアムとリビングストンはこれを西海岸に移植した。投資対象として受け入れるチーム数を増やしたほか、新たな試みを加えた。支援する個々のスタートアップへの拠出金を追加し、対象を非営利事業に取り組むスタートアップにも拡大し、スタンフォード大学でカンファレンスを開催した。

このプログラムのうわさが浸透するにつれて、何十もの模倣する事例が現れ、中にはグレアムの進め方に巧みな修正を加えるケースもあった。２００６年にテックスターズというライバルがコロラド州ボルダーで旗揚げし、数年でボストン、シアトル、そしてニューヨーク市に広がった。07年にはヨーロッパでグレアムのアイデアを具現化したシードキャンプがロンドンで開始された。18年にはYコンビネーター（ＹＣ）の卒業生で、後にＹＣのパートナーになるダニエル・グロスがパイオニアという名前のオンラインでスタートアップを支援する組織（アクセラレーター）を立ち上げた。パイオニアはテクノロジーの中心地から遠い途上国の起業家たちにもＹＣに似た体験を提供することを目的としていた。

また、プログラマーが孤立してしまい、志を同じくするパートナーを見つけにくいことが、起業家精神の発露の障害となっていると考える新しい投資会社のアントレプレナー・ファーストでは、一種のお見合いサービスを始めた。同社は既に出来上がったチームではなく、個々のプログラマーをＹＣの方式に似たプログラムに登録させて、協力相手を見つけるよう促した。アリス・ベンティンクとマット・クリフォードという若きカリスマ性のある2人のイギリス人が率いるアントレプレナー・ファーストは、たちまち拠点をロンドン、ベルリン、パリ、シンガポール、香港、そしてバンガロールに展開した。

要するに、Ｙコンビネーターという事例と、より広範な若者たちの反乱は、ベンチャーキャピタルが新たな局面を迎えたことを示していた。元々は広い知見を持つゼネラリストの投資家たちで構成していた業界が、やがてアクセルのような専門性の高いスペシャリストたちも主役にし、そして今、シード、アーリー・ステージ、グロース（成長期）の3段階それぞれに焦点を合わせた投資家たちに分かれようとしていた。その一方で、ベンチャーキャピタリストたちは創業者たちに経営判断を任せつつあった。VCではバレンタインやパーキンスのような介入型のハンズオンの投資が後退し、ロック方式の才能を解放する姿勢がより前面に出てきた。

もっとも、新しい発想には限界もあった。ピーター・ティールのべき乗則に基づく理論は、行き過ぎの可能性があった。ジェネンテックからシスコまで、またそれ以降も、ハンズオンで臨むVCが投資先企業に成功をもたらした実例は多かった。同様に、威圧的で高額の小切手を見せびらかすベンチャーキャピタリストをポール・グレアムが批判したことも、彼が小規模なソフトウエア会社に対する投資について語る限りでは正当化できる。それらの企業は管理が容易で、資金需要も少ない。しかし、大きく成長しつつある企業でも、依然として指導や資金は必要だった。

この最後の留意点が、実は重要であることがその後の数年で判明する。シリコンバレーの一部の企業は、あまりに巨大化し、何十億ドルという資金を使い、何千万人もの消費者に商品やサービスを提供するようになった。そしてしばしば投資家による厳しい監督を必要としたが、若者たちの反乱によって引き起こされた文化的な変化も手伝って、これらの大きくなりすぎた企業は常に監督を受けることができたわけではなかった。

第10章

中国へ、そしてかき回せ

To China, and Stir

2004年末、マーク・ザッカーバーグとショーン・パーカーがセコイアをあざけっていたころ、ゲイリー・リーシェルという名前の屈強なベンチャーキャピタリストが上海の黄浦江《こうほこう》のそばに建つ高層のオフィスビルに到着した。リーシェルはほかの大半のアメリカのテクノロジストよりも国際性に富み、ブームを迎えるとどのような香りが漂うのかも知っていた。彼は1980年代の高揚した時代の日本で仕事をし、90年代には熱狂のシリコンバレーで孫正義のベンチャー投資ファンドを運用していた。そして、シリコンバレーのブームが破裂すると、高度成長のアジアに再び焦点を合わせた。今、この47階にある豪華なオフィスから外に目を向けたリーシェルの息が一瞬止まった。見えていたのは建設用のクレーンばかりだった。あたかも竹が生えるかのように、鉄とガラスでできたタワーが上海のあちこちに何マイルにもわたって立ち上っていた。これまでの旅で、これほどの活気を目撃したことはなかった。黄浦江は溶けたお金の流れで、この街を富で潤している——。そのようなイメージが突然、彼の脳裏に浮かんだ。[1]

リーシェルは6カ月の家族旅行で上海にやってきたが、すぐに滞在を続けるべきだと決意した。そして、黄浦江の河岸のこの高層ビルにオフィスを借りた。法的な効力はなかったものの、署名欄に押して使う漢字のハンコを露天商に買い求めた。リーシェルはかつての人脈を復活させた。その1人がシスコシステムズで一緒に働いていたころからの知り合いのデュアン・コアン（鄺子平）だった。スタンフォード大学でエンジニアリングを学んだコアンは、生まれ故郷の中国に戻り、インテルのための投資ファンドを運用していた。リーシェルと組んで中国に特化したベンチャー投資事業を始めることに同意し、2人はそれをチーミン（啓明）と命名した。2005年末にかけて2人はアメリカからリミテッド・パートナーを獲得し、資金を集めようとした。

リーシェルはシリコンバレーの標準的な流儀にならって、地元の技術関連のコミュニティと親しくなるためのあらゆる機会を利用した。彼は社交的で、相手を愉快にする存在であり、しかもアジアではどのように振る舞うべきかを分かっていた。もちろん、自分が地元の人間だと感じることはなかったが、50歳に近づきつつあるテクノロジストとして、その経験を踏まえて貢献できそうだった。[2] 実際、上海のスタートアップの創業者たちは彼から熱心に学ぼうとし、驚くほど精力的だった。リーシェルの電話は夕食を済ませたあとになっても鳴った。このにぎやかな街では、どこかの誰かがいつも面会を求めていた。

「いつがよいでしょう」とリーシェルが尋ねると、「今からです！」と、あたかも当然のような口調で返事があった。

すると、リーシェルは自分の車に乗り込むことになった。次の超高層ビルの建設や地下鉄の延伸などで、どこまでも続く工事現場を通り過ぎた。面会は午後10時ごろから始まり、翌日の午前1時まで長引くこともあった。スタートアップの業種はハードウエア、ソフトウエア、医療分野、そしてあらゆるタイプの電子商取引に広がっていた。中国の経済は年率10％で成長し、インターネットの利用はそのおよそ2倍の速さで拡大していた。チャンスはあらゆる場所にあった。[3] 普通の中国人がコンピューター、モデム、携帯電話を所有し、そして可処分所得は両親には考えられなかったほど多額になった。リーシェルは「あとは、資本を振りかけて、かき回すだけだった」と後に語っている。[4]

これは世界の産業の歴史において、めったに起きない瞬間であり、ほかのテクノロジー企業の集積地の成果がまちまちなことを考え合わせれば、なおのこと類いまれな瞬間だった。シリコンバレーがライバルの日本とボストンを凌駕した１９８０年代以降、シリコンバレーの成功を模倣しようとする無数の試みが行われ、その大半を自治体、もしくは国の政府が後押しした。90年代後半までにアメリカだけでもシリコンデザート（アリゾナ州フェニックス）、シリコンアレー（ニユーヨーク市)、シリコンヒルズ(テキサス州オースティン)、シリコンフォレスト(シアトルおよびオレゴン州ポートランド)をそれぞれ作り上げる取り組みが注目された。イスラエル、台湾、インド、そしてイギリスが同様の振興策を始め、エジプトはピラミッド・テクノロジー・パークという構想を掲げた。[5]「シリコン」何々を目指す国家・都市の中で最も成功した事例でも、オリジナルに匹敵するには程遠い水準にとどまった。

イスラエルはエンジニアリング分野に卓越している伝統と、ベンチャー投資ファンドに対する賢明な政府の協力のおかげで、アメリカ以外では、抜きん出たイノベーションの拠点になった。インスタント・メッセージングからカー・ナビゲーションのソフトウエアまでの分野で躍進的な技術進歩が見られた。しかし、イスラエルの経済規模が小さいため、同国のスタートアップのクラスターはシリコンバレーの競争相手というよりは、その補完役となった。イスラエルの起業家たちは、自分の発明に期待が持てると判明したとたん、まずはアメリカのVCに支援を求め、アメリカの市場に狙いを定めた。この過程で、多くの起業家たちが本拠地を西海岸に移した。シリコンバレーの支配に挑戦するどころか、それを強化した。

リーシェルが中国で感じ取ったブームは規模が違った。彼とコアンがチーミンの設立計画を進めていた2005年、中国を対象としたベンチャー投資ファンドの資金総額は40億ドルで、アメリカで組成されたファンド全体の240億ドルに比べるとわずかだった。ところが、その後の10年で、この差は解消された。[6]この間にチーミンは合計でおよそ10億ドルを投資し、最終的に40億ドルを投資家に還元した。世界のベンチャー投資家の運用成績の上位を選ぶフォーブス誌の「ミダス・リスト」には、アメリカの著名人と並んで、中国人投資家が何人も名前を連ねるようになった。[7] アメリカの巨大テクノロジー企業のグーグルやアマゾン、フェイスブック、アップルは、それぞれ中国のバイドゥ（百度）、アリババ（阿里巴巴）、テンセント（騰訊）、シャオミ（小米）などと対峙しており、このうちシャオミは中国のスマートフォンの大手メーカーで、チーミンが支援してきた多くの成功企業の一つである。ベンチャーキャピタルに支えられたアメリカのスタートアップが、自分たちは世界を牛耳っているとの確信を持てなくなる可能性が出てきた。これは１９８０年代の日本勢による挑戦以降初めてのことだ。[8]

ある意味では、現実になっていた。リーシェルの存在そのものが示唆していたように、中国のテクノロジー・ブームは驚くほどに、アメリカの投資家たちによって作り出されたものだった。これと並行して出現した中国のベンチャーキャピタリストたちも、受けた教育、備えていた専門性、ベンチャーキャピタルに対するアプローチという点では、半ばアメリカ人だった。彼らはアメリカでトップクラスの大学で学び、アメリカ企業で働き、そしてアメリカのベンチャー投資の戦略を注意深く吸収した。

具体的には、融資をしない、出資に特化したファンドを組成し、成長段階に合わせて資金を提供し、腕まくりをして投資先に関与し、そして投資先の従業員にストックオプションを付与した。ニール・シェン（沈南鵬）は大きな実績を上げたベンチャーキャピタリストとして、フォーブス誌のミダス・ランキングに中国部門だけでなく、全世界部門でも3年連続して入った。ただし、彼はアメリカ流のイノベーションの促進策や、セコイアをはじめとするシリコンバレーのパートナーシップに挑戦状を突きつけたわけではなかった。それどころか、彼はコロンビア大学とイェール大学で学業を修め、リーマン・ブラザーズとシティバンクに勤務し、その後、セコイアの中国での事業の責任者になった。

同じく中国と深いかかわりがあるベンチャーキャピタリストで、フォーブス誌のランキングで全世界部門の上位10人に入ったＪＰ・ガン（甘剣平）、ハンス・タン（童士豪）の2人の特徴にも表れている。2人ともアメリカの大学で学び、アメリカの金融機関に勤めた。そして、リーシェルとチーミンで一緒に働き、業界のスターとして頭角を現した。中国人の有力ベンチャーキャピタリストたちの中で、部分的ながら例外として際立つのは唯一、キャシー・シュー（徐新）だけだった。彼女は中国本土で育ち、教育を受けたあとに、20歳代半ばで香港にあったイギリスの会計事務所に職を得て、その際に、西側の金融実務に触れた。

中国共産党の力が強いあまり、国内外の観察者たちはこの国の技術面での成功を、政治的指導者たちに備わっているとされる先見の明に帰す傾向がある。しかし、真実はもっと思いがけないものだ。この成功は、中国共産党の産業戦略の正当性を証明するというよりも、むしろアーサー・ロックが創造した金融モデルの勝利を示していた。

＊

そのような魔法の力を秘めた中国初のベンチャー投資は、リーシェルが上海に到着する5年前の1999年に成立した。大まかにくくれば、ロックがフェアチャイルドの8人の反逆者に資金を提供したのに似た案件だった。ちょうどロックがハーバード大学を卒業してウォール街の証券会社のヘイデン・ストーンに入社したように、彼の精神を受け継いだ早口で話す天才、シャル・シャーリー・リン（林夏如）もハーバード大学を出て、モルガン・スタンレーで、続いてゴールドマン・サックスで働いた。ロックは、ヘイデンにはスタートアップに精力的に取り組む意欲が欠けていると判断し、退社した。同様に、リンもベンチャー投資への姿勢を決めきれないウォール街の雇用主と衝突した。問題の案件は、これから説明するように、投資に消極的だったゴールドマン・サックスにとって歴史上、かなり恥ずかしい判断ミスを犯した事例となる。

ハーバード大学に16歳で入学を認められ、1年次を飛び級した台湾系アメリカ人のリンは、テキパキと仕事をこなすやり手だった。ゴールドマンでは最年少の女性のパートナーとなり、そのエネルギーと、人を引きつける力は彼女を天性のディール・メーカーにした。バイカルチュラルでバイリンガルのリンは二つの世界の橋渡し役だった。1990年代前半に引き抜きでモルガン・スタンレーからゴールドマンに移籍すると、リンはゴールドマンによる中国のディーゼル・エンジンのメーカーに対する出資計画を取りまとめたほか、中国政府に対して航空会社のリストラクチャリングと民営化について助言した。その後、ゴールドマンは彼女をアジア最大の民営化案件である国営シンガポール・テレコムの民間移行のプロジェクトに投入した。彼女自身も女性であることを理由に躊躇することはなかった。シリコンバレーに比べて、急速に発展する中国のビジネス文化は、柔軟かつ流動的であり、男性主導のボーイズ・クラブの色彩はやや薄かった。[10]

1999年、リンは期待の星というゴールドマンでの地位を利用して、新しい方向性を打ち出すことにした。アメリカの大学院を修了する中国人のエンジニアたちは、IPO（株式公開）で高揚するシリコンバレーの雰囲気にすっかり興奮して、テクノロジー系のスタートアップを自分自身で立ち上げたがっていた。彼らはビジネスのアイデアを温め、技術的なトレーニングを積み、大いなる野心を抱いていた。しかし、半世紀前のカリフォルニアの8人の反逆者と同じく、彼らには手を伸ばせば届くような資金源がなかった。中国の銀行をあてにはできなかった。中国の貸し手はスタートアップをあまりにリスクの大きな相手と見なしていた。[11] サンドヒル・ロードのパートナーシップにも頼れなかった。アメリカのVCもまた中国をあまりにリスクが大きいと受け止めていた。そこで、リンは中国に特化したベンチャー投資の受け皿を作り上げる好機が到来したと判断した。[12] やがて、ゴールドマンの香港のオフィスには、備えてある木箱がいっぱいになるほど多くの事業計画書が届き始めた。

リンはアメリカと中国の両方の長所を併せ持つ案件を追求した。会社の仕組みはアメリカ流で、シリコンバレーの法律家がすべての書類を起草する。そして、アメリカで訓練を受けた中国人がスタートアップの創業者となって、中国の広大な市場に売り込むというものだった。中国の初期のインターネットのポータル・サイトであるシナ（新浪）はその好例だった。中国の利用者をターゲットとしつつも、取締役会はシリコンバレーで開かれた。リンはソウフ（捜狐）、ネットイース（網易）というもう二つの有望なポータル・サイトも支援した。

ある日、リンはジャック・マー（馬雲）という名前の英語教師が浙江省の省都・杭州に設立したスタートアップについての情報を耳にした。リンと同じ台湾系アメリカ人のジョー・ツァイ（蔡崇信）からの紹介だった。リンがハーバード大学に在学中、ツァイはイェール大学の学部、続いてロースクールで学んでいた。２人は学生時代に台北でのそれぞれの夏季のアルバイトに向かう機中で出会った。ツァイは旅のほとんどの時間を合衆国憲法に関する教科書を読むことに費やし、リンはウォールストリート・ジャーナル紙を熟読した。[13] 後に２人ともニューヨークの一流企業や事務所に職を得た。リンは投資銀行に就職し、ツァイはエリートぞろいの法律事務所サリバン＆クロムウェルで働いた。そして１９９０年代半ば、ツァイはリンを見習って、香港で投資の仕事に就いた。杭州のスタートアップを支援すると決意したツァイは、リンにも一緒に出資してもらいたかった。

当初、リンは懐疑的な反応を示した。「（出資は）決してありませんよ」と笑いながら拒んだ。[14] 彼女のオフィスで繰り広げられる、あふれるような数の売り込みは、アメリカの著名大学の卒業生たちによるものばかりだった。地方の英語教師の計画のどこが特別だというのだろうか。しかも、ジャック・マーのプランには既視感があった。西側の企業が中国から品物を安価に仕入れることができるよう支援するサイトを開設する計画だったが、似たような説明を何度も聞いていた。仮に多少、違いがあったとしても、それほど重要ではなかった。リンは自分に近づいてきた起業家志望者たちが、それぞれの事業計画をいとも簡単に修正することに気づいていた。リンは彼らの中から誰かを選んで、マーと同じ構想を実現することさえできた。

「意欲的なCEOたちが私のもとにやってきては、よく尋ねたものでした。当社にはどのセクターに進出してほしいとお考えですか、と」。リンが回顧する。「私がコンテンツに取り組む人材をそろえてほしいと言うと、彼らはやりますと答えました」

リンがそのCEOに「でも、あなたたちはコンテンツについて何も知らないでしょう」と言い返したところ、相手は「待ってください」と言い、数日後にコンテンツに詳しい10人のチームを伴い戻ってきた。全員がスタンフォード大学の卒業生だったという。[15]

リンがツァイの提案をすげなく断ってから間もなく、リンはアジアン・ソーセズという業績が順調な会社による新たな事業計画の売り込みを聞いた。同社が手がけていたのは、業種別の連絡先をまとめたイエローページ事業（日本のタウンページに相当）だった。アメリカの大手小売業は中国から品物を調達する際に、アジアン・ソーセズを利用していた。同社は今回、オンライン版の事業の立ち上げを計画し、まだ従業員を1人も雇っていない段階で、厚かましくも17億ドルの評価額を要求した。この桁外れに大きい金額にもかかわらず、ゴールドマンは支援の可能性を検討した。

リンにある考えがひらめいた。これはツァイが後押しする杭州の人物の計画と同じではないか。リンはある企業が対面型の事業をオンラインにも拡大するとき、共食いが発生してしまい、従来のやり方に固執する関係者たちが新たな試みを阻むことを知っていた。それならば、まっさらから始めるほうが、よりうまく進むし、事業に対する評価額ももっと小さくて済むのではないか――。ツァイがリンを杭州のプロジェクトの見学に誘うと、リンは同意した。

アイビー・リーグの卒業生の2人はマーのアパートメントを訪ねた。マーの妻を含む従業員10人余りが休みなく働き、カップ麺を食べてなんとか持ちこたえていた。マーと彼のチームはあまりに仕事にかかりっきりで、衛生面を気にする余裕はない様子だった。アパートでは刺激臭がした。しかし、満面の笑みを浮かべた、おちゃめな容貌のマーはキュートな魅力を放っていた。リンの注意を引こうと入れ代わり立ち代わり売り込んでくる熱心な人々とは異なるタイプで、興味をそそられた。スタンフォード大学の卒業生たちは、ゴールドマン・サックスのような名門企業から資金を調達するためなら、何でもしただろう。対照的にマーは自分の事業計画そのものに情熱を傾けた。資金提供者から示唆されても変えるつもりはなかった。また、マーがアメリカ留学組のようには洗練されていなくても、一緒に投資するジョー・ツァイがその分を補ってくれるはずだった。ツァイはマーのプロジェクトを資金面で支援するにとどまらず、積極的に関与して助けるつもりでいた。

マーとお茶を飲みながら、リンはゴールドマン・サックスには出資の用意があるとはっきり伝えた。ただし、ゴールドマンが株式の半分以上を所有することが条件だった。

マーは抗議した。この会社は彼にとって我が子のようなものだった。

面会が終わり、リンは自分の提案をマーに検討させることになった。彼女はスタートアップ側の資金需要が膨らむにつれて、自分のほうが交渉上、より優位になると見ていた。実際、マーは頻繁にリンに電話をかけてくるようになった。彼はなお大半の株式を保持したかったが、早急に資金が必要でもあった。

ある週末、リンが家族と一緒に香港島の南側で水泳していたとき、マーがまた電話してきた。「これは私の人生です」と彼は訴えた。自分が過半数の株式を持つことをゴールドマンが認めず、不満だった。[16]

「どのような意味ですか。人生と言うけれども、まだ（この事業を）始めたばかりでしょう」とリンは撥ねつけた。そして、ゴールドマンにはマーの会社の半分以上の持ち分が必要だと繰り返した。

マーは電話を切った。そしてもう一度かけてきた。彼は不安で仕方なかった。

リンはここぞとばかりに攻めた。「この週末が最後です。私は本件についてこれ以上検討しません」と威嚇するように言った。「私にとっては時間の無駄です。ほかのチームの面倒を見ることにします」。リンには、例の「あなたが望むとおりにします」という事業計画が山積みだった。そして、ゴールドマンが中国からの調達というアイデアが有望だと判断するなら、その実現を熱心に目指してくれる信頼のおける企業をいくつでも見つけることができた。

マーは口調を和らげた。持ち分を50対50にするという妥協案を示した。

最終的にこの折半で決着した。1960年代にアーサー・ロックが創業者たちに提示した条件と、ここでも大まかには同じだった。ゴールドマンはマーがアリババと呼ぶこの会社の半分の持ち分に500万ドルを支払うことになった。所有権をめぐり、あらゆるせめぎ合いがあったにもかかわらず、ゴールドマンの小切手の金額については奇妙なほど議論にはならなかった。「私は思いつきの数字を選んでいた」とリンは後に語っている。

さらに詰めの話し合いを行う前に、リンは赤いノキア製の携帯電話を海の中に落としてしまい、会話は終了した。

次の火曜日、リンはニューヨークで開かれたゴールドマンの投資委員会に電話で参加し、案件を説明した。

反応は冷淡だった。リンによれば、彼らは、「この何でもない事業になぜ500万ドルもかかるのか」と言ったという。

「分かります。でも、我々はこの会社の経営権を手に入れるのです」とリンは反論した。

ニューヨーク側は、持ち分のうち3分の1を切り離して、投資額を圧縮しない限り、リンの提案を承認できないとした。「明日にでも170万ドル削減するように」と命じた。[17]

これはベンロックのアップルへの出資の経緯に似ていた。体臭のきついスティーブ・ジョブズとシリーズAの交渉をまとめたあとで、ベンロックは一部の出資枠をアーサー・ロックに譲った。今回、ゴールドマンはアリババ株の17％を放棄し、ほかの投資会社4社に出資の権利を分け与えた。15年後、ゴールドマンは本当は何を手放してしまったのかを知ることになった。アリババはIPOで勝ち誇った。170万ドル相当だった株式に、45億ドルという驚異的な時価がついた。

ゴールドマンの出資を受け入れた2カ月後の1999年12月、マーと彼のチームは追加の資金を得ようと必死だった。しかし、ゴールドマンは自らが5月に株式公開を果たしたばかりで、経営・財務情報に対する外部からの詮索への対応という不慣れな作業に追われていた。中国の無名のスタートアップにさらに資金を注ぎ込むことを渋った。ニューヨークのボスたちは、リンにほかの投資家を探すよう指示した。もし、ゴールドマンが支払った1株当たりの金額よりも高額でその投資家が新ラウンドの出資に応じるなら、ゴールドマンの持ち株は帳簿上、値上がりして含み益が発生することになる。「マークアップ（株価の押し上げ）を試してくれ」とニューヨーク側はリンに促した。

「最初は170万ドル減らせ、今度はマークアップしろ、ですって。毎日、魔法を見せることなど不可能に決まっています！」。不機嫌なリンは苦々しい思いで独り言をつぶやいた。[18]

2000年1月、リンはゴールドマンのアジア太平洋地域会長のマーク・シュワルツに相談した。シュワルツは孫正義と親しく、ソフトバンクの取締役会のメンバーだった。リンは自分が板挟みにあることを説明した。中国の複数のスタートアップへの投資を進めているが、ニューヨークの本社は好意的ではなかった。「投資先は7社あります。あなたの友人のマサ（孫正義）なら、そのすべてに投資できるでしょうか」と期待を込めて尋ねた。

「最も切羽詰まっているのは、どの企業だね」とシュワルツが聞き返した。

「アリババです。本当にとても困っています」とリンが答えた。[19]

シュワルツは早速、孫と話し合った。中国市場は活況に沸いている。ゴールドマンの投資先のスタートアップには、それなりの追加の資金需要があると伝えた。

ソフトバンクは孫が中国のハイテク分野の起業家たちと北京で面会する手はずを急いで整えた。彼らは孫と会うために並び、次から次へ駆け足で投資機会を説明した。この1日がかりのイベントの名簿にはマーも掲載されていた。孫は彼の物腰に好感を抱いた。「彼の目は非常に力強く、輝いていた」と後に語っている。[20] 2人は出資で基本合意し、握手を交わした。孫はマーにその資金を早く使って、事業を迅速に拡大するよう助言した。[21]

最終契約のために孫とマーは東京にある孫のオフィスで再会した。伝統的な畳敷きの床、和紙の壁、そして装飾用の日本刀があった。現在の主要株主を代表して、リンが同席した。アリババとの元々の取り決めでは、彼女には新規の資本調達について実質的な拒否権が与えられており、孫は彼女と交渉する必要があった。

リンはソフトバンクがアリババへ2000万ドルを出資し、引き換えに5分の1の持ち分を取得することを提案した。これはアリババの企業価値を、リンと共同出資者たちが資金を拠出した3カ月前の10倍に見積もっていることを意味していた。

孫は5年前、ヤフーに出資したときと同じように、ためらいを見せずに即座に承諾した。「彼は私が示した数字をそのまま受け入れました」。そのときの驚きをリンは後に振り返った。『彼はクレイジーだ』と思いました。最もありそうにないやり方で、イエスと言われたようなものでした。本当に興奮しました」[22]

孫は立て続けにリンのいくつかの中国のスタートアップに投資した。しかし、孫の狂気はリンが認識していた以上に筋道だったものだった。孫はアリババに関与していくと、ほとんど気軽に決めたように見えたが、ゴールドマンが孫に提供した自社に都合の良い情報と、2度のマーとの面会から得たものに加えて、孫なりに確信を持つ材料があった。シスコの社外取締役だった孫は、中国でのルーター販売が伸び始めていることを知っていた。インターネットの利用が爆発的に増加しようとしており、その恩恵にあずかるあらゆるものに出資することは理にかなっていた。[23] リンのスタートアップへの投資は、孫がそのゲームに参加する便利な手段であり、2000万ドルは彼にとってポケットの中の小銭のようなものだった。[24] ナスダックの暴落は2カ月後に迫っていたが、孫自身の計算では、当時の彼は地球上で最大のお金持ちの1人だった。[25]

急いで賭けたがる孫の投資姿勢は、やがてナスダックの爆縮で失った財産を取り戻すことにもつながった。アリババが上場した2014年、孫の持ち株の価値は580億ドルに膨れ上がった。[26]

ベンチャー投資の歴史上、最も成功した賭けとなった。[27]

＊

中国のベンチャー投資をめぐる物語は、この段階で注目すべき点が二つある。第一に中国政府は、アリババというこの国のデジタル経済の柱となる会社の立ち上げにあたって、直接的な役割を果たしていないことだ。第二に、対照的にアメリカの金融が状況を一変させたことだ。そして、アメリカが及ぼした影響はマーと彼の会社が受け入れた資本そのものにとどまらなかった。アーサー・ロックの知的な後継者たちはマーと組んで魔法のような武器であるストックオプションを広めた。

株式を重視するシリコンバレーの文化を中国に根づかせるにあたり、進路を切り開く勇敢な作戦が求められた。売買可能な株式という発想そのものが中国本土には目新しかった。上海と深圳の粗削りな株式市場は１９９０年に開設されたばかりだった。従業員向けのストックオプションは中国の法律では認められていなかった。ましてや、シリコンバレーの投資家たちが投資先のスタートアップに対する自分たちの権利を固めるために活用する様々な種類の「優先」株は承認されていなかった。[28] さらに、中国政府がウェブサイトの運営を含む幅広い現地でのビジネスについて、外国企業による所有を禁じていたことが事態を複雑化させていた。つまり、アリババなどに対するアメリカからのベンチャー投資は表面的には違法であり、中国のインターネット企業をアメリカのナスダック市場に登録することも同じだった。また、中国の未熟な株式市場は新興のテクノロジー系企業の上場に対応していなかった。このように法律で封鎖状態に置かれたままでは、揺りかごの中にある中国のデジタル経済を殺してしまいかねなかった。中国の政策は、テクノロジーのセクターの発展を促進するどころか、窒息させようとしていた。

局面を打開するため、アメリカのベンチャーキャピタリストと法律家たちはひとそろいの回避策を編み出した[29]。まず、支援対象である中国のインターネット企業の「親会社」にあたるペーパー・カンパニーをつくりケイマン諸島に法人登記した。ケイマンではあらゆる種類の株式が認可されていた。スタートアップの創業者向けの普通株、従業員向けのストックオプション、主にレイト・ステージの投資家向けの優先株などである。さらにケイマンに登記されたこの親会社は、中国以外のVCからの出資を受け入れることができた。ゴールドマンは杭州のインターネットのスタートアップに直接出資することを禁じられていたが、ケイマンに登記した親会社の株式は購入可能だった。そして、ケイマンの親会社はナスダックをはじめとする中国以外の株式市場に容易に上場でき、封鎖された中国の未発達の市場を迂回するルートを手に入れた。

ケイマンでの法人登記後の次の作業は、集めたドル資金で中国にビジネスを立ち上げることだった。関係者たちは、出資制限をかいくぐるため、資金をケイマンから融資の形で中国側に投入した。現地にケイマンの「子会社」を設立し、ここが融資の契約主体となってスタートアップ、すなわち、中国人が所有するインターネット事業の運営会社に資金を提供した。[30]

外国人投資家は、ベンチャー投資の際に一定の権利の取得を期待する。そこで、これに相当するものとして、シリコンバレーの法律家たちは合成株式（シンセティック・エクイティ）というアイデアを発明した。「子会社」とスタートアップの間では融資に付随して一連の契約が交わされた。そのなかで、スタートアップ側は、外国人の債権者たちの代弁者であるケイマンの子会社に、経営を管理する権限を認め、株式の保有に匹敵する影響力を付与した。そしてスタートアップは借り入れに対して利子を支払った。その金額はビジネスの成功度合いによって変動し、事実上の配当に相当した。最後に、これらの取り決めの仕上げとして、すべての当事者は紛争が起きた場合には、ニューヨークの裁判所で解決することに同意した。中国の当局者たちはこの精巧にできた仕組みを歓迎しなかった。しかし、現実を見る限り、容認していた。[31]

このようにして、中国のインターネット関連のスタートアップは、アメリカの株式文化に接ぎ木され、アメリカの法律に支えられながら、自国の法律では否定されていたチャンスを享受した。[32]彼らはアメリカのベンチャー投資家から資金を調達できるようになった。ナスダックでの上場も夢物語ではなくなった。そして、ストックオプションで有望な従業員を雇えるようになった。これらは実に斬新な展望だったため、当時の1999年前半には中国系のアメリカ人の起業家たちが、それぞれに「ストックオプション」を中国語に翻訳し、どのように機能するかを関係者たちに伝えるべく苦闘することになった。[33]中国生まれでアメリカで訓練を受けたプログラマーのジョン・ウー（呉炯）は、ゴールドマンからの出資の直前にシリコンバレーに出張したジャック・マーと食事を一緒にした。ウーはヤフーの首席エンジニアだった。ウーはマーからシリコンバレーのスタートアップがどのように従業員を採用しているかについて問い詰められ、株式を主体とした報酬体系について個別説明の時間を設ける羽目になったという。[34]

マーはゴールドマンから資金を得てケイマンの仕組みを作り上げると、ウーの説明を実践に移した。最初の大仕事は、ジョー・ツァイのスカウトだった。イェール大学出身で元サリバン＆クロムウェルの投資家であるツァイは、年俸70万ドルの香港での金融の仕事に別れを告げた。マーの小さな会社には、大いなる未来があったからだ。ツァイは現金での報酬が年間わずか６００ドルという条件を受け入れた。付随するストックオプションがそれを補って余りあると考えた。

マーは次にエンジニアリングのチームの底上げを目指して、ほかならぬヤフーのジョン・ウーに狙いを定めた。当初、ウーはマーの打診を断った。シリコンバレーで最も注目される企業での地位を捨てることなどあるだろうか。しかし、マーはストックオプションを中心とする報酬パッケージで太っ腹なところを見せつけ、そして一工夫を加えて反論した。彼はウーにカリフォルニアに残り、自分でチームを作り上げて構わないと告げた。優秀な人材を集めるための、従業員向けのストックオプションを追加で用意するとした。ウーはマーの提案を承諾した。サンフランシスコ湾をはさんでパロアルトの対岸に位置するフリーモントに30人規模のアリババの強力な支所を築いた。このフリーモントの運営は「完全にアメリカ流だった」とウーは後に語っている。「ストックオプションがなかったら移籍していなかっただろう」とつけ加えた。[35]
ツァイやウーのような世界に通用する人材を起用したことで、マーはアリババを世界に認められる企業に育て上げた。そしてアリババは、シリコンバレーにとってのフェアチャイルドがそうだったように、同社自体が格別な存在であるだけでなく、そこから独立して新たなスタートアップを立ち上げるやり手たちを訓練する場にもなった。
アメリカからの資金や情報で中国のデジタル経済を支える柱となったのは、アリババだけではない。同社の将来のライバルとなるテンセントはアメリカのベンチャーキャピタル、IDGから110万ドルの支援を得て1998年に始動した。中国のインターネット企業では第3位の規模になったことがあるバイドゥは、シリコンバレーの投資家のティム・ドレイパーが率いるファンドから資金を調達した。さらにシナ、ソウフ、ネットイースの初期のインターネットの大手ポータル・サイトはいずれも海外から資金を獲得した。オンライン旅行予約のシートリップ（携程旅行）、オンライン・オークションのイーチネット（易趣）というそれぞれの分野の草分け的な企業も同様だった。さらにテンセントは、アリババがジョー・ツァイを採用したことに呼応するかのように2004年、株式が主体の報酬を使ってゴールドマンからマーティン・ラウ（劉熾平）を引き抜き、最高幹部の1人に据えた。[36]
要するに、アメリカの資金、法律の仕組み、人材は中国のデジタル経済の発展の中心にあった。アメリカからの注入がなければ、アリババをはじめとする企業のビジネスが軌道に乗ることはなく、モバイル決済などの分野で現在、中国が技術面で席巻することもなかっただろう。

シャーリー・リンは20年後に自らの経験を振り返り、唯一の後悔は会社側が中国企業に対する投資を歓迎しなかったことだと話した。ベンチャーキャピタルの専業ではないゴールドマン・サックスは、投資基準が明確ではない分野への進出には慎重だった。競争上の強みが疑う余地もないほど明らかな場合に、例えば価格決定の実力が証明された有力企業や、若くても独自技術を持つ企業に限って支援を選好した。「私の手法は正式にＶＣとして認められず、会社の枠にうまく収まらなかった」と語った。

あるとき、リンはゴールドマンの上席のパートナーのもとを訪ねた。イスラエルのテクノロジー分野を担当する女性だった。このパートナーはリンが扱うスタートアップについてまとめた１ページずつの資料の束を点検して、すべてをあざけった。技術面での優位性に欠け、何の役にも立ちそうになかった。そのメッセージが確実に伝わるように、パートナーはリンの資料を床に放り投げた。「何ともドラマチックな展開でした」とリンは回顧した。「まるでテレビの番組に出ているようでした[37]」

この出来事から間もない２００１年、ゴールドマンはリンにアリババの取締役を退任するよう促した。インターネット・バブルが破裂し、ゴールドマンはパートナーたちに、みすぼらしい、大穴狙いのベンチャー企業ではなく、大型の投資案件に時間を費やすことを要求した。リンは激しく抵抗した。しかし、アリババでの地位は、彼女の部下の１人、アレン・チュウに割り当てられた。彼の任務はニューヨーク側の見解を実行することだった。ゴールドマンはアリババに投資するべきではなかった。ある時点でチュウは手じまいして、現金化することを提案した。ゴールドマンのような誇り高き投資銀行にとって、アリババはエネルギーを費やすに値しなかった。[38]リンは結局、ゴールドマンを辞め、ゴールドマンはアリババ株を彼女が出資をまとめた時点に比べて6・8倍という悔やむべきリターンで手放すことになった。[39]

ゴールドマンの拙速な行動はベンチャー投資の歴史上、最もタイミングの悪いエグジットの一例だった。間もなくゲイリー・リーシェルが上海に現れ、中国に第二のインターネットの波が起きようとしていた。

＊

中国でのベンチャー投資の第一波は、国外を中心とする驚くほど多様な投資家たちが一緒になって牽引した。これに対し、第二波を担ったのは主流のベンチャーキャピタリストたちで、そのほとんどが現地・中国に拠点を置いた。リーシェルが上海でアメリカ流のベンチャー投資のパートナーシップであるチーミンの結成を決めたことは、この変化の兆候であり、やがて広範囲な現象となった。２０００年代半ば以降、いくつかのアメリカの大手ＶＣが中国に進出し、現地の人材を集めてチームを作った。実際、有能な中国人の投資担当者を求める需要は強く、彼らは米系のパートナーシップを渡り歩いた。その一方で西側のＶＣでの経験を生かして自らＶＣを立ち上げる中国人投資家も現れ始めた。ゴールはアメリカのベンチャー投資の手法を中国に適用することだった。

そのようなスピンアウト（独立）組のベンチャーキャピタリストたちの中で、最初に注目されたのは、本章で既に名前を挙げたキャシー・シューだった。シューはアメリカに留学しなかったが、英語を専攻した南京大学でアメリカ流の教育を受けた。そこでは、ドンダ・ウェストという印象的なアフリカ系アメリカ人の女性教員が学生たちにアメリカに特有の気風を浸透させた。「人それぞれが唯一の、驚嘆すべき存在です。過去５００年間、あなたたちと同じ人はいなかったし、次の５００年も現れないでしょう」と講義した。この個人主義への賛歌との出会いは、四川省出身の中国人のティーンエージャーにとって、それまでの認識を変えてしまうような体験だったと、シューは後々も鮮明に覚えていた。[40]ドンダ・ウェストについての記憶がシューに焼きついたのは、彼女の息子がキャンパスで見事なパフォーマンスを披露する姿をしばしば見かけたからでもあった。何年も経ってカニエという名前のその少年が有名になったと知り（後にイェ・ウェストに改名）、興味をそそられたという。

シューは南京大学を卒業して、国有の中国銀行の事務員になった。月給は78人民元で、およそ10ドルに相当した。熱心で勤勉な彼女は中国共産主義青年団のリーダーとなり、休憩時間には同僚たちの英語学習を手伝った。彼女は優れた勤労女性として表彰され、「全国三八紅旗手」の称号と、その証明書、ベッド用シーツを授与された。[41] 25歳になった1992年には、イギリス統治下の香港のプライス・ウォーターハウスの拠点で監査を担当するという、皆が切望する職に応募した。数晩かけて監査・会計の教科書の内容を頭に詰め込んだ末に、採用された。その後の10年余りで、彼女は香港版の英米型の金融ビジネスに習熟し、プライス・ウォーターハウスから投資銀行に、続いてプライベート・エクイティ（未公開株）のファンドに移った。[42] その間、シューは初期のポータル・サイトであるネットイースやオンラインの人材紹介会社のチャイナHR（中華英才網）を含む中国のインターネットのスタートアップ数社に投資した。この経験を通じて彼女は若手の創業者たちとの絆を深め、CEOを採用・解雇し、チームの構築を支援する方法を学んだ。チャイナHRが最終的にアメリカの競争相手に買収されたとき、この英語専攻の四川省出身者は5000万ドルを獲得した。

2005年、シューは香港を離れ、上海に自らのベンチャー投資ファンドであるキャピタル・トゥデイ（今日資本）を立ち上げた。2億8000万ドルの資金を集め、投資対象となるスタートアップ探しを始めた。彼女は投資を1年に5社ないし6社にとどめ、その中の勝ち馬にはできるだけ長く乗ることを計画した。「世界には偉大な会社がそれほど多くあるわけではありません」。彼女は中国版のピーター・ティールのように聞こえる言い回しで当時の考え方を振り返った。ティールがファウンダーズ・ファンドを立ち上げたのも同じ05年だった。「運よく見つけたら、手放さないこと。それがお金を稼ぐ方法です[43]」

２００６年末、シューは面会のため北京のシャングリラ・ホテルに現れた。夜の10時だった。中国の大忙しのビジネス文化では、これでも通常の時間帯だった。シューが会おうとしていた相手はリチャード・リュウ（劉強東）、後にＪＤ・ドット・コム（京東商城）と呼ぶことになる電子商取引サイトを開設した若き創業者だった。[44]

　中国基準にあてはめても、この若者はがむしゃらに働く部類に入った。プログラミングは独学で習得した。経営会議は毎週土曜日の朝に開いた。自分のウェブサイトを鷹のような目で見て、利用者のコメントに2分ごとに返答した。積極果敢な値引きと、素早い配達によって、リュウは取り組んだすべての製品セグメントを瞬く間に支配した。ＪＤ・ドット・コムの売り上げは毎月10％増え、この勢いが続けば、3年でおよそ30倍に成長する見込みだった。

　午前2時ごろのシャングリラ・ホテルでシューは、この投資の機会を見過ごしてはならないと決意した。彼女はリュウにどれほどの資金が必要かと尋ねた。

「２００万ドルです」とリュウは答えた。

「それでは足りないでしょう」とシューが指摘した。指数関数的な成長を維持するには、もっと必要なことは確かだった。世界最大のオンラインの小売市場が手招きしていた。競合する勢力が割り込んでくる前に、ＪＤは急いでつかみ取らなければならなかった。

「１０００万ドルを出資しましょう」とシューは提案した。[45]

　リュウは興奮しているように見え、おそらく圧倒されているようでもあったが、それはまさにシューが望んでいたことだった。アメリカでは若者たちが反乱を起こし、あまりに多くのお金を分配するベンチャーキャピタリストたちに反発していた。しかし、中国のスタートアップの創業者たちは、巨大な市場の機会と、比較的不足している資金という現実に直面していた。

シューは確実に契約締結に持ち込みたかった。彼女の上海のオフィスに一緒に飛んでタームシートを完成させなければならないとリュウに伝えた。すぐに、午前9時発の航空券を購入した。これで「彼はほかの誰とも会う時間がなくなった」と彼女は後に説明した。[46] 多少のためらいはあったが、不慣れなエコノミー席を予約した。リュウの隣に座りたかったし、彼に倹約を続けてほしかった。

シューのキャピタル・トゥデイは正式に1000万ドルを投じてJD・ドット・コムの株式の40%を取得した。リュウはすぐさま取り扱う製品の範囲を広げ、JDの配送体制を改善した。また、シューはトップクラスの人材を採用しなければならないとリュウに説いた。JDの成長に伴い、創業者には権限を委譲する必要が出てくるからだ。当初、リュウは後から入社した従業員が、前からいる従業員より多くの報酬をもらってはならないとして反対した。長い間、苦労を共にしてきた従業員は尊重されるべきだった。しかし、シューは彼を説得して、報酬の上限を超えて最高財務責任者を受け入れさせた。リュウはすぐに考えを改めた。「この2万人民元の人材は、5000人民元の人材よりはるかに優れている！」。恐れ入ったと認めた。「私のために、もっと多く採用してもらえないだろうか」とまで口にした。[47] シューは小売部門と物流部門の新しい責任者を見つけた。そして、ＪＤは中国のエリート大学のキャンパスで人材募集を開始した。

アーサー・ロックがインテルで行ったように、シューはＪＤで従業員向けのストックオプションを設計した。彼女はＪＤが一定の事業目標を達成することを条件に、標準的な権利確定期間を4年とした。ところが、わずか2年で会社は目標を突破し、シューは喜んで権利確定を繰り上げた。リュウは従業員を集めて良いニュースを発表した。彼のゴールは、全員を豊かにすることだと告げた。そして、1億人民元（約1500万ドル）以上の財産を持つ従業員を100人、同じく1000万人民元（約150万ドル）以上の従業員を1000人にすることだと話した。彼の発言はネットスケープのジム・クラークのもののように聞こえた。クラークはマーク・アンドリーセンのプログラミングの仲間たちをイリノイ大学から解放した。

もちろん、富の流れはシューのもとにも及んだ。彼女のキャピタル・トゥデイはＪＤの株式の5分の2を保有していた。ＪＤと、そのほかの大当たりのおかげで、1本目のファンドは運用手数料を差し引いても年率40％という素晴らしいリターンがあった。最終的に彼女の後援者たちには、拠出金1ドルにつき10ドル余りの払い戻しがあった。驚くことではなかったが、これを跳躍台にして、シューはより大きな4億ドルのファンドを2010年に組成し、続いてさらに大型の7億5000万ドルのファンドを取りまとめた。中国のベンチャーキャピタルは勢いづいていた。

＊

この節目となる2005年——ファウンダーズ・ファンド、Yコンビネーター、チーミン、そしてキャピタル・トゥデイが発足した年——にニール・シェンという名前の痩身の起業家がカリフォルニア州ラグナビーチに飛んできた。中国で育った彼はアメリカで大学院を修了し、投資銀行家として働いた。このときはカリフォルニアで開かれた金融関連のカンファレンスで、彼が共同創業したスタートアップの一つで、ナスダック上場のオンライン旅行会社のシートリップについて説明するために訪れていた。カンファレンス会場にいる間に、ある友人からメッセージを受信した。セコイアのリーダーたち、マイケル・モーリッツとダグ・レオンが彼に会いたがっているという。[48]

シェンには理由が想像できた。二つの文化に精通し、投資銀行での経験があり、起業家としても成功を収めていた彼は、中国でのベンチャー投資のゴールドラッシュを目の前にして、理想的な立場にいた。既に中国を地盤とする三つのVCが彼のスカウトを試みていた。セコイアがそれらに続くのは自然ななりゆきだった。

シェンはカリフォルニアでの滞在を延長し、サンフランシスコに立ち寄ることに同意した。彼はマーケット・ストリートのフォー・シーズンズ・ホテルでモーリッツとレオンに会った。シリコンバレーの触手が北方に伸び、マーケット・ストリートもハイテク企業が集積するクラスターになりつつあった。セコイアは中国を拠点とするベンチャーキャピタリストのジャン・ファン（張帆）をその場に招いていた。彼は現在所属するファンドから移籍する用意があった。ジャンにはシェンと同様に完璧な二つの国にまたがる経歴があった。ゴールドマン・サックス、スタンフォード大学、そして北京の名門・清華大学の出身だった。[49]

4人は1時間半、一緒に話し合った。思いがけない顔ぶれの集団だった。イギリス系アメリカ人のモーリッツはスリムでこざっぱりしていた。イタリア系アメリカ人のレオンは樽のような大きな胸をしていた。そしてパートナーになると見込まれた残りの2人は、攻めまくるタイプの性格で、アメリカで訓練を受け、中国のパスポートを持っていた。

会話が進むにつれて、セコイアの2人はシェンとジャンを好感した。レオンの場合、これまでに7回、ないし8回中国に足を運び、現地でチーム選びをしてきたが、シェンとジャンはこれまでに出会った候補者たちよりも強力に見えた。[50] どちらも安定した投資銀行を辞めて、ベンチャー投資やスタートアップに身を投じ、リスクを取る起業家の考えを理解していた。シェンはナスダック上場のシートリップを共同創業したのに加えて、手ごろな料金のホテルチェーンを運営するホーム・インズ&ホテルズ・マネジメント（如家酒店）の立ち上げを支えた経験があった。一方、ジャンは中国のグーグルに相当するバイドゥを草創期に支援していた。

シェンとジャンも同じくセコイアの2人に感銘を受けていた。シェンは起業家の仲間たちが、中国駐在・在住のベンチャーキャピタリストたちに対して、不満を募らせる様子を見てきた。中国の状況について何も知らない、遠いアメリカの本部の投資委員会の監督下にあったからだ。しかし、モーリッツとレオンは、シェンが遠隔地からの干渉に異議を唱える前に、セコイアでは中国の現地のパートナーたちは独自に意思決定することになると断言した。モーリッツとレオンは、既にイスラエルにチームを置いていたが、平凡な結果しか残せていなかった。そこから学んだ主な教訓は、カリフォルニアの投資委員会が遠く離れた場所での判断を細かく管理してはならないということだった。それをモーリッツは「グローバルに考え、ローカルに行動せよ」と表現した。人員の配置と投資先の選択は、現場が行うべきだった。シェンは後に振り返っている。「ジョークで言い換えれば、こうなる。『ニール・シェン&アソシエイツと名乗りたいのなら話は別だが、この提案にノーと言う理由はあるかい』」[51]

2005年の年末にかけてシェンとジャンはセコイア・チャイナの共同リーダーに就任した。レオンは2人をセコイアのリミテッド・パートナーたちにお披露目した。2人は1億8000万ドルの資金を集めた。キャシー・シューが調達した軍資金よりも少なかったのは、いきなり大口の投資を行うという、評判を大きく左右するリスクを取るつもりはなかったからだ。[52]シェンは相応のささやかなオフィスを香港に定めた。シートリップと同じ一画にあった。要するに、セコイア・チャイナは派手なデビューを避け、さえないスタートアップを装ったということだ。同じ島で、アメリカの投資銀行やプライベート・エクイティの真似をする必要はなかった。[53]

中国のチームに自主性を与えると約束していたものの、モーリッツとレオンが実際にシェンとジャンに対して見せたアプローチは、セコイアが支援対象の創業者たちに示す姿勢に似ていた。モーリッツとレオンは確かにシェンとジャンを尊重した。しかし、彼らを教え、導くと決意してもいた。米中の文化の違いや、遠く離れていることに由来する課題があっても、その路線で進もうとしていた。これは、過剰な介入と、ほかのＶＣの海外拠点を失敗に追いやった不干渉という、二つの道の間を行くことを意味していた。

例えば、ベンチマークのパートナーたちは２０００年にロンドンに活動拠点を設置し、現地の独立独歩を認めた。しかし、サテライト（ロンドン）をマザーシップ（シリコンバレー）と一体的に運営できるだけの距離内で飛行していなかった。結果的に、ロンドンのチームは07年に事実上の独立を果たし、カリフォルニア側と利益を分け合うことを止めて、ベンチマークを去った。これにより同ＶＣのヨーロッパでのプレゼンスはなくなった。

クライナー・パーキンス（ＫＰ）も同じような挫折を中国で味わった。07年、ジョン・ドーアは４人の中国人ベンチャーキャピタリストの採用にかかわった。しかし、彼は致命的な誤りを犯した。追加的な管理面の対応のほとんどを部下たちに任せてしまった。彼らは新しい拠点の文化を作り上げる適性を欠いていた。「ジョンがやってくると、彼の存在は助けになった。それだけの人格、そして名声を備えていた」とＫＰチャイナのチームの１人が振り返った。「しかし、もっと地位の低い誰かが来ても、率直に言って、自分が何をしているのか分かっていなかった[54]」。１年足らずでこの拠点は結束を失い、立て直しが必要になった[55]。

その点、モーリッツとレオンはシェンとジャンに対して一貫性のある、決然とした姿勢で臨んだ。中国の課題への対処を任せきりにせず、自分たちも責任を引き受けた。２、３カ月に１度の頻度で中国との間を往復した。[56]「我々の名前をほかに与えるつもりはなかった。我々がセコイアを運営していた」とモーリッツは後に語った。[57]中国側のパートナーたちも最も優れている組織運営の手法、つまりベスト・プラクティスを視察するために、カリフォルニアに出張した。月曜日の投資委員会の進め方、投資先の候補企業から説明を受ける際に尋ねるべきこと、デューデリジェンスの注意点などを確認した。シェンはとりわけ学習に熱心だった。「それまで私はベンチャーキャピタリストではなかった」と認めた。[58]

シリコンバレーのベスト・プラクティスを中国にそのまま移植できるわけではなかった。オフショアで使われていたアメリカの法的な仕組みを借用して、従業員へのストックオプションの付与を可能にする作業は比較的、円滑に進んだかもしれない。しかし、西部開拓時代さながらの中国経済において、アメリカの投資手法を、現実にはアメリカの倫理をベンチャーキャピタルで実践することには、格段の難しさがあった。中国本土の商業文化は、その熾烈さで悪名高かった。起業家たちは、しばしば政治的なつながりを利用して、ライバルに嫌がらせをしたり、逮捕に追い込んだりすることで知られた。アメリカの支援を受ける中国人ベンチャーキャピタリストたちは、いわば二つの世界にまたがっていた。中国ビジネスの歴戦のつわものである、彼らの本能は自分たちの利益のために闘うことだった。しかし、シリコンバレーのブランドを担う者たちが、安易な方法を取ったなら、厄介な事態に見舞われるのは必至だった。

実際、シェンは2008年後半に訴訟を起こされ、恥ずかしい思いをした。プライベート・エクイティのカーライルがシェンを相手取り、２億６００万ドルの逸失利益の賠償を訴えた。ある中国の医療調査会社への出資計画から、シェンのごまかしによって締め出されたと主張した。訴状の内容は、カーライルがその会社と独占的なタームシートを交わしたものの、シェンが対抗提案の日付を不正に操作して、カーライルの提案よりも前に存在していたかのように見せかけ、出資できなくした、というものだった。[59]その後、この係争はシェンが非を認めないまま、示談となった。シェンはほかにも、イェール大学の基金から派生したヒルハウスというライバルとも衝突した。「カリフォルニアにいたセコイアの連中が大慌てになり、『この件はお手上げだ』と言い出しかねなかった」と関係者の１人が後に明かした。しかし、モーリッツとレオンはシェンの側に立った。あらゆるベンチャー投資と同様に、セコイア・チャイナもリスキーな賭けだったが、モーリッツとレオンはリスクの取り方に習熟していた。

訴訟と同時期に、セコイアはもっと大きな解決すべき試練に直面していた。ある土曜日の晩、モーリッツがサンフランシスコの北にある週末用の自宅でくつろいでいると、中国から電話がかかってきた。

回線の向こう側からは、こちらの穏やかさとは、かけ離れた音が聞こえた。シェンとジャンが言い争っていた。一方はあるチーム・メンバーの解雇を主張し、もう一方はそのようにすべきではないと断言した。

モーリッツは２人の緊張したやり取りに耳を傾けた。これが氷山の一角なら、セコイア・チャイナのチームは解体しかけていた。モーリッツは週末の休みを切り上げて翌朝、空港に向かった。

香港に到着したモーリッツはセコイアのオフィスでチームとの話し合いに時間を費やした。すぐに気づいたのは、ジャンの最初のいくつかの投資案件に進展が見られないことだった。[60] これに対し、シェンは少なくとも2社の有望なスタートアップを支援していた。創業者たちが対立しているとき、どちらに賭けるべきかをモーリッツは分かっていた。

2008年末にジャンが退任し、緊張した状況に終止符が打たれた。セコイアでは中国で投資を強力に進める準備が出来上がった。

*

セコイアが支援する多くの創業者たちと同じく、シェンも成果を誇示するまでに5年を要した。しかし、当たりは大きかった。2010年、セコイア・チャイナの投資先4社がニューヨーク証券取引所に上場した。同年、セコイア・キャピタルは2年に1度の投資家会議を北京で開催した。リミテッド・パートナーたちをアメリカの国境の外に招集するのはこれが初めてだった。[61] あいにく会場の北京ハイアットの暖房と空調が故障し、集まった大勢の人々は奇妙な温度変化にさらされたが、セコイアはシリコンバレーのVCからグローバルな存在へと飛躍を遂げた。

このときまでに、中国のテクノロジーをめぐる光景も成熟したものに変化していた。2010

年、中国に特化したベンチャー投資ファンドには、112億ドルもの資金が集まり、5年で3倍の規模に拡大した。アメリカ系のVCは同年、過去最多の100件を超える投資を実行した。[62] 資金が簡単に手に入るため、中国の起業家たちは、より大きな夢を描くようになった。アリババなどの開拓者的な企業は、そのたどり着くことができる高みを指し示し、新興の後続企業は世界最速で成長する経済が無限の機会を提供していることに気づいた。VCと創業者たちのネットワークがますます濃密になり、中国のイノベーションのシステムは次の重要な転換期、言い換えるなら、シリコンバレーが1980年代に迎えた分岐点に差しかかっていた。

シリコンバレーのここまでの発展段階は三つのフェーズに分割できる。第一の段階では資本が希少で、投資家は少なく、起業家は資金調達に苦心した。これは中国では1990年代後半に相当し、リンがアリババに投資した時期でもある。次の段階では、資金が流入し、ベンチャーキャピタリストの人数も急増し、スタートアップは会社数でも野望の大きさでも何倍にも膨らんだ。これに類似するのは、現在論じている2010年ごろの中国だ。第三の段階ではスタートアップ間の競争が過熱し、コストもかさむようになり、シリコンバレーのベンチャーキャピタリストたちは調整役の機能を果たした。買収を仲介し、合併を奨励し、起業家たちをまだ競合相手が殺到していない領域に誘導した。彼らは優れたネットワークの連結者となって、分散型の生産システムを形成した。これは中国が超えていく最後の境界で、2015年には到来すると見られていた。

中国が第二から第三の段階に前進していく様子はワン・シン（王興）の物語の中に表れていた。

ワンはメイトゥアン（美団）というフードデリバリーの帝国を築き、ずば抜けた成功を収めた創業者である。内向的で、分析に基づいて考え、自分の判断に自信を持つワンは、多くの点で中国版のマーク・ザッカーバーグだった。清華大学を卒業後、アメリカでコンピューター工学の博士号取得を目指したが、スタートアップで財を成すことを決意し、すぐに中退した。彼は次々にものまね的なベンチャー企業を興した。初期のソーシャル・ネットワーキング・サイトであるフレンドスターの中国版を立ち上げ、続いてフェイスブックとツイッターを模倣した。２０１０年、アメリカでは割引クーポンの共同購入サイトのグルーポンが爆発的に成長していることに気づき、再び方向転換した。新会社はレストランのテーブルや映画の座席をまとめて予約し、さらに小売りの商品も大量に仕入れて安価を実現し、バーゲンハンターたちに販売した。このベンチャー企業をメイトゥアンと名づけた。

共同購入型のビジネスに商機を見た起業家はワンだけではなかった。洗練され演出が巧みなウー・ボー（呉波）が同様のベンチャー企業を立ち上げるなど、グルーポンのクローンが一斉に登場する見通しにあった。それでも、セコイア・チャイナがどの馬に賭けるかを検討したとき、第一候補に浮上したのはワンだった。既に3社のスタートアップを手がけたワンは、ビジネスの厳しさを実際の現場で体験し、素晴らしい実績を挙げていた。その上、彼は費用対効果の高い集客方法をしっかりと理解していた。シェンが最も信頼する右腕で、もの静かなパートナーのグレン・スン（孫謙）がワンを口説き落とす役目を引き受けることになった。[63]

スンは新世代の起業家たちへの対応は容易ではないと、すぐに認識した。この点でもワンはザッカーバーグに似ていた。４年前、シューはＪＤの創業者に会い、手際よく上海のオフィスに案内した。しかし、ワンを囲い込むことは難しかった。面会することさえ容易ではなかった。

スンはハーバード大学ロースクールで法務博士の学位を得た。そして、アメリカのプライベート・エクイティのゼネラル・アトランティックで申し分のない結果を出した。このような経歴は人を謙虚にはしない。しかし、スンは面会を懇願する者になることにした。北京のメイトゥアンのオフィスの隣にあった、くたびれた外見のコーヒーショップのあたりをぶらつき、31歳のワンに拝謁する機会をうかがった。彼を見つけると、すり寄って話しかけたが、ほんの一言二言が返ってくる程度で終わることもしばしばだった。くじけないスンは、メイトゥアンで財務を担当するワンの妻をつかまえて、本人に連絡を取ろうとした。ワンの共同創業者たちと親しくなって、口添えを頼んだ。

この追いかけ回しは、微妙な神経戦でもあった。「彼が何を考えているかを探し当てて、こちらと話すことに興味を持ってもらう必要があった」とスンは振り返った。そこで「彼があまり詳しくないことを話題に取り上げて、付加価値をつけようとした[64]」。ところが、悩ましいことに、ワンは百科事典のような教養を身につけていた。彼がまだ熟知していない価値のあるトピックを探すのは骨が折れた。[65]

「我々はあなたたちの会社にとても興味があります。いつでも契約でき、送金も可能です」とスンはワンの妻に頼み込んだ。

「我々は良い人たちなのです」と主張した。[66]

最終的にワンは折れて、300万ドルの出資と引き換えに、メイトゥアンの4分の1の株式を渡すことに合意、署名した。しかし、ケイマンの法的枠組みを準備するのに3カ月ほどかかり、その間にもメイトゥアンは急成長した。合意書を無視して、ワンは4倍の評価額を要求した。25％の株式にセコイアは1200万ドル支払わなければならなくなった。

このとき、西側のベンチャーキャピタリストなら手を引いたかもしれない。しかし、シェン自身、シートリップを経営していた時期に同じ策略をある投資家に対してめぐらせたことがあった。[67]中国の情け容赦のない文化に慣れたシェンとスンはワンの新たな条件を受け入れ、取引は成立した。

高額で株式を取得したセコイアは、X・ドット・コムとペイパルの競争の極端なバージョンに巻き込まれていた。2011年に中国では驚異的な数の共同購入の窓口が出現し、5000サイトにもなった。莫大な資金量を持つベンチャーキャピタル業界が、過剰なほど大勢の創業者たちを解き放っていた。「千団大戦（千を超すグルーポン＝団＝による大戦争）」として知られる状態に陥り、戦闘的な多くのサイトが利用者を惹きつけるために、これまでにない水準の値引き競争に資金を注ぎ込んだ。中国の消費者はこの機会に大挙して外食に出かけた。投資家で著述家のカイフー・リー（李開復）は、ベンチャーキャピタルのコミュニティが国全体を夕食でもてなしているようだったと、後にコメントした。[68]

メイトゥアンはこの戦争の最初の局面を難なく乗り切った。大半の対抗相手は資金不足で、考えも甘かった。すぐに次々に倒れていった。2013年になると、メイトゥアンにとって残る主要なライバルはディエンピン（大衆点評）だった。ウォートン校（ペンシルベニア大学ビジネススクール）で教育を受けたジャン・タオ（張濤）という名前の創業者が作り上げた企業で、同じくセコイア・チャイナが出資していた。ディエンピンはオンラインの口コミ情報サイトのイェルプのクローンとして始まった。その後、割安な共同購入に軸足を移したため、セコイアを宿敵の両方を支援する気まずい立場に置くことになった。戦場は限られてきたが、戦いそのものは依然熾烈であり、セコイアにとって自然な進路は投資先である両社の合併だった。しかし、中国の非情なビジネス文化は競争するよう出来上がっている。合併はアメリカというよそ者の企てだった。

慎重な行動が必要だと分かっていたシェンはメイトゥアンのワンに対し、ディエンピンのカウンターパートであるジャン・タオと話すよう示唆した。合併で流血を終わらせるという発想には一理あるはずだった。

ワンは協議に同意した。しかし、彼の考える良い合併とは、統合後の会社の支配権を自分に与えることだった。ジャンのほうが年上で、円熟していたが、ワンには人の下につく気はなかった。

2015年初め、双方は再び戦端を開いた。メイトゥアンは投資家たちを回り、7億ドルを調達した。ライバルに致命的な打撃を加えることを望んだ。ディエンピンも8億5000万ドルの軍資金を集め、反撃した。競争のためにお金が集中的に投じられた。この年の夏までに両社とも疲弊し、資金は底をつき、支援者たちにさらなる弾薬を求めた。

しかし、今回は投資家たちが難色を示した。レストランの食事に際限なく補助金を出しているようなものだったからだ。しかも、グルーポンのクローン各社が勝ち抜くまで戦おうとしている一方で、中国のベンチャー投資のシステムを変える動きが進行していた。

＊

セコイアが勝ち誇ったように北京で投資家会議を開き、ワン・シンがメイトゥアンを興してから5年が経過した2015年、中国向けのベンチャー投資ファンドの資金調達額は320億ドルに達し、再び5年間で3倍増となった。[69] 業界の拡大に合わせて、セコイアのニール・シェンを筆頭に明確なリーダーたちが現れた。[70] しかも、これらの最も強力な人脈を持つベンチャーキャピタリストたちは、お互いをよく知るようになった。互いの投資先に、追加で出資し合い、投資にあたっての条件を標準化するようになった。また、プロフェッショナルとして守るべき規範を作り上げ、信頼と調和を実現した。[71] この成熟化を象徴する最初の注目された案件が、15年2月にまとまったテクノロジー系の企業どうしの合併だった。ライドシェアリングのディディ（滴滴）とクワイディ（快的）が流血の抗争を切り上げ、力を合わせることにした。

２０１５年夏、メイトゥアンとディエンピンがそれぞれ戦いを継続するための資金の調達に失敗したとき、二つの動きがほぼ同時に進行した。メイトゥアンの側では、ワン・シンがニール・シェンのもとを訪れ、合併協議の再開を依頼した。ディエンピンの側では、支援する複数のＶＣが一緒になって創業者に、ワンからの申し入れを受けさせようと画策した。

そのディエンピンへの出資者の１人がキャシー・シューだった。戦争中だったグルーポンのクローン２社の資金が枯渇したとき、驚くことにメイトゥアンの側についている敵対的存在であるはずの人物たちが、彼女に資金を求めてきた。

「本気ですか」とシューは叫んだ。「私はあなたたちの競合相手への投資家ですよ！」

シューは受話器を置き、何が起きているのか考えをめぐらせた。なぜメイトゥアンのほうから電話をかけてきたのか。窮地にあるからに違いない――。

シューはマーティン・ラウに連絡した。かつてゴールドマンで投資銀行家として活躍し、ストックオプションのパッケージを提示されてテンセントに移籍した人物である。テンセントはスタートアップへの投資を広範に手がけていて、ディエンピンの株式も20％保有していた。ラウがこの事業の担当者だった。

「あなたはホワイトナイト（友好的な仲介者）の役目を演じなければなりません」とシューは電話越しにラウに促した。「彼らはおそらく資金を調達できず、我々にも不可能です。このままでは合併するか、それとも倒産するかです[72]」

実際には、ラウを説得する必要はなかった。既にそのシナリオに沿って検討を始めていた。元投資銀行家であるラウは、合併はビジネスにとって得策だという考えのもとでキャリアを積んだ。ディエンピンも会社としてその考えに確実にひかれるよう、ラウは一つの約束をした。メイトゥアンとの合併を条件に、テンセントが事業強化資金として10億ドルを拠出することだった。

投資家たちは競争を目的にした資金の提供を拒否し、競争しないなら資金を出すと誓っていた。これで合併に向けて舞台は整った。VCは長くシリコンバレーで果たしてきた調整役の機能を、中国でも担いつつあった。[73]

2015年9月19日、ニール・シェンとマーティン・ラウは香港島の対岸に建つWホテルに、人目を避けてワン・シンとジャン・タオを招いた。合併劇の主役たちは目立たないよう念を入れて、別々に到着した。食事は2時間半続き、その間の会話では合併の問題を除く、想定されるあらゆる話題について取り上げた。ワンは淡い灰色のスウェットシャツと色落ちしたジーンズ、ジャンは赤と青の縞のTシャツという装いだった。[74]

昼食後、交渉のためにシェンが予約した上の階のスイートルームに移った。シェンとラウが口火を切り、合併が求められる理由と2社の相乗効果について強調した。2社の統合にあたって痛みを伴う決断が必要になるものの、シェンとラウはその苦痛に見合う価値が新会社にもたらされると保証した。中国のデジタル経済における信頼される実力者の2人は、両当事者たちにとって公平な合併になるよう力を尽くすと誓約した。

方向性を定めたあと、2人は脇へ退いて、起業家たちに詳細について議論させた。合併後の会社の構造、ブランド名、誰にどのような権限を持たせるかなど、進展のあった点を一つひとつホワイトボードに書き込んでいった。もっとも、テンセントとセコイアの威信を背景に進む議事の行き着く先に疑問の余地はなかった。午後7時7分、合併に向けた大枠について双方が合意し、握手が交わされた。

これで一段落したシェンは、退出すると急いでピザ・レストランに向かった。ビジネス街のランドマークというショッピングモールの中にその店はあった。この日、妻は香港を離れていて、シェンは2人の娘たちとの夕食に遅れてしまった。

「申し訳ない。これも仕事でね」と謝った。[75]

1週間ほど経過後、シェンはヘイマン島に飛んだ。オーストラリアの海岸沖の贅沢なリゾート地で、有名人の結婚披露宴が開かれていた。JDの創業者のリチャード・リュウが、自分よりかなり若く、天真爛漫な美女として中国のソーシャル・メディアで有名な花嫁と一緒になった。この派手で贅沢なお祝いの場は、中国のテクノロジーの一つの到達点を示していた。新たに作り出された億万長者たちには、アメリカの億万長者たちと同じくらい豪奢な暮らしが可能になった。また別の到達点も見えていた。招待者リストには、中国のデジタルと金融の両分野にまたがる大勢のエリートたちの名前があった。シリコンバレーに似て、中国でもイノベーションの牽引役たちは、社会で一つの集団を形成していた。

シェンは黒い蝶ネクタイ姿で出席し、その後すぐに会場を離れた。Wホテルで合併交渉を進めた当日には、ビジネスから内輪の集まりに急いで向かったが、今度はその逆だった。

結婚披露宴を後にしたシェンは、同じく招待されていたマーティン・ラウ、バオ・ファン（包凡）の2人と落ち合った。バオは元モルガン・スタンレーの投資銀行家で、メイトゥアンとディエンピンの合併の枠組みを実際に完成させるために起用された。

蝶ネクタイをつけたまま、3人は部屋に姿を消し、仕事に取りかかった。メイトゥアン、ディエンピンそれぞれの交渉担当者たちはのろのろと進めていた。彼らをゴールラインに導くには、双方の投資家たちが調整して力を発揮することが不可欠だった。メイトゥアンも、ディエンピンも独自に経営幹部のチームを作り、重複して事業を運営しようとしていた。それぞれに料理の持ち帰り、レストランの予約、その他のサービスを推進する計画だった。これまでの競争は耐え難いほどの流血を伴った。ところが、このままでは統合後に、また別の流血が起きそうに感じられた。

シェンと仲間の披露宴出席者たちは、合併に向けた協議で行き詰まっている点をまとめたリストに目を通し、個別に点検した。3人の利害は一致しており、この取引の成立を目指した。メイトゥアンとディエンピンが妥協点を見つけられないのであれば、この3人が誘導するしかなかった。

最終的に、遠くオーストラリアからいくつもの指示を出したあとで、シェンは望むものを手に入れた。10月11日、メイトゥアンとディエンピンは合併計画を発表し、テイクアウトした品物の配達や映画チケットの販売、その他の地元密着のサービスを展開する巨大企業が誕生することになった。シェンとラウが予言していたとおりに、統合会社の企業価値は現金がどんどん減っていくライバル2社のころをはるかに上回った。メイトゥアン・ディエンピンが2016年1月に新しい資金調達に臨んだとき、この大当たりがどれほどの大きさであるが明らかになった。統合会社の企業価値は、ライバルだった時期の2社の合計より、実に50億ドルも多かった。[76] Wホテルで始まったプロセスは、サンドヒル・ロードもうらやむような特大のヒットをもたらした。

＊

このようにして中国のベンチャーキャピタル業界は旅を終えた。すべて中国人で構成する投資家、起業家、投資銀行家のネットワークが見事な合併を完成させた。統合会社の企業価値は、イーベイに身売りした当時のペイパルの10倍に上った。

ニール・シェンは世界の最優秀ベンチャーキャピタリストに一度だけでなく、3年連続して選ばれる時期に差しかかっていた。ワン・シンは億万長者から、桁がもう一つ上の長者（デカ・ビリオネア）に成長し、彼の会社はセコイア・キャピタルにとって、グーグルをも凌ぐ、これまでに最も利益の上がった投資先となった。[77]

２０１９年にはメイトゥアン・ディエンピンに陰りが出てきたことは認めなければならない。しかし、セコイアには新しい金メダリストとなる別の中国のベンチャー企業が出てきた。ティックトック（TikTok）という名前の熱狂的な人気を集める短編動画アプリの運営会社バイトダンス（字節跳動）である。

２０１６年夏、ゲイリー・リーシェルは上海でスーツケースをまとめた。いつ来るべきかを知っていた彼は、もはや去るときだと理解した。アメリカ人のアウトサイダーが中国のベンチャー投資に貢献できるものは多くなさそうだった。

第11章 アクセル、フェイスブック、そして凋落するクライナー・パーキンス

Accel, Facebook, and the Decline of Kleiner Perkins

21世紀に入って数年後、テクノロジー不況の影が足元に及ぶなか、ケビン・エフルジーという名前の起業家がアクセルに参加した。ベンチャー投資が苦境にあえぎ、アクセルもご多分に漏れなかったこの時期に加わるとは、彼の頭がどうかしているように見えたかもしれない。しかし、同VCの上席のパートナーたちの勧誘には説得力があった。エフルジーはスタンフォード大学で工学（学部）と経営学（大学院）を修め、スタートアップを立ち上げ、さらにもう1社を興した。

それでも、ベンチャーキャピタリストとして世間に認められるまでには、5年はかかる。今から研鑽に努めれば、テクノロジーの市場の回復期に本領を発揮することになるだろうと、アクセル側は説いた。

エフルジーはその主張を受け入れた。「ある意味では、私にほかの選択肢はなかった」と彼は後に語っている。「私は30歳で、妻は妊娠していた」[1]。アクセルの業績は低迷していたが、彼はすぐにうれしい驚きを味わった。白髪交じりの年齢となった創業者のアーサー・パターソンとジム・スワーツを含むリーダーたちは、長期投資に真剣に取り組んでいて、それは投資先にとどまらず、採用した若手に対してもあてはまった。彼らの考えでは、エフルジーの仕事は上席のベンチャーキャピタリストたちの補佐ではなかった。スタートアップに対して何百万ドルものリスクを取る能力の開発だった。

エフルジーはアクセルで最初の会議に出席した日から、意思決定に加わることが期待されていた。彼が投資案件を提案することも可能だった。同僚たちが納得したなら案件は実現に向かう。ほかの同僚の提案に反対することもできた。たとえ、そのプロジェクトが得意分野のものではなくても、自分なりの意見があるはずだと見なされた。

また、有益なコメントをするだけで十分ではなかった。イエスかノーかの判断を表明し、その責任を負うことが求められた。「我々のビジネスには『アナリストのように扱われた者は、アナリストのように振る舞うことになる』という格言がある」とエフルジーは後に説明した。[2] アナリストは問題の両方の側面から論点を指摘できるが、それは立場を取ることとは異なっていた。この違いこそがベンチャーキャピタリストと、そうではない者の心理的な隔たりを指し示していた。つまるところ、ベンチャー投資とは、整理しきれない情報から、イエスかノーかの二者択一へと恐ろしい跳躍を果たすことだった。そして、ベンチャー投資とは、自分がしばしば間違いを犯すという現実に折り合いをつけることに行き着く。傷ついたプライドを抱えながらも立ち上がり、困惑させられる未来に新たな賭けをするために、自分の内側にある楽観主義を奮い立たせて、次のパートナー会議に顔を出すことだった。

エフルジーがアクセルで仕事を始めてから数カ月後の2003年10月、同VCのモットーである「準備された心」のための組織的な練習が行われた。投資担当のチームは金門橋を渡ってサンフランシスコの対岸の美しい街サウサリートにあるカーサ・マドローナという高級施設に集まった。午後にはマウンテンバイクを乗り回すイベントがあり、2人の熱心な若きサイクリストたちのバイクを収容するための部屋まで用意された。[3]

しかし、会議が招集された重大な理由は、アクセルがこの年、それまでにわずか4件しか契約に至っておらず、ほとんどのライバルに出遅れていたことだった。一連のスライドには、ほかの主力VCが行った62件のソフトウエアないしインターネット関連の投資が記載され、そのうちのいくつかには、「認識していたが、負けた」、「認識していたが、企業評価の作業を進めなかった」などと注記されていた。これらの注記は、アクセルは投資の機会があることを知っていながら、ものにできなかったことを意味していた。

また、スライドでは、新しい種類のオンライン・ビジネスには将来性があることが具体的に指摘されていた。インターネット1・0が商品を売ること（アマゾンやイーベイ）を指していたとしたら、インターネット2・0はウェブをコミュニケーションの媒体として使うことが中心になりそうだった。「この『2・0』の熱狂はソーシャル・ネットワーキングの周りで起きつつあり、アクセルは乗り遅れかねない」とスライドでは強調されていた。[4]

インターネット2・0を魅力的な分野だと見定めたパートナーシップのリーダーたちは、エフルジーをはじめとするチームのジュニア・メンバーに、ここを狙うよう促した。アクセルの創業者たちの見方では、有望な投資領域を慎重に選び出してリスクを減らすことと、新参者たちに権限を与えてリスクを受け入れることを、結びつける必要があった。「若き投資家たちが、肥沃な土地にいると分かったなら、話は簡単で、彼らを野放しするに限る」とジム・スワーツは後に語った。[5]任務が明確になったエフルジーは探索を始めた。彼が興奮した最初の投資先候補は、インターネット電話のスタートアップのスカイプだった。長距離電話の料金を節約する製品を持っていた。

アクセルのロンドン・オフィスもスカイプの動向を追っていた。そこでエフルジーはビデオ会議を設定して、このスタートアップのスウェーデンにいる開発者たちを、アクセルのロンドンのパートナーであるブルース・ゴールデンに紹介した。地理的に近いという理由で、ゴールデンがアクセル側の交渉代表者となり、投資の可能性を追求した。エフルジーは最新の情報を共有して、カリフォルニアから援護射撃した。ジム・スワーツはアクセルでカルチュラル・フィット（人材がその組織文化に適合するよう態勢を整えること）を推進する責任者として、カリフォルニアとロンドンのチームの全員が同じ認識を持つよう工夫した。スワーツは二つのオフィスを毎月、行き来して、生産的な協力・協調の実現を後押しした。

ゴールデンはスカイプの革新性と爆発的な人気に好印象を抱いた。しかし、スカイプへの投資を進めるにはいくつもの課題を乗り越える必要があるとすぐに理解した。これまでに自分が見たことのない「取引を危うくする欠点」がかなりあると、報告書に記した。[6] アクセルは頼もしい実直な起業家の支援には慣れていたが、スカイプの創業者たちは音楽業界からオンライン上での著作権侵害で訴えられていた。アクセルは独自の知的財産を持ち、市場での主導権を確実にしているスタートアップを好んだ。しかし、スカイプは悩ましいことに、別の会社からライセンス供与を受け、自前ではない知的財産を利用していた。

おまけに、スカイプの創業者たちは、タームシートの交渉で断固とした要求を突きつけ、それでいて一貫性はなかった。「私はぐいぐい押されているように感じた」とゴールデンは振り返っている。「彼らは我々に協力すると表明したが、その約束にはほとんど意味がないように思われた」。[7] 結局、「我々にはスカイプがあまりに異様に見えていた」とエフルジーは回顧した。「我々は投資しないと決めた。ところが、その後、スカイプの成長に弾みがつき、毎月、利用者は急ピッチで増えていった」[8]
スカイプの企業価値が急騰し、アクセルのパートナーたちは失敗の大きさを認識した。ベンチャー投資では、支援したプロジェクトが無価値になってしまうことは、出資分を失う1倍の損失である。しかし、それよりもはるかに手痛いのは、リターンが100倍にもなるプロジェクトを逃すことだ。おそらくエフルジーを念頭に置いた発言だろうが、「同僚たちからは、我々はスカイプの連中を部屋に閉じ込めて、サインするまで出さないようにすべきだったという声も聞かれた」[9]とゴールデンは振り返った。「パートナーシップの内部にはフラストレーションが渦巻いていた」。もっとも、アクセルが培ってきた固有の文化のおかげで、このミスに対処する取り組みが進んだことは良いニュースだった。サウサリートで始まった準備された心のための練習がその基礎になった。
まず、インターネット2・0の領域で投資を成立させるためには、何が必要かを検討する作業に着手した。アクセルのソーシャル・メディア関連での苦い失敗はスカイプだけではなかった。クイズ会社のティックルと写真共有サイトのフリッカーにはタームシートを送っていた。スカイプに対してと同様に、この両社にもアクセルは不安を抱き、ライバルの応札者たちに敗れた。[10]エフルジーと同僚たちは、準備された心の練習から二つの教訓を導き出した。
第一に、アクセルは従来支援してきた、安心させてくれるエンジニアたち以外にも、手を差し伸べなければならなかった。これまでの実績を見れば、個人向けのインターネット企業は、しばしば異端児的な創業者が興しており、ヤフーとイーベイの場合、趣味の延長線上で出来上がった。第二に、好都合なことに個人向けインターネット企業の場合、従来とは異なる角度からその将来性を判断できた。創業者のことは見て見ぬふりをして、データの推移を分析すればよかった。同じ顧客が1日に何度も訪れるようなインターネット上のサイトの運営会社に次に出会ったときには、アクセルは是が非でも取引をものにするべきだった。べき乗則のリターンがもたらされる世界では、出資の機会を取り逃すコストのほうが、出資が無に帰した1倍の損失よりも大きいのである。[11]

スカイプへの投資を最も熱心に支持した1人であるエフルジーは、パートナーシップの内部の考え方が一皮むけたと実感した。アクセルは次のスカイプ型の機会が訪れたときには、当惑することはないだろう。「アクセルに参加した当初、準備された心なんて、でたらめだと思っていた」とエフルジーは後に振り返った。しかし、「本当に役に立っている」という。[12]

＊

２００４年の夏、エフルジーは7月4日の独立記念日の祝日を利用して、シカゴで妻の家族と過ごしていた。彼がそこにいる間、ある友人がマイスペースというスタートアップについて電話をかけてきた。マイスペースは新しい種類のコミュニケーションのプラットフォーム、いわゆるソーシャル・ネットワークの一つだった。そして、この分野の草分けで、クライナー・パーキンスとベンチマークが支援するフレンドスターというスタートアップと競争していた。エフルジーの興味をそそったのは、これら競合2社の違いだった。マイスペースは、クラブの人気が高くなるほど悩ましさを増す問題から免れていた。人々が多く集まると、元々の雰囲気が薄まり、初期の支持者たちの好意を失うという問題である。これに対し、フレンドスターには特にアジアの性風俗従事者たちに人気という悪評が立っていた。初期の利用者たちは離れつつあり、中には扇情的な勧誘にうんざりしたことを理由に挙げる退会者もいた。

「マイスペースを実際に見てほしい」とエフルジーの友人は言った。「売春婦の少ないフレンドスターだ」

エフルジーは自分のラップトップ・コンピューターを開き、それぞれのウェブサイトに、内情を知る手がかりとなる書き込みがないか確認し始めた。その作業に追われている最中に、別の電話がかかってきて手が止まった。

そこに義理の継母が通りかかり、エフルジーのラップトップの画面を目にした。不安になった彼女は継娘に伝え、継娘は夫に質した。なぜ、インターネットで性風俗従事者を探し回っているのか──。

本当に仕事のためだと言って、彼女を安心させた。

確かにそれは仕事であり、有益だった。準備された心の練習によってアクセルには、増殖していくばかりのインターネット２・０のスタートアップに対応する用意ができ、エフルジーはラップトップで調査して、より具体的なチャンスをつかむ態勢を整えた。フレンドスターをソーシャル・ネットワークの先行事例とみなしたならば、それが抱えるトラブルは、このコンセプト自体が限界に直面していることを示唆していた。ソーシャル・ネットワークもナイトクラブと同様に、評判を落とさずに、サービスを拡大していくことは無理そうだった。その一方で「マイスペースは、待てよ、何かありそうだ、と私に告げていた」とエフルジーは後に振り返った。[13]

＊

２００４年12月、エフルジーはスタンフォード大学の大学院生のチーファー・チェインと連絡を取った。チェインはキャンパスで人気のスタートアップについての情報をアクセルのために集めるアルバイトをしていた。今回取り上げた新顔のスタートアップは「ザ・フェイスブック（当時の呼称）」だった。

エフルジーはスタンフォード大学の卒業生としての自分に割り当てられた電子メールのアドレスを探し出し、チェインが言及したこのサイトにアクセスしてみた。ザ・フェイスブックは入場をスタンフォード大学のメールアドレスを持つ利用者に制限して、フレンドスターが抱える、望まれていないゲストの存在という問題を管理していた。ナイトクラブの外にベルベットのロープを張るのに似ていた。

ログオンしたエフルジーは、サイトが「フェイスブック・スタンフォード」と表記されているのを見て感銘を受けた。単なるフェイスブックでも、フェイスブック・ワールドワイドでもなかった。コミュニティのカスタマイズが可能だった。スタンフォードの学生たちは自分が仲間に加わっているような感覚を得ることができるわけで、これは自分が所属するクラブだった。[14]

エフルジーはこの巧みなビジネスの背後にいるチームに会うことを決意した。しかし、タイミングが悪かった。マーク・ザッカーバーグとショーン・パーカーというザ・フェイスブックのリーダーたちが、ちょうどセコイアをからかったばかりだった。ワイヤーホッグのプレゼンテーションに表れていたように、ザッカーバーグとパーカーには、一流のVCを鼻であしらうことほど好きなものはなかった。

エフルジーはこの障害を回避するために、あらゆる標準的な手立てを駆使した。ザ・フェイスブックの採用面接を受けた友人を通じて、パーカーと電話で話す約束を取りつけた。しかし、その後、パーカーはキャンセルした。次にエフルジーは別の友人のマット・コーラーが最近、パーカーのもとで働き始めたことをつかんだ。彼は電話をかけて、2回目の紹介を依頼した。コーラーは、残念ながらパーカーには関心がないと説明した。

2005年の初め、エフルジーは同僚の1人からザ・フェイスブックがほかの投資家たちと協議を始めたと聞いた。彼は深呼吸して、いくつかの連絡先に再び電子メールを送った。誰からも返信がなかった。エフルジーは昔ながらの手段である電話に頼った。しかし、パーカーは留守番電話のメッセージに返答することを拒んだ。

エフルジーは3番目のチャネルを開いた。彼はリンクトインの創業者のリード・ホフマンがザ・フェイスブックに投資したことを知った。アクセルのパートナーのピーター・フェントンはホフマンに顔が利いた。エフルジーはフェントンに協力を要請した。

フェントンがホフマンに電話をかけたが、やはり壁に突き当たった。ザ・フェイスブックは面会に応じなかった。ただし、今回は先方から面会を拒否する理由の説明があった。ホフマンによれば、パーカーとザッカーバーグはベンチャーキャピタリストたちが、自分たちの会社を決して理解しないし、フェアバリュー（適正な企業価値）を算出して、それを認めることもないだろうと信じていた。

さらにホフマンは、ザ・フェイスブックがある企業から高い評価額で出資提案を受けていると明らかにした。「あなたたちには、同じくらいのお金を支払うつもりはないでしょう。これ以上、時間をかけるに値しませんよ」。あたかも、ホフマンはザ・フェイスブックとの面会を止めることが、アクセルにとって最善だろうと言っているかのようだった。

フェントンはこのメッセージをエフルジーに告げた。

「私にとって時間をかけるに値します」とエフルジーは言い張った。「私は時間を惜しみません。彼ら以上に時間がありますよ」

フェントンはホフマンに再び電話し、「この案件は我々にとって時間をかけるに値します」と伝えた。[15]

面会拒否の理由が明らかになった以上、その理由が無効になったときには、アクセルを助ける義務があるとホフマンは感じていた。アクセルがザ・フェイスブックに真摯に対応し、侮辱的で見くびるような金額を提示しないと約束するなら、パーカーとの面会の手はずを整えるつもりだった。

それでも、面会には至らなかった。ホフマンは全力を挙げた。しかし、パーカーは隠れた。

2005年の4月1日、エイプリルフールにエフルジーは待ちくたびれていた。電子メールは効果がなかった。電話をかけてもつながらなかった。彼は既に3人の異なる仲介者を起用したが、不発だった。最後の手が彼にはあった。約束の有無にかかわらず、ザ・フェイスブックに直接、乗り込むと決めた。

それは金曜日の午後だった。エフルジーは30歳代のある同僚に同行するかどうか尋ねた。アクセルの投資家が1人で訪問するよりは2人のほうが強い印象を与えそうだった。また、エフルジーがこの案件についてアクセル全体に諮るときには、味方になってくれるはずだった。

ところが、エフルジーの若き同僚は多忙だった。[16] しかし、アクセルの協力的な社風を証明するように、たまたま建物に居合わせたもう1人の投資家を引き込むことができた。共同創業者のアーサー・パターソンその人だった。

エフルジーとパターソンはパロアルトのユニバーシティ・アベニューを4ブロック歩いた。エフルジーは背が高く、頭髪の薄い33歳、童顔で骨格はがっちりとしていた。パターソンはすらっとした60歳で、真っ直ぐな髪をきれいに分けていた。

エマーソン・ストリートのザ・フェイスブックのオフィスに到着すると、2人はスプレーのペンキで落書きされたばかりの長い階段を上った。最上階には、巨大な絵が掲げられ、大きな1匹の犬に乗った女性の姿が描かれていた。ロフトには、持ち主を疲れさせた特大パズルかのように、途中までしか組み立てられていないイケアの家具があった。床には半分空になった酒瓶が散乱していた。エフルジーの友人のコーラーが最近28歳の誕生日を迎え、そのお祝いがあったことを物語っていた。[17]

コーラー自身は最高の状態ではなかった。家具と格闘しているうちに、ジーンズが破れてしまい、左脚のほうが部分的に開いて、ボクサーパンツが見えていた。

「やあ、ケビン」とコーラーがエフルジーに声をかけた。

エフルジーがショーン・パーカーとマーク・ザッカーバーグに会いたいと伝えたところ、2人とも不在、もしくは病気だと言われた。そこでエフルジーとパターソンは、だらしない姿のコーラーと席につくことになった。

下着をのぞかせたコーラーの説明は印象的だった。彼はすらすらと数字を挙げて、ザ・フェイスブックの成長、サイトにおける1日当たりの利用者数、そして彼らのサイトでの滞在時間について説明した。パターソンは投資家になりたての時期に、メディア企業に目を向けたことがあった。彼が当時から記憶している利用者に関する伝統的な評価基準（ベンチマーク）に照らし合わせると、ザ・フェイスブックの利用者のサイトへの愛着ぶりは驚異的だった。その上、この面会で分かったすべてのことが、過去2年間の準備された心の練習で示された想定に合致した。ザ・フェイスブックの創業者たちは型破りで、つかまえにくく、オフィスの壁画はセクシャルハラスメント訴訟を誘発していた。しかし、彼らの行動を無視して、データに注目したなら、ザ・フェイスブックは逃してはならないチャンスだった。[18]

やがて最上階にパーカーとザッカーバーグが現れた。2人は病気ではまったくなかった。ブリトーを食べていた。

創業者たちがVCからの質問にいらいらすることを知っていたエフルジーは、一つも尋ねなかった。そして彼らのVCへの疑念を先取りして、「どれほど価値があるのか分かりました」と述べて、パーカーとザッカーバーグを安心させた。「我々の月曜日のパートナーシップ会議に来てください。その日のうちにタームシートを提示するか、あるいは私から二度と連絡しないと約束しましょう」

パーカーが翌日の晩、エフルジーとビールを飲むことで同意した。そして、彼にはエフルジーとパターソンが引き揚げる前に見せたいものがあった。女性用トイレの壁画だった。1人の裸の女性が、もう1人の脚を抱きしめていた。

アクセルのオフィスに歩いて戻る途中で、パターソンはエフルジーの背中を叩いた。準備された心の練習は有効だった。「我々はこれをやらなければならない」と心を躍らせていた。[19]

*

翌日の昼食の時間帯にエフルジーはスタンフォード大学のキャンパスに向かった。無作為に学生たちを呼び止めて、ザ・フェイスブックを知っているかと聞いた。

「中毒になっています。勉強が手につきません」と1人が答えた。

「私の人生の中心です」と別の学生が話した。[20]

エフルジーはピッツバーグのデュケイン大学の2年生を紹介された。彼は彼女に電話をかけた。

「ええ、ザ・フェイスブックですね。ここでは去年の10月23日から利用されています」とこの学生は言った。

「正確な日付を覚えているんだね」とエフルジーが尋ねた。

「もちろんです」との答えが返ってきた。デュケイン大学では何カ月も前からフェイスブックの開始が待ち望まれていた。彼女の友人たちはそれを試したくて、うずうずしていたという。

エフルジーは妻に話した。彼はこれほど、溜まった需要を見たことがなかった。「この会社に投資しなければならない」と彼は口にした。

その晩、エフルジーはショーン・パーカーと会い、スタンフォード大学の近くのあまり見栄えのしない学生向けの店で約束どおりにビールを飲んだ。パーカーは自分が確信していることを繰り返した。ザ・フェイスブックにはとても価値があり、アクセルは十分な金額を提示できないと言った。しかし、彼は本当にそれを信じているのだろうか。あるいは、単にアクセルの提示額を引き上げさせようとしているのだろうか——。いずれにせよ、間違いなく彼はベンチャーキャピタリストをからから機会を楽しんでいた。

エフルジーは自分が支払える金額を示す機会を与えてくれるようせがんだ。パーカーがすべきことは、月曜日のパートナーシップ会議にザッカーバーグと一緒にやってくることだけだった。

そして、月曜日の朝、アクセルのチームが会議室に集った。「彼らは姿を現すだろうか」とあるメンバーは疑問に思っていた。[21] 午前10時ちょうどに彼らがやってきた。

アクセルがいまだに従来型の感覚に固執していたなら、会合は失敗に終わっただろう。最も重要な訪問客のマーク・ザッカーバーグは丈の短いズボンとアディダスのサンダルで到着した。会合の主催者側に渡した名刺の肩書には「俺はCEO。嫌な奴だぜ」とあった。[22] プレゼンテーションの間じゅう、ザッカーバーグはほとんど何も話さなかった。自分の経歴と会社に対するビジョンについて語るよう促されると、2分に詰め込んで答えた。[23] アクセルのパートナーたちは、ほとんど話すつもりのない20歳に投資するよう求められていた。しかし、準備された心の練習のおかげで、このチームが思いとどまることはなかった。「ザックは異端児だが、とてもありえそうにない人柄ではない。我々はそう考えることに決めていた」とエフルジーは回顧する。「実際には、いかにもありえそうな人柄だった」[24]

ショーン・パーカーとマット・コーラーはスポーツ・ジャケットの下にTシャツという、よりプロフェッショナルな装いだった。2人は、ザッカーバーグの態度に対する疑念を払拭するストーリーを語った。2人はザ・フェイスブックがどのようにして、国内各地の大学キャンパスを一つひとつ、効率的な軍事作戦のように攻略できているのかを説明した。複数の大学がこのサービスの展開を要請していた。ザ・フェイスブック側は学生たちの電子メールのアドレス、スポーツのチームやクラブの情報、クラス分けのリスト、その他のデータの提供を求めた。このようにしてザ・フェイスブックはそれぞれのキャンパスで、かなりの割合の学生をサービスの立ち上げと同時に登録でき、クリティカルマスに到達した。

さらに、より多くの学生がそれぞれのコミュニティに加わることで、ザ・フェイスブックはフレンドスターが直面する難問とは逆の事態を経験していた。ほとんどの大学生はほかの大学に高校時代の仲間がいる。このため、新たな大学がフェイスブックのネットワークに入ると、初期の支持者たちがより一層このプラットフォームを面白がる。ザ・フェイスブックでは、利用者が拡大すれば、その分、利用者の愛着心が後退するという関係は成立していなかった。

会議終了後にアクセルが下した評決は全員一致だった。誰もザッカーバーグの口数の少なさを気にしなかった。誰もザ・フェイスブックのオフィスにある警戒すべき性的な画像のことを取り上げなかった。そして、セコイアのリーダーたち、マイケル・モーリッツとダグ・レオンがパーカーには用心するようにとアクセルに警告した事実もあったが、誰も心配していなかった。ザ・フェイスブックが提供しているサービスが爆発的な人気を博していること、それがすべてだった。ザッカーバーグが若すぎてビールを買えないことは、むしろ彼らしさを構成する一つの要素だった。[25]

問題はいかにしてザ・フェイスブックにアクセルの資本を受け入れさせるかだった。アクセルは企業の投資家、おそらくは大手メディアとの競り合いになることに感づいていた。パーカーはそのライバルが提示している条件を明かしていた。企業価値をいわゆるプレマネー、追加出資分を加算しない段階で6000万ドルと見積もっていた。アクセルはしばらく検討した上で、ザ・フェイスブックにタームシートを送り、同じく6000万ドルの評価額を示し、さらに対抗相手よりも多くの資金を提供するとした

その夜、コーラーは返信メールを送った。ありがとうございます。でも結構です――。これで、ライバルからの提案があることは明確になった。このときまでに、アクセルのマネージング・パートナーで顔の広いジム・ブライヤーは、ほぼ確実にワシントン・ポスト紙からの提案だと突き止めていた。[26]

翌日、アクセルのチームは再び、提示額をどこまで引き上げるかを検討した。午後にはエフルジーが同僚2人と一緒にユニバーシティ・アベニューをずんずん歩いて、ザ・フェイスブックに

向かい、会議中の幹部たちをつかまえた。彼は新しい提案を突きつけた。アクセルはプレマネーで、フェイスブックを7000万ドルと評価した。そして同社に1000万ドルを投じるとした。出資後のポストマネーの段階では、8000万ドルの評価額となる。

今度ばかりはパーカーも強烈な印象を受けた。「分かりました。これは検討に値しますね」と認めた。

アクセルの提案はライバルを凌ぐものだった。それでもハードルが待ち構えていた。ザッカーバーグはワシントン・ポスト紙と口頭で合意に達しており、ザ・フェイスブックでの彼のリーダーシップには干渉しないというCEOのドン・グラハムを信頼していた。また、パーカーはザッカーバーグにシリコンバレーのベンチャーキャピタリストは悪者だと信じるよう説いてきた。ザッカーバーグにとってはワシントン・ポスト紙にこだわり続けて、低い評価額を容認するほうが良いことかもしれなかった。

その晩、アクセルはザッカーバーグと彼の補佐役たちのためにささやかな夕食会を用意した。ビレッジ・パブという店名だったが、これは慎み深さを偽っている典型的な例で、実際にはミシュランの星がついていた。グループでザ・フェイスブックの成長戦略を議論した。アクセル側のホストの2人、エフルジーとマネージング・パートナーのジム・ブライヤーはザッカーバーグを会話に引き込もうとした。特にブライヤーは、このときまでに関係を進展させていて、月曜日の会議のあと、ザッカーバーグに対する独自のチャネルを開いていた。若き創業者はブライヤーの持つ華やかな人脈と洗練された自信のある態度に強い関心を示した様子だった。しかし、ブライヤーの気持ちがザッカーバーグに通じたように見えたとたん、ザッカーバーグが消音モードに入った。彼は沈黙し、内なる対話に夢中になったかのように、自分の殻に閉じこもった。やがて立ち上がるとトイレに向かった。長い間、彼の気配はなくなった。

マット・コーラーがテーブルを離れ、ボスの様子を確かめに行った。トイレの床に、あぐらをかいて座り、泣いている彼を見つけた。

「私にはこれはできない。もう言質を与えているんだ！」とザッカーバーグは涙ながらに語った。ジム・ブライヤーのことは好きだったが、彼からお金を受け取ることを嫌がった。ドン・グラハムとの約束を破ることに、ザッカーバーグは耐えられなかった。

「ドンに電話をかけて、彼の考えを聞いてみませんか」とコーラーは提案した。[27]

ザッカーバーグは気を取り直してテーブルに戻った。翌朝、グラハムに連絡を取り、より高額の提示があったというニュースを伝えた。彼はグラハムを尊敬していたものの、ブライヤーにはスタートアップを脚光を浴びるスターの地位に導いた、より豊富な実績があることを認識していた。また、ザッカーバーグはパーカーのVCに対する敵意を理解した上で、アクセルのことを評価した。アクセルが示した大金がザ・フェイスブックの将来に対する確信を裏づけていたからだ。

グラハムは入札競争に加わるつもりはなかった。彼の友人で、投資の指南役のウォーレン・バフェットから割安な株式を購入するバリュー投資の規律を学んだ。そして、シリコンバレーのベき乗則を重視する考え方を疑いの目で見ていた。グラハムはザッカーバーグに金銭的により良い提案を約束せず、むしろ心理的により良い提案を示した。

「あなたも分かっているように、彼らのお金を受け取ることと、我々のお金を受け取ることには違いがある」とグラハムは確認を求めた。「我々には、あなたに会社の運営を指図するつもりはない」[28]

若者たちの反乱という文脈に従えば、グラハムの訴えが功を奏する可能性はあった。Yコンビネーターを立ち上げたポール・グレアムは、わずか1カ月前、「VCが最悪なわけを説明する統一理論」を提唱して、ベンチャーキャピタリストが若き起業家にあまりに多くの資金を無理やり押しつけていると非難した。エンジェル投資家としてザ・フェイスブックを支援し、取締役会のメンバーになっているピーター・ティールも、創業者はベンチャー投資家たちと自分の会社の統治を共有してはならず、支配権を維持すべきだと強調した。しかし、このような環境下でも、グラハムの提案は実らなかった。ワイヤーホッグのプレゼンテーションも、挑発的な名刺も、アディダスのサンダルもたいしたことではなかった。ザッカーバーグはベンチャーキャピタルとの取引がもたらす結果について考え抜き、それを喜んで受け入れることにした。

ドン・グラハムは寛大な対応を見せて、ザッカーバーグを道徳的なジレンマから解放した。[29] アクセルとの幸運を祈った。これで・ザフェイスブックの行く道は定まった。

ショーン・パーカーには、アクセルとザ・フェイスブックの取引によって二つの因果がめぐってきた。一つ目は肯定的なもので、交渉の達人としての彼の評価が確固たるものになった。パーカーはベンチャーキャピタリストたちを相手に巧みに振る舞い、交渉の最終局面では追加的な勝利を確保し、ザッカーバーグにより多くの富と会社の支配権を与えた。

しかし、この物語には数カ月後、後味の悪い展開が待っていた。2005年9月、正式な社名をそれまでのザ・フェイスブックからフェイスブックに変更した直後、パーカーがアクセルによって同社から追放された。パーカーが、プラクソ時代の再来のように、奇矯な行動を始めたからだった。彼は海辺の邸宅に大麻を保有していたとして逮捕された（しかし、起訴には至らなかった）。フェイスブックで自分のアシスタントだった未成年の女性を含む数人の友人たちとパーティを開いていたという。[30]

アクセルはこれまでフェイスブックの本社にある扇情的な壁画には無視を決め込んでいたが、パーカーは一線を越えてしまったと判断した。フェイスブックの取締役に就いたアクセルのマネージング・パートナーのジム・ブライヤーは、この事件を機会にパーカーの更迭を要求した。ザッカーバーグは友人を大目に見てほしいと願ったが、ブライヤーは思いどおりに、フェイスブックから社内を蝕む勢力を一掃した。プラクソでの結末と呼応するように、パーカーはフェイスブックのストックオプションの半分を剝奪された。5年後、それらの価値はおよそ5億ドルに相当した。[31]

ベンチャーキャピタル業界にとって、アクセルのフェイスブックとの取引は、伝統的なパートナーシップがどのようにすれば、若者たちの反乱を乗り切ることができるのかを示す実例になった。この取引では、スタンフォード大学の大学院生から情報を収集した。30歳代前半の若手の投資家を訓練し、権限を与えた。俗事に長け、人脈の広い40歳代のマネージング・パートナーを投入した。60歳の創設者の投資判断まで活用した。フェイスブックが２０１２年に上場すると、アクセルは１２０億ドル余りという驚異的な利益を獲得した。[32] このパートナーシップは、傲慢な若者たちの批判的な発言を聞き流して、大いに報われた。

それでも、フェイスブックをめぐるエピソードは、少なくとも当時は、ベンチャーキャピタル側が見せる寛容にも一定の限界があることを示していた。ＶＣを悪党に仕立て上げ、自身は警察とのもめごとに巻き込まれた有害な反逆者と対峙するにあたり、ベンチャーキャピタリストたちは自分たちの権威を見せつけた。曲がりなりにも彼らはパーカーを排除することができた。しかし、本書でこれから見ていくように、10年後にはＶＣが規律を主導する機能は消え去っていくことになる。

＊

アクセルの物語は、この業界で21世紀に成功するために何が必要かを明らかにしたのに対し、以下で描くクライナー・パーキンスの物語は、成功とは必然的に続いてゆくものではないことを改めて示した。1980年代と90年代を通じて、クライナー・パーキンスは業界を主導する存在だった。インターネットが創出した市場の価値の最大で3分の1を、同VCの投資先の企業群が占めたとされる。[33] ところが、その後は運用成績のあまりパッとしないファンドが何本も続き、2015年ごろには、クライナー・パーキンスはランキングの上位から滑り落ちてしまった。[34]

ベンチャー投資には経路依存性という特性があると考えられてきたことを踏まえれば、クライナー・パーキンスの転落は、とりわけ目を引く現象と言えた。経路依存性とは、良きにつけ、悪しきにつけ、過去の行動や意思決定が今につながっていることである。肯定的なケースでは、例えば、投資先のスタートアップが成功を収めた場合、そのVCの評判は高まり、次の投資機会を得る上で役立つ。勝者となる可能性を秘めた新しいスタートアップの最初の資金調達に一枚加わることができる。起業家側が著名な投資家のお墨つきをありがたがるため、割安な価格で株式を取得することもある。このようにして名声が運用成績を押し上げ、運用成績の向上がさらに名声を高め、優位性が自己増殖的に強化されていく。

しかし、果たしてこれで、そのベンチャーキャピタルに本当にスキルがあると言えるのか、またVCの上位勢は名声を背景に、惰力で走行しているだけではないのか、といったデリケートな疑問が浮かぶ。クライナー・パーキンスをめぐる物語は、これらの問いに対する学術研究で確認された内容のとおりの展開となった。[35] 評判は重要だが、投資の成果を保証しない。成功は必然ではなく、世代ごとに新たに獲得する必要がある、ということだった。

一般的には、投資判断がものの見事に裏目に出てしまい、クライナー・パーキンスは失墜したとされている。2004年以降、同VCはいわゆるクリーンテックのスタートアップを追いかけた。太陽光発電やバイオ燃料から電気自動車まで気候変動対策に貢献するテクノロジーに賭けた。08年にはさらにリスクを取って、10億ドルの新しいファンドを組成し、資金を丸ごとこのセクターのグロース段階の企業群に投じた。理想主義と希望的観測が入り混じった投資行動だった。クライナー・パーキンスのパートナーたちのなかでは圧倒的な存在のジョン・ドーアは、地球を救う手助けをするのだと、気後れすることなく公約してみせた。彼はティーンエイジの娘の1人の言葉をよく引用した。「お父さん、あなたの世代が問題を引き起こしたの。解決したほうがいいわ」[36]。同時にドーアはグリーン化を追求する経済的な根拠を主張し、ある講演では、聴衆に向かってエネルギー関連のビジネスは6兆ドルにもなるのだと念押しした。「まあ、このようには言えるでしょうね。グリーンなテクノロジーは、つまりグリーン化の推進は、インターネットよりも大きいのです」[37]

その存在意義はさておき、クリーンテックはベンチャーキャピタルにとって対応の難しい分野だった。ドーアは規模が大きな市場は、同じく収益性が高い市場だと示唆すべきではなかった。風力発電、バイオ燃料、太陽光パネルなどに取り組むスタートアップは、資本集約型であり、多額の資金を失う大きなリスクを抱えていた。各社のプロジェクトが十分に成長するまでには時間がかかり、しかも、少数の成功例から上がる年間の投資収益は低迷した。この巨額の資本を必要とし、時間軸も長いことと引き換えに、クリーンテックへの投資家たちは、理屈の上では、より低い評価額と、より多くの株式を要求することが可能だった。

　しかし、若者たちの反乱によって「創業者にフレンドリーな」風潮が広がるなかでは、ドーアはこの方向に進みたくなかった。誤りをさらに悪化させたのは、ドーアが初期のクリーンテックへの進出にあたり、いわゆる明確な「堀（モート）」を欠いたビジネスに焦点を合わせていたことだった。外敵（競争相手）に攻め込まれないように城壁や都市（事業）の周りにあって守ってくれるものが手薄な分野に賭けてしまった。

　ドーアが投資した太陽光発電やバイオ燃料に関連するプロジェクトは、エネルギーそのものの生産と結びついていた。エネルギーとは、ほかと差別化しにくい、価格が激しく循環的に変動する商品（コモディティ）である。２００８年夏に石油相場が急落すると、ドーアの代替エネルギーへの賭けは大失敗に終わった。中国からは補助金で安くなった太陽光パネルが大量に輸入され、アメリカ国内では岩石を砕いて原油や天然ガスを抽出するフラッキングが登場し、エネルギー価格は一段と下落した。このような市場に関連したつまずきに加えて、政治に対する判断ミスもあった。ドーアは連邦政府の炭素に対する課税、もしくは規制の実現へ向けた意欲を過大評価していた。[38]

　クライナー・パーキンスのリミテッド・パートナーたちにとって、この結果は痛手だった。最初に進めたグリーン系の企業への一連の投資が特に低調で、それらを含んだ２００４年、06年、

08年に組成したベンチャー投資ファンドが振るわなかった。あるリミテッド・パートナーは06年のファンドに資金を投じた12年後の時点で、出資分のほぼ半分が失われたと不満を口にした。[39]

もっとも、08年に組成したグリーン系のグロース段階の企業に特化したファンドを皮切りとするクリーンテックへの投資の第二波では、運用成績が改善した。「堀」のあるビジネスに狙いを定め、いくつかの劇的なヒットを飛ばした。2021年の時点で、植物由来の代替肉を生産するビヨンド・ミートは107倍のリターンをもたらし、同じく車載電池メーカーのクアンタムスケープは65倍の、「スマート・ソーラー」のエンフェーズは25倍のリターンをそれぞれ記録した。これらの大当たりは、少なくとも1本のファンドを業界の上位4分の1にランクインさせるのに十分だった。[40] それでも、クライナー・パーキンスの全体としての運用成績はさえないままだった。[41] 最盛期の01年には、ビノッド・コースラとジョン・ドーアがフォーブス誌のミダス・リストのそれぞれ1位と3位に入った。しかし、2021年には、ドーアが77位につけただけで、ほかには100位内にクライナー・パーキンスのベンチャーキャピタリストの名前は見当たらなかった。[42]

悪いニュースが続き始めた当初、リミテッド・パートナーの大半はクライナー・パーキンスの側から離れず、経路依存性の威力が証明された。彼らは古い魔法が復活すると期待していた。ドーアのグーグルとアマゾンでのヒットが彼を史上最も成功したベンチャーキャピタリストの地位に押し上げ、彼が磁石となって投資家たちを引きつけていた。その後も、一部のリミテッド・パートナーは別の理由で投資を続けた。シリコンバレーの有名なVCと関係があることに価値――

インサイダーには当のＶＣの評判には傷がついたと理解されていたものの――を見ていたからだ。例えば、あるファンド・オブ・ファンズ（複数の投資ファンドに資金を拠出している投資ファンド）は規模が小さく、運用に長けていない年金基金から資金を集めていた。これらの出資者は、自分たちの資金の一部が名高いクライナー・パーキンスに管理されていると聞いて感銘を受けたという。これはファンド・オブ・ファンズという媒介役なくしては、実現を想像することができない、一種の特権だった。しかし、２０１６年には、これらのブランドを意識する投資家たちも遠ざかり始めた。クライナー・パーキンスの名前に、もはや威信はなく、すっかり評価を落としたドーアは投資担当パートナーのポストを退いた。

このクリーンテックに注目して、クライナー・パーキンスの問題点を取り上げる標準的な説明は、部分的に正しいが、すべてではない。確かに、ムーアの法則とメトカーフの法則の効力を説き、インターネットの第一波で、あたかも自分でお金を鋳造しているかのような勢いで大きく稼いだＶＣが、これらの魔法の優位性を持たないセクターに、突入していったことには驚かされる。

しかし、この物語にはもう一つの側面がある。そこでは、ベンチャー企業をめぐるビジネスのより繊細な真実が明らかになる。アクセルのフェイスブックとの取引が示唆するように、またほかの多くのケーススタディーで確認されているように、ベンチャーキャピタルとはチームで活動するものだ。多くの場合、ホームラン級の案件を成立させるには複数のパートナーが必要であり、交渉を推進し、契約を取りまとめる作業を担当する投資家と、契約後に出資先を導く世話役の投資家は、必ずしも同一人物ではなかった。チームが生産的に機能するためには、そのパートナーシップの文化が正しいものでなければならない。クライナー・パーキンスではこの点の管理がまったく行き届いていなかった。[43]

*

クライナー・パーキンス・コーフィールド&バイヤーズの初期にも、このパートナーシップはバランスの偏った組織に見えていた。きらびやかながら、横暴なトム・パーキンスが実力者だった。彼はタンデムとジェネンテックの背後にいた創造性に富んだ天才で、看板に名前が出ているほかの3人のパートナーの影は薄かった。しかし、内部をよく観察すると、この3人の存在が重要だったことが分かる。それぞれの投資の腕前というよりは、彼らがパーキンスに及ぼす効果が大きかった。リーダー格がクレイジーな考えを持ち出したときには、彼らが説得した。癇癪を起こして出資の協議が台無しになりそうなときには、物事を円滑に進める術を知っている彼らの出番だった。

1983年にミッチ・ケイパーが自分の興したロータス・ディベロップメントを売り込みにやってきたときも、そのような場面があった。明確な理由もなく、パーキンスが怒り出した。「なぜ時間を無駄にしなければならないのか分からない。我々が明らかに投資するつもりのない会社の話に耳を傾けるなんて」と吠えるように言って、会議室を飛び出し、自分の執務室に入った。[44] このとき入所して3年のジョン・ドーアは、空気が漏れ出してしぼみ始めた風船のようだった。彼はこの日の説明のために、ケイパーと一緒に汗をかいて準備したが、きちんと話し終える前に、却下という結論が出てしまったかのようだった。

しかし、ここでチームワークが始動した。このVCで縁の下の力持ち的なパートナーであるフランク・コーフィールドがドーアに、自分がパーキンスに理路整然と話して説き伏せると保証した。コーフィールドはどのように対応すれば、パーキンスが機嫌を直し、高飛車な振る舞いを止めるかを知っていた。ドーアは気を取り直した。会議室のガラスの壁の向こうには、執務室でおとなしくなったパーキンスが見えたが、皆それには構わずに、ロータスについての説明を進めた。コーフィールドの介入のおかげで、痈癪は問題にならずに出資の協議はまとまった。パーキンスの気性の激しさはパートナーシップに何百万ドルもの機会損失をもたらしかねなかったが、手際よく管理された。

1980年代後半から2000年代前半にかけて、クライナー・パーキンスは組織としての均衡が取れていて、より順調だった。パーキンスの後継者としてジョン・ドーアとビノッド・コースラの2人が頭角を現した。どちらも高圧的で気難しいタイプだったが、大成功を収めた。会議の場にいるスーパースターの数は1人よりも2人のほうが良かった。健全で知的なチェック機能が相互に働いた。

もっとも、初期のクライナー・パーキンスと同様に、チームには不可欠で、対外的にはあまり有名ではないパートナーたちがいた。その1人はダグ・マッケンジーで、厳しい質問を投げかけることが持ち味だった。ベンチャー投資では、楽観主義者は栄光を手にするが、悲観主義者は人々を冷静にさせてくれる存在だ。[45]もう1人のパートナーはケビン・コンプトンで、クライナー・パーキンスの伝統的な精神の継承者だった。「ケビンは倫理的な行動をするための指針になっていた」とクライナー・パーキンスのある若手ベンチャーキャピタリストが回顧した。「私は彼にあこがれた。謙虚で偉大な指導者だった」と別の1人が振り返った。[46]

しかし、21世紀の最初の10年間でクライナー・パーキンスは均衡を失った。成長を遂げたこと自体が問題の一部だった。ベンチマークのような従来型のパートナーシップではゼネラル・パートナーの数をわずか5、6人程度にとどめた。これに対し、クライナー・パーキンスはおよそ10人に上り、加えて様々なシニア・アドバイザーやジュニア・インベスターたちがいた。2004年になると、ビノッド・コースラはこの扱いにくい組織構造に嫌気して退任し、独自のVCを立ち上げた。ドーアは、自分と一組になって組織のバランスを取ってくれる知的な重しを失った。同じ年、マッケンジーとコンプトンも去り、レーダー・パートナーズというVCを興した。

ドーアはこれらの経験豊富な同僚たちの代わりとして、一連の著名な人材を起用した。2000年にはレイ・レーンを採用した。オラクルの成功を牽引したシリコンバレーではソフトウエア販売の第一人者である。05年にはサン・マイクロシステムズの共同創業者のビル・ジョイを雇い、元国務長官のコリン・パウエルとは戦略アドバイザーとして契約した。07年には元副大統領のアル・ゴアを一種の非常勤シニア・パートナーとして迎え、チームの編成を終えた。新参者たちには投資の経験がなく、50歳代か60歳代だった。アクセルではハングリー精神あふれる新進気鋭を採用し、彼らを鍛えることを重視したが、クライナー・パーキンスは事実上、その反対の哲学を進んで選び取っていた。[47]

この文化の変化がクリーンテックでの失態をお膳立てした。ドーアがこの難しいセクターの企業群に賭けてみると決めたとき、彼を抑える者は内部にいなかった。とりわけコンプトンとマッケンジーの不在が惜しまれた。この2人はクリーンテックに懐疑的であることを隠さなかった。クリーンテックはあまりに資本集約的であり、十分に成長するまでに時間がかかり、そして気まぐれな政府の規制に振り回されると見なした。後知恵で言うなら、クリーンテックの間違いは、トム・パーキンスによって伝えられた教訓に違反したことだと、コンプトンは主張したかもしれない。

パーキンスはリスクもリターンも大きな案件に手元の資金を全部賭けたりせずに、まずは少額の資金を使って、彼が「白熱型のリスク」と呼んだ主要なリスクを取り除いた。パーキンスは新しいテクノロジーに熱狂することもなかった。イノベーションが重要であるためには、以前のものに比べて格段に優れていなければならないと、しばしば警告していた。「10倍違っていなければ、それを違いとは言わない」が彼のマントラだった。[48] クライナー・パーキンスが頭脳流出に見舞われていなければ、コンプトンとマッケンジーは会議でそのような議論を挑んだであろう。しかし、古株たちがいなくなり、「ジョンに異を唱えて、打ち負かすことなど考えられなくなった」と、インサイダーの1人は、おそらく少しだけ誇張して回顧した。トム・パーキンスのVCは白熱型のリスクを排除する姿勢を改め、一か八かの神頼みのようなリスクを取った。

当時を振り返って、ドーアは自分が圧倒的な存在だったとの見方に反論した。「我々には支配的なマネージング・パートナーもCEOもいなかった」と指摘する。「ジョン・ドーアが投資したかったから、我々は投資した、ということではなかった」[49]。しかし、彼の元同僚の大半は、この説明に反論する。ドーアには旋風のようなカリスマがあり、ベンチャー投資の世界では別格の存在だっただけに、彼の説明には疑問符がつく。さらに、クライナー・パーキンスの根底にある問題は文化的なものであり、それはこの組織の偏った権力構造に由来していたため、クリーンテックの損失を相殺したかもしれない取り組みを含め、あらゆることに影響を及ぼした。

既に本書で見たように、クライナー・パーキンスの中国進出もトラブルに直面した。ドーアは現地のチームを確実に定着させるための管理者としては不十分だった。アメリカ側のパートナーたちも彼の欠点を補うだけの評判を確立していなかった。クライナー・パーキンスは、伝統的なIT系のベンチャー企業への賭けによって、クリーンテックでの損失を埋め合わせることにも失敗した。おそらく、同VCのチームには、若き創業者たちとつながろうと猪突猛進することができない成熟したスター級のベンチャーキャピタリストたちが多すぎたためか、当時のホームランをいくつも逸した。ウーバー、ドロップボックス、リンクトイン、ワッツアップなどである。

この時期のクライナー・パーキンスで際立つ成功の一つが、元モルガン・スタンレーのアナリストで、デジタル・ビジネスの可能性をいち早く評価したメアリー・ミーカーを採用したことだった。同じ時期にこのパートナーシップにやってきた50歳代の著名な人材たちとは異なり、ミーカーは投資の世界の叩き上げだった。彼女は一連のグロース・ファンドを運用し、ベンチャー投資のチームが捕まえそこなった企業にレイト・ステージで賭けて利益を上げ、クライナー・パーキンスの負けを部分的に取り返した。

＊

この時期にクライナー・パーキンスが被った、もう一つのひどく手痛い失敗からは、同ＶＣの理想主義と誤ったマネジメントが浮き彫りになる。１９９０年代の終わりになって、ドーアは新しい崇高な十字軍的な試みに着手した。業界のジェンダーの不均衡を徐々に是正していく取り組みだった。賢い女性たちを信頼するという点で彼は、同世代の大半の西海岸のエンジニアたちよりも進んでいた。彼はインテルでエンジニアとして働いていた女性を妻に持ち、２人の娘たちを溺愛していた。しかも、是正の取り組みは遅すぎたくらいだった。１９７０年代でも、テクノロジーの業界では上級職に就いている女性が少なく当惑させられるほどだったが、当時はほぼすべての業界で女性は少なかった。

ところが、ほかの職業では女性の存在感が高まっても、テクノロジーの業界は依然後れを取り、女性の不在が一段と目立つようになった。90年代が終わって以降、投資銀行と経営コンサルティングの業界の女性比率は、ベンチャーキャピタル業界の最大5倍から7倍で推移していた。またベンチャー投資のパートナーシップの新規採用に占める女性の比率はわずか9％で、女性が不在なゆえに、女性が集まらないという永続化の現象が起きていた。キャリアを選択中の優秀な女性は、就職先の候補からベンチャー投資の業界を外す傾向にあった。彼女たちの目には、旧時代からの、さながら男性専用の社交クラブのような、奇怪な遺物に映っていた。[50] 当時、MITで経営学の学位を得たアイリーン・リーという若いアジア系アメリカ人の投資銀行家は、この業界を「ビジネスマンの父親のもとでコネチカット州で育った」白人男性の領域だと手厳しく形容した。[51]

モルガン・スタンレーにしばらく勤務し、ハーバード大学のビジネススクールを修了したリーは1999年、採用担当者だと名乗る女性からの電話を取った。

リーはクライナー・パーキンスのジョン・ドーアのもとで働かないかと聞かれた。

「そこは全員男性ですよ」とリーは言った。「友人ができそうにありません」

採用担当者は押し返した。「あなたが採用面接を受けないと、世界は決して変わりませんよ」と彼女は諭した。「あなたが今私に言ったことを、世の男性は口にしません」

「彼女は私のボタンを押す方法を本当に分かっていました」とリーは後に微笑みながら振り返っ

た。[52]

リーはドーアとの面接に向かい、彼に尋ねることにした。自分には人生の計画がある。28歳で結婚し、最初の子供は30歳で、2番目は32歳で生む――。既に30歳を超えていたので、予定より遅れていた。「私のプランはこの計画に追いつくことです。それを知っていただきたいのです」。リーはベンチャーキャピタルが自分にとっては場違いかもしれないという恐れがますます強くなるのかどうか、気がかりだった。

「こちらにはまったく問題ありません」とドーアは答えた。[53]

リーはその仕事に就いたが、気持ちはまだ落ち着かなかった。彼女はクライナー・パーキンスの投資チームの最年少で唯一の女性だった。そして、しばしば自分が裁きを受けているように感じた。その感覚は数年経過しても、またパートナーに、そしてシニア・パートナーに昇格するという数少ない抜擢組に選ばれても続いた。この払拭できない、自分に向けられた敵意を説明する方法を探していたリーは、一つの見解に行き着いた。男性がクライナー・パーキンスに入ると、彼はクラブの一員になる。彼が何か間抜けなことを言っても、背中を平手で打たれるだけで、それは滑稽であっても、恥じ入るようなことではない。ところが、女性はクラブのメンバーではない。仲間意識に頼ることはできず、大目に見てはもらえない。もし、彼女が何か的外れなことを話せば、彼女の立場に影響する。

リーはこの問題に対処するため、発言に注意した。

「もっと遠慮なく話したらいいのに」と同僚たちは不思議がった。

この指摘を受けて、率直に発言するようにした。

すると、「あまり言い張らないでください」と同じ同僚たちが彼女に警告した。

その後、リーは産休に入り、自分の計画に追いつきつつあった。彼女が不在の間に、あるパートナーが彼女の投資先で取締役に就いた。驚いたことに、誰も彼女にそのことを告げなかった。

「彼らは私の存在を記憶してすらいない。そのような感覚でした」と後にリーは語った。[54]

クライナー・パーキンスは1人の女性の昇進を率先して行いながら、なぜ彼女が活躍する環境を作り出せなかったのだろうか。リーは今では自分で興したVCのトップとなった。成功したベンチャーキャピタリストとして当時を振り返り、悪意や偏見よりも、拙劣なマネジメントを非難した。女性をパートナーシップに参加させるにあたっては、努力が必要であり、それは一部の慣行やルールを意識的に再設定することだった。ちょうど、中国チームの確立にあたっては、サテライト（中国）とマザーシップ（シリコンバレー）の関係を管理するプランが求められていたのと同じである。ところが、ドーアはこの種の組織改革に集中せず、推進力を欠き、ほかの幹部たちは彼のために行う権限がなかった。「誰も組織のことを考えていなかった」とリーは回顧した。[55]

＊

ドーアのリーダーシップの良い面と悪い面の両方を経験した女性は、リーだけではなかった。2000年、スタンフォード大学でMBA(経営学修士)を目指す大学院生だったトレエ・バサーロは、ドーアがキャンパスで行った講演を聞いていた。聴衆を鼓舞する内容だった。彼女は講演の終了後、ドーアに助言を求めた。彼女は経営学を学ぶ前に、既に工学で学士と修士の学位を取得しており、履歴書には13件の特許を記載していた。ドーアはバサーロの能力を認め、これを好機として支援することにした。彼女を共同創業者として招いてくれるスタートアップを紹介した。「ジョンがいなければ、あり得ない展開だった。彼は議論の場にダイバーシティが重要だと考えていた」とバサーロは後に語った。「彼は若い女性たちがチャンスを確実に手にするようにと、積極的にその機会を探してくれた」[56]

1年ほど経ってバサーロがそのスタートアップを辞めたときも、ドーアが相談に乗り、指導してくれた。彼の招待でバサーロは無給だが、様々な便宜を受けられる客員起業家(アントレプレナー・イン・レジデンス)としてクライナー・パーキンスに加わった。2002年になって、収入が必要になると――彼女には9カ月の乳児がいて、夫はビジネススクールに通っていた――ドーアは有給の従業員(アソシエイト)の仕事を与えた。バサーロは06年に初めて独自の投資案件を取りまとめた。「ジョンが私のキャリアを気にかけてくれているのだと、本当に感じていた」と繰り返した。[57]

しかし、クライナー・パーキンスでの在任期間が長くなるにつれて、不満が募り始めた。ドーアは女性を何人も採用していた。いずれも賢く、優秀だった。ドーアは人材を見抜く方法を知っていた。しかし、2、3人を例外として、彼女たちは昇進していなかった。彼女たちはそれぞれの実績にふさわしい評価・待遇を現実の形にしてもらい、それらを経歴に書き込む機会が与えられていなかった。以前からいる人々が彼女たちのために譲ることを望んでいなかった。2008年、バサーロの若き同僚で投資担当のエレン・パオがRPXという名前のスタートアップへの出資に取り組んだ。ところが、契約がまとまると、クライナー・パーキンスのパートナーのランディ・コミサーがRPXの取締役に就いた。2010年、今度はバサーロがネスト・ラブズというスタートアップへの出資の取りまとめに貢献した。同社はITを駆使したサーモスタットと煙探知機のメーカーだった。ここでもコミサーが取締役となり、同社が14年にグーグルに身売りして22倍という満足のゆくリターンを得ると、その功績の大半はコミサーのものとされた。

当時、パオもバサーロもクライナー・パーキンスの判断に表立って不平を言わなかった。コミサーはベテランで、例えばネストの創業者と個人的に強固な関係を結んでいたからだ。[58] しかし、バサーロは次のように感じてもいた。クライナー・パーキンスはチームの若いメンバーの能力を開発するアクセルのモデルを、良きマネジメントの実例と見なし、その追随に関心を寄せてもいいだろう。投資先の取締役になるためには、別の会社での取締役の経験が必要といった、どうにもならない状態に人を置いてはならない。[59]

2012年、クライナー・パーキンスの内部の緊張した関係が沸騰し、性差別訴訟に発展して頂点を迎えた。原告はＲＰＸへの出資を担当したエレン・パオだった。プリンストン大学を卒業し、ハーバード大学ロースクールを修了した彼女は、リーやバサーロと同じく、今の地位にあるのはドーアのおかげだった。ドーアは２００５年にパオを自分の補佐役たちの首席格として雇い入れ、クライナー・パーキンスがシリコンバレーでは数少ない女性のキャリアの促進を大切にするパートナーシップであることを示した。しかし、パオもまたリーやバサーロと同様に、ドーアの誠意は彼が率いる組織の文化によって裏打ちされてはいないと信じるようになった。パオに言わせれば、クライナー・パーキンスには「カリフォルニア流の表面的な仲間意識を演出する技術」が詰まっていた。そこでは「外側は日焼けして輝いているように見えるが、内側では、そして扉の向こう側では、人々があなたの投資計画をこき下ろし、進展を阻止し、あなたに『岩石を何度も取りに行かせる（調整のやり直しを繰り返し命じる）』。時間のかかる非生産的な作業にあたらせ、あなたがあきらめるまで引き延ばす」という。[60]

　パオが訴訟で取り上げた事案そのものはいささか、あいまいなままだった。彼女がとりわけ主張したのは、性差別によって昇進が否定されたことだった。これに対し、クライナー・パーキンスは、彼女が問題の多い同僚で、昇進を正当化する功績も挙げていなかったという証拠を提出した。さらに彼女に対する人事考課の資料を作成してこの反論を補強した。陪審はすべての点で無罪と判断したものの、パオの提訴はクライナー・パーキンスの評判に影を落とした。パオはアジット・ナズラという名前のパートナーによるハラスメント行為があり、５年間にわたって職務の遂行を妨害されたとも主張した。ただし、彼とは短期間、同意の上で関係があった（ナズラは、自分は訴訟の被告ではなく、クライナー・パーキンスはパオの自分に対する主張を否定したとの声明を発表している）[61]。

パオはさらに上席のパートナーから性的な示唆を感じさせる贈り物を渡され、妻が留守になるという土曜日の夕食に誘われたとも語った。彼女は、パートナーシップのリーダーたちに対して、繰り返し苦情を申し立てたが、女性たちのための環境改善の措置を進めてもらえなかったと訴えた[62]。

一方、トレエ・バサーロは裁判で証言台に立ち、ナズラから一度、仕事上の関係先とのニューヨークでの夕食に参加するよう求められたと明かした。2人が現地に到着したとき、予定表にはビジネス・ディナーはなかった。バサーロによれば、ホテルの彼女の部屋に入ろうとするナズラを押しとどめなければならなかった。最悪の事態は、バサーロがこの出来事をクライナー・パーキンスのゼネラル・パートナーの1人（男性）に報告したときに起きた。バサーロはこの人物に「（それはあなたが魅力的だったからで）うれしく思うべきだ」と言われた[63]。この後になって、ようやくナズラはパートナーシップから追い出された。

ジェンダーの問題の管理を誤ったのはクライナー・パーキンスだけではなかった。アクセルがフェイスブックの壁画にたじろがなかったという事実は、テクノロジーのコミュニティでは女性蔑視（ミソジニー）が普通のこととして受け入れられている実態を物語っていた。パオの裁判後、バサーロはシリコンバレーの女性200人余りを対象にした彼女たちの実体験の調査を手伝った。5人中の3人が望まない性的な誘いかけがあったと答え、3人中の1人は身の安全を恐れたことがあった。同じく5人中の3人が、ハラスメント行為に対する苦情の処理に不満を持っていた。[64]

また、ハーバード大学のポール・ゴンパースが主導した調査では、男性のベンチャーキャピタリストが女性の同僚と生産的に協力できていないことが明らかになった。男性のベンチャーキャピタリストは、その所属先のパートナーたち（経営幹部、もっぱら男性）が強力な実績を持っている場合、投資でより良い成績を上げ、チームワークが機能し、優位性を発揮していることが確認された。ところが、女性のベンチャーキャピタリストの成績には、そのような押し上げの効果はなかった。男性のパートナーたちが自分の人脈やアイデアを共有してくれないためと考えられた。言うまでもないことだが、このように女性が不利な立場に置かれている状況は、複数の女性のパートナーがいて、きちんとした人事制度を持つVCには見られなかった。リー、バサーロ、そしてパオが疑っていたように、クラブの非公式な運営手法に依存するパートナーシップは、確かに女性にとって好ましくない組織だった。[65]

ジョン・ドーアの理想主義は真摯なものであり、概ね称賛に値する。彼はVCが刺激するイノベーションは善を促進する力であり、クリーンテックの進展は止まらないと、情熱的に確信していた。女性をほとんど締め出しているに等しいシリコンバレーの現実は、人材を無駄にしている

ことを表し、社会的に受け入れないという彼の考えも正しかった。自分のエネルギーをクリーン

テックに対する支援と、女性の地位向上に注いだ彼は、歴史を前進させた。ネストのスマート・サーモスタットをはじめとして、いくつかのクリーンテックへの投資は成果を上げた。また初期の失敗は、より成功を収めた第二波へと道を切り開くのに役立った。ドーアの女性採用も、最終的には実を結んだ。クライナー・パーキンスは自分たちの現役の人材から直接的な成果を得られなかったものの、２０２０年には４人の元クライナー・パーキンスの女性たちがそれぞれ独自のVCを運営し、そのうち３人は世界のベンチャーキャピタリストの上位１００人に選ばれた。[66]

しかし、ドーアは変化を進んで受け入れながら、詳細な対応策を講じてやり遂げることができず、自分が率いるVCをほぼ壊滅させてしまった。ベンチャーキャピタルはチームスポーツであり、機能不全に陥ったチームは敗退するのである。[67]

一方、アクセルはフェイスブックに投資したあとも繁栄を続けた。チームワークの威力の証しとして、１人ないし２人の天才的な投資家に頼ることなく数々の満塁ホームランを放った。同VCの上位7件の投資は、いずれも5億ドルを超える利益を稼ぎ出した。これらは異なる7人のパートナー――1件は2人組で進めたため、正確には合計8人のパートナー――が牽引した。[68]クライナー・パーキンスに比べ、アクセルの女性採用は少なかったが、彼女たちに力を与え、真価を発揮させることには、より成功した。2人の女性はパートナーシップのトップに登り詰めた。[69]若き投資家を鍛え、信頼するアクセルの文化は成功の秘訣のように見えた。「私はフェイスブックやその他の企業に対する投資よりも、組織風土の変化と、ここで成長した個々人のことを誇りに思う」とジム・スワーツは振り返った。[70]

＊

アクセルの勝利とクライナー・パーキンスの失墜はベンチャー業界の激動ぶりを示す実例だった。バブルの崩壊、若者たちの反乱、モバイル・インターネットのプラットフォームの台頭、クリーンテックの偽りの誘惑、緊張をはらんだ業界内のジェンダーの力学、中国の将来性と危険性、これらすべてが強力なＶＣと、脆弱なＶＣを選り分ける方向に作用した。結局、経路依存性は運用成績を保証するには不十分だった。[71] 著名なベンチャーキャピタルはファウンダーズ・ファンドなど新興勢力からの挑戦に直面していた。新旧を大きく入れ替えるディスラプション（根本的な変革をもたらすイノベーション）の動きを担う企業への資金提供に特化するＶＣは、自分のビジネスも相応のディスラプションに見舞われた。

そして２００８年、ベンチャー投資の業界がこれらの衝撃への対応に追われていたとき、世界の金融システムが１９３０年代以来最悪のメルトダウンに陥った。ＶＣは再び変化することになるが、それは人々が予想していたような形では進まなかった。

第12章 ロシア系、ヘッジファンド系、そして担い手が広がるグロース投資

A Russian, a Tiger, and the Rise of Growth Equity

２００９年初め、フェイスブックの最高財務責任者（ＣＦＯ）のギデオン・ユーのもとにモスクワから電話がかかってきた。１人のロシア人が柔和な声で同社に投資したいと告げていた。しかし、フェイスブックはピーター・ティール、アクセル、そして直近にはマイクロソフトから資金を調達していた。追加の出資をどこからも受け入れるつもりはなかった。ユーはこのロシア人に、これ以上話すのは時間の無駄だと返答した。そもそも「あなたが本気だと、どうすれば分か

るのだろう」と尋ねた。

電話をかけてきた相手は粘った。穏やかだが、執拗だった。直接会いたいという。

「私に会うためだけに、わざわざ来るのは止めてください」とユーは率直に伝えた。[1]

地球の反対側では、この人物が受話器を置き、床から天井まである大きな窓の外に視線を送った。少し小柄で、鼻が右に曲がり、すべすべとした卵型の顔をした彼の名前はユーリ・ミルナー。シリコンバレーには一度も行ったことがなかった。

しかし、それももはや変わろうとしていた。ミルナーはユーの警告を無視して、航空券を予約し、サンフランシスコに飛んだ。

到着するとミルナーはユーに再び電話した。今度はモスクワからではない。会えるだろうか──。

これに驚き、好奇心を刺激され、少々の感銘さえ覚えたユーは、パロアルトのスターバックスで落ち合うことを提案した。何はともあれ、フェイスブックの資金調達は自分の仕事であり、たとえ実現可能性が低い投資家が相手であっても、こと最近は会うことに価値があった。リーマン・ブラザーズの経営破綻などを招いた金融危機は、アメリカの年金基金や財団を恐怖に陥れた。これらの機関投資家から集めた資金を投じてきたベンチャーキャピタルも新規案件の手控えを余儀なくされていた。

ユーがスターバックスに着くと、ミルナーが既にそこにいた。ロンドンから飛んできたビジネス上のパートナーも一緒だった。[2] このロシア人は紅茶を注文すると、自分の提案を説明し始めた。彼はゴールドマン・サックスのある投資銀行家から、フェイスブックが資金調達する際には、企業価値の評価額を引き上げることができず、直前のラウンド並みにして割安感を示す必要に迫られるかもしれないと聞いていた。しかし、出せるギリギリの金額まで進む用意があった。最初に提示したのは、50億ドルという評価額での出資だった。

これはユーの注意を引くには十分強力だった。しかも、数字の後ろにある論理により説得力があった。フェイスブックの利用者数は最近、1億人を突破した。多くのシリコンバレーの投資家たちは同社が飽和状態に達しつつあると考えた。しかし、ミルナーは別の見方をしていて、裏づけとなる証拠を持参していた。彼のチームは多くの国々を対象にした消費者向けインターネット事業の推移を大量のスプレッドシートに集計し、1日当たりの利用者数、サイトでの滞在時間などの項目で整理していた。[3] 1カ月当たりの利用者数、ミルナー自身、「フコンタクテ」という名前のフェイスブックをまねたロシア語の有力な事業会社に投資し、成長する様子を内側から観察していた。あらゆる海外での動向を踏まえれば、飽和が近いという説は明らかに間違いだった。フェイスブックはアメリカではまだウェブサイトのトップ5位に入っていないが、ほかの国々では最大手のソーシャル・メディアは概ね3位以内につけていた。アメリカがこの典型的なパターンを追っているのなら、フェイスブックの成長の大半はこれからのことだった。

さらにミルナーが続けて言うには、フェイスブックは利用者の増加を収益に結びつける点で海外のソーシャル・メディアのサイトの後塵を拝していた。シリコンバレーにいるおかげで、ザッカーバーグは投資家から容易に資金を調達できた。このため、顧客からお金を搾り取らなければならないという圧力には限定的にしか直面していなかった。

対照的に海外のソーシャル・メディアのビジネスは、当初から収入を最大限増やす必要があった。ミルナーはこの現象を国際的な一覧表にまとめたスプレッドシートを使って、フェイスブックは著しく異なる外れ値だとユーに伝えた。中国では多くのソーシャル・メディアの収入源はバーチャル・ギフトの販売だった。これはフェイスブックが試したことのない選択肢だった。ロシアのフコンタクテでは、利用者1人当たりの収入がフェイスブックの実に5倍に上った。[4]

海外の事例から言えるのは、ザッカーバーグにはマーケット・シェアならぬマインド・シェア、つまりフェイスブックが消費者から得ている認知度の大きさを生かしてお金を稼ぐ余地が莫大にあるということだった。シリコンバレーに足を運んだことがなかったこのロシア人は、グローバルな視点を持っていたおかげで、パロアルトの関係者たちよりもフェイスブックのことをよく理解していた。[5]

ユーはがぜん興味を持った。ミルナーをザッカーバーグに引き合わせることにした。

ミルナーはザッカーバーグの会議室に、黒いセーターから糊の利いた白いシャツをのぞかせながら現れた。飾らない服装に、穏やかな声、そして、つるりとはげあがった頭。虚勢を張る人物ではなかった。ミルナーはフェイスブックには海外に多くの利用者がいることを指摘しながら、分かりやすく説明を繰り返した。彼は世界中のソーシャル・メディアの動向を知っていた。彼は俗に言う地図と現地の違い、言い換えればフェイスブックの経営陣には見えていないものをはっきりとイメージできた。[6]

次の数週間かけて、ミルナーは二つの工夫を凝らして出資条件を引き上げた。彼はザッカーバーグが自分の支配権を注意深く守っており、最近もある投資家からの取締役会に2人を送り込みたいという打診を拒絶したことも知っていた。[7] そこでミルナーは出資にあたって取締役のポストは要求しない、ただの1人も指名しないと約束した。さらに、こちらの議決権を制限しても構わないと宣言した。ザッカーバーグが望むのであれば、その行使を任せるとした。これにより、増資に伴う起業家側の不安は解消された。ミルナーからの出資は、創業者の自分の会社に対する支配を希薄にするどころか、より濃厚にすることになった。

ミルナーの第二の工夫は、創業者のもう一つの懸念を和らげた。２００８年8月以来、ザッカーバーグは上場計画の遅れという、成功したスタートアップにとっては悩ましい問題を抱えていた。フェイスブックの初期の従業員たちはストックオプションを行使できれば、百万長者になる。ところが、上場は見通せず、紙の上の資産を実物の自動車やアパートメントに変換する手段がなかった。この士気にかかわる問題に対処するため、ザッカーバーグはいったん彼らにある約束をしていた。次の増資のタイミングで、権利確定分の株式の5分の1を外部の投資家に買い取らせるという内容だった。彼は投資家が喜んで従業員の持ち分という追加的な株式の取得に応じると見込んでいた。ところが、このプランはグローバルな金融危機で覆ってしまった。当面、増資の計画がない以上、新しい自動車やアパートメントの購入は先送りだった。

ミルナーは解決策を提示した。増資分の新規発行の株式だけでなく、従業員が放出する保有株も買い取るとした。ここで彼は巧妙なひねりを加えた。会社が新たに発行する（「プライマリー」とも形容する）株式に比べて、従業員が持つ（「セカンダリー」の）株式の価格を低めに抑えることだった。新株のほうが大きな価値を持つべきことは、ある程度までは自明だった。新株は議決権に制約のある「優先」株のため、何がしかの損失に備えて、一定の保護があってしかるべきであり、それが価格に反映されることになる。ミルナーはこの2層式の価格設定を交渉の秘密兵器として使った。彼はフェイスブックの新株にはザッカーバーグが満足する企業価値に基づいた価格をつけ、代わりに従業員向けには低い価格を示して全体の取得コストを抑えた。

ミルナーがフェイスブック側と交渉した2009年の最初の数カ月間、この2層式の価格設定という策略は効いた。株式相場の回復に勇気づけられたライバルたちがザッカーバーグに接近してきたが、ミルナーは高値を示して、ことごとく打ち負かした。多くの国々のデータを収集したスプレッドシートが、彼により多くのお金を投じることへの自信を与えただけではなかった。2層式の価格設定だからこそ、2種類の株式の取得にかかる総コストを管理しながら、目立つほうの価格を引き上げることができた。

ネットスケープを共同で創業し、1990年代を代表するソフトウエアの天才であるマーク・

アンドリーセンは、この闘いをリングサイドの席で見ていた。フェイスブックの取締役だったからだ。アメリカのテクノロジー系の投資家たちは、彼らが優れた提示額と信じるものを持ってやってきた。50億ドル、次に60億ドル、そして80億ドルと上昇した。しかし、ザッカーバーグは100億ドルという評価額を視野に入れていた。その金額を支払えるのはミルナーだけだった。

アンドリーセンはアメリカ側の投資家たちに警告した。「船に乗り遅れるぞ。ユーリは100(億ドル)に吊り上げる。これでは負けだ」

その度に同じ答えが返ってきた。「クレイジーなロシア人め。冷静な判断ができていない金額だ。……これは正気ではない」[8]

アンドリーセンはそうではないことを分かっていた。ミルナーはクレイジーでも、愚かでもなく、孫正義のように行動が性急でもなかった。それどころか、データを用いて判断を下すアプローチが彼を際立たせていた。彼は世界のソーシャル・メディア企業に関する重要な指標を綿密にまとめていて、独自の収益予想から100億ドルの評価額は妥当だと気づいていた。

2009年5月末にミルナーとザッカーバーグは交渉を終えた。ちょうど、ニール・シェンがセコイア・チャイナで主導権を固め、クライナー・パーキンスはクリーンテックへの賭けで苦闘を強いられていたころだった。ミルナーが投資を進める際の主体(インベストメント・ビークル)であるデジタル・スカイ・テクノロジーズ(DST)は持ち分にして1・96%相当の会社発行のプライマリーの株式を2億ドルで取得した。これにより、ザッカーバーグが希望していた企業価値の評価額であるプレマネーの段階で100億ドルを受け入れた。同時にDSTはセカンダリーの従業員の保有株の取得を、65億ドルという低い評価額で進めた。従業員の現金化したいという願望が、彼らのミルナーの提示額に対する割り切れない思いよりも強かった。DSTは1億ドル余りで割安な株式を買い取った。これにより、両方の株式を組み合わせた企業価値の評価額は86億ドルとなった。[9]

言うまでもないことだが、これはミルナーにとって大当たりとなった。彼が予測していたとおりに、フェイスブックの利用者と収入は爆発的に増えた。1年半後の2010年の後半には同社の評価額は500億ドルに達した。DSTの含み益は150億ドルを超え、フェイスブックはその後も成長を続けた。[10]

シリコンバレーにとっては分水嶺となる出来事だった。13年前、孫正義はヤフーに1億ドルを押しつけて、伝統的なベンチャーキャピタルを震撼させたが、ミルナーはフェイスブックの株式を取得するため、手始めに総額3億ドル超を投じた。[11]孫はほかにもヤフーに、上場に先立って一種のブリッジファイナンス（つなぎ融資）を供与した。一方、ミルナーはザッカーバーグに対して、資金調達のためにIPOへと進む必要性を実際に先送りできるほど大量の資本を注入した。DSTからの資金は、フェイスブックが成長のために必要だった資本と、従業員が求めていた株式の流動性の両方を提供したからだ。この手法を活用すれば、民間のテクノロジー企業はおそらく3年ほど上場を遅らせることが可能だと判明した。[12]結果的にそれまでの間、膨大な富が開かれた株式市場からは離れた場所で、しかも内輪の投資家たちのためだけに、作り出されることになった。

それと同時に、ミルナーのフェイスブックへの投資は、起業家に力を与える動きが次の局面を迎えたことを示す先駆的な事例だった。ピーター・ティールは自分が興したVCを創業者との親和性が高く、サンドヒル・ロードを代替する存在として売り込んだが、ミルナーはこの発想をまったく新しい水準まで引き上げた。ミルナーはレイト・ステージにあるスタートアップに照準を合わせ、これまでよりもはるかに多くの資金を投じたのである。彼が何億ドルもの資金を進んでリスクにさらしておきながら、投資先の経営に対する発言権を放棄したことも、驚くべきことだった。

さらに、ティールが創業者に敬意を払ったのはべき乗則への理解に基づいていたからだったのに対し、ミルナーの創業者への譲歩はもっと単純なものだった。ミルナーは規模が大きく、洗練されていて、今後の上場にふさわしい企業に投資していた。ベンチャーキャピタルのような経営への積極的な関与をしないという意味では、株式市場の投資家と同様に、受け身の姿勢で行動していたとも言える。[13]

1995年にネットスケープが上場を果たしたとき、猛烈な勢いで成長するインターネット分野のスタートアップは、必ずしも利益を上げていなくても、株式を公開できることが証明された。この事実によって90年代後半のドット・コム・バブルが解き放たれた。[14] 2009年に行われたミルナーからフェイスブックへの資金提供は、逆のメッセージを発信していた。成熟し、儲かっている企業には、株式を非公開のままにしておく選択肢があるということだった。[15] ミルナーからの出資受け入れにより、テクノロジー企業の創業者は通常、取締役ポストを要求してくる従来型の投資家による監視の目から逃れることができた。同時に創業者は、株式公開によって生じる四半期ごとのウォール街のアナリスト向けの説明会や、規制に沿った情報開示、そして自社の株価の下落に賭けるヘッジファンドのトレーダーたちという、規律をもたらす存在を回避できた。つまり、テクノロジー企業が重力を振り切る脱出速度まで加速し、創業者は自信過剰に陥りがちになる、まさにその時点で、内部からも外部からも通常のガバナンスの力が働かなくなるのである。1970年代のハンズオン型のベンチャー投資家たちは、スタートアップの起業家の周りにガバナンスの仕組みを築くというアイデアを考案した。そして、このモデルをミルナーは反転させた。彼は創業者をガバナンスから守っていた。

ネットスケープの株式公開に似て、ミルナーの投資はブームを引き起こし、最終的には行き過ぎてしまうことになる。1990年代のバブルはIPOの過熱に象徴的に表れていたが、今度のバブルは創業者の傲慢の中に存在していた。

＊

ミルナーがフェイスブックを舞台に見事な腕前を発揮するに至った経緯は、実はニューヨーク・マンハッタンの真ん中、ミッドタウン地区にあるオフィスが起点だった。タイガー・グローバルという小ぶりなヘッジファンドの本部である。若くしてここを開いたチェース・コールマンは、ジュリアン・ロバートソン率いるウォール街の伝説的なヘッジファンドのタイガー・マネジメントで働いた経験があった。そのロバートソンの支援を得てコールマンは2001年に独立した。ミルナーがシリコンバレーに姿を現すのは8年後のことだが、興味深い一連の出来事がこの設立したばかりのヘッジファンドを、穏やかに話すロシア人と結びつけた。

独立当時、コールマンはまだ20歳代半ばだった。自分より年上の従業員を雇うことに尻込みしていた。[16]そこで、自分よりもさらに若い人材を探した。少々調査したあと、スコット・シュライファーという名前のアナリストにたどり着いた。大きな声で笑い、精力的に活動する彼は、プライベート・エクイティのブラックストーンで週80時間も働く生活を3年間続け、退職したばかりだった。意外にも、彼は疲れを見せず、笑みを絶やさなかった。

2002年の夏、タイガー・グローバルに加わって数カ月経つシュライファーにある友人から電話がかかってきた。最近どうしているかと尋ねられた。

「仕事はなかなかうまくいかない」とシュライファーは自嘲ぎみに答えた。[17]彼の任務は半導体とハードウエアの分野における投資機会の精査だった。しかし、ナスダックでテクノロジー企業の株価が暴落したすぐあとだっただけに、シュライファーには興奮させられる銘柄が見当たらなかった。

シュライファーの友人の仕事はもっと低調だった。テクノロジーに特化した投資ファンドの運用成績は惨憺たるものだった。それでもこの友人はシュライファーに役立つようにと、自分が目をつけている企業のリストを送ることに同意した。

メールが届き、シュライファーは添付されたスプレッドシートを開いた。インターネットのインフラ系の企業、消費者向けのドット・コム企業、検索エンジンや人材募集などのオンライン・サービス企業といったタブがあった。

シュライファーはスプレッドシートの一部に注目した。シナ、ソウフ、ネットイースといったバブルがはじける直前に上場したポータル・サイトをリストにしていた。3社ともベンチャーキャピタリストのシャーリー・リンやキャシー・シューの助けを得て飛躍した。彼女らは創業者の個性やそれぞれの市場の将来性に賭けていた。しかし、シュライファーは自分が持つ別の投資スキルを適用しようと考えた。ポータル3社は利用者数、収入、費用から見て成熟していた。ブラックストーンで1200時間に及ぶトレーニングを受けたアナリストは、それぞれのフェアバリュー（適正な企業価値）を算出することができた。

シュライファーはブラックストーンでは標準的だが、シリコンバレーの大半の投資家たちには、なじみの薄い分析手法をあてはめてみた。売り上げから費用を差し引いたあとに残る利益の割合である売上高利益率よりも、増分（インクリメンタル）利益に注目した。ここで言う増分利益とは、売り上げの伸びが結果的に利益をどれだけ変動させたかである。アマチュアは中国のポータル3社では売上高から費用を差し引いた値がマイナス、すなわち赤字経営であることに目が行く。しかし、プロは漸進的に変化する様子に焦点を合わせることの大切さを知っており、そこに表れる値は目を見張るほどのプラスになることがある。例えば、売り上げが増加し、費用はそれほど増えない場合には、追加的な収入のかなりの部分が利益に貢献する。つまり、成長はやがてポータル3社を黒字経営に導く。シュライファーは漸進的な見方で全体像をとらえることにより、未来を見通すことができた。

意を強くしたシュライファーは、3社についてさらなる解明を目指した。しかし、大変な作業だった。ハイテク株の相場が総崩れとなり、ウォール街の証券会社などはポータル企業についてのリポートの作成を中止した。過去のリポートの提供を拒むことさえあった。証券各社が相場暴落後に多くの訴訟に巻き込まれたからだった。ただし、シュライファーにとって幸運なことに、標的となる中国の3社ではCEOにもCFOにも英語が通じた。彼は立て続けに電話で話す約束を取りつけると、中国側の就業時間帯が始まる夜までオフィスにとどまり、受話器を取った。

シュライファーは毎回、自信ありげな調子で、ポータル各社の急ピッチの成長は鈍化していくと予想されていると指摘した。相手に、弱みを告白させる作戦だった。

ところが、返事は決まってノーだった。中国ではオンライン広告が成長し始めたばかりだという。

「費用はどうでしょう」とシュライファーは探りを入れた。収入が増えれば、費用も拡大していくのではないか。

確かに、費用は増加していくだろうとの答えだった。ただし、収入に比べ、伸びはもっと緩やかだとの見立てだった。

シュライファーはこの良いニュースを強く心に刻んだ。増分利益は大きいまま推移しそうだった。また、予想外の回答に注意を向けた。電話の向こう側では口々に、西側の資金提供者との話し合いは久しぶりだと言った。

シリコンバレーでは投資家は、ほかの投資家がその案件を追いかけているから、追随する。本書でこれまで見てきたように、この群集心理にはひとつの理屈が存在する。複数の著名なベンチャーキャピタリストたちが、あるスタートアップを追い回していると、話題が広まり、そのスタートアップに優秀な人材や重要な顧客が集まる可能性が出てくるということだ。

しかし、シュライファーが鍛えられた東海岸の考え方は、正反対だった。最近も彼はフィデリティでファンド・マネジャーを務めたピーター・リンチの有名な投資指南書を読んだ。その中で、リターンが10倍にもなる投資機会を特定する方法を解説していた。そのプロセスをリンチは「テンバガーに対するストーキング」、つまり株価が10倍になりそうな銘柄に狙いを定めることと表現した。[18] リンチに言わせれば、自分の好みの銘柄を、ほかのプロの投資家が所有していない場合、それは良い兆候だった。他人が今後、この銘柄に気づき、その熱気で株価を押し上げてくれるかもしれなかった。同じように、自分の好みの銘柄を、ウォール街のアナリストたちがカバーしていない場合、これも良い兆候だった。誰も精査していない銘柄には、誤った株価がついている可能性が大きいからだ。

そして、リンチは最後に3番目の重要な株式を買うべきシグナルを取り上げた。それは、シュライファーの中国との電話に出てくる発言に気味が悪いほど重なる、一種の予告だった。リンチによれば、ＣＦＯがあなたに向かって、しばらく投資家とは話していなかったと明かしたなら、それはあなたが大事なことに気づいているという証拠かもしれなかった。

気持ちが高ぶるシュライファーは電話で聞いた内容をメモにまとめ、独自に利益の推移を予想する数理モデルにデータを入力してみた。もちろん、現時点ではポータル各社の最終損益は赤字だった。しかし、収入が費用よりも大きく伸び、２００３年には利益が出て、膨らんでいく。ポータル各社の同年の利益は株式時価総額のおよそ3分の1の大きさになる。シュライファーの試算では、04年の利益は時価総額の3分の2に拡大し、05年にはこの比率が1対1になる見込みだった。別の言い方をすれば、投資家にとっては実質的にコストがゼロでポータル各社の株式を取得でき、必ず儲かるという展望が開けていた。タイガー・グローバルが、例えば１０００万ドルを投じて株式を購入したとしよう。1年目はその3分の1に相当する３３３万ドルの利益が取得した株式に帰属する。2年目は帰属利益が６６６万ドルとなり、最初の2年で合わせて１０００万ドルとなり、元が取れる。3年目は１０００万ドルが丸々投資家のものになり、その後は指数関数的な大当たりが約束される。

シュライファーは一晩中起きていたあとで、コールマンの執務室に足を運び、「シナ、ソウフ、ネットイースに問題はありません」と言い切った。

「ダンスしましょう」とつけ加え、投資を促した。

シュライファーの「根拠のある熱狂」の制止役としては、より物静かで、一時の感情に突き動かされることのないコールマンはうってつけだった。しかし、このときのシュライファーは数字を挙げて、たちまちコールマンを納得させた。シュライファーが自分の行ったことのない国での賭けを提案している事実は、少しもコールマンの妨げとはならなかった。タイガー・マネジメントを立ち上げたジュリアン・ロバートソンは、最高の投資機会はしばしば海外で見つかると説いたものだった。そこにウォール街の住人たちはほとんど出かけず、現地では洗練された手法に疎い投資家ばかりだった。「もし、私に日本や韓国へ行くことも、マイナーリーグの投球を打つこともできるのなら、わざわざここに座って、メジャーリーグの投球を打とうと努力する必要はない」。コールマンはロバートソンの言葉を覚えていた。[19] シリコンバレーの投資家たちの伝統的に狭い視野とは逆だった。

２００２年の9月と10月にタイガー・グローバルは２０００万ドル相当のシナ、ソウフ、そしてネットイースの株式を正式に購入し、同ファンドの２億５０００万ドルのポートフォリオ全体の10分の１弱を占めた。ニューヨークの小さなチームが中国のデジタル経済を担う上場企業群の最大の一般株主となった。

＊

2003年の夏になると、タイガー・グローバルの対中投資のポジションは元本の5倍から10倍程度に膨らんでいた。[20] 1年足らずでこのヘッジファンドの資産規模は2億5000万ドルから少なくとも3億5000万ドル程度に拡大したことになる。コールマンはシュライファーをパートナーに昇格させ、席を間仕切りのあるブースから個室に移した。2人は一緒に仕事に取り組み、やがてユーリ・ミルナーと出会うことになる。

シュライファーは中国に一定の新しい発想で臨むタイミングが到来したと感じていた。流動性に乏しい未公開株を保有するベンチャーキャピタリストたちには、それらを持ち続ける選択肢しかない。彼らと違い、ヘッジファンドが持っているのはその気になればいつでも手放すことが可能な株式である。ポータル3社の株価はかなり上昇した。タイガーはなお保有し続けるべきか、答えを出そうとしていた。

「むしろ、我々はより深く掘り進まなければならない」。シュライファーはそのように考えをめぐらせたと記憶していた。「成長はどれほど持続するだろうか。株価次第で追加投資に必要な確認事項も変わってくる」[21]

ジュリアン・ロバートソンにはもう一つ金言があった。会社の業績見通しは、顧客にあたって判断せよ、である。シュライファーはこれに従って、どこが中国のポータル各社から広告スペースを買っているのかを調べ、広告主と連絡を取った。そして、もっと多く広告を出稿しそうなのかを探った。結果は吉報だった。広告主の大半は電子商取引を手掛ける企業で、効果に極めて満足していた。広告を出せば出すほど、売り上げが増えたという。ポータル各社の顧客のビジネスが活況を呈しているということは、広告需要が今後着実に拡大していくことを意味していた。よってシナ、ソウフ、ネットイースの株式は保有し続けるに値した。そして、顧客の電子商取引の企業群が沸き立つような成長を遂げ、各社には資金調達が必要になっていた。次のテンバガー（リターンが10倍になる企業）に投資する機会を感じ取ったシュライファーは、中国出張を決意した。

シュライファーの母親は、息子の計画を聞いて喜ばなかった。中国はＳＡＲＳ（重症急性呼吸器症候群）の流行に見舞われていた。彼女の、そしておそらく自分自身の不安を尊重して、シュライファーは何枚かのマスクを詰め込んでアジアへと出発した。

２００３年６月、シュライファーは北京に到着した。マスクを着用して、タクシーに乗り込み、グランド・ハイアットに向かった。この広大なホテルには、ほとんど滞在客がいなかった。シュライファーは嬉しい割引料金でプレジデンシャル・スイートの部屋を利用できた。明らかに、ほかの欧米人は彼ほどには３層の繊維マスクを信頼していなかった。

翌日、シュライファーはマスクを着けたまま最初の面会に出かけた。オンライン旅行で業界2位のイーロン（芸龍旅行）の創業者が相手だった。

「よくぞ来てくれました」と創業者は語った。「中国でビジネスをしたいのなら、マスクは外してください」

シュライファーの片方の耳には母親の声が聞こえた。「安全にしていなさい。マスクは着けていなさい」

もう片方の耳には別の声がした。「取引をまとめるんだ。これはまたとないチャンスだ」

「分かった、分かった。人生にリスクはつきものだ。そう受け止めて私はマスクを取り、残りの出張の間、二度と着用しなかった」。後にシュライファーは笑いながら振り返った。[22]

中国での2週間でシュライファーは投資対象の候補として5社を見つけ出した。SARSのおかげで、いずれのタームシートも割安な内容でまとまった。しかし、一つ障害があった。5社とも上場していなかった。タイガーは流動性の低いポジションを作ってしまい、抜けられなくなるリスクだった。ヘッジファンドにとって、この管理は難しかった。リミテッド・パートナーたちには1カ月前ないし2カ月前の通告で、解約する権利を認めていた。長期間保有する流動性の乏しい資産と、短期間で逃避しかねない流動性のある資金という組み合わせは、不安定だった。リミテッド・パートナーたちが資金の回収を決定した場合、タイガーは窮地に立たされることになる。

ほとんどの伝統的なヘッジファンドでは、シュライファーの中国企業に対する賭けは、誰もやりたくない無謀な試みだった。即座にポジションを売却、解消できる自由こそがヘッジファンドの行動様式の中心にあった。ジョージ・ソロスは会議で想定外の報告を聞くと、椅子から飛び上がってそれまでの賭けを簡単に覆す機動的な対応で知られた。ヘッジファンドが尊ぶもう一つの自由は、「ロング（買い）」だけでなく「ショート（売り）」も可能であること、つまり株価の上昇だけでなく、下落にも賭けることだった。もし、タイガーが市場では取引されていない資産に移ってしまったなら、その分野では値下がりを狙って空売りを仕掛ける方法がなくなってしまうという難点があった。

しかし、シュライファーにとって幸運なことに、ボスのチェース・コールマンには標準的なやり方を見直す用意があった。ジュリアン・ロバートソンのもとで働いていた当時、コールマンの仕事は１９９０年代後半のドット・コムのバブルのなかでショートとロングの見当をつけることだった。そして、彼はロングに賭けるほうが優れている理由を肌でつかんだ。ショートに大きく賭けた場合、差益はその会社が倒産して株式が無価値になる１００％が最大である。ところが、ロングに賭ければ、株価は元手の5倍にも、10倍にも上昇する。ショートはロングに比べると、「半分の利益を得るために、2倍の労力を費やすようなもので、おかしい」とコールマンは考えるに至った。加えて、上場企業と未上場の企業の両方への投資からは、シナジーを得ることができ、大きな恩恵となりそうだった。今回、シュライファーが中国で示したように、上場企業について理解することは、タイガーが有望な未上場の企業を見つけ出すことに役立つだろう。

コールマンはシュライファーの提案について検討すればするほど、実行したくなった。しかし、コールマンが流動性リスクの問題に対処しなければならないことに変わりはない。通告から短期間で引き出されてしまうような資金で、未公開株の保有という売却できないポジションを作ることには危うさがつきまとう。2003年7月、彼は打開策を思いついた。市場では取引されていない株式への投資のために、別枠の資金プールを用意することにした。ヘッジファンドの分析的な投資手法と、リミテッド・パートナーが長期間、資金を拠出し続けるベンチャーキャピタル的な仕組みを合体する試みだった。

タイガー・グローバルはヘッジファンドの伝統を守り、利益の推移を予想する数理モデルを活用しながらこの資金を運用する。VCのような起業家の個性やビジョンに賭けるという主観的な投資は行わない。さらに、ヘッジファンドの伝統を守って、グローバルな視点を維持する。VCのような地域の濃密なネットワークに自らを組み込む、行動様式には関心はない、といった骨子だった。

もっとも、タイガーが未公開のテクノロジー企業に投資するために、長期間引き出せない資金を集めるという意味では、VCの伝統を借用する面もあった。タイガーはスタートアップの初期段階で投資し、どの起業家が投資家向けの売り込みで巧みに説明するかではなく、どの起業家が本当に優れているかを見極めようとした。

コールマンはタイガーの投資家向けに「プライベート・インベストメント・パートナーズ」という名前の新しいファンドの立ち上げを告知する案内状をまとめた。その中で、彼とシュライファーはデジタル分野で有望なセグメントを切り出し、そこに投資していく方針だと説明した。具体的には、インターネットのポータル・サイトの運営会社、オンライン旅行会社、電子商取引サイトの運営会社などが含まれた。しかも、ポイントはそれらのセグメントの中の、個別のカテゴリーで勝者として浮上しそうな企業を国ごとに特定していくことだった。ベンチャーキャピタルとは違って、タイガーは独創的なアイデアを探してはいなかった。反対に、実証済みのビジネス・モデルをそれぞれの市場で着実に進めていく企業に注目した。目標は韓国版のイーベイを見つけることであり、中国版のエクスペディア（旅行サイト）に投資することだった。コールマンとシュライファーはそのような事例をアメリカの○○社に相当する□□国の△△社、つまり「あれのこれ」と形容した。

また、コールマンは、投資すべき業種などを決め、そこから特定の企業に絞り込んでいくタイガー流のトップダウン思考に基づく分析手法を駆使したところ、中国が世界で最も有望なデジタル市場だと判明したと続けた。中国ではインターネットに接続可能な市民の比率が向こう5年間で3倍に高まる見通しで、ほかの作用も手伝ってデジタル化は飛躍的に進みそうだった。通信の大容量化で人々がオンライン空間で過ごす時間が増える上に、そもそも中国経済の成長ぶりには目覚ましいものがあると指摘した。コールマンは投資家たちに、既にタイガーは中国を訪れて有望な5社を選び出したと告げた。オンライン旅行サイトの上位2社、電子商取引サイトの同じく上位2社、そしてアリババという売り手と買い手の企業どうしをオンラインで結びつける会社だった。

コールマンは新しいファンド向けに7500万ドルの調達を目指した。ところが、抵抗に遭った。「20歳そこそこの白人の連中が、中国で見つけた投資対象について本当に面白いのだと話しても、頭が完全にいかれているようにしか聞こえなかったようだ」とコールマンは振り返った。[23] 中国に行ってお金を巻き上げられたアメリカ人たちの失敗談を誰もが耳にしていた。テクノロジー株の暴落に震え上がり、インターネット関連企業への投資には疑ってかかる人々も多かった。この懐疑的な反応にもかかわらず、コールマンは5000万ドルを何とか集めた。いくつかの投資案件を成立させるには十分だった。

しかし、中国の有望な5社すべてに資金を投じるには不十分だった。ベンチャーキャピタリストのものの見方とヘッジファンドの思考パターンの違いは、端的にはタイガーのアリババに対する姿勢に表れていた。シュライファーが交渉したタームシートでは、タイガーは2000万ドルを投じて6・7%の株式を取得することになっていた。これは実行すれば、リミテッド・パートナーたちに何十億ドルももたらすことになる賭けだった。ところが、タイガーは延期せざるを得ない状況にあった。

理由はジャック・マーのビジネスが既存のカテゴリーにあてはまらないことだった。マーのサイトは西側の企業が中国での調達先を探す上で役立っていたが、オークションという異なる分野に軸足を移す計画だった。また、アリババには単純に「アメリカの○○社に相当する□□国の△△社」という評価基準を適用できなかった。アリババに投資するということは、新しい市場の支配を企てる起業家に賭けることだった。ベンチャー投資家はマーの個性と彼のチームの人材の質を見て、このギャンブルに安心して臨めただろう。ところが、これまで多くの場合、栄光をもたらしてきたタイガーの分析手法では、かえって方向を見失いかねなかった。増分利益などの指標に注目しても、傑出した起業家の才覚の価値を測ることはできなかった。[24]

ほとんど取り逃しかけていた中国企業に対する投資案件がもう一つあった。しかも、それはタイガーの立場の強さではなく、弱さを露呈していた。シュライファーはグランド・ハイアットに滞在中、ニール・シェンと協議した。後にセコイア・チャイナを率いる彼は当時、オンライン旅行会社のシートリップで最高財務責任者（CFO）を務めていた。2人はシートリップの評価額で合意したものの、シェンがその後、合意は暫定的なものだと主張し、シュライファーは心理的に追い込まれた。[25] シュライファーが中国を離れて数週間後、ニューヨークにいた彼にシェンが電話をかけてきた。SARSの流行は終わり、シートリップの売り上げは急増していた。シェンは同社の評価額を50％引き上げるよう要求した。

シュライファーはマンハッタンのデスクから受話器越しに罵りの言葉を連発し、多くの従業員が振り向くほどだった。彼はSARSによる割り引きを失ったことに怒り、それがタイガーに恥ずかしい思いをさせることに、もっと憤慨した。新しいファンドを組成する過程で、コールマンはリミテッド・パートナーたちに、シュライファーが中国で交渉してきた出資の条件を伝えていた。リミテッド・パートナーたちは今や実態がなくなってしまった約束に基づいてファンドに資金を拠出していた。

シュライファーは電話を切ると、対応策を検討し始めた。ベンチャー投資家が同じ立場にあったなら、この取引をキャンセルしただろう。初期段階での投資では、個人レベルの相性がかなり重要である。資金を送る直前に、信頼を損ねたと受け止められる行為が生じれば、取引遂行の命取りになりかねない。実際、この理由でアクセルはスカイプとの交渉を打ち切った（もちろん、送金後にはVCは抜け出せなくなってしまい、投資先を支援しなければならない。このため、アクセルはUUNETの会計が不正確であることが明らかになっても、見捨てず積極的に力添えした）。その点、シュライファーの焦点は相性ではなく、キャッシュフローだった。気持ちが落ち着くと、彼は理解した。怒りを覚えたシェンの発言は正しかった。SARSの終焉がシートリップの収入を押し上げていた。

シュライファーはコールマンの執務室に行き、電話口で感情を爆発させた件をどのように決着させるかについて報告した。タイガーはプライドを捨てて、シートリップの数字に専念すべきだと説明した。評価額は大きくなるが、売り上げもそれに匹敵するだけ増えて、利益が伸び、株価収益率で見れば、変わっていなかった。「ダンスしましょう」がシュライファーの結論だった。

この予期せぬ出来事から71日後、シートリップは上場し、タイガーは4000万ドルの利益を得た。質素な環境で育ったシュライファーは16年後になっても、この物語を声を詰まらせずには説明できなかった。「父親はソファーを売って生計を立て、我々は4000万ドルを（ほんのわずかな期間で稼いだ）」。言葉尻は不明瞭だった。[26]

＊

タイガーによる未公開株ファンドの創設は、テクノロジー企業に投資するための新しい種類の受け皿の登場を告げていた。多くのイノベーションがそうであるように、この受け皿も事前に計画を練ってというよりは、目の前の状況に応じて作り出された。「ホワイトボードを用意して『さあ、プライベート・エクイティの投資家になろう』と議論したわけではなかった」とコールマンは後に語っている。[27] タイガーがそれまでのヘッジファンド流の銘柄選定から横道に逸れて、まだ上場していないテクノロジー企業に賭けたことで、ひな型が出来上がり、後のミルナーによるフェイスブックへの投資につながった。タイガーの道具箱に入っていたのは、テクノロジー関連の事業分野ごとのグローバルな集計データ、投資対象候補の利益やフェアバリューを算出する数理モデル、そしてショックに対する耐性だった。このうち後者は、タイガーの場合はＳＡＲＳの流行、ミルナーの場合はリーマン・ブラザーズの経営破綻の際に発揮され、大陸を超えて果敢にチャンスをつかもうとした。もっとも、ミルナーがタイガーのひな型から学ぶためには、まず、その存在を知る必要があった。

シートリップの上場から間もない2003年末、シュライファーはモスクワに飛んだ。このとき「アメリカの○○社に相当する□□国の△△社」を探していた。ロシアにはヤフーが2社、グーグルが1社あると聞いていた。最初の面会は、あるホテルの屋上のバーで行われた。物静かで控えめな、ユーリ・ミルナーという名前の人物が相手だった。

シュライファーは、ミルナーが自分と同じような考え方をしていることに驚いた。ミルナーはアメリカのビジネスを専門とするソ連の経営学者の息子で、ウォートン校に留学した最初のロシア人であり、情熱的に資本主義を支持していた。彼にとってのヒーローには1980年代に相次いだ企業買収劇の立役者であるヘンリー・クラビスやロナルド・ペレルマン、マイケル・ミルケンが含まれていた。[28] ロシアに帰国後、1998年の財政・金融危機で銀行での職を失った彼は、今後のキャリアについての着想を得るために、投資銀行によるリポートを読み漁った。その中に当時、モルガン・スタンレーでピカイチのハイテク・アナリストだったメアリー・ミーカーがまとめたインターネットについてのリポートがあった。そのころのロシアでは、誰もインターネットに詳しくなく、ミルナー自身、電子メールさえ使っていなかった。ところが、ミーカーはどのようにしてインターネットがあらゆる場所に浸透してゆき、特定のオンラインのビジネス・モデルが、精巧にデザインされたサーフボードのように、その波をとらえていくかを説明していた。

ミルナーにとって、これは「一種の啓示」だった。

ミーカーのお気に入りの企業はアマゾン、ヤフー、そしてイーベイだった。そこでミルナーはその中から1社を選び、ロシア版のクローンを立ち上げると決意した。その後、「何てことだ。3社全部始めたらいいじゃないか」と心に決めた。[29]

2003年にシュライファーに会ったとき、ミルナーはアマゾンを複製する取り組みを断念していた。イーベイをまねる計画も頓挫した。しかし、ミルナー版のヤフーであるメールという名前の事業は繁盛し、彼はほかの様々なインターネット関連の企業に出資していた。ミルナーはシュライファーにロシアの現状を理解させようとした。各国にあるヤフーのクローンがどのように収入を伸ばしているかを分析した結果などを踏まえると、メールの企業価値は間もなく10億ドルに達する見通しだった。ライバルのランブラーも10億ドルに届きそうだった。ロシア版のグーグルであるヤンデックスに至っては20億ドルと想定された。

2004年前半、タイガーはメール、ランブラー、そしてヤンデックスに出資した。シュライファーが「アメリカの○○社に相当する□□国の△△社」をラテンアメリカで追いかけ始めた翌年も、ミルナーとの関係は深まった。タイガーはミルナーにとっての投資主体であるDSTを支援する最初の機関投資家となった。タイガーはミルナーを通じてロシアのインターネット銘柄に投資し、フェイスブックのクローンであるフコンタクテにも手を伸ばした。[30] 逆にミルナーはタイガーを通じてグローバルに投資する可能性に目を開かされた。「突然、私は世界全体を見渡せるようになった」とミルナーは後に語った。「タイガーがひらめきを与えてくれた」[31]

アメリカのベンチャーキャピタルが中国に進出してインターネットに関連したビジネスに弾みをつけていた当時、影響力の国際的な流れは、アメリカからアジアへの単純な一方通行だった。その後、スタートアップがＩＰＯに近づいた「レイト・ステージ」や「グロース」といった段階で資金を投じる動きが活発になり始めると、影響力の流れは複雑になった。１９９６年には、一匹狼のような韓国系日本人のアウトサイダーが1億ドルの投資でキングメーカーとしての力を見せつけた。セコイアをはじめとする学習の速い少数のＶＣはこの事例に注目してグロース・ファンドを相次ぎ立ち上げたものの、２０００年のナスダックの暴落で勢いを失った。[32]

続いて03年にニューヨークのヘッジファンドが中国の電子商取引に魅せられて、未公開株への投資に乗り出した。その際に駆使したアプローチは、いわゆるトップダウン思考に基づいた、国際的な比較分析を重視したもので、ビジネスが世界規模で収斂していくプロセスに商機を見る「グローバル・アービトラージ」と呼ばれ、同ヘッジファンドは04年と05年に提携した1人のロシア人とその手法を共有した。そして09年、このロシア人がニューヨークの仲間たちの道具箱を借りて、パロアルトのスターバックスで会った韓国系アメリカ人のＣＦＯを感嘆させたのである。一つのアイデアが世界をぐるりと回った。テクノロジー企業への投資はこれまでとは変わったものになった。

*

２００９年にミルナーがフェイスブックへの出資に成功すると、その直後から模倣する動きが広がった。ゲートを最初に出てきたのはタイガーだった。ロシアの同盟相手が本拠地に侵入してきたことを一時的には不快に感じたものの、タイガーも独自にシリコンバレーでグロース投資を追求し始めた。ミルナーに遅れること数カ月、コールマンと彼のチームはアメリカ企業への最初の投資に踏み切った。2億ドルを投じて同じくフェイスブック株を取得した。その理屈はミルナーと同じだった。ただし「あれのこれ」の探し方は「アメリカの○○社に相当する□□国の△△社」ではなく、「□□国の△△社に相当するアメリカの○○社」だった。

今や海外のテクノロジー企業のほうが先を行き、そこでの経験はアメリカの将来の姿を照らし出すために利用されていた。その逆ではなかった。今後予想される利益の大きさを考慮し、中国のテンセントをはじめ海外のインターネット企業の評価額と突き合わせてみると、フェイスブックは明らかに割安だった。仮にタイガーがミルナーよりもある程度高い評価額で株式を取得しなければならないとしても、なお安価だった。[33]「我々はフェイスブック（の株式）を低い評価額で購入できた。同社は基本的に中国を除く世界全体で支配的な地位にあった。公開市場で手に入る（中国国内が中心の）テンセントのそれを下回っていた」。コールマンはまるで、歩道で宝くじの当たり券を見つけたかのような口調で、後に振り返った。「フェイスブックはＧＤＰの合計で見て、中国の11倍にあたる国々で支配的な地位にあり、ユーザーは（サイトの滞在時間などで測ると）3倍も熱心に利用していた」[34]。タイガーはフェイスブックに続いて、ソーシャル・ネットワークのリンクトインやゲームのジンガに投資した。

ミルナーはお手本を見せただけではなく、具体的な投資案件を示し、参加を呼びかけた。例えば、タイガーのジンガへの出資は、ミルナーのＤＳＴが主導する投資ラウンドに加わる形で進んだ。ミルナーはそれまでに海外のゲーム会社4社に出資していた。ジンガの将来に関するミルナーの見解に、ほかの投資家たちが同調したのは自然だった。２０１０年4月と11年1月にミルナーはさらに2回、割安な商品・サービスを扱うグルーポンを対象にした投資ラウンドを率いた。伝統的な運用管理会社のティー・ロウ・プライス、フィデリティ、キャピタル・グループがシンジケートに参加した。プライベート・エクイティのシルバーレイク、ヘッジファンドのマーベリック・キャピタル、そしてモルガン・スタンレーも加わった。シリコンバレーのクライナー・パーキンスも名を連ねた。同ＶＣはメアリー・ミーカーを採用して、グロース段階での投資に熱心な姿勢を示したばかりだった。

ミルナーはフォーブス誌が毎年発表、掲載する世界長者番付の特集号の表紙を飾った直後の11年6月、音楽のストリーミング・サービスのスポティファイの投資ラウンドを率いた。このときは8億７５００万ドルのグロース・ファンドを組成したばかりのアクセルが彼と一緒に投資した[35]。

実に短期間のうちに、ミルナーはテクノロジー企業向けの新しい投資の手法を編み出し、それに形と勢いを与えた。2005年にYコンビネーターが創設されて以降、スタートアップのインキュベーター（孵化器）の機能が本格的に広がっていったのと同様に、ミルナーの取り組みを皮切りに、グロース投資が開花した。ミルナーは早熟で爆発的な人気を博する企業に資金を提供する方法を示した。自分の議決権の行使を創業者に認めて誘惑し、従業員には持ち株の一部を売却する手段を提供した。ミルナーがフェイスブックに出資した09年には、未上場のアメリカのテクノロジー企業への投資額は110億ドルだったが、15年には750億ドルへと飛躍的に拡大した。この増加分の大半はレイト・ステージのグロース投資だった。[36]

女性のベンチャーキャピタリストの先駆けで、この間に新たなVCを興すためクライナー・パーキンスから独立したアイリーン・リーは、スタートアップの51社を特別な存在として特定した。この集団はそれぞれ6回以上の資本調達ラウンドを経て、平均で1社当たり5億1600万ドルを集めていた。[37]これらのテクノロジー企業は大量に流れ込む資本の波に乗って、しばしば10億ドルを超える評価額を達成した。彼女はそれらを「ユニコーン」と名づけた。

充実した達成感を得たミルナーは、両親を含む家族を連れてパロアルトの丘に建つ邸宅に転居した。若いころのソ連とはかけ離れた世界だったが、それでも彼にとっては自然な場所だった。ロシアで育った少年時代のミルナーはアメリカに魅了された。彼はアメリカを目で見る前に、匂いで感じ取っていた。家族が住むモスクワのアパートメントの戸口からその香りが漂ってくると、間もなく経営学の教授だった父親が居間に姿を現し、スーツケースを開けた。きれいに包まれたままの石鹸がいくつも床に広げられた。ニューヨーク、ボストン、そしてフィラデルフィアのホテルの部屋の記念品だった。

「それは新世界の香りだった」と後にミルナーはウォートン校の卒業式のスピーチで紹介した。「狭いアパートメントに突然、アメリカが出現した」[38]。半世紀後の今、ミルナーは宮殿のような家をカリフォルニアに持っていた。欲しいだけ多くの石鹸があった。若いころにあこがれた大胆不敵な資本家に自分自身もなっていた。そして、精神的にはクラビスやヴァンダービルト（鉄道王）のようなアメリカ人だった。

＊

ミルナーの行動が多大な影響を及ぼしていることを示す最も顕著な兆候は、思いがけない方角から現れた。２００９年初め、ネットスケープの創業者でフェイスブックの取締役のマーク・アンドリーセンがネットスケープで同僚だったベン・ホロウィッツと一緒にベンチャーキャピタルを立ち上げた。ほかの人目を引く新規参入組――１９８０年代のアクセル、90年代のベンチマーク、２００５年のファウンダーズ・ファンド――と同じく、このアンドリーセン・ホロウィッツも差別化を図ろうとして、新しい種類のＶＣを発明したと主張した。出資者を募る口上では言及が一切なかったものの、「ミルナー効果」のもとにあることは明白だった。

アンドリーセン・ホロウィッツが訴えた問題意識は、若者たちの反乱の延長線上にあった。ホロウィッツはネットスケープを離れたあと、アンドリーセンと共にラウドクラウドというスタートアップを興し、若きCEOとなった。ところが、あるベンチマークのパートナーの要求で「本物のCEO」と交代させられそうになり、激怒した。そして、果敢に抵抗した。ホロウィッツは、グーグルのセルゲイ・ブリンとラリー・ペイジの言葉を繰り返すように、最も成功しているテクノロジー企業群はもともとの創業者たちによって経営されていると述べて突っぱねた。[39] 彼に言わせれば、サッターヒルが示したキュームのモデル——発明家を外部から招いたCEOに服従させることが含まれている——はむしろ物事を後退させていた。ベンチャーキャピタリストは、技術面に詳しい創業者を「本物のCEO」と交代させるよりも、技術屋が成熟した経営者となるよう指導すべきだった。

若者たちの反乱の時期に発足したほかのVCには、創業者に対するコーチングが必要かどうかをうやむやにする傾向があった。ピーター・ティールの考えでは、スーパースター級の創業者は、まるで魔法の力を与えるクモに噛まれでもしたかのように、スーパーなパワーを完全に備えた上で起業していた。Yコンビネーターのポール・グレアムも、学ぶことはほとんどないと説いた。「利用者が大好きになるものを作る。そして支出を収入より抑える。これらを実行することは本当に困難だろうか」と強調した。

しかし、ホロウィッツはたとえ才能のある創業者でも、過酷な学習期間に直面し、それをくぐり抜けるために苦しむものだと認めた。彼はそのことを、2000年以降のハイテク不況のがれきの中、ラウドクラウドを率いながら発見した。彼の説得力のある回顧録のタイトル――『HARD THINGS 答えがない難問と困難にきみはどう立ち向かうか（邦題）』（日経BP）――は起業がもたらすトラウマを活写していた。

2007年に自分の会社、現在の社名はオプスウエアを売却することに成功したあと、ホロウィッツはアンドリーセンと組んでエンジェル投資を進めた。2人は小規模な出資を36件実行した。次のステップとして、ベンチャーキャピタルの世界に足を踏み入れることは理にかなっていた。一級の起業家は最上位のVCとしか取引しないことを意識していたアンドリーセンとホロウィッツは、トップ・ティア（階層の最も上）に一足飛びに仲間入りする方策を考え出さなければならなかった。単なる平均では失敗と言えた。VC業界の利益の大半は、一握りのエリートのパートナーシップが稼ぎ出していたからだ。[40]

アンドリーセンとホロウィッツは自分たちの特徴を際立たせるため、技術畑の創業者への斬新な対応を提案した。伝統的なVCがしばしば行ってきたように、創業者をCEOから退任させることはないと約束した。新興のVCが行うかもしれないように、創業者を見捨てることもないと誓った。むしろ、アンドリーセン・ホロウィッツは、困難な事態が起きたときに、技術畑の創業者を指導するだろうと主張した。経営幹部のやる気を引き出し、営業チームを奮い立たせ、場合によっては会社のために全力を注いでくれた忠実な友人を中心から外す方法を伝授するという。

同時に経験豊富なCEOなら持ち合わせているもの、例えば顧客や取引先、投資家、メディアとのつながり、言い換えるならある種のローロデックス（回転式名刺ホルダーつまり、人脈）を提供すると申し出た。

アクセルは特定の分野で専門性を発揮することで差別化した。ベンチマークは手数料こそ高いが、小規模なファンドで投資先を厳選する「ベター・アーキテクチャー」を売り物にした。ファウンダーズ・ファンドは最も独創的で逆張り的な企業を支援すると公約した。これらに対して、アンドリーセン・ホロウィッツはCEOになりたい科学者のために、学習曲線（ラーニング・カーブ）をなだらかにすると約束したのである。

アンドリーセンとホロウィッツの2人とも、大胆な言い回しによるPRそのものが、彼らの戦略の大きな部分を占めていたことを隠さなかった。そして、ホロウィッツをポール・グレアムをさらに一回り大きくしたような存在に位置づけた。ホロウィッツは起業家に転じたコンピューター科学者であり、ビジネスと人生に関する彼のブログはカルト的な人気を得ていた。

アンドリーセンには、もっと強いブランド力があり、彼とホロウィッツはそれを徹底的に活用した。ネットスケープの背後にいる天才として知られ、6フィート5インチ（1メートル96センチ）の体軀と尖ったはげ頭で目立つアンドリーセンは、人を酔わせるようなスピードでアイデアを巧みに説明し、ストーリー、事実、数字を次々に示して結論を導き出した。新しいVCを立ち上げたころに、彼はフォーチュン誌の表紙に登場し、1時間のテレビ番組のインタビューにも応じた。「『起業家による起業家のための』が我々の自慢だ」と自信たっぷりに言い切った。[41]

アンドリーセンが強調した部分は、彼が言うほど独創的ではなかった。多くのベンチャーキャピタリストには起業の経験があった。クライナー・パーキンスの初期のパートナーのほぼ全員がそうであったし、ティール、グレアム、ミルナーなどは言うまでもなかった。創業者を指導するというアイデアも独創的ではなかった。マイケル・モーリッツはジェリー・ヤンがシリコンバレーの顔として有名人になるのを手助けし、またマックス・レフチンに彼の会社であるペイパルを時期尚早にイーベイに売却しないよう説得した。これらの場面でモーリッツは、技術畑の創業者がビジネス・リーダーになるためのコーチングを行っていた。

さらには、起業の経験がベンチャーキャピタリストにとって最良の経歴かどうかも確かではなかった。起業家は典型的には1社か2社に取り組むだけだが、若くしてスタートアップへの投資に参加したベンチャーキャピタリストならば何十社も念入りに調べる立場にある。2年前の2007年には、ほかならぬアンドリーセン自身が次のような考えを述べていた。「20年間ベンチャーキャピタリストを続け、スタートアップをめぐる想像以上に奇妙な状況を間近で見てきた人々。彼らの代わりが務まる人材は、おそらくまだいない」[42]

ミルナーがフェイスブックと契約して1カ月後の2009年6月、アンドリーセン・ホロウィッツは投資家から3億ドル集めたと発表した。起業家を指導するという約束を果たすため、このパートナーシップはほかのVCより多くの人員を採用すると誓った。従来、VCは「オペレーテイング・パートナー」と呼ぶ、投資案件の取りまとめよりも、投資先の組織運営の応援に集中する人材を採用してきた。これに対し、アンドリーセン・ホロウィッツは広範なコンサルティング業務にあたる組織を構築することにした。スタートアップのオフィスを探すチーム、広報・宣伝について助言するチーム、主要な人材を採用するチーム、さらには潜在的な顧客を紹介するチームまで編成する予定だった。

このコーチングの約束はある程度まで実現した。しばしばa16zと略称されるアンドリーセン・ホロウィッツ（アンドリーセンの冒頭のaからホロウィッツの末尾のzの間までアルファベットで16文字が入る）は、一連の技術畑の創業者たちを支援し、彼らがビジネスのルールを学ぶのを助けた。a16zからの重要な介入は、入念に人員を配置したコンサルティングの組織からではなく、アンドリーセンとホロウィッツ自身から頻繁に行われた。例えば、次世代型の情報ネットワークづくりを担うニシラというスタートアップの場合、重大なエラーを犯す寸前で二度もホロウィッツが救い出した。

経営上の最初の指導は、a16zを旗揚げする前のホロウィッツがまだエンジェル投資家だった時期に行われた。彼が支援したのは、マーティン・カサードというスタンフォード大学でコンピューター科学の博士号を取得したばかりのニシラの創業者だった。ある日、ホロウィッツはパロアルトの歯科医院を衣替えしたニシラのオフィスを訪ねた。安酒場のアントニオズ・ナット・ハウスの裏手にある廃棄物集積場に隣接していた。

カサードは自分が開発したネットワーク化のソフトウエアの価格設定についてホロウィッツに質問した。カサードは技術的な課題にあまりに集中していたため――物理的なルーターを使わず、クラウドで作動するソフトウエアで代替させる計画だった――適切な価格帯を特定する作業を些細な問題と見なしていた。彼はほぼ無作為に数字を選び、間違っていたなら変更するつもりでいた。

ホロウィッツは両手の指先を合わせた。アンドリーセンは苦もなくアイデアを次々と噴射するが、ホロウィッツの場合、言葉を組み立てるのに時間がかかった。彼の深刻そうな、慎重な態度は、塹壕戦で疲れ果てたスタートアップ時代の年月がまだ重くのしかかっているかのようだった。カサードは、窓の外を見つめるホロウィッツの答えを待った。「偉大な考えがまとまりつつあるとき、彼はあのような表情をしたものだった」とカサードは後に振り返った[43]。

「マーティン、価格設定以上に企業価値に影響を及ぼす意思決定はないんだ」。ホロウィッツは託宣を告げるようなきっぱりとした口調で話した。ソフトウエア会社がこれまでに誰も見たことがない独自の新製品を売り出すとき、価格設定の機会は一度しかない。どの価格帯を選んでも、それが顧客の心に残り、後の値上げは難しくなる。さらに、価格設定次第で会社の利益率が大きく変わる。仮に販売員の年間給与が20万ドルで、毎年法人顧客を6社獲得した場合、製品を5万ドルに設定すれば、売り上げは30万ドルで、給与を差し引いて残る利益は10万ドルとなる。しかし、価格を2倍の10万ドルにしたなら、利益は4倍の40万ドルになる。初めての起業家はなかなか気づかないが、この種の利益の違いは会社の価値を変えてしまう可能性がある。

「もし、ベンがいなかったら、私は価格を低めに設定しても、あとで何か新しいものを発明して、より多くの利益を生み出せると考えただろう」とカサードは認めた。「これが技術畑の創業者の偏見だった」[44]

２０１０年1月、a16zはニシラのシリーズAの資金調達を主導した。ホロウィッツはニシラの取締役会の一員となり、a16zの支援部隊と一緒に事業の拡大に協力した。a16zの人脈を通じて約20人のエンジニアがニシラに入社した。a16zの紹介でAT&Tなどの大手企業がニシラの最初の顧客となった。クラウドを基盤にした情報ネットワークのインフラは構築可能だということのスタートアップの提案に乗って、従来型のインフラから切り替える事例が続出した。これ以降、情報ネットワークは純粋にソフトウエアで構成されるようになった。目覚まし時計の機能がプログラムで出来上がり、スマートフォンで操作可能なことと同じである。

２０１１年夏、ニシラの成功は同社に驚くべきオファーをもたらした。シスコが6億ドルでの買収を提案した。利益の３００倍に相当する水準だった。カサードは両手でこのオファーをつかみ取りたかったが、ホロウィッツが二度目の介入を行った。この衝撃的に高額な提案はカサード自身が認識している以上に彼が強い立場にあることを表していた。「この展開は私も自分のスタートアップで経験した」とホロウィッツは後に語った。「高額のオファーが届くということは、その企業を取り巻く環境の中で何かが変わった兆候だった。買い手からの提案をすぐに受諾してはいけない」

「マーティン、シスコがこの金額を示しているのは、きみがネットワークづくりで最も抜きん出た取り組みをしていると、彼らの顧客が言っているからだ」とホロウィッツは助言した。有力な顧客がそのようなメッセージを発信し始めると、別の買い手が間もなくニシラの玄関にやってくる可能性が大きかった。「簡単にシスコに身売りしてはならない。（比較検討の）プロセスを実行すべきだ」とホロウィッツは断言した。[45]

アンドリーセンも自分なりの雄弁な表現で追認した。「身売りはダメだ、ダメだ、ダメだ」とカサードに告げた。「物事が収まるべきところに、今収まりつつある」[46]。待てということだった。

身売りが取締役会に諮られたときには、反対票を投じる意向をホロウィッツが示唆すると、カサードは彼と話すことを拒否した。しかし、数週間の激怒の末に、カサードはようやく冷静さを取り戻した。ホロウィッツが正しかった。彼のもとに来た最初のオファーで決着させる必要はなかった。ニシラとして、正式に投資銀行と契約し、複数の提案を募ることにした。結果的にニシラはシスコのライバル企業に6億ドルではなく、12億6000万ドルで身売りすることになった。

「私が会社の価値を2倍にした」。このホロウィッツの言葉は誇張ではなかった。[47]

そして、ホロウィッツが投資先の取締役として有能なことに疑問の余地はなかった。ニシラのシリーズAの資金調達の直後の2010年2月、彼はオクタという別のクラウドを利用したソフトウエアのスタートアップに対する投資を主導した。ニシラの特徴がクラウド側にネットワークをつなぐ機能を置くことだったのに対し、オクタは顧客企業が持つクラウドを基盤とした様々なアプリケーションと、それらを利用する従業員などの間のインターフェイスの構築に注力した。顧客企業のデータを保護するには、安全なサインインによって守られた単一のゲートウェイを通じて情報をやり取りするのが効果的だという発想に基づいていた。ところが、11年の秋にオクタは窮地に陥った。売り上げは目標に届かず、運転資金が不足しつつあった。腕利きのエンジニアが退社を通告した。

ホロウィッツはそのエンジニアと話し合い、彼が辞めようとしている理由を理解した。開発チーム全体の士気が低下していた。オクタのCEOのトッド・マッキノンが販売不振を彼らのせいにしていた。

ホロウィッツはマッキノンを探し出し、「エンジニアに責任を押しつけるのは止めたほうがいい」と伝えた。

「どういう意味ですか。結果責任を誰にも取らせないのですか」

あまりに強硬な姿勢では、さらなる離反を招いてしまうとホロウィッツは答えた。現時点の優先事項はエンジニアの陣容を維持しつつ、オクタの本当の問題である販売戦略を修正することだった。このスタートアップは安全なダッシュボードを中小企業に売り込んできた。ダッシュボードとは、クラウド側とつながっている様々なアプリケーションを利用者のパソコンの画面にひとまとめに表示するツールのことだった。しかし、中小企業の多くは、そもそもネットワークのセキュリティへの関心が乏しかった。

ホロウィッツの助言に従い、オクタは営業チームを刷新することにした。新しいマーケティング担当責任者選びが進められた。名刺がたくさん入ったローロデックスを持ち、大企業を顧客に獲得する態勢ができている人物たちが候補だった。複数の採用面接が行われ、マッキノンは自分の選考結果について協議するため、ホロウィッツの携帯電話を鳴らした。

そのときホロウィッツは別のスタートアップでの会議に向かうため車を運転していた。雨がフロントガラス越しの視界をぼやけさせていた。マッキノンはどの候補を選んだのか説明し、ホロウィッツは聞き耳を立てた。

ホロウィッツは車を道の片側に寄せて停止させた。彼が知る限りでは、マッキノンは間違った人選をしていた。車を止めたのは、この電話にすべての集中力を奪われてしまいそうだったからだ。

マッキノンの説明が終わると、ホロウィッツは言葉のパンチをお見舞いした。「これがあなたの行う最後の採用になる。もし、しくじったなら」と率直に言った。[48]

このようにして注意を引きつけると、ホロウィッツはマッキノンに理由を説明した。そして、a16zの人材採用チームが、ホロウィッツの知り合いでもある別の候補を選び出したことを伝えた。彼に新しいポストがこなせることに疑いの余地はなかった。彼以外の誰かにチャンスを与えることは、たとえマッキノンが面接で会った別の人物をどれほど気に入っていたとしても、無責任のそしりは免れなかった。スタートアップもベンチャーキャピタルもリスクを受け入れることがすべてである。しかし、既に足元が不安定になっているときに、リスクを不必要に膨らませてはならなかった。[49]

起業家を叱責することをいとわないホロウィッツの姿勢は、アンドリーセン・ホロウィッツの強さを浮き彫りにした。技術畑の創業者たちの反乱が生み出したVCだったが、a16zは必ずしも起業家に甘くはなかった。若者たちの反乱の成功を手助けすることを目標に定めたが、彼らが間違った行動を起こしそうなときには、容赦なく立ちはだかった。[50] ピーター・ティールのファンドは取締役会の票決で創業者に反対することはなかった。ミルナーは取締役にもならなかった。しかし、ホロウィッツはよりハンズオン型だった。彼はポール・グレアムの科学・技術に詳しい創業者に対する信頼と、ドン・バレンタインの相手に決然と臨む姿勢を併せ持っていた。そのホロウィッツはオクタのマーケティング責任者の人選でマッキノンを説き伏せた。安定した候補を採用した同社の運勢は好転した。2015年にはユニコーンに仲間入りした。

もっとも、ホロウィッツがどれほど有能だったにせよ、彼のハンズオン型の投資先企業への貢献は、ベンチャーキャピタルの歴史において目新しいものでも、a16zの傑出した運用成績を完全に説明するものでもなかった。また、人材の採用、顧客の獲得、戦略の策定、そして士気の向上への協力はVC側から投資先企業に提供できる標準的な協力だった。

しかも、それらはa16zでは投資対象を選択する能力よりも、おそらく重きをなしていなかった。ニシラとオクタの場合、クラウド・コンピューティングの潮流を巧みに把握しているベンチャーキャピタリストだけが投資の機会を見つけることができた。議論の余地はあるが、a16zを際立たせた大きな要因は起業の経験ではなく、コンピューター科学に携わってきたことだった。[51]

a16zの成功は幸運なタイミングで登場したことにも多くを負っている。旗揚げしたのはその後10年続く強気の株式相場、とりわけソフトウエア会社のブーム期の初めにあたった。プログラマーにとっての黄金期がスマートフォン、クラウド・コンピューティング、そしてユビキタス・ブロードバンドの出現と共に幕を開けた。コンピューター科学のバックグラウンドを持つ2人の強力なパートナーは、この瞬間をものにする理想的な立場にあった。彼らはその事実を嬉しそうに明かしている。「ソフトウエアが世界を食い尽くしつつある」とアンドリーセンはウォールストリート・ジャーナル紙への寄稿で宣言した。このフレーズは見事に時代を要約していた。しかも、このフレーズはa16zの成功の秘訣について、彼らが過剰なまでに宣伝した技術畑の創業者への新しい対応よりも、多くのことを確実に説明していた。

それでも、a16zの初期を振り返れば、彼らがほとんどPR作戦で取り上げてこなかった、外からは見えにくい革新的なアプローチもあった。それまでの野心的なベンチャーキャピタルとは異なり、アンドリーセン・ホロウィッツは古典的なアーリー・ステージでの賭けと、ミルナーのようなグロース投資を組み合わせていた。

活動開始から間もない2009年9月、アンドリーセン・ホロウィッツは人気のインターネット電話サービス会社で、当時イーベイが所有していたスカイプにポンと5000万ドルを投じて株式を取得した。この賭けは同VCの最初のファンドの資産の6分の1に相当した。若々しい技術畑の創業者たちを指導するという約束とは、ほとんど関係がなかった。そもそも、スカイプは設立から既に6年が経過し、VCの手を借りるまでもない、洗練された組織になっていた。むしろ、スカイプへの出資からあらわになった注目点は、アンドリーセンには最近、ミルナーと接点があり、しかもアンドリーセンはシリコンバレーの人脈の中心という特権的な立場にいたことだった。

＊

a16zのスカイプへの投資の出発点は、アンドリーセンがイーベイの取締役だったことだ。このオークションの巨人は2005年にスカイプを買収したものの、自らの事業に音声通話の機能を組み込むことに苦戦していた。一連の経営の主導権争いの過程でイーベイはスカイプのもともとの共同創業者でシステムの開発者でもあるスウェーデン人たちを追放し、これを受けて彼らはスカイプの中核的な技術の所有権をめぐってイーベイを提訴した。その後、プライベート・エクイティのシルバーレイクがスカイプをイーベイの手から引き離し、買収することを提案すると、スカイプの創業者たちはシルバーレイクをも訴えた。

アンドリーセンはイーベイの取締役会の一員として、このドラマの各段階で最前列に座って観察していた。ミルナーの見事なフェイスブックへの出資の経緯に詳しい彼（アンドリーセンはフェイスブックの取締役でもあった）は、チャンスと見た。ソフトウエアの第一人者としての評判を利用して、彼はスカイプの創業者たちと連絡を取った。彼らのビジョンと優れた開発の腕前を理解した。実際、スカイプが提供していたのは、まさにa16zが待望していた種類の製品、つまりハードウエアに取って代わると約束するソフトウエアだった。アンドリーセンは、創業者たちの製品をクラウドに移行させる能力を信頼していると強調して、彼らをスカイプに復帰させると誓った。シルバーレイクのコンソーシアムがスカイプの株式の半分強を購入し、創業者たちには訴訟を取り下げる見返りに計14％を与え、アンドリーセンは５０００万ドルを出資する権利を得るという提案内容だった。

この取引は成立し、アンドリーセンは新しい所有者チームがスカイプの経営上の機能不全を正すのに一役買った。30人の上級幹部のうち29人が交代した。続いてアンドリーセンは取締役会のコネクションを再び活用して、スカイプとフェイスブックの橋渡しを手伝った。この提携により、フェイスブックの利用者は互いにスカイプのビデオ接続を介してチャットできるようになった。

予想どおりに、スカイプの技術部隊はクラウドへの移行を管理するのに十分な能力を備えていた。スカイプの利用者は買収前の４億人から翌年には６億人に急増した。スマートフォンがどこにでもあるようになったのに伴い、インターネット経由の通話は、伝統的な電話回線経由の通話と同じくらい簡便になった。その意味でスカイプは突如、メアリー・ミーカーがサーフボードにたとえたものに似てきた。すなわち、テクノロジーの最新の波をとらえる精巧に設計されたプラットフォームである。このスカイプの将来性を認識したマイクロソフトが急接近し、シルバーレイクのコンソーシアムによる評価額の3倍にあたる85億ドルで買収した。わずか18カ月でアンドリーセン・ホロウィッツは1億ドルの利益を手に入れた。

スカイプで当てたアンドリーセンはミルナー型のグロース投資を連発した。最初のファンドの資金を利用して、a16zはDSTと共にゲーム会社のジンガに出資し、モバイルのアプリケーションを開発するフォースクエアに2000万ドルを投じた。[52] 2本目のファンドの軍資金は6億5000万ドルあり、フェイスブックとツイッターに8000万ドルずつ、グルーポンには4000万ドルを出資した。さらに写真共有アプリのピンタレストと賃貸の不動産物件のプラットフォームであるエアビーアンドビーにそれぞれ4000万ドルを拠出した。

アーリー・ステージのスタートアップの医師だと自己宣伝していたa16zにとって、集めた資金の3分の1をグロース投資にあてることは、度を超えていた。しかし、この驚きの方向転換は1人の人物が持つ影響力を証明するものだった。「この（スタートアップの）拡大期に投資するチャンスが浮上し、我々は賭けた」とアンドリーセンは後に語った。「その多くはユーリ・ミルナーと関係があった[53]」

アンドリーセンとホロウィッツは自らの計画を達成した。VC業界のトップ・ティアに躍り出ることだった。最初のファンドの運用成績は2009年に組成されたベンチャー投資ファンドの上位5％以内に入った。手数料を差し引く前の段階で、年間44％のリターンを生み出し、同じ期間のS&P500種株価指数の上昇率の3倍に相当した。[54] とりわけミルナーに触発されたスカイプへの投資の効果は大きかった。a16zの初期の成功を誇示することが可能となり、パートナーたちは規模の大きな後続ファンドを組成し、投資を担当するパートナーたちを追加採用し、投資先へのコンサルティング業務を拡充した。クライナー・パーキンスがシリコンバレーのVCの上位階層から脱落し、その空いた枠をa16zが埋めた。

当初、a16zの好成績は従来のアプローチとは断絶した投資モデルの正しさの証拠として歓迎された。ほかのVCも投資先に対するコーチングや支援サービスを開始し、「起業家による起業家のための」という口上を採用した。ところが、その後、面白いことが起きた。2018年後半の評価によると、a16zの次の2本のファンドはS&Pを上回ることに悪戦苦闘し、暫定的な含み益を計上して、ようやく業界の四分位群のそれぞれ第三、第二に入った。[55] アンドリーセン・ホロウィッツは一度ならず、二度までも短期間のうちに経路依存性の法則を否定したように見えた。最初は一気にトップ・ティアに入り、続いて成績比較一覧の真ん中あたりまで降下した。

＊

何が起きたのだろうか。最も明白なことは、事業の拡大に伴って、アンドリーセンとホロウィッツの才能の希薄化が生じた、つまり彼らが全体や個別の案件に及ぼす効果が薄まったことだ。彼らは「起業家による起業家のための」アプローチや技術畑の創業者へのコーチングが新しさであり、大規模に成功を収めると考えていた。しかし、実際に明らかになったのは、そのようなビジョンは、シリコンバレーにおける彼らのステータスほどには成功とは関係がなかった。全員が起業の経験を持たなければならないというa16zの自慢のルールを適用しつつ、投資担当のパートナーたちを採用したものの、成果を出せない例があった。自分が創業者であることは、投資の対象となる創業者を選ぶ能力を持っていることと同じではない。2018年、a16zは初めて起業家ではない人材をゼネラル・パートナーに昇格させた。「これは、とりわけ私にとって大きな出来事だった。非を認めるということは」とホロウィッツはフォーブス誌に語った。「変更するまでに、おそらく必要以上に時間をかけてしまった。しかし、我々は実行した」[56]

注目を浴びて船出したVCには、傾向として二つの共通点がある。自分たちのアプローチは特別だという物語があること、そして強固な人的ネットワークを持つ著名なパートナーがいることだ。

まず、アプローチの特別さだが、それが成功の理由を説明するのに十分なほど強力な事例はかなり限られる。確かに、ユーリ・ミルナーは人脈も持たずにシリコンバレーにやってきて、真っ直ぐに頂点まで駆け上がった。タイガー・グローバルも然りで、ヘッジファンドとVCのハイブリッド・モデルを即興で考案した。Yコンビネーターも多かれ少なかれ、そのような事例の一つで、起業家たちにまとめて対応するバッチ方式のシード投資は本当に斬新だった。

しかし、大半の事例では、新しいVCが成功したのは、それを興した人物の経験と地位が理由であり、主張されているような投資手法の独創性ではなかった。学術的な研究は直感的に明らかなことを裏づけている。つまり、ベンチャーキャピタルの成功はその人脈に多くを負っているということだ。[57]「シリコンバレーでは特定の個人が熱烈に崇拝される」とイギリス人のベンチャーキャピタリスト、マット・クリフォードはかつて述べた。「その個人たちが体現しているのは、ネットワークの勝利である」

第13章 全員で戦うセコイア

Sequoia's Strength in Numbers

アンドリーセン・ホロウィッツが始動してから1年後の2010年夏、クライナー・パーキンスのパートナーのジョー・レイコフがこれまでの枠にはあてはまらない投資に踏み切った。同VCでの23年間に彼は約70社を支援してきた。生命科学、エネルギー、電子商取引といった分野の企業が対象だった。

ところが今回の賭けは違った。64年前に創業された企業で、厳密にはスタートアップではなかった。組織の士気は低下しており、少しも革新的ではなかった。それでもレイコフは可能性を見つけ出した。数人の盟友と共に、北カリフォルニアのおんぼろバスケットボール・チームだったゴールデンステイト・ウォリアーズに4億5000万ドルを投じた。

次に起きたことは、シリコンバレーを覆うより大きなブームの象徴になった。レイコフはテクノロジーに詳しかったり、ハリウッドと結びついたりする創造的な人々のネットワークをウォリアーズに持ち込んだ。すると、ウォリアーズは人気のソーシャル・メディアのプラットフォームのように、大躍進を遂げた。

レイコフが買収する前年には、全試合の3分の2に敗れていたチームが、2015年にはNBAファイナル（北米のプロバスケットボール・リーグの東西の王者が対決して年間チャンピオンを決めるイベント）に進み、次の4年も連続して進出し、うち3回優勝した。年間の勝利試合数の歴代最高記録も更新した。データを駆使した試合運びで有名となり、ゴールの遠くからスリーポイントのシュートを放った。この革新的なスタイルを模倣するチームがすぐに現れた。スタジアムの全席が売り切れ、チケットの価格は急騰した。レイコフはチームの本拠地をイーストオークランドの荒れ果てた施設から、サンフランシスコの豪華なコロシアムに移転させた。2010年代末には、チームの価値は35億ドルと言われるようになり、レイコフのシンジケートが支払った金額のおよそ8倍に跳ね上がった。バスケットボールのチームへの投資が、ベンチャー企業に対するそれに匹敵するリターンを叩き出した。[1]

NBAの有力チームには非常に熱心な著名人のファンがいて、試合開始前には中継のテレビ・カメラが会場内から探し当てて、画面に大きく映し出す。例えば、ロサンゼルス・レイカーズのジャック・ニコルソン、ニューヨーク・ニックスのスパイク・リーである。当然ながらウォリアーズは、ミダス・リストに載るような投資家たちを惹きつけ、その顔ぶれを誇示した。チームの所有者グループには、ベンチマークのパートナーでイーベイに投資したボブ・ケーグルや、長年セコイアに所属する忠誠心の厚いマーク・スティーブンスがいた。また、a16zの共同設立者のベン・ホロウィッツ、グーグルを支援したスーパー・エンジェル投資家のロン・コンウェイらはウォリアーズの試合を観戦する常連だった。

このスポーツと金融の融合は二つの方向から進んだ。ベンチャーキャピタリストがウォリアーズに声援を送っただけでなく、ウォリアーズの選手がベンチャーキャピタリストになった。有力フォワードのケビン・デュラントは約40社のスタートアップに投資した。対象は電動のスクーターや自転車の共有サービスのライムバイクから、フード・デリバリーのアプリのポストメイツにまで広がっていた。身長6フィート6インチ（1メートル98センチ）のディフェンスのスペシャリストであるアンドレ・イグダーラは同じ規模のポートフォリオを築き、引退したデイビッド・リーは、あるＶＣに採用された。ウォリアーズで並外れた才能を発揮するステフィン・カリーは写真共有アプリのピンタレストの株式を持っていた。カリーはイグダーラと組んで、ほかのアスリートたちをこの新しいゲームに参加させる「プレイヤーズ・テクノロジー・サミット」というイベントを立ち上げた。

このような動きは何も不思議ではなかった。２０１０年以降、シリコンバレーのほぼ全員がテクノロジーの熱狂に心を揺さぶられていた。サンノゼからサンフランシスコへと続く海に突き出たこの小さな土地は、世界で最も株式時価総額が大きな上位5社のうちの3社、すなわちアップル、グーグル、フェイスブックの本拠地だった。最もエキサイティングな先駆者たちであるエアビーアンドビーやテスラ、ウーバーを擁してもいた。ここは、いつも決まってルネサンス期のフィレンツェと比較された。確かにどちらもお金を引き寄せる磁石ではあるが、シリコンバレーは多くの国から来た人々や文化の坩堝でもあり、創意工夫の中枢でもあった。[2]

クラウド・ソフトウエアの巨人、セールスフォースはサンフランシスコのダウンタウンに雲（クラウド）まで届くガラスの超高層ビルを建てた。しかし、不動産はあまりに値上がりしてしまい、創業の地として代表的な場所だったガレージすら、スタートアップにはほとんど手を出せなくなった。結果的に格差は信じがたいほど広がった。交通事情はバンコクを思わせるほどで、とりわけサンフランシスコ市内からパロアルト周辺の大手テクノロジー企業の拠点まで大勢のプログラマーたちを乗せて往復する大型の2階建てバスの影響も大きかった。2015年、中国の習近平国家主席の訪米は、この現代のフィレンツェという地位を確認する出来事になった。彼が最初に面会した相手はシリコンバレーとシアトルのハイテク企業の経営幹部たちであり、ワシントンとニューヨークの政治家や銀行家たちではなかった。[3]

以前のブームと同様にベンチャーキャピタルが活動の中心にいた。金融危機後の10年間、つまり2009年から19年にかけて、VCの数は2倍余りに膨らんだ。VCの投資先の企業数も同じくらい増えた。[4]そして、ついにＶＣ業界の投資手法は完璧なほどに充実し、スタートアップの規模、種類に合わせて資金を提供するようになった。慈悲深いエンジェル投資家、工場のようにまとめてバッチ処理するインキュベーター、起業家を最優先するアーリー・ステージの支援者、そしてデータを駆使するグロース段階の投資家がいた。さらに、先端科学を農業に応用するアグテックやビッグデータ、クラウド・ソフトウエアは言うまでもなく、人工知能（ＡＩ）から生命工学、仮想通貨（暗号資産）まで、あらゆる分野に、それぞれに特化したベンチャーキャピタリストがいた。

一方、ウォール街は２００８年の危機から痛々しい足取りで回復したが、その翼は規制当局によって刈り込まれた。再度の税金投入による救済を未然に防ぐことを規制当局が目指したからだ。これに対し、西海岸の金融機能は三つの方向、すなわち新しい業種、新しい地域、そしてスタートアップのライフサイクルのすべての過程へと精力的に拡大した。２０１３年にアイリーン・リーが「ユニコーン」というくくり方を編み出したとき、彼女はこの魔法の生き物を39社しか数えられなかった。それが2年足らずで84社に急増した。

ブームを最もよく体現していたベンチャー・パートナーシップはセコイア・キャピタルだった。１９８０年代と90年代を通じて、セコイアとクライナー・パーキンスはシリコンバレーのＶＣのトップ・ツーであり、いくつかの点で類似していた。どちらもネットワーキング、ソフトウエア、そしてインターネットに焦点を合わせ、ターボ付きべき乗則を体現する辣腕のパートナーたちが所属していた。21世紀の最初の10年の初期は、ジョン・ドーアが名声の絶頂期にあり、セコイアは若者たちの反乱という厳しい目に遭っていて、クライナー・パーキンスのほうが強力に見えていた。

しかし、その10年の半ばになると、形勢は逆転し、クライナー・パーキンスとセコイアは正反対に映り始めた。クライナー・パーキンスがクリーンテックに突進したのに対し、セコイアは慎重なアプローチを取った。クライナー・パーキンスが女性の採用で先行したのに対し、セコイアはひどく出遅れたものの、その後の転換は不器用ではなかった。[5] ドーアがビノッド・コースラやほかのチーム・メンバーたちと別れたのに対し、マイケル・モーリッツはダグ・レオンとの緊密な関係を維持した。エンジニアリングに精通し、相手を理解するレオンの能力には、モーリッツの大戦略を補完する役目があった。また、ドーアが定評のある50歳代の有名人たちを起用したのに対し、セコイアは安心できる幹部の採用にまったく関心を持たなかった。モーリッツにとって、彼らは「あまりに成功しすぎていて、足元の勢いを多少失い、ハングリー精神が足りず、外部への関与が多すぎ、そして何よりも、再びルーキーになる準備ができていなかった」[6]

この対照的な姿勢は、驚くほどの運用成績の違いをもたらした。２０２１年のフォーブス誌のミダス・リストでは、クライナー・パーキンスのパートナーはほとんど姿を消し、セコイアのパートナーたちが1位と2位を占め、計３人が10位までに入り、ＶＣ業界で群を抜くトップとなった。セコイアはアメリカと中国でビジネスを牛耳った。エアビーアンドビーやワッツアップからバイトダンス、メイトゥアンまで多くのユニコーンを支援した。まるでセコイアが触れたものは、ベンチャー投資からグロース・ファンド、そして実験的なヘッジファンドまで、すべてが成功するように見えた。何がセコイアを勝たせているのか、シリコンバレーのあちこちで、ライバルたちは論じ合った。このレベルの運用成績を維持したＶＣはほかになかった。

＊

セコイアの成功の秘訣はモーリッツとレオンの団結にあった。２人はベンチャーキャピタルの歴史上、最も成功した相棒どうしだった。モーリッツは戦略立案に長け、レオンは現場で巧みに任務を遂行した。モーリッツは組織に規律を課し、レオンはオフィスの冷水器の周りでの会話を楽しんだ。モーリッツはイタリア語のレッスンを受けたイギリス人だった。レオンはイタリア人で、モーリッツとの仕事は英語のレッスンのようだと冗談を言った。その陰で緊張もあった。モーリッツはレオンとの同盟関係と、最高権力者として認められることのどちらを望むかで揺れ、レオンはしばしば苛立ちを見せた。しかし、２人は互いに支え合っていた。ドン・バレンタインが引退した１９９０年代半ば以降、２人はセコイアの方向性に関するすべての主要な意思決定に参加した。２人はサンドヒル・ロードで最も厳格に統制された文化を生み出す一方で、最も実験的な文化を培った。

セコイアで規律が厳格に保たれたのは、レオンとモーリッツという大きく異なる個性が、同時に強く結束できていたことの表れである。イタリアからの移民で、厳しい環境の中で育ったレオンにとって、努力することは本能だった。人生はビジネス、家族、そして体調の維持・管理で出来上がっていた。有名人との交際や、派手な慈善団体への参加、会議で長々と話す時間の無駄づかい、それらのことを望むようなパートナーたちとは一緒に過ごすつもりはなかった。レオンはあるとき自分の勇気を試すため、鎮痛剤を使わずに歯にドリルで穴を開けたことがあった。彼は中途半端な関与を示す同僚を容赦しなかった。

一方、モーリッツはオックスフォード大学で学んだ物書きで、競争意識は別の形で表現されたが、レオンに劣らず強情だった。キャリアの初期にビジネス・ジャーナリストだったモーリッツは当時から「絶え間なく続く規律の取れた行進の決然としたリズム」、すなわち、忍耐強く成功につなげ、それを次から次へと積み重ねていくスタミナと意思の力にあこがれていた。[7] 凡庸を超えていくことは、ほとんど精神性にかかわる取り組みだと、モーリッツは公言した。そのためには、執念が必要だった。完璧を目指すことに選択の余地はないと考えたスティーブ・ジョブズのような執念であり、あるいは、モーリッツが指導力についての本を書いた際の協力者にして、ひらめきを与えてくれる人物として選んだ、伝説的なイギリスのサッカー監督アレックス・ファーガソンが持っていたような執念である。

多くのベンチャーキャピタルの内部を観察したことがある起業家のジェイソン・カラカニスは、

モーリッツとレオンがいかにしてセコイアに独特な文化を浸透させ、業界で際立つ存在に発展させたかを回顧してくれた。「私が午前8時半の面会の約束でセコイアを訪れると、最上位のパートナーたちが会議室で複数のスタートアップと面会していた。午後4時にコーヒーを飲みにセコイアに立ち寄ると、同じパートナーたちがまだそこにいて、まだ複数のスタートアップと協議していた」[8]

もっとも、スタミナはセコイアの勝利の方程式のほんの始まりの部分でしかなかった。モーリッツとレオンは、組織の内部で卓越性を追い求める取り組みを始め、それを徹底することが、外部での投資の成功につながっていくと考えた。そのような文化を定着させることに精力を傾け、妥協しなかった。モーリッツは具体的な課題を列挙したことがあった。「人材の採用、チーム・ビルディング、順守すべき基準の設定、刺激や動機を与えて意欲を引き出すこと、自己満足の回避、出現した新しい競争相手への対応、そして、絶えず自らを刷新し、貢献の少ない者を追放しなければならないこと」だった。[9]この長いリストのうち、チーム・ビルディングと才能ある若手の養成を特に優先した。モーリッツによれば、セコイアの信念は「未知なる才能を内部で育成し、次世代の担い手とする」ことにあった。もちろん、これはアクセルがケビン・エフルジーを鍛えることによって成し遂げたこととまったく同じである。ただし、セコイアはより強い目的意識を持って新たに採用した人材を育成した。

ロアロフ・ボサをめぐる物語は、モーリッツとレオンの能力開発に対する姿勢を示す好例である。２００３年、セコイアは当時ペイパルのＣＦＯだったボサを採用した。これは進取の気質に富む点で興味深い集団だが、セコイアには好意的ではなかったペイパル出身者たちとのつながりを構築する巧妙な方法でもあった。南アフリカ生まれのボサには、ペイパルの人脈以外にも、セコイアが自然に採用する理由があった。彼はスタンフォード大学のビジネススクールでクラス一番の成績を収め、移民ならではの活力を備えていた。ただし、まだ30歳で、投資家の経験がないため、上席のパートナーたちは彼の育成を自分たちの役割だと受け止めた。もちろん、ボサがつぶれた場合、弱小のスタートアップを廃業させるときと同じように、臨床的診断で彼の追放を決め、隙のない秘密保持契約を交わして送り出すことになる。しかし、彼らの熱い思いはボサをセコイアの戦士にすることであり、目標を定めて進捗状況を確認する作業を進めた。

ボサは、すべてのセコイアの新参者たちと同じように、経験豊富な同僚たちについて回った。彼は異なる上席のパートナーと一緒に、異なる種類の会社の取締役会に出席して、スタートアップの様々な対照的な文化を理解した。ベテランからの助言も吸収した。セコイアに入ってすぐドン・バレンタインは彼に、最高の創業者というものは最も扱いにくい人物だと話した。

数カ月経ってボサは最初の投資対象の一つとして、国際送金サービスのズーム（Xoom）を提案した。年長のパートナーがウィンウィンの内容で出資を取りまとめた。最初にその先輩のほうがズームの取締役会の一員となり、ボサをオブザーバーとして連れていくことになった。そして、ズームが成功したら、役割を入れ替える。順調にゆけば、結果的にボサは話題のスタートアップの取締役というプロフェッショナルな地位を獲得する。「いいかい。もし、この会社がうまくいかなかった場合、汚名を着るのは私で、きみではない」と言った。ボサは同意した。ズームは最終的には、繁栄を遂げ、ボサも見習い期間を終えて、取締役に就いた。[10] これはクライナー・パーキンスで行われていた、上席のパートナーが若手の投資家から最高のチャンスを奪い取ることとは逆だった。また、マネージング・パートナーのジム・ブライヤーがフェイスブックの取締役になっていたアクセルよりも優れた取り決めだった。

ズームの事業が順調だと確認できるまでには数年を要したが、この不可避の暗黒期をくぐり抜ける間、パートナーたちはボサを支えた。失敗に終わるスタートアップと、成功を収めるスタートアップのそれぞれの結末は、一般的に失敗のほうが先に判明する。つまり、勝者を迎える前に、損失が発生して若手の士気をくじくのである。実際、ボサは自分の投資先の一つが経営破綻に陥り、リターンがゼロになったとパートナー会議で初めて報告しなければならなかったとき、悔し涙を流した。普段の彼は沈着で、自分の判断に自信を持っていた。失敗は鋭い痛みを与えた。

その後、在職して3年が経つと、彼の心理状態は苦悩から意気盛んに変化した。2005年、彼はビデオ配信プラットフォームのユーチューブに対するシリーズAの資金調達を主導した。同社を育んでいた期間は思いもよらないほど短く終わり、翌06年にグーグルが買収し、セコイアに約45倍のリターンをもたらした。さらに、3年が経過すると、ボサは再びふさぎ込み、自分自身を責めた。投資が実らなかったからではなく、素晴らしいチャンスを捕まえそこなったからだった。彼はまだメッセージング・サービスが粗削りな段階にあったツイッターへの投資を控えた。彼はフェイスブックを追いかけたが、奇妙なパジャマ姿のパフォーマンスに苦い思いをする羽目に陥った。ユーチューブでの勝利までもが不愉快に思えてきた。振り返れば、セコイアはあまりに早く同社の株式を手放していた。ベンチャー投資家にとって運勢の変化は判断を混乱させかねない厄介な問題だ。暗黒期にあると、次の案件を品定めする際に、過度に慎重になり、反対に高揚感に包まれていると、あまりに自信を持ちすぎる可能性がある。ボサは当時を振り返り、パートナーたちが自分を落ち着かせてくれたと明かした。落ち込んでいるときには、投資に向かうよう促した。興奮しているときには、スタートアップの将来性に目を輝かせすぎないように抑えてくれたという。[11]

知的で規律を重んじる文化が特徴のセコイアだが、チーム・ビルディングの取り組みには驚くほどソフトな側面があった。オフィスから遠く離れた場所で行う「オフサイト」のミーティングは、「チェックイン（様子うかがい）」から始まった。同僚たちが互いに結婚相手との緊張した関係や職場での不安、家族の病気について打ち明けた。「自分をさらけ出しても、誰もそれに付け込まないなら、信頼できる雰囲気が生まれる」とダグ・レオンは回顧した。[12]オフサイトではポーカーのトーナメント戦もあった。賞品は「ドン・バレンタインのタータン柄」と呼ぶ極めて派手な赤、黄、黒の色彩のジャケットだった。あるときには、フラッグフットボールの試合が行われ、皆が泥だらけになった。ボサは南アフリカでの子供時代の気分にすっかり戻ってしまい、筋肉

セコイアに促されてピーター・ティール（左）とイーロン・マスク（右）はそれぞれのスタートアップを合併し、ペイパルを作り上げた。同社は今日のフィンテックの企業群の先駆的存在である。その後、ティールの支持者たちがマスクを彼がハネムーンで海外旅行中に追い出した。やがてティールは数々のベンチャー企業を支援して当てた。その中にはフェイスブックやマスクの会社であるスペースXが含まれる。ティールは、べき乗則の重要性を実際の投資を通じて説明しているという点では、ほかのベンチャーキャピタリストの先を行く。

ゴールドマン・サックスで最年少の女性のパートナーとなったシャーリー・リンは、アメリカのベンチャー投資の戦略を中国に持ち込み、アリババをはじめとする数々のインターネット関連のスタートアップを支援した。ゴールドマンは後にアリババの持ち分を時期尚早に売却し、逸失利益は数十億ドルに上った。

キャシー・シューは起業家のリチャード・リュウとホテルで4時間話し合い、彼のスタートアップに対し、40%の持ち株と引き換えに1000万ドルを出資すると提案した。そして彼を自分のオフィスに案内し、彼がほかの投資家と会う前に契約調印に持ち込んだ。彼女の助けを得て、リュウはJD・ドット・コムを電子商取引のトップに、そしてフォーチュン・グローバル500（世界の売上高上位500社）の1社に築き上げた。中国で生まれ、中国で教育を受けたシューの成功は、ベンチャーキャピタルの中国での現地化が進展していることを物語る。

ペイパルの「卒業生」たちは強大な勢力となり、ペイパル・マフィアと呼ばれるまでになった。このギャングをまねたような装いで写真に納まっている彼らを、左上から右上に、続いて左下から右下に順番に挙げると次のようになる。ユーチューブの共同創業者のジョード・カリム。イェルプの共同創業者のジェレミー・ストップルマン。ティールのヘッジファンド、クラリアム・キャピタルの創業チームの一員であるアンドリュー・マコーミック。キーバの共同創業者のプレマル・シャー。ティールのベンチャーキャピタル、ファウンダーズ・ファンドの初期のパートナーであるルーク・ノゼックとケン・ハウリー。ヤマーの創業者のデイビッド・サックス。ティール。リンクトインおよびスクエアの上級幹部で後にベンチャーキャピタリストになったキース・ラボイ。リンクトインの共同創業者のリード・ホフマン。アファームの共同創業者のマックス・レフチン。セコイアでトップのベンチャーキャピタリストであるロアロフ・ボサ。そして、イェルプをストップルマンと一緒に創業したラッセル・シモンズである。マスクの不在がかえって目立つ。

セコイアはシリコンバレーのスタートアップへの投資で数々の成功を収めてきたものの、最もうまくいった賭けはニール・シェンの起用だろう。中国では群を抜くベンチャーキャピタルとなったセコイア・チャイナを築き上げた人物である。彼は3年連続して世界のベンチャーキャピタリストのランキングでトップに就いた。

ポール・グレアム（右）とジェシカ・リビングストン（中央）はYコンビネーターを立ち上げ、エンジェル投資のビジネスに大変革をもたらした。プログラマーの間ではカルト的な存在だったグレアムは、ソフトウエアのスタートアップが最小限の資本と、適度な数の仲間たちで始動できることを示した。毎週火曜日の晩になると、彼はYコンビネーターのオフィスで「ドロッとしたもの」を調理して、自分の庇護のもとにある起業家たちに振る舞った。リビングストンも彼女のトレードマークであるレモネードとミントのアイスティーでもてなした。ツイッターの共同創業者であるエブ・ウィリアムズはその左側。

チェース・コールマン（右）とスコット・シュライファー（左）はヘッジファンドとプライベート・エクイティの思考法を新興国市場でのテクノロジー企業への投資に適用した。2人は中国版のアマゾン、ロシア版のグーグルといった「あれのこれ」に相当する企業を世界各国で洗い出した。離陸期に入りつつある企業に大きく賭けることにより、コールマンとシュライファーは2人が率いるタイガー・グローバルを世界で最も稼ぐテクノロジー企業への機関投資家にした。

対外投資が中心のタイガー・グローバルのモデルをアメリカ企業への投資に応用したのはロシア人のユーリ・ミルナー（右）だった。それまでシリコンバレーには一度も足を運んだことがなかったが、ソーシャル・メディアの動向をグローバルに比較分析していることを強みに、巧みな説明でマーク・ザッカーバーグ（左）のオフィスに入り込んだ。結果的にフェイスブックに3億ドルを投じた。これでミルナーはシリコンバレーで有名となり、刺激されて彼をまねる動きがすぐに広がった。

マーク・アンドリーセン（左）とベン・ホロウィッツ（右）が2009年に新しいパートナーシップを立ち上げると、そのベンチャーキャピタルは、たちまち業界の最上位の一画を占めるまでに飛躍した。プログラマーとしても、起業家としても評価が高く、存在感のある2人はクラウド・ソフトウエアのブームの波に乗って、ベンチャー投資を再発明すると宣言した。2人はミルナーをお手本に「グロース」の段階に浮上してきた企業に多額の小切手を切った。

セコイアのリーダーのマイケル・モーリッツ（上、左）とダグ・レオン（下）は好対照だった。モーリッツはイギリス人でイタリア語を学んだ。痩身で自転車の耐久レースにも挑んだ。レオンはイタリア人で、モーリッツと仕事をするのは英語のレッスンを受けているようなものだとジョークを飛ばした。ウエイトリフティングに熱心に取り組んだ。モーリッツとレオンは多くの点で違いがあったものの、この業界の歴史上、最も成功したコンビだった。モーリッツと一緒に写真に写っているのは同じくイギリス・ウェールズ地方出身で、ツール・ド・フランスを制したことがあるゲラント・トーマス。

ジム・ゲッツ（上、右）とロアロフ・ボサ（下）はモーリッツが経営から退いた後のセコイアを導くことに貢献した。ゲッツはアクセルの「準備された心」という思考法を持ち込み、セコイアが最も大きな収益を上げた投資案件の一つであるワッツアップの支援を担当した。ペイパル・マフィアのメンバーであるボサは、セコイアの意思決定過程に行動科学の知見を適用した。上の写真でゲッツと一緒に写っているのは、ワッツアップの共同創業者であるヤン・コウム（中央）とブライアン・アクトン（左）。コウムは写真後方の福祉事務所でフードスタンプ（食料配給券）を受け取るために列に並んだことがあった。

テクノロジー企業は新規株式公開（IPO）を遅らせて、「ユニコーン」の地位を獲得した。株式を未公開のまま、各社は企業価値で10億ドルという境界線を突破した。ウィーワークのアダム・ニューマン（上）とウーバーのトラビス・カラニック（次ページ上）はこの事態がもたらすリスクを象徴する存在だった。受け身の投資家たちがユニコーンの創業者に惜しみなく資金を注いだ結果、元々ユニコーンを支援してきたベンチャーキャピタリストたちが創業者を規律に従わせることができなくなり、ましてや、上場していないため、株式市場が創業者に対して影響力を及ぼすこともできなかった。ベンチマークのビル・ガーリー（次ページ下）はウーバーの初期の投資家たちを主導する立場のベンチャーキャピタリストだった。しかし、相次ぐスキャンダルで脱線状態にあったカラニックに言い含めて、自制させることはかなわなかった。最終的にガーリーはカラニックを追放することになった。

ウーバーのトラビス・カラニック

ベンチマークのビル・ガーリー

隆々の相手に突進し、ラグビーのようなタックルで倒した。「我々の友情が解き放たれた瞬間だった」とボサは記憶していた。[13]

セコイアのチーム・ビルディングを重視する姿勢は投資の成功を祝う場面にも浸透していた。投資先がエグジットを果たして利益が出ると、新聞はあたかもベンチャー企業への投資とは一匹狼のビジネスであるかのように、その会社の取締役に就任している名前の知られたパートナーのことを取り上げる。しかし、セコイアではその勝利を担当したグループ全体に帰した。投資の成功は、ほぼ常に集団的な取り組みのおかげだったからだ。

例えば、メッセージング・サービスのワッツアップ株の売却で、セコイアには当時、同VCの歴史上で2番目に大きな利益が転がり込んだ。その際に取りまとめられ、パートナーシップ内に告知された文書の「マイルストーン・メモ」は、ジム・ゲッツに敬意を表することから始まっていた。この取引を主導したパートナーで、フラッグフットボールでボサの犠牲になった人物である。

しかし、メモはすぐにメッセージの方向を転換し、ワッツアップでの成功は「典型的なセコイアのギャング集団のタックル」の成果だと記した。10人を超えるパートナーたちが勝利に貢献した。人材発掘部隊がワッツアップのエンジニアリング・チームの規模を5倍に引き上げるのを支えた。ボサとモーリッツは同社の流通・国際戦略に助言した。セコイアのインド、シンガポール、そして中国のチームが現地の実情を教えた。セコイアの広報責任者がワッツアップの内向的な

CEOのヤン・コウムを会社の顔にする準備を進めた。マイルストーン・メモは特別に総務担当のターニャ・シュレッジに謝意を表明していた。契約前日の午前3時、書類を仕上げる作業に向かう途中でコウムの車が故障した。シュレッジがコウムのために新しい乗り物を見つけるべく、急いで行動した。夜まで残業して何とか、コウムがそれまで運転していたのとほぼ同じモデルのポルシェを手配した。[14]

＊

チームワークを強化し、モーリッツが強調した自己刷新を促進するため、セコイアでは新進のパートナーに早めに経営責任を持たせていた。2009年には新たな指導体制に静かに移行した。[15]モーリッツとレオンはそれぞれ「スチュワード」の肩書を持って全体のトップを続けたが、アメリカのベンチャー投資の最前線の管理権限は非公式にはジム・ゲッツとロアロフ・ボサに引き継いだ。この比較的若いデュオの登場は、セコイアに新鮮なアイデアをもたらし、その投資プロセスをより厳格なものにした。

ジム・ゲッツが押し進めた主要な改革は、先々のことを見越してよく考え、行動する「プロアクティブ」な姿勢を強調したことだ。彼はアクセルでベンチャー投資のキャリアを始め、そこで「準備された心」という発想を吸収した。彼はこのトップダウン思考に基づく、先読み型の姿勢は特にセコイアで有益だと見ていた。その理由は、シリコンバレーの第一級のベンチャーキャピタルとしての地位を固めたセコイアに対して、スタートアップの創業者の大半が熱心に売り込みをかけたがっていたことだ。独自の集計によると、セコイアは最終的に上位20余りのVCが出資することになったベンチャー投資の案件のうち、およそ3分の2について検討を求められていた。投資案件の提案が次々に寄せられる特権的な立場にあることは、祝福であり、呪いでもあった。パートナーたちの日常は、訪問者たちからの要請で設定された面会でぎゅうぎゅう詰めだった。これでは先回りするどころか、その場その場で対応する「リアクティブ」な姿勢に簡単に陥ってしまう。[16]

ゲッツはこの危険性に対処するため、アクセルの準備された心のアプローチをセコイアに移植した。パートナーたちがテクノロジーのトレンドを展望し、そこからどのような種類のスタートアップが繁栄するかを予測できるよう、それらの作業を先導した。彼自身は早くからモバイル・インターネットの展望を詳しく解説していた。携帯電話会社が設置しなければならない基地局、端末に組み込まれる半導体、それらを動かすソフトウエアなどの見通しを示した。

準備された心が予想するもう一つの「見取り図」では、データが顧客側の機器からクラウドに移行していくと考えていた。これに伴い、ハードウエアの構成、ソフトウエアのビジネスモデル、そしてセキュリティの脆弱性への対応も一変する可能性があった。

さらに三つ目の見取り図は「(ソフトウエアの) 開発者の台頭」に注目した。世界の人口の1%

の、そのまた3分の1にあたる、わずか2500万人のプログラマーが現代の暮らしを変革するありとあらゆるソフトウエアを開発していた。この少数部族の生産性を押し上げるものは何であれ、非常に大きな価値があった。マーク・アンドリーセンによる「ソフトウエアが世界を食い尽くしつつある」という宣言よりも前に、この準備された心の演習は行われ、セコイアがたくさんの投資に踏み切っていく出発点となった。

具体的には、3Dの動画とゲームの開発用のプラットフォームであるユニティ、データベース会社のモンゴDB、そしてオープンソースのリポジトリ（保存・共有場所）であるギットハブに資金を投じた。2020年後半には、セコイアのこれら3社の持ち株の価値は合わせて90億ドルに達した。

ゲッツが準備された心への案内人だったのに対し、ボサは人間の行動を科学的に解明する学問である行動科学の成果をベンチャーキャピタルに応用する先駆者だった。これは先鋭的な試みであり、ボサの同僚たちはセコイアを大きく変えてしまうものだと受け止めた。[17] ほかのVCでは、ベンチャーキャピタリストたちはしばしば、本能に頼ることを自慢した。彼らは雑多な情報の中から一定の意味を持つ材料を取り出す「パターン認識」、つまり投資のための第六感を持っていると主張した。ある成功を収めたベンチャーキャピタリストは「私のキャリアでずっとそのように感じていた。なぜなのかは分からないが」と嬉しそうに語った。[18]

しかし、人間の反射的な反応は合理的な判断を歪めてしまうものであり、そのことを心理学者たちが1970年代までさかのぼるよく知られた実験で示してきたとボサは指摘した。ボサは心理学で得られた知見をセコイアが月曜日に開くパートナー会議に取り入れることにした。その最低限の目標は投資プロセスを一貫性のあるものにし、そのときどきで判断が揺れ動くことのないようにすることだった。従来、「特定の企業に対する投資案件を、もし前の月曜日、あるいは次の月曜日に俎上に載せていたなら、判断は変わっただろうと感じることがしばしばあった」とボサは説明した。「それは成功し続けるためのレシピではなかった」[19]

ボサが行動科学に注力するようになったのは、ユーチューブの時期尚早な売却も一因だった。グーグルの買収提案に対して、創業者たちはまさに実験で予想されたとおりに反応した。人々は、損失を回避するためなら、しばしば進んでギャンブルするものだが、より高い値段を追うことに関しては、非合理的なまでにリスクを取らなかった。セコイアのエグジットのパターンを検証したボサは、セコイアではモーリッツが以前、保有期間の延長を試みたにもかかわらず、繰り返し時期尚早な利益確定が行われてきたと断定した。

行動科学の文献に照らし合わせると、ボサが観察したもう一つの傾向も注目点だった。それは多くのVCが「確証バイアス」つまり、既に取っている立場に疑問を投げかけるような情報があっても、それと向き合わず、除外してしまう偏りに苦しんでいることだった。セコイアにも、魅力的な投資案件にシリーズBから加わることを見送る場合があった。そのほうが担当したパートナーたちにとっては心地よかったからだ。同じスタートアップに対して、シリーズAの段階でノーと言ったのは間違いだったと認めたがらなかった。[20]

認知バイアスを克服する最初のステップは、その存在をはっきりと受け入れることだった。ボサは外部の心理学者たちを招き、パートナーたちの前で発表させた。ボサは同僚たちをこれまでの意思決定をめぐるつらい事後検証へと導き、彼らがどの時点で非合理的に判断材料を比較検討していたのかを突きつけた。これまで、パートナーたちは投資先の失敗から教訓を得ようとした。今回、ボサはセコイアが出資を断り、その後成功したスタートアップを通じて、どのタイミングで判断を間違ったかにも同じくらい焦点を合わせることにした。今後の科学的な事後検証を可能とするため、パートナーたちは投資会議での賛否の意思表示についてすべて記録を残すことにした。「これは特定の人々の非を暴き、糾弾するものではない」とボサは説明した。『我々はチームとして何を学んだか』が重要だ。我々がより良い決定を下せるなら、それは優位性の源になる」[21]

ボサは事後の検証だけでなく、リアルタイムで機動的に意思決定していく習慣をセコイアに定着させ始めた。その作業の大前提は、投資案件の位置づけがパートナーたちの間で、できるだけバイアスのない形で共有されていることだった。例えば、最善の意思決定を導き出す理論（意思決定科学）を利用して、過度にリスク回避に傾かないよう克服することを狙った。パートナーたちは会議に提出する投資案件の説明資料に、「プレ・パレード（パレード行進の前に）」という項目を設けることになった。すべてが完璧に進んだ場合には、投資先はどのような会社になると期待されるかを記載した。このプロセスを通じて、パートナーは自分が担当する案件に抱く興奮をはっきりと表現できるようになり、充実感を得ることにもつながった。それ以前は、気詰まりな感情を覚えることもあったという。「我々には恥をかきたくないという願望があり、皆がそれに苦しんでいる」とジム・ゲッツは指摘した。「しかし、我々の仕事は恥をかくことから逃れられない。そこで、可能性があることを大きな声で口に出し、心地良くなることが必要なのだ」[22]

セコイアはまた認知バイアスの一種である「アンカリング」の弊害を踏まえ、新しい組織運営を設計した。ほかの人々の見解が先に与えられると、それがあたかも錨《いかり》（アンカー）となって、判断を固定させてしまい、手元の証拠をつぶさに確かめて、独立した立場を取ることが、おろそかになるきらいがあった。大半のＶＣでは、パートナーたちが互いにスタートアップの評価をめぐり雑談する。それは助言を求めるためだったり、月曜日の会議での票決に先立ち、味方につけるためだったりする。

セコイアでは、この票集めを止め、最大限合理的な判断で会議に臨むことをパートナーたちで申し合わせた。個々のパートナーは事前に渡された投資案件の説明資料に先入観を持たずに目を通すことになった。集団思考の負の部分である「グループシンク」に陥らない工夫でもあった。そして、月曜日の会議に出席したなら、立場を明確にすることが求められた。「我々は『やりたいならどうぞ』という消極的な姿勢は取らない」とレオンは解説した。「投資案件の提唱者は（会議の場で）協力者を求めなければならない。投資を主導する立場にいることは極めて孤独なものだ」[23]

２０１０年、セコイアは「スカウト・プログラム」に着手した。現役の起業家に本業の傍ら、次の有望な起業家を見つけ出してもらうという試みだった。エンジェル投資家の役割にヒントを得たモーリッツが発案し、ボサが実行を受け持った。着眼点は、それまでのエンジェル投資家たちのほとんどが過去のリーダーだということだった。彼らは自分のスタートアップの株式を売却するなどして、自由に使うことができるお金を持っていた。しかし、多くのビジネスの将来展望に対する理解では後れを取っていた。これに対し、現役の起業家たちには、有望な企業が見えていても、すぐにエンジェル投資に回すことができる資金がなかった。自分の富が会社と結びついているからだ。グロース投資の出現も、起業家が持ち株の含み益を現金化する機会である上場を遅らせ、より問題になっていた。

ボサはドロップボックスの共同創業者の1人に次のように説明した。「あなたは(株式公開前の)2012年のドリュー・ヒューストンで、保有株には1億ドルの価値がある。しかし(それを不動産投資などに回して)賃貸料を稼ぐことはできず、ましてやほかの会社へ投資する余裕などない」。そこで、ボサとパートナーたちは解決策を編み出した。「あなたに10万ドルを投資する。リターンの半分は我々がもらう。残りはスカウトとなるあなたが取る」というものだった。[24] もちろん、セコイアにとってこの取り決めの効果は、次の投資につながる糸口を生み出すことにあった。現役の一流の起業家たちが次の最も輝けるスターたちを特定してくれることになった。

エンジェル投資の変型を手掛けたセコイアのパートナーたちは、アンドリーセン・ホロウィッツの登場にも同じくらい鋭く反応した。a16zがスタートアップに対して本格的な組織づくりを支援すると高らかに宣言すると、セコイアは投資先の相談に乗るオペレーティング・パートナーのチームを拡充した。さらに２０１０年代の終わりにかけて、セコイアは起業家向けのワークショップを開始した。「ベースキャンプ」と名づけたイベントで、週末に創業者たちを山岳地に集め、呼び物としてキャンプファイヤーを行い、アメリカ先住民の様式に似たテントを張り、テクノロジーから建築まで様々な分野の講演者を招いた。セコイアのパートナーたちが講師を務める「カンパニー・デザイン・プログラム」も提供した。新型コロナウイルスによる感染が広がった２０２０年には、「アンパサンド」という創業者向けのアプリを開発した。セコイアが支援する起業家たちはこれを使って互いに連絡を取り合い、経営をめぐるアイデアを検証した。従業員がリモートで働く場合、報酬を調整する必要はあるのか。メンタルヘルスが悪化したチームのメンバーをいかにして支えるのか、といった疑問への回答も得ることができた。[25]

ゲッツとボサを非公式に昇格させてから3年後の２０１２年初め、レオンはモーリッツから思いもよらぬメッセージを受け取った。次の土曜日に自宅を訪ねたいという。モーリッツはやってくると、一つの時代が終わると告げた。２人は16年間一緒に精力的に働いてきた。しかし、モーリッツは具体的な名前を挙げなかった健康上の問題で「スチュワード」のポストを返上しなければならなくなったという。[26] モーリッツはパートナーシップの中心的な人物で、重要な会議を主宰し、組織の方向性を定めてきた。チーム・セコイアのラインアップに開く大きな穴を今度はレオンが埋めなければならなかった。

リーダーの交代はVCにとって危険である。とりわけ、収益が上がっていて、パートナーたちが次のステップへと踏み出す手段を手にしているときにあてはまる。レオンはこの移行過程をウォリアーズのTシャツに記されたスローガンを借りて乗り切った。厚い選手層を活用することを強調する「全員で戦うことの強さ(strength in numbers)」だった。レオンはモーリッツに取って代わる個人を据えるのではなく、セコイアのチーム文化を強化した。彼は香港に飛び、ニール・シェンにスチュワードへの就任を要請した。直ちに帰国して、ジム・ゲッツにもスチュワードに就くよう依頼した。自分自身を頂点とするトロイカ体制を作り上げた。チームメイトたちの強力なインセンティブになるよう、レオンは自らの給与を3分の1に減額し、将来保証されていた報酬の大部分も放棄し、それらを分け与えることにした。

摩擦を生じることなく経営体制は変わり、セコイアは5年後にも同じ妙技を演じた。2017年、ゲッツはわずか51歳で退任を決めた。43歳のボサにスチュワードに昇格する準備が整っていたからだ。この交代により、梯子の下の段にいる人材たちのためのスペースができた。[27] 44歳のスター、アルフレッド・リンがアメリカのベンチャー投資チームの共同リーダーになった。このように「全員で戦うことの強さ」は若返りへの信念と結びついていた。[28]

＊

セコイアの固く結ばれたチームと緩やかに進める実験は、ベンチャーキャピタルの謎めいたスキルに光を当てた。個別のベンチャー投資の成立の経緯を確認すると、いずれもセレンディピティ、つまり幸福な偶然を引き寄せる力にかかっているように見える。そもそも、投資家はランダムに候補企業の紹介を受ける。続いて、志は高いが、社会に不適合な創業者の若者に面会する。そして、投資家は不明瞭な錬金術を用いて、その若者と何とか絆を確立する。この関係が出来上がる過程を説明するにあたり、ヤフーのジェリー・ヤンは、マイケル・モーリッツには「魂があった」と不可解な理由を指摘した。同じくセコイアの支援を得た起業家のトニー・ジンガリも、ダグ・レオンと良いつながりを持てたのは「彼もまた燃え立つようなイタリア人だった」からだと述べた。[29]

これらベンチャーキャピタルのスキルを矮小化するような解説があるにもかかわらず、また、気まぐれや偶然に左右されているように見えるにもかかわらず、セコイアが関与した事例からは確かな手法が浮かび上がる。最高のベンチャーキャピタリストたちは、意識して幸運を生み出す。彼らはセレンディピティを繰り返し発生させるための、体系的な取り組みを進めている。

近年のセコイアの勝利の大半は、新しい世紀の最初の数年間に導入した、この種の体系的な取り組みに由来する。若きロアロフ・ボサを採用し、じっくりと彼の資質を磨いたことで、セコイアは数十億ドルの利益をもたらす基盤を築いた。ユーチューブとズームでの勝利に続いて、ボサは満塁ホームランを連発した。フィンテック企業のスクエア、遺伝子検査のナテラとトゥエンテイスリーアンドミー（23andMe）、ソーシャル・メディアでヒットしたインスタグラム、そしてデータベースを革新したモンゴＤＢである。フォーブス誌が２０２０年4月に発表したミダス・リストでボサは3位につけた。その5カ月後、ボサは立体的な画像を作り出すソフトウエアのプラットフォームであるユニティの上場と、セコイアに60億ドルを超える利益がもたらされたことを祝った。

懐疑的な人なら、このストーリーは単純すぎると異を唱えるかもしれない。セコイアのボサに対する指導は本当にこれらの特大の勝利を生み出したのだろうか。また、ボサが成功したのは、めったにないほど才能に恵まれていたか、幸運だったからではないか、と。物語のうちボサの部分だけを切り取って論じたなら、確かに答えるのは難しい。しかし、セコイアが採用した全員の能力開発に取り組んだことを考慮したなら、体系的な基礎固めが勝利に向けて効果を発揮したことが明白になる。

例えば、成功したスタートアップの取締役に早めに就く機会を得たのはボサだけではなかった。セコイアでは一般的な慣行だった。[30] 経験豊富な先輩が指南役となってペアを組んだのも、ボサだけが相手ではなかった。これもセコイアで標準的に行われた。トレーニングに高い優先順位を割り当てていた印として、採用した一人ひとりにダグ・レオンが決まって面接していたことが挙げられる。彼は新参者たちに最近のパートナー会議でためになったことは何だったたか、そしてサブテキスト、すなわち表面には表れていない、隠れたメッセージは何だったかと尋ねた。[31]

セコイアのジュニア・パートナーで、後にアクセルに移ったサミア・ガンディーは、モーリッツが労を惜しまず自分に時間管理の方法をコーチしてくれたことを覚えていた。「君の去年の予定表を一緒に確認しよう。訪問しようとしていた先は……」とモーリッツは話し始めた。「君はどこに時間をかけたのかな。これをやる必要はあったのだろうか。それは有益だったかい」と質問した。[32]

要するに、ロアロフ・ボサの成功は本人の才能と幸運を間違いなく反映していたが、彼は才能を鍛え上げ、さらなる幸運を作り出す文化の中で仕事をしていた。彼のチームメイトの多くも活躍したことは不思議ではなかった。

２０１０年代前半にセコイアが行ったアメリカ国内の企業に対する賭けのうち、最も当たったのは、後にフェイスブックに買収されるメッセージング・サービスのワッツアップへの出資だった。たいていの説明では、この投資案件はゲッツの奮闘のおかげだと強調されている。当初、ワッツアップの創業者のヤン・コウムはマウンテンビューにある建物の中に引きこもっていて、ドアに表示は一切なかった。ゲッツから届いた電子メールに返信することも拒んでいた。ゲッツがようやく面会を取りつけたときも、つばなしのニットの帽子をかぶったコウムは笑わず、恐ろしい目でにらみつけた。「私は間違いなく困った状況に置かれていた」とゲッツは振り返った。[33] コウムを説き伏せてセコイアへの訪問に同意させるまでに2カ月かかった。

その上で、ゲッツは慎重に計画を進めた。内向的なコウムをパートナー全員の前に立たせて、自分の事業について説明させるのではなく、会合を気軽な質疑応答に変え、限られたパートナーたちと語り合う形式にした。これによって、コウムの人見知りを乗り越え、ゲッツは信頼されるようになった。ベンチャーキャピタルにふさわしい完璧なおとぎ話のような展開だった。

しかし、この狩猟と誘惑の寓話の裏には、もう一つの物語があった。先々を見越した行動を重視するゲッツが、まさに周りよりも早く動いて得する者を意味する「アーリー・バード」と名づけた効果的なシステムを考案していたことである。スマートフォンの利用者は普通、アプリストアと呼ばれる場所から必要なアプリを入手する。その一つであるアップルのアップストアを、セコイアは投資につながる材料が見つかる宝庫と判断し、アプリのダウンロード数を追跡するプログラムを開発した。対象は60カ国に及んだ。このデジタル探偵の仕組みがゲッツにワッツアップというメッセージング・サービスに注目するよう促した。ワッツアップのアプリは、60カ国のうちおよそ35カ国でダウンロード数が首位ないし2位につけていた。アメリカ国内ではまだサービスの知名度は高くなかったものの、状況が変わるのは時間の問題だと思われた。

そこでゲッツはライバルたちが気づく前にワッツアップに近づくことを自分の仕事と決めた。このような経緯が実は存在していた。もちろん、アーリー・バード・システムはゲッツによる投資を実現した直接的な理由ではなく、その可能性を高めたにすぎない。それでも、仮に投資の実現可能性の増加分をざっくりした数字、例えば10％と置いた場合、その経済的価値、言い換えればデータ収集プログラムを開発した効果は、数億ドルの規模になる。なぜなら、セコイアはワッツアップへの賭けで35億ドルを稼いだからだ。[34] ワッツアップやほかの数件で見事な腕前を示したゲッツは、２０１８年まで4年連続でミダス・リストの首位を独走した。翌年、彼に取って代わったのはセコイア・チャイナのチームメイト、ニール・シェンだった。

表面的には幸運が、深層的には系統だった取り組みが成功につながったという2層構造の物語は、セコイアが勝利を収めたほかの案件にもあてはまる。その一例が、２００９年春に浮上した投資案件だった。セコイアのパートナーのグレッグ・マカドゥがYコンビネーターの建物に立ち寄り、ポール・グレアムと会話した。マカドゥは金融危機後の景気低迷期を生き抜くのは、どのような種類のスタートアップだろうかと尋ねた。グレアムは「知的な強靭さ」を備えたスタートアップに少々言及したあとに、長テーブルの上のラップトップの周りに集まっていた若者たちをあごで指した。マカドゥは彼らに近づいた。そして彼らはマカドゥが自分たちのビジネスモデルを既に理解していたことに驚き、喜んだ。その結果が、賃貸の不動産物件のプラットフォームであるエアビーアンドビーへの出資だった。最終的にセコイアに数十億ドルのリターンをもたらした。[35]

このようにエアビーアンドビーをめぐる物語を表面的に説明した場合、ベンチャー投資とは滑稽なほど偶然に左右され、投資の成果と担当者のスキルは釣り合っていないものに聞こえるだろう。しかし、深層にある真実では、マカドゥがYコンビネーターの建物を訪問したのは偶然の産物では少しもなかった。彼がそのインキュベーターの建物にいたのは、セコイアが目的を持って提携関係を結んでいたからだ。Yコンビネーターの起業家育成プログラムを経験した複数の「卒業生」たちに投資したほか、Yコンビネーターのシード・ファンドに資金を拠出していた。マカドゥがエアビーアンドビーの創業者たちに強い印象を与えることができたのは、彼がレンタル・ビジネスを先読みしていたからだった。デジタル・テクノロジーの普及により、新しい商品・サービスが生まれて市場構造を抜本的に変化させるデジタル・ディスラプションの機が熟していた。彼は既存企業がどのような挑戦を突きつけられるのか、その分析に時間を費やしていた。ほかのVCもエアビーアンドビーに目を向けたが、その後そらしていた。住宅の所有者が見知らぬ人たちを中に入れるという考えは奇妙に思われた[36]。その点、セコイアのベンチャーキャピタリストは準備された心でやってきた。ゲッツが奨励した習慣は実を結びつつあった。

ファイル共有サービスのドロップボックスも、もともとはYコンビネーターの庇護下にあったスタートアップで、セコイアが同社を支援するまでの、セレンディピティとスキルの物語はさらに興味深い。幸運の始まりは、ドロップボックスの創業者のドリュー・ヒューストンとアラシュ・フェルドウシがYコンビネーターのデモ・デーに登壇したことだった。会場いっぱいの投資家たちを前に自分たちのビジネスを売り込んだ。話し終えた2人にペジュマン・ノザドと名乗るごま塩頭の陽気な男性が近づいてきた。最も独断的な理由で目をつけた様子だった。自分はフェルドウシの両親と同様にイランからの移民だという。同じ民族のコミュニティに所属していることを強調するノザドは、フェルドウシにペルシャ語で話しかけ、ドロップボックスの資金調達に協力すると約束した。ノザドは2人を自分の所有施設に招待すると言い、住所を伝えた。そこはペルシャ絨毯の販売店だった。

フェルドウシとヒューストンは快諾した。それによって彼らが失うものは、ほとんどなかったからだ。しかし、ヒューストンは店に到着すると、軽率だったという気持ちが強くなった。この絨毯を扱う商人は、ペルシャ音楽とお茶でもてなし、丁寧に角砂糖を渡してくれたが、ハリウッドのコメディ映画に出てくるような場面に感じられた。ノザドがフェルドウシに両親の出身地や彼の好みのペルシャ料理を尋ねている間、ヒューストンはすべてが仕組まれた演出ではないかと思った。もしかしたら、自分は笑い者になって、悪意のあるのぞき見のテレビ番組か何かに登場するのだろうかと想像した。

しかし、どのように見えていたとしても、ノザドは本当に真剣だった。彼は絨毯を商うと同時に、セコイアの非公式のスカウトになっていた。1年前、ダグ・レオンはこの店で起業家向けに講演し、ノザドに面白そうな投資案件を見つけ出すよう勧めた。[37] この出会いのあと、ノザドはシリコンバレーのイラン系コミュニティ向けにセコイアが送ったアンバサダー（代表）の役目を引き受けた。同コミュニティのメンバーには、イーベイの創業者であるピエール・オミディアや、後にウーバーのトップに就くダラ・コスロシャヒがいた。[38] 移民のやり抜く力を信頼するセコイアはノザドの人脈を高く評価した。セコイアのモーリッツ、レオン、ボサはそれぞれウェールズ、イタリア、南アフリカの出身であり、セコイアの成功した投資案件では、5件のうち3件の割合でその会社に少なくとも1人の移民の創業者がいた。[39] セレンディピティに見えていたものは、実際にはその反対だった。ノザドは可能な限り最高のディールの発掘ルートを確保するという、セコイアの戦略の一部を担っていた。

ノザドがドロップボックスに目をつけてから3年後、セコイアは正式にスカウト・プログラムを発足させ、この種の物語は一般的になった。エンジェル投資は、ときにはベンチャーキャピタルの力に対抗する存在だが、ここではセコイアの次世代の創業者たちとのつながりを豊かにするメカニズムに変化した。その一例がスカウトの紹介による、がん検査のスタートアップ、ガーダント・ヘルスへの投資で、セコイアは続くシリーズAの出資にも応じ、結果的に5億ドルを超えるリターンを得た。ほかの事例には、配管工や家庭教師などの近隣のサービスを紹介するアプリを手掛けるサムタクがある。これもスカウト・プログラムがセコイアを同社への投資に導いた。[40] そして、これまでで最大の勝利は決済サービスのスタートアップ、ストライプへの出資である。幸運が訪れる環境をセコイアが計画的に作り出した究極的な事例だった。もし、「製造されたセレンディピティ」が存在するとしたら、セコイアはその達人だった。

＊

ストライプの創業者であるアイルランド人のパトリックとジョンのコリソン兄弟はシリコンバ

レーの基準から見ても驚くほど若かった。細身で赤毛のパトリックはわずかに年上で、16歳のときにアイルランドの全国科学技術コンテストで優勝した。彼はYコンビネーターのポール・グレアムが愛好するLispに似たプログラミング言語を開発した。その後、パトリックは高校での最後の2年間を数カ月に短縮し、それを祝うためにマラソンを走り、奨学金を得てMITに進んだ。[41] 黒髪の弟のジョンもそれほど時間を置かずに追いかけた。2007年、16歳のとき家族がいる村を離れ、アメリカでパトリックと合流した。2人は最初のソフトウエアのスタートアップを立ち上げ、一緒に働いた。翌年、2人はその会社を売却して百万長者となった。パトリックはMITに復学し、ジョンはハーバード大学に入学した。

2009年、20歳と18歳になっていたパトリックとジョンは夏をパロアルトで過ごした。2人は決済を必要とする電子商取引サイトの使い勝手を一新するようなビジネスのアイデアを練った。パトリックはMITでのサイドプロジェクトとして、ウィキペディアをダウンロード可能にする仕組みを構築してみたが、課金がどれほど難しいことかに気づいた。クレジットカードでの支払いは、費用がかさみ、うまくゆかない場合もあった。ペイパルという当初期待されたサービスが存在していたものの、オンライン決済は依然として暗黒時代が続いていた。コリソン兄弟はこの問題点を解決するため、お金の流れを管理し、支払人の情報を確認し、不正を検知する決済プラットフォームを築くことにした。電子商取引業者は、サイトを運営するためのソフトに数行のプログラムを張りつけるだけで、コリソン兄弟のサービスに連結できるようにする計画だった。

コリソン兄弟のこのアイデアにはベンチャー投資家のほとんどが興味をかき立てられそうだった。会社を興し、売却した経験があるこの兄弟は、デジタル経済の戦略的なニッチを突き止めていた。オンライン・ビジネスを手掛ける企業が自社のウェブサイトにコリソン兄弟のプログラムを組み込み、受け取った支払いのわずか数%を渡すことに同意したなら、コリソン兄弟は爆発的に拡大する世界の電子商取引の一部を事実上、所有することになる。

しかも、いったんコリソン兄弟のプログラムが至るところに普及してしまえば、それを取り外すことは難しい。決済のプラットフォームは分野ごとに数千社のサプライヤーを数百万人の購入者と結びつけるからで、簡単に切り替えることはできない。要するに、コリソン兄弟のプロジェクトはベンチャーキャピタリストたちが求めるすべてを備えていた。収益性の高い明確な市場、競争相手の侵入を阻止する堀（競争上の優位性）、そして実績のあるチームである。この俊英2人とどの投資家がいち早く連携できるかが焦点だった。[42]

パトリックがパロアルトに到着して最初に電話をかけた相手はYコンビネーターのポール・グレアムだった。これはグレアムが特別な存在であることの証左だった。このときまでにYコンビネーターの設立から4年が経過していた。グレアムは若きハッカーたちの間でカルト的な人気を博し、恐るべき人的ネットワークを構築していた。彼がコリソン兄弟のことを初めて知ったのは、アイルランドの高校生だったパトリックがプログラムに関する質問を電子メールで送ってきたときだった。「質問はとても洗練されていて、私には彼が高校生だとは、まったく分からなかった」

と後に振り返った。パトリックがいくつかの大学での面接のため、アメリカにやってきたときには、グレアムの家に滞在した。さらに、グレアムはYコンビネーターの育成プログラムを修了した起業家のペアと引き合わせ、それがコリソン兄弟の最初のスタートアップづくりの発端となった。[43] グレアムはさらにパトリックに育成プログラムの若き経験者たちを紹介した。その1人がサム・アルトマンだった。第一弾のグループの一員で、グレアムの引退後にこのインキュベーターを率いることになる人物である。[44]

実はセコイアは、コリソン兄弟のことを耳にする前から、やがて始まる彼らと会うための競争で、優勢な立場にあった。一つは同VCがYコンビネーターとポール・グレアムと緊密な関係にあったことだ。もう一つは、これらのつながりの中に、アルトマンの最初のスタートアップへの投資が含まれていたことだ。その上、セコイアが支援する起業家であるアルトマンは、間もなくセコイアの第一号のスカウトになることが決まっていた。

グレアムはパトリック・コリソンを食事がてら自宅に招いた。肩肘の張らない雰囲気で議論するためだった。アルトマンも呼んだ。3人が集まったとき、パトリックはまだアイデアを詰め切れずにいた。デジタル銀行を始めたい気持ちもあった。これはアルトマンには事業として大きすぎるように思えた。「当時、私はそれを最良のアイデアと考えなかったが、パトリックのことは素晴らしいと感じた」とアルトマンは後に語った。[45] そして、キッチンのテーブルでグレアムとアルトマンはエンジェル投資家として小切手を切った。まだ出来上がっていない会社の2%の持ち分として、1万5000ドルずつを渡した。[46]

次の年の夏、コリソン兄弟はそろって大学を中退し、パロアルトに完全に引っ越した。決済サービスについてのアイデアは固まり、より多くの資金を集める準備ができていた。グレアムは彼にとってのセコイアの窓口であるマイケル・モーリッツとグレッグ・マカドゥに電子メールを送った。一方、既にセコイアのスカウトになっていたアルトマンは、ロアロフ・ボサに知らせた。これでコリソン兄弟はシリコンバレーで最も執拗に人材を集めてやまないVCのレーダーに明確に捕らえられた。[47]

そして、ここからセコイアと創業者2人の間の絆をめぐる魅力的な物語が始まった。ジョン・コリソンの記憶によると、この2010年の夏のある日、彼が兄のパトリック、さらに友人2人と住んでいたパロアルトの狭苦しいアパートメントの前に黒塗りの車が停まった。「あれは8月のことで、実績を高く評価されている億万長者が中から出てきて、アパートメントに入り、匂いを嗅いだ」。その億万長者とはモーリッツだった。

「何かお飲みになりますか」とジョンが尋ねた。

「それはありがたい」とモーリッツは言った。「何があるだろうか」

「ええと。お水か、牛乳でしたら」とジョンは答えた。

「あの非常に初期の段階で彼が何を見ていたのか、私にはよく分からない」とジョンは少し笑みを浮かべながら振り返った。「我々は（漫画に出てくるだけで、実在しない）トレンチコートを着たリスたちで、会社があるかのように装っていたのだから」。そして、直感的に「マイク（モーリッツ）には好きな類型があり、基本的には、気概のある移民の創業者たちだ」と思ったという。[48]

投資に至る途中の段階では、パトリックのほうからサンドヒル・ロードのセコイアのオフィスにモーリッツとボサを訪ねたこともあった。細身のパトリックはどこへ行くときも、サーベロというブランドのロードバイクに乗って出かけた。フレームはつやのあるガンメタル・グレーの色調で、ハンドルからペダルへと続く太いダウンチューブには赤のストライプが入っていた。モーリッツはパトリックに生い立ちについて質問した。どのような経緯で、エメラルド島（アイルランド）南部のティペラリー県の田園地帯で育った少年が、パロアルトのセコイアに売り込みにくることになったのかと尋ねた。パトリックは故郷の村、ドラミネアについて説明した。2軒のパブ、数軒の店舗、11世紀の城があるくらいだが、両親は科学者として訓練を受けていた。モーリッツは将来についても質問した。すべてがうまく運んだなら、パトリックは自分たちの会社はどうなっていると想像しているのかと聞いた。さらにいくつか親密な会話をしたあと、モーリッツはパトリックをロビーまで送った。

道路のほうに視線を送ったモーリッツは、見慣れないものを目にした。サーベロ・バイクが、セコイアの区画の周囲に立つフェンスにつながれていた。パトリックのものだと、すぐに気づいた。どこへでも自転車で行くのか。レーサーなのか。オールドラホンダ・ロードの急な坂道（近くのポルタバレーの石橋からスカイライン・ブルバードまで続く、バイク乗りの間では過酷さで有名な登り坂）でのベストタイムは何分か――。パトリックはオールドラホンダを20分足らずで登ったと返答したとき、自分が試験に合格したかもしれないと感じた。意志の強さが問われるスポーツで競争力があるという事実は、パトリックの起業への適性について、何かを語っていた。[49]

もちろん、セコイアがストライプ――コリソン兄弟はまもなく自分たちの会社をそのように命名する――の最大の投資家となって資金調達をまとめるリード・インベスターを務めた理由はいくつもある。モーリッツは起業家の人柄を鋭く観察する能力を備えていた。パトリックへの質問を通じて、へこたれない強さやしなやかさ、野心の大きさを検出した。モーリッツはデジタル決済の将来性を理解していた。そもそも彼はペイパルを支援していた。彼は挑戦者たちに展望が開けていることも信じていた。グーグルがヤフーを凌駕していく姿を見たことがある彼には、ストライプがペイパルに勝っても構わなかった。

これらに加えて、セコイアはスカウトのネットワークとYコンビネーターとの関係から早い段階で情報を得ていた。そして、すべての要因を合わせた結果、初期の支援者たちの中で、モーリッツが最もストライプの将来性に確信を持つようになった。[50]セコイアはストライプへのシード投資で最も大口の資金拠出者となり、シリーズAではほぼすべての資金を提供し、モーリッツはストライプの取締役に就任した。２０２１年には、ストライプの企業価値は９５０億ドルに上り、このうちセコイアの持ち分は１５０億ドルに達し、さらに膨らんでいた。

このストライプへの賭けやほかの投資案件のおかげで、セコイアは参入がますます増えるベンチャーキャピタル業界にあって、支配的な地位を築いた。セコイアは２０００年から14年までのアメリカ国内向けのベンチャー投資で、ネットで11・５倍という驚異的なリターンを叩き出した。ネットとはファンドの運用手数料と、自分たちの取り分を除いたベースでの数値である。対照的に、同じ期間の業界全体の加重平均では、リターンはネットで２倍足らずにとどまった。[51]

セコイアの成功は、いくつかの桁外れの大きさの幸運が重なってもたらされたわけではなかった。運用成績の上位３案件を除外して計算しても、セコイアの国内向け投資のリターンはネットで６・１倍と恐るべき水準に達した。セコイアは２００３年、07年、そして10年に調達した資金で、計１５５件の投資を行った。そのうち実に20件で、リターンが10倍を超え、それぞれ最低でも１億ドルの利益が上がった。[52]

この持続性は、金融界全体を見渡しても群を抜いていた。ある大手の大学基金の投資責任者は「私が１９８９年に着任して以降、２００を超える外部の個人・法人に資産運用を任せてきたが、これまでの運用成績はセコイアがナンバーワンだ」と目を丸くした。[53]

＊

このアメリカ国内でのベンチャー投資の記録は見事ではあるが、セコイアの最大の成果は本章でこれから説明していくように、コンフォートゾーン（快適空間）の外へと踏み出したことだった。2005年にこのパートナーシップは中国に進出し、モーリッツとレオンの勝利の方程式の中心にある実験を恐れない事業意欲を見せつけた。翌年にはインドに展開した。

しかも、セコイアは新しい種類の投資にも力を入れた。グロース投資、ヘッジファンド、そして「ヘリテージ」と呼ぶ基金のようなファンドの運用に乗り出した。「私がセコイアに参加したとき、4500万ドルのベンチャー・ファンドしかなかった。それが今ちょうど80億ドル規模のグローバルなグロース・ファンドを組成したところだ」とモーリッツ自身がこれまでを振り返って驚きの表情を見せた。[54]

セコイアの勝利は簡単に達成できたものではなかっただけに、なおさら注目される。例えば、インドの場合、セコイアは中国で実行したのと同じように、現地のパートナーたちを信頼する姿勢で臨むと自らに言い聞かせた。モーリッツとレオンはインドおよび東南アジアに特化した7億ドルのファンドを組成する一方で、ウエストブリッジという投資会社から4人のインド人の専門家たちを引き抜いてチームを作り、投資を任せた。[55]しかし、5年後に関係は崩壊した。ウエストブリッジ出身の4人組は、インドではアーリー・ステージのベンチャー投資の機が熟していないと判断し、上場企業の株式に注力することを提案した。セコイアがこれを拒否すると、4人組はセコイアのファンドのあるリミテッド・パートナーと手を組み、独立するという挙に出た。

2011年、この挫折を受けてセコイアには、南アジアを断念するという選択もあったが――実際に一部のパートナーたちはそのようにすることを望んだ――モーリッツとレオンは、インドのチームに残っていた若手を昇格させて、取り組みを再起動させた。２人の信条は、モーリッツの言い回しを借りるなら「未知なる才能や内部で育成した人材」を支援することだった。セコイア・インディアの新しいリーダー、シャイレンドラ・シンはハーバード大学のビジネススクールを修了した社交的な人物で、それまでの5年間の大半をカリフォルニア州の本部の外で活動してきた。それでいて、彼はセコイアの文化を自分自身の内部に取り込んでいた。

シンはセコイアの南アジアに賭けるという実験を、さらなる補足的な実験で救おうとした。彼は、この地域には起業の伝統が乏しいことを認め、スタートアップの創業者たちには支援がもっと必要だと考えた。a16zのモデルに追随して、投資先の組織運営の応援にあたるコンサルタントたちを採用した。彼らはスタートアップに対して営業、マーケティング、人員の採用などの各面から助言し、セコイア・インディアのチームはやがて総勢30人余りとなった。サンドヒル・ロードの本部は投資担当が20人余り、全員では75人だったことと比較すれば、インドのチームの規模拡大はかなりのものだった。

シンは、２０１９年にはYコンビネーターのモデルも取り入れ、シード投資に起業家向けの集中講義を組み合わせた「サージ（急伸）」のプログラムを発案した。このトレーニングでは、1週間続く集中講義に計5セッション没入することが求められた。Yコンビネーターで開かれる気軽な火曜日の夕食会に比べると、意図的に相当厳しいものになっていた。Yコンビネーターの創業者たちであれば、単にシリコンバレーにいるだけで、起業に対して一種の自信を持つことができる。そこで、シンはサージに参加する創業者たちを、実績のあるスタートアップのベテランたちに何十回も引き合わせて、同じような感覚を醸成することを狙った。「若い起業家が十分な数の成功を収めた人々に触れると、彼らも生身の人間であることに気づく」とシンは説明した。「そして若い起業家は、『そうか、自分にもできる』と話す」[56]

インドでベンチャー投資を立ち上げるにはシンのあふれる情熱が必要だった。彼が出会った創業者たちは、自分たちがしていることをほとんど理解しておらず、シンは彼らを導く必要があった。例えば、シンが初期に目をつけた現地企業にフリーチャージがあった。携帯電話を使った入金・支払いサービスなどのプラットフォームを運営していた。ほかの投資家だったら、同社の30歳代の創業者であるクナル・シャーに躊躇しただろう。有名なインド工科大学の卒業生ではなく、ビジネススクールも修了しておらず、大学での専攻は哲学だった。しかし、シンは偏見に陥らずに、リンクトイン経由でシャーに連絡を取ることにした。かの名高いセコイアが、デジタル経済の僻地にいるつつましい創業者に手を差し伸べようとしていた。

シンはメッセージを送信した。しかし、返信の気配すらなかった。

「この面倒くさい奴は誰だ」。シャーはそのように思ったという。[57]彼はセコイアという名前も、ベンチャーキャピタルというビジネスも聞いたことがなかった。

シンは共通の知人からシャーに電話をかけてもらい、無関心な彼の視線をこちらに向けさせた。その知人は「アップルやグーグルに出資した連中だぞ」と親切にも説明してくれた。

しばらくして、シャーがセコイアのムンバイ・オフィスに現れた。特に準備はしていなかった。スライドの資料を持参していなかった。シャーはシンの一部の質問に当惑させられた。

「あなたの会社のＣＡＣはどのくらいですか」とシンは尋ねた。

シャーは「ＣＡＣ」とは何の略称なのか推測した。何通りかの答えを示したものの、当たらず、あきらめた。

とうとう「ＣＡＣとは何ですか」と聞き返した。

「顧客取得単価（カスタマー・アクイジション・コスト）です」という答えが返ってきた。マーケティングの予算を、ウェブサイトを訪れた新規の利用者数で割った値だという。

シャーはしばし考えた。マーケティングの予算はゼロだった。したがって、ＣＡＣもゼロだった。なぜ、自分のビジネスに関係のない頭字語にこの人は注目するのだろう——。

「利用者に関連した数字を教えてください」とシンは促した。

「お金のやり取り（トランザクション）は1日当たり1万5000件です」とシャーは回答した。

「1カ月当たりですね」。シンはシャーの言い間違いを優しく正すかのように指摘した。インドのインターネット関連市場は小さかった。フリーチャージには一握りの従業員しかいなかった。1日当たり1万5000件は信じ難かった。

シャーは自分が本当に数字を間違えている気がして、メモを確かめた。そして顔を上げた。「1日当たりです」と伝えた。

シンには、耳にした数字が本当だとは思えないほど大きかった。「投資したい!」と嬉しそうに言った。

もっとも、セコイアにとっての課題解決のプロセスはこれからが本番だった。デューデリジェンスの一環として、シンはフリーチャージの利用者がサービスをどれほど継続利用しているか(ユーザー・リテンション)について知りたかった。シャーは一度も計算したことがなかったため、シンのチームが代わりに行った。また、セコイアがシード投資に踏み切ったあとには、情報処理の拡大に対応するためにインフラを拡張する必要があった。シャーは技術者ではないため、何から始めればよいのか分からず、そこでシンのチームの採用担当者がプログラマーたちを雇い入れた。少し間を置いて、セコイアがグーグル出身者をエンジニアリング部門担当の最高責任者として採用し、シャーは会長の肩書でそれ以外の部門を率いることになった。それぞれの過程で予想以上に時間がかかった。しかし、シャーの気持ちが揺らぐたびに、シンが支えた。「もう100万ドル見つけてくる」と約束した。「これを直そう」

あるとき、特に物事がうまく進まなかった時期に、シャーの気力が萎えた。利用者関連の直近の指標はひどかった。フリーチャージの資金は底をついた。しかし、シンはいつもどおりに平静を保った。サービスは市場に求められており、フリーチャージは成功すると見ていた。追加の資金調達は問題ではなかった。

「どうかしていませんか」。シャーが自分の支援者を問い詰めた。「なぜ、あなたは正気とは思えないほど楽観的なのですか」

「燃料についての心配は無用です」とシンは陽気に答えた。「飛行機を離陸させることに集中してください」

セコイアとの面会の前まで、シャーは漠然と数百万ドルの価値がある企業を築き上げたいと夢見ていた。2015年、フリーチャージは最終的に4億4000万ドルで買収された。まだ短いインドのテクノロジー系のスタートアップの歴史上、最高額だった。「彼らは私にすべてを教えてくれた」とシャーは後に語った。

セコイアのインドおよび東南アジアでのリターンは、シリコンバレーと中国でのそれに出遅れた。しかし、2020年には正しい方向に向かっていた。シンのファンドはユニコーン12社を支援し、インドのエドテック（教育とテクノロジーを掛け合わせた造語）の開拓者であるバイジューズから、東南アジアのライド・シェアの巨人のゴジェックや、電子商取引のマーケットプレイスであるトコペディアまでが含まれていた。

シン自身、フォーブス誌のミダス・リストに担当地域では唯一掲載されたベンチャーキャピタリストとなった。セコイアは20年の夏にはインドおよび東南アジアを対象とした8本目と9本目のファンドを組成した。総額では13億5000万ドルに上り、この地域では最も近いライバルであるアクセル・インディアの2倍だった。[58]

一方、クナル・シャーは電子商取引とクレジット・スコアリング（与信の可否や限度額を決定する客観的な手法）を巧みに組み合わせたクレドという、次のスタートアップに熱心に取り組んだ。もちろん、セコイアの支援を受けた。しかし、今度は自分が何をしているのか分かっていた。

＊

セコイアは本拠地であるアメリカという伝統的な市場で、新しい種類の投資を実験した。ヤフーを舞台に孫正義と対峙した経験から、モーリッツとレオンはグロース段階でベンチャー企業の株式を取得するビジネスに注目し、より大きな小切手帳を持つキングメーカーに打ち負かされまいと決意した。１９９９年、セコイアは３億５０００万ドルの軍資金を調達し、当時もてはやされた一連のインターネット関連企業に大きく賭けた。２０００年にナスダックが暴落すると、セコイアのファンドは時価で８０００万ドル目減りし、翌年には６５００万ドル減少した。最悪期には、ファンドは当初の価値の３分の２を失った。[59]

セコイアがグロース段階の案件の評価に習熟していなかったことも事態を悪化させた。既存のパートナーたちにはファンドの運用にあたって、グロース段階の専門家たちを雇い、特化したチームを作るという発想がなかった。結局、セコイアは少数の成功した賭けから得た利益のうち、パートナーたちの分け前をファンドに再び拠出することによって運用成績を黒字にした。[60]インドでのファンドと同じく、セコイアの実験は痛手を負って始まった。

2005年、モーリッツとレオンは次のグロース・ファンドを組成して粘り強さを見せた。今回は戦略を改良し、グロース投資で実績のある既存の法人組織から担当者5人を採用した。[61] 大半はボストンを本拠地とする評判の高いサミット・パートナーズからで、彼らのスタイルはユーリ・ミルナーとも、孫正義とも著しく異なっていた。彼らはベンチャーキャピタルからこれまで一度も出資を受けていない、つまり「自助努力型」の、あまり知られていない企業を発掘して投資することに精通していた。この自助努力型の企業の大多数はシリコンバレーの外にあり、一部はテクノロジーとも無縁だった。

サミットは派手な案件とは距離を置き、企業価値が正しく評価されていない掘り出し物を好んだ。そして、サミット出身者たちの投資案件の仕込み方には、彼らの機械的な姿勢が如実に表れていた。彼らはオフィスに座って、自分たちの基準に合った会社を選び、相手の資金需要の有無も分からないまま電話をかけて勧誘した。続いて彼らは売り上げと費用を推定し、利益の予想を立て、最終的に標準的な倍率を適用して当該企業のフェアバリュー（適正な企業価値）を算出した。そして、実際に投資を実行する前に、株価を決めた。彼らは個々の投資先から3倍のリターンを得ることを目標にしていた。株価を高めに設定しすぎると、堅実だったはずの賭けが無意味なものになってしまうからだ。

新参組はセコイアに移籍して最初の2、3年間はあたかも新しい部族の集まりに居合わせた、よそ者たちのようだった。彼らはサミットの方法論を全面的に持ち込み、これに対しセコイアで研鑽を積んだ同僚たちは従来型のベンチャーキャピタルの思考パターンをグロース投資にも適用した。サミット出身者たちは下の階にデスクがあり、そこで電話をかけ、スプレッドシートに数値を入力した。彼らは現実を直視していた。一方、もともとセコイアにいたほかのチーム・メンバーたちは上の階を占め、明るい天窓がついたピラミッド型の天井の下に座っていた。彼らは可能性について考えをめぐらせていた。

　サミット出身の1人は「相当がたついた関係だった」と振り返った。「我々はセコイアにいることの意味を理解しようとし、セコイアの人々はグロース段階の投資家であることの意味を理解しようとしていた」。これら二つのグループはまったく異なるタイプの投資先を選んだ。「我々は、明らかに経営がうまく運んでいるが、それほどエキサイティングではない投資先を提案した」とそのサミット出身者は説明した。「セコイアのベンチャーキャピタルで腕を磨いてきたグループは非常にエキサイティングだが、うまくゆかないかもしれない投資先を提案した」[62]

　サミット流の節度とＶＣ流の背伸びが重なって、運用成績は平凡な水準にとどまり、セコイアのリミテッド・パートナーたちが抵抗感を示し始めた。もともと彼らは、セコイアの基幹ファンドへの継続的なアクセスを認める代わりに、この新しいグロース投資や海外での実験に協力するよう強く求められていた。このため、当初の運用成績が振るわないセコイア・インディアはリミテッド・パートナーたちの一部から自分たちにとっての「懲罰ファンド」だと形容されたほどだった。また、セコイアのグロース段階への賭けは資金規模が大きかっただけに、その精彩を欠く運用成績は、セコイア全体の足を引っ張りつつあった。

投資のイノベーションは、2種類の伝統の融合からしばしば生まれる。タイガー・グローバルがヘッジファンドの思考パターンと、ベンチャーキャピタルのそれを混ぜ合わせたのは格好の事例だろう。[63] セコイアのグロース投資をめぐる内部でのぶつかり合いもそのとおりで、２００９年ごろには双方が一緒になり、運用成績は好転し始めた。サミット出身者たちは夢を見る方法を学び、セコイアのベンチャーキャピタリストたちはサミットの規律を身につけた。収斂はいくつもの投資案件をめぐる試行錯誤の議論を経て徐々に実現していった。このうち、一つのエピソードが融合をもたらす坩堝となって、セコイアのグロース投資へのアプローチを形成した。

発端はパット・グレイディという若手の存在だった。2年前、24歳でセコイアに加わった彼は、サミットからの移籍組の1人で、リストに従って投資先候補に電話をかけていく手腕で頭角を現した。彼が並外れた意欲を持っていることは誰の目にも明らかだった。「彼は（バーベルを上げて）両手に穴が開きそうなほど体を鍛えていた」とダグ・レオンはそれを是認するように語った。[64] もっとも、若き新参者は当然のことながら、緊張していたようだ。パートナーたちの会議では、あまりに不安で落ち着かなくなり、ほとんど発言できなかった。あるとき、グレイディは声帯に問題があるのではないかと推測したロアロフ・ボサが、彼をそばに呼んでスピーチのコーチをつけることを提案した。グレイディの回答は、慎重であることを尊ぶサミットの伝統を反映したものだった。それ以降、彼のニックネームは「ドクター・ノー」になった。

しかし、ゆっくりと、やがて急速にグレイディは変化していった。ジム・ゲッツは彼に入念な事前準備を行わせ、「準備された心」を整えた上で、同僚たちの前で説明するように仕向け、舞台恐怖症を克服させた。「私には準備ができていない」とグレイディが言っても、「違う。準備はできている」とゲッツは押し返した。また、ボサはグレイディに投資案件の候補にあまり否定的にならないよう求めた。「賢い人なら誰でも、投資を見送る理由をいくつでも挙げることができる。しかし、我々の仕事は投資を行うことだ」とボサはグレイディに思い起こさせた。[65]

2009年7月、グレイディのかけた電話がサンディエゴでの投資機会の糸口となった。それはサービスナウという会社で、法人顧客を相手にワークフローの管理を支援するクラウド対応のソフトウエアを開発していた。思いがけないことに、コンピューター・プログラムのクラウドへの移行はグレイディが最近、内部向けのプレゼンテーションで取り上げたばかりのテーマだった。「準備された心」のために徹底的に下調べを行った。この市場を押さえる企業群は、株式時価総額で、合わせて1兆ドルの規模が見込まれるとグレイディは主張した。サービスナウはこの競争の勝者になりそうだった。創業者のフレッド・ラディはプログラミングに長け、強力なチームの編成で評判が高かった。彼のソフトウエアは非常に優れ、既に顧客を獲得していた。

グレイディはダグ・レオンを伴ってサンディエゴに飛んだ。この新米とベテランはしばしばコンビを組んだ。彼らはシリコンバレーに戻ると、パートナーシップに提案した。セコイアは5200万ドルを投じてラディの会社の5分の1相当の株式を所有できる。出資後のポストマネーの段階での同社の評価額は2億6000万ドルだった。
グレイディと同じサミット出身者の1人が強く反対し、株式取得価格が「クレイジー」だと強調した。上場しているソフトウエア会社の場合、株式時価総額は一般的に売上高の3倍である。ところが、グレイディとレオンは10倍の金額を支払うことを提案していた。サービスナウはこの高い水準から、さらに上に登れると2人は考えているのだろうか。ここから売り上げを3倍に増やしてようやく、通常のソフトウエア会社の倍率になり、そこから、さらに3倍にして、やっとグロース投資が要求するリターンに到達する。[66]
レオンとグレイディは批判に立ち向かった。グレイディはこのチャンスを、基準をあてはめて抽出した企業リストに電話をかけて誘うサミットの手法で見つけ出した。しかし、このチャンスの意義については、セコイアの手法で評価し、将来性を認識すべきだった。サービスナウは強力な創業者と実績のある製品を併せ持ち、活況を呈する業界の中にいた。同社は売上高の3倍増を、一度、二度にとどまらず、何度でも繰り返すことができそうだった。
それに加えて、懐疑論者はセコイアからの積極的な支援がサービスナウにもたらす価値を過小評価していた。ラディと彼のチームは素晴らしいソフトウエアを開発したが、ビジネスのほかの側面では出遅れていた。そこで、レオンとグレイディが財務や営業の機能をテコ入れしたなら、この会社が持つ可能性は無限大に広がると考えられた。グレイディはサービスナウの先行きを強く確信し、同社の収益を展望する神聖なサミットのプロセスをほとんど省略していた。後に彼はスプレッドシートを仕上げるが、大部分は事後的な付け足しだった。[67]

2009年11月、セコイアは正式にサービスナウに出資した。レオンは取締役に就任し、グレイディはその代役兼盟友との位置づけだった。レオンは数回、時間を割いてラディと打ち合わせたあとに、新たなスタッフを雇い入れるよう勧めた。自分のネットワークと協力して優れた候補者たちを連れてきた。それから1年足らずで、レオンにはあの熟練の技を披露する準備ができていた。

2010年秋、ラディがレオン、グレイディと一緒の車に乗った際に認めた。「自分がCEOを続けたいのか、分からなくなっている」[68]

レオンとグレイディはこの場面に備えていた。ラディはプログラミングに集中しているときが、明らかに最も嬉しそうだった。サービスナウの事業が一段と拡大し、CEOの役割がますます複雑になると、ラディは一層それに向かなくなっていった。

「どのように事態を解決したらよいのか、我々が手伝います」とレオンとグレイディは伝えた。「何人かと引き合わせます。会ってみませんか」。ジョン・ドーアが若きグーグルの創業者たちに適用したアプローチを繰り返した。

2010年10月7日、この日のラディはシリコンバレーでの予定がぎっしり詰まっていた。朝食は、会社を上場させた経験があるCEOと一緒にした。それを皮切りに、セコイアの人脈から紹介されたオールスター級の人材と6回の会合を持った。それぞれが経営上の複雑な問題と格闘したことがあり、しかも、それを楽しんでいたように見えた。

その晩、ラディはパロアルトのギリシャ料理店、エビアでレオン、グレイディと夕食を共にした。かつてX・ドット・コムとペイパルのリーダーたちが合併計画をまとめようと試みた場所である。ラディの表情は輝いていた。

「最高でした」と彼は声を張り上げた。「私は自分が何をしたいのか分かりました。CEOを一緒に探しましょう」

レオンはラディが外部からCEOを起用するのを手伝い、サービスナウの成長・発展は加速した。図体が無秩序に大きくなったスタートアップから、効率よく動く機械のような会社組織に変わった。そして、フォーチュン500社が次々と顧客に加わった。買収提案も舞い込み始めた。4億ドル、15億ドル、最終的には25億ドルまで金額は膨らんだ。創業者がCEOを兼ねるほうに優位性があるというシリコンバレーの信念は、常に正当化されるわけではなかった。このうち最後の買収提案が実際に示されたとき、ラディは得意満面だった。しかし、グレイディによるクラウド・ソフトウエアの価値の分析で、理論武装していたレオンは、25億ドルですら低すぎると確信していた。今こそ意思決定科学から得た教訓に基づいて行動すべきだった。すぐに現金を手にしたいという自然な本能を制御しなければならなかった。身を乗り出して、その手でしっかりとつかみ、あらゆる企業価値の上振れの可能性を逃さない。そのような心構えが必要だった。

問題はいかにしてサービスナウの取締役会を説得して、25億ドルの買収提案を拒否させるかだった。過半数の取締役は諸手を挙げて提案を受諾することを望み、セコイアにはそれを止める力はなかった。レオンはそこで法的な戦術を立てた。サミットでは考えの及ばない、積極的に経営に関与していくハンズオン型のアプローチの一環だった。サービスナウは多くのアメリカ企業と同様にデラウエア州に法人登記していた。同州の法律では、対抗提案を募ることなくして、取締役会はその買収提案に応じることはできない、とレオンは主張した。彼はサービスナウの取締役会での採決にあたり、不意打ちのように性急な身売りは法律違反だと宣言したのである。

　レオンはシリコンバレーの法律事務所ウィルソン・ソンシーニのＣＥＯ、スティーブ・ボクナーから助言を得ていた。しかし、レオンの主張は当時のシリコンバレーでの共通理解とは矛盾しており、サービスナウの法務責任者がレオンの異議を却下すると発言した。他社からも応札を募るという要件は、上場企業にのみ適用されると、この法務責任者は断言した。[69]

　このとき、ちょうどクリスマスの休暇の時期に重なっていた。レオン自身、家族と一緒にハワイにいた。ほとんどがプールでくつろぐなか、レオンばかりが電話に釘づけとなって取締役会に参加していた。評価額が数億ドル膨らむ可能性があると確信していた彼は、ウィルソン・ソンシーニのボグナーに再び電話をかけた。

「スティーブ。その条項の適用対象は上場企業だけだと言われた」とレオンは報告した。

「ダグ」とボグナーは返事した。「我々の事務所は（ビジネス上の紛争を扱う）デラウエア州衡平法裁判所で裁判長を務めたビル・チャンドラーさんを雇い入れたばかりだ。彼がその法律を書いた本人だ。上場していない企業も値段を見比べてから身売りしなければならないそうだ」

レオンはこの思いがけない知らせの意味をしっかりと理解した。ウィルソン・ソンシーニには、まさに彼が必要としていた法律家がいた。

「この電話をチャンドラーさんにもつないでもらえるだろうか」とレオンは尋ねた。

「もちろんだ」とボグナーは答えた。

レオンはチャンドラーと話し、見解を確認すると、翌日に再び招集する電話会議形式の取締役会に参加できるよう待機してほしいと依頼した。レオンは続いてサービスナウの取締役たちに個別に連絡して、再開を要請した。レオンの家族は興奮で顔を赤らめる彼の様子をプールの周りの椅子から眺めていた。

翌日、サービスナウの取締役会が改めて開かれた。レオンは自分の主張を繰り返した。この法律のもとでは選択の余地はない。サービスナウの取締役会は入札の実施を求められている。

「違います。上場企業に限った話です」。法務責任者も繰り返した。

「よろしいですか。たまたま今、ビル・チャンドラーさんに待機してもらっています」とレオンは芝居がかった口調で説明した。「この法律を書いた当人です。その彼と電話がつながっています」

電話空間は水を打ったように静まり返った。レオンの目には一瞬、映画「アニー・ホール」のあるシーンがよみがえった。マーシャル・マクルーハンの哲学についての議論の最中に、ウディ・

アレンが立て看板の後ろから本人を呼び出して、ケリをつけてしまう場面である。

レオンに呼び出されたチャンドラーは、法律が言わんとする内容をサービスナウの取締役たちに正確に説明した。誰も望ましくない買い手が現れかねない入札を実施したいと思わなかったため、身売りのアイデアは棚上げとなった。レオンは企業評価の上振れを確かなものとするための取り組みに成功した。[70]

6カ月後の2012年6月、サービスナウが株式を公開した。上場初日の株式時価総額は30億ドルに達した。レオンとグレイディが約束していたように、セコイアの出資時に比べて、同社はいったん3倍に成長し、そこからさらに3倍とプラスアルファ大きくなった。その後も株価は上昇を続け、セコイアのグロース投資に初の10億ドル超の利益をもたらした。

若きパット・グレイディにとっては、自分の見立ての正しさを立証する出来事だった。2015年に彼はセコイアのグロース投資の共同責任者となった。未知なる人材を内部で育て、昇進させるというお馴染みのパターンだった。しかし、残りの大多数のサミット出身者たちにとっては、正反対の展開になった。モーリッツが述べていたように、ベンチャーキャピタルのリーダーの任務には、成績不振者の一掃が含まれていた。彼らは1人また1人とパートナーシップを去っていった。

また、セコイアにとってもサービスナウでの経験は一つの証明になった。サミットの伝統である定量的な手法と、ベンチャーキャピタリストには自然なリスク選好と積極行動主義を融合した、独特なグロース投資のスタイルをようやく構築できたことである。セコイアが２００９年、11年、そして14年に組成したグロース・ファンドは、21年初めの時点でそろって年率で約30％のリターンを確保し、上場テクノロジー株のリターンを余裕を持って上回った。

さらに16年に組成したファンドに至っては、年率70％という規格外のリターンを挙げた。料理を宅配するドアダッシュ、ビデオ会議システムを提供するズーム（Zoom）、クラウド・ソフトウエアのプラットフォームであるスノーフレイクへの出資が満塁ホームラン級の大当たりとなり、業績を牽引した。[71] グロース投資に対するセコイアの忍耐は、インドでの事業以上に十分報われた。

＊

２００８年、セコイアはタイガー・グローバルとは逆方向に転換した。発足以来、未上場企業への投資に集中してきたが、ヘッジファンドの領域に足を踏み入れた。発案者はジム・ゲッツで、最高のテクノロジー系のスタートアップへの賭けをＩＰＯの先まで延長するという目論見だった。これらの企業の成熟期からも利益を得ることができるのに、それをなぜ、ほかの投資家たちに自由に収穫させているのか。そのような問題意識が背景にあった。

しかも、テクノロジー株に注目したヘッジファンドがセコイアに擦り寄ってきて、助言を求める動きが増えていた。これはセコイアの洞察が公開市場での利益につながることを裏づけていた。[72]

ヘッジファンドを立ち上げれば、追加的な投資の手段を得ることになる。デジタル・ディスラプションの中から勝ち組を選んで支援するだけでなく、負け組を「ショート」して、つまり株価の下落に賭けて、儲けることもできる。

例えば、アイフォーンの登場はその先駆けの機器だったブラックベリーの凋落を告げていた。そこで、セコイアはブラックベリーの開発企業であるリサーチ・イン・モーションをショートし、その一方でモバイル・インターネットの到来で恩恵を受ける立場にある企業を「ロング」する、つまり株価の上昇に期待して株式を購入するという対応が考えられた。

セコイアのほかの実験と同様に、ヘッジファンドへの進出も実際には容易ではなかった。そもそも、この年に起きていた金融危機で資金集めは不可能になっていた。また、セコイアのリミテッド・パートナーたちは既に中国、インド、グロース段階にある企業のそれぞれを狙ったファンドへの資金拠出に応じていたが、当時はいずれも真価を発揮できていなかった。そこに、新しいヘッジファンドであるセコイア・キャピタル・グローバル・エクイティーズを提示された、50に上る外部の個人・法人の投資家はすべて協力を拒否した。加えて、セコイアがヘッジファンドのために採用した人材のうち1人が早くも離脱した。

2009年、内部のパートナーたちは歯を食いしばってファンドを組成した。個人的な蓄えから計5000万ドルを拠出した。大半はモーリッツとレオンからだった。しかし、トラブルは続いた。サミットからの採用組と同じく、外部からセコイアに連れてきた銘柄選定の担当者たちは、うまく組織に溶け込めなかった。彼らは比較的、十分に成長した企業の株式を購入したが、テクノロジーに無縁な例も含まれていた。結果的に彼らはセコイアの本来の強みを活用できずにいた。7年間の凡庸な運用成績を経て16年にはヘッジファンド・チームの若手3人が退職を表明した。

この離脱のニュースが発生したとき、セコイアは厳しい状況に置かれていた。忌まわしい、公然とした辱めを受けて揺れていたのである。あるエキゾチックなダンサーがセコイアのパートナーのマイケル・ゴーグエンを相手取り、暴力や虐待行為があったとして訴訟を起こした（ゴーグエンは強く否定した）。パートナーシップはゴーグエンとの関係を断つことを即座に決定し、彼は退任した。4年後、ゴーグエンは裁判で告発者に勝ったものの、セコイアには実に不快な局面が続いた。[73]

パートナーたちには、中国、インド、そしてグロース投資に取り組み始めた際と同じように（実行はしなかったが）、ヘッジファンドの運用を打ち切って、この逆境への対応とする選択肢もあった。一部にはそのような要望が出ていた。精彩を欠くファンドはセコイアのブランドを損ね、経営陣の頭痛の種になっていた。しかし、モーリッツが介入して、後ろ向きのムードを打ち砕いた。彼はスチュワードの役割を返上していたものの、ストライプをはじめとする大ブレークする企業の支援者となって活動を続けていた。またモーリッツは、個人としてはこのヘッジファンドの最も大口の資金提供者であり、忍耐が重要だと呼びかけることができた。

モーリッツはヘッジファンドの担当者3人の退任とゴーグエンのスキャンダルが二重の打撃に

なっていることを認めつつ、セコイアにとって「精力を消耗し、胸にこたえる時期が円滑な形ではないが終わるところだ」と指摘した。「最も安易で、都合がよい選択肢はこのビジネスを終了させることだ」とつけ加えた。[74] しかし、彼はヘッジファンドを始めたそもそもの根拠は有効なままだと、こだわった。セコイアはデジタル・ディスラプションの行方を観察できる特権的な立場にいた。より良いチームになれば、抜群の成績のビジネスを築き上げることができる素晴らしいチャンスに恵まれていた。そして、モーリッツは具体的な例を挙げて称賛した。その当時、ヘッジファンドでショートを担当していたジェフ・ワンの運用成績が目覚ましかった。未知なる才能や内部で育成した人材には、偉大なる高みを目指す挑戦が認められるべきだった。

　セコイアはモーリッツの助言を受け入れ、その忍耐は見事に報われた。パートナーたちはヘッジファンドの責任者を更迭し、そのポストにワンを昇格させた。ワンは当初のビジョンに基づいて成果を上げるべく取り組んだ。セコイアはテクノロジーが引き起こす大混乱への理解を基に、鋭い眼力で先端を行く対象企業を見つける、エッジの利いた投資を展開した。ここにヘッジファンドはエッジファンドとなった。

　例えば、セコイアのベンチャーキャピタリストのチームは、スキンケアやメーキャップのスタートアップであるグロッシアーとシャーロット・ティルブリーを支援していた。ヘッジファンドのチームは、これらの新興の化粧品ブランドがデジタル・プラットフォームを利用して、顧客と直接結びついていることに注目し、これらの企業が活用していたツールを検証した。顧客の獲得にはフェイスブックやインスタグラムを、決済にはストライプを、電子商取引のサイト開設にはショッピファイを使っていた。ベンチャー・チームは既にインスタグラムとストライプに投資しており、デジタル経済の動向を認識する上で優位に立っていた。しかし、ショッピファイを支援してはいなかった。同社は最低限の手間でオンラインでの販売事業を運営できるサービスを提供していた。セコイアのヘッジファンドはショッピファイの株式を大量に取得した。２０２０年、この投資は35倍という驚異的なリターンを達成した。[75]

ワンと彼のチームは常に5項目の「テーマ」に集中していた。勝者と敗者を作り出す、イノベーションの波が押し寄せる分野のことである。中でもクラウド・ソフトウエアのブームでは多くの成果を上げた。例えば、パット・グレイディが初めてパートナーたちにソフトウエアの重心がクラウドに移っていくと説明してから9年が経過した２０１８年、ヘッジファンドのチームは不可解な点に気づいた。プログラムの大半の種類は予想されていたクラウドへの移行を完了していたものの、通信関連のソフトウエアは出遅れていた。この特異な現象もいずれは終わると考えられた。リモートワークがますます受容されると、ビデオでの通話やメッセージング・システムの利用が日常生活の一部となるだろう。ハードウエアを基盤とする通信ソフトウエア会社のアバイアが最近、経営破綻したことは、通信にもクラウドの時代が到来したことを示唆していた。

チームはクラウドを基盤とする通信関連企業3社に賭けた。トゥイリオ、リングセントラル、そしてビデオ会議のズームである。最初の2社はそれぞれ2年で4倍、5倍のリターンをもたらした。ズームはコロナウイルスの流行もあって、2020年に大ブレークしたテクノロジー企業となり、リターンは9倍に達した。その一方で、チームは時代遅れの通信関連企業はクラウドへの移行で敗退しかねないと見て、株式を空売りした。一つのテーマを掘り下げて得た洞察が、いくつもの投資を成功させた。

2021年の初めには、セコイア・キャピタル・グローバル・エクイティーズの運用規模は100億ドルに上った。わずか10年余りで、資産が200倍に膨らむという驚異的な拡大だった。責任者が交代して以降の4年間、ヘッジファンドのリターンは平均で年率34・5%を記録した。S&P500種株価指数の上昇率の2倍に相当し、ヘッジファンド業界でも最高の部類に入った。[76]

この実験は極めて上出来だったため、セコイア・チャイナも独自のヘッジファンドを立ち上げたほどだった。モーリッツはここまでの奮闘を振り返り、やれやれという表情で語った。「最初はお金が集まらず、選んだ銘柄は華々しく失敗するが、まずは辛抱することだ[77]」

＊

セコイアはアジアのファンド、グロース・ファンド、そしてヘッジファンドを作っただけでは、冒険心が満たされなかったかのように、今度はヘリテージと呼ぶビジネスを始めた。このアイデアでは、セコイアのパートナーたちの資産を運用・管理することが最初の目的で、次にセコイアが支援する創業者たちの資産も扱い、これらのニーズを事業化することを目指した。２００８年、セコイアはこの実験のために、スタンフォード大学の基金から投資担当者２人を採用した。ドン・バレンタインが複数の大学基金から初めて資金を調達して以降、各基金はウェルスマネジメントの最前線にいた。とりわけイェール大学の基金が運用成績で優れ、この「イェール・モデル」に見習う動きがあらゆる場所に広がっていった。当然ながらモーリッツとレオンは自分たちの私財も同じように、しかしより良く運用・管理されることを望んだ。

スタンフォードからの移籍組のうち、カギを握る存在は31歳のキース・ジョンソンだった。既存の枠組みにとらわれない発想の持ち主で、セコイアにはうってつけだった。実際、パートナーシップでの最初の数カ月、彼はスタンフォードの基金で身につけた型にはまった考え方に抵抗して過ごした。

大学の基金の慣行では投資対象を株式、不動産、コモディティ（エネルギーや金属、穀物などの商品）、ヘッジファンド等々と、縦割りのサイロに分類した。そして、それぞれのカテゴリーに専門家を配置した。ジョンソンはこれをナンセンスだと見なした。[78] これらのサイロに分けて投資を実行し、管理する背後にある理屈は次のようなものだ。それぞれのリターンは互いに関係なく変動する。したがってポートフォリオ全体の運用成績の振れはなだらかになる。しかし、相関関係が小さいという主張を認める統計的な証拠は現実には乏しいと、ジョンソンは断言した。その上、驚くことではないが、それぞれのサイロの境目はあいまいである。仮に日本の上場株式からなる株価指数に連動するように投資した場合、かなりのソフトバンク株を所有することになる。それはグローバルな規模でテクノロジーのセクターに賭けることを意味し、日本を対象にした投資でも、上場株式に限った投資でもなくなる。

さらに分散投資によるリスク低減という考え方も、蜃気楼を追うようなもので、大学の基金はその代償を払っているとジョンソンは批判した。投資対象を別々に分割し、担当制にした結果、組織内で議論する文化が失われた。コモディティ担当の専門家がニッケルへの投資を提案した場合、ほかの誰にもそれを押し返す準備がなかった。彼らはそれぞれの担当に集中していた。

従来のサイロを廃止すると決意したジョンソンだったが、その結果、知的には恐ろしいほど白紙の状態に直面することになった。今後は、例えば不動産に割り当てる投資額を決め、その範囲で案件をいくつか選んで終わりという行き方は取らない。彼のチームはシンプルに優良な投資先を探すことになり、可能性としてはどこにでもあった。

この課題に対処するために目を配る範囲は無限大に広がった。ヘリテージ・ファンドでは、今買うべきタイミングにあるのはブラジルの土地か、中国のテクノロジー企業か、それとも、アルゼンチンで訴訟を起こしているヘッジファンドの持ち分か、という問いに答えを出さなければならない。あらゆる投資先の候補は、ほかのすべてとの比較で評価しなければならない。

そこで、ジョンソンは並外れて万能型の同僚たち、すなわち「熟慮と熟議に徹した手法を用いて、リンゴとオレンジを比較することに長けたチーム」を編成する必要に迫られた。セコイアには、これまでの専門家に代わり、あらゆることに学習意欲を示す投資家が欠かせなくなった。ジョンソン流に言えば、これは「8カ国語のうち一つを話す人々を連れてきて、彼らにほかの7カ国語を習得するよう依頼する」ようなものだった。[79]

ジョンソンはモーリッツのもとに向かい、自分の構想を説明した。彼は大学の基金のモデルを実践するために採用された。ところが、そのモデルを抜本的に更新することが不可避だと説いていた。モーリッツにはこのニュースを完全に理解するために3、4週間の会話が必要だった。そして最終的にジョンソンを見て言い切った。「私は何事においても、2番目に優れていることに興味はない」[80]

モーリッツとレオンはジョンソンの計画に1億5000万ドルずつ拠出すると約束した。そして、より多くの資金を外部の投資家から一緒に集めるための作業に着手した。ところが、ヘッジファンドの旗揚げの際に似て、セコイアは拒否に遭った。世界中の有望な投資家を回ったものの、期待していたよりもはるかに少額で帰国した。外部からの調達額はおよそ2億5000万ドルにとどまった。[81]

2010年、ヘリテージは投資を開始した。選んだのは、プライベート・エクイティやヘッジファンドといった当然の領域だけでなかった。救急対応する動物病院のチェーンへの直接出資といった、狭いサークルだけが知るニッチにも資金を投じた。多くのカテゴリーに資金を分散するよりも、能動的に投資対象を選ぶほうが効果的だと考えていたため、ヘリテージはほかの基金に比べて、はるかに集中的な賭けを行った。また、直接の投資ではない、ほかのファンドに運用を任せる部分は最大で全体の3分の1にとどめた。さらに、ヘリテージはサイロをなくしたため、コモディティにいくら、アジアにいくらといった割り当てが存在せず、戦略に応じて機敏に資金を動かすことができた。13年から15年までの間、ヘリテージの利益の大半は証券市場と不動産からもたらされた。次の3年間はエネルギーとヘッジファンドが利益に大きく貢献した。続いて18年以降はレイト・ステージのテクノロジー企業への賭けが運用成績を牽引した。20年にはヘリテージの運用資産は80億ドル規模に膨張し、1年間、3年間、そして5年間の運用成績ではアメリカのどの基金をも上回った。

「迷ったときには、やってみることだ」とダグ・レオンはこの時期を振り返って要約した。

「我々のビジネスとアマゾンを対比すると分かりやすいだろう」と彼は続けた。「アマゾンには顧客、倉庫、インフラなど様々なものがある。ところがセコイアには何人かの投資家たちがいるだけで、ほかには何もない」

「だから投資してみるのが望ましい。生き残る唯一の方法はこの組織をリスクにさらし続けること。それが私の意見だ[82]」

モーリッツにも別の気の利いたセリフがあった。彼は取材のインタビューを受けているときに、必ず出てくる質問を待ってから、それを口にした。あなたの好きな投資対象は何でしょう――。そして彼はここぞとばかり答えた。ヤフーでも、グーグルでも、ペイパルでも、そしてストライプでもなく、「セコイア」だと一言シンプルに。「記者たちがベンチャー投資のビジネスを取り上げるとき、彼らはいつも我々が支援するスタートアップについて書く」とモーリッツは説明した。「彼らはこのビジネスで我々が行う最も重要な投資については決して触れない」という。

知られざる意思決定科学の重視や、採用した若手に対する指導、また「アーリー・バード」の仕組みや、Yコンビネーターとの関係、そしてスカウトのネットワークがなかったら、立て続けに10倍超のリターンを達成することもなかっただろう。中国とインドでの事業に対する忍耐、そしてグロース・ファンドやヘッジファンド、続いてヘリテージで示したやり抜く力がなかったら、セコイアの運用成績は素晴らしくても、規格外の域には達していなかっただろう。

＊

セコイアの成功はこの時期の金融界の広範囲な変化を象徴していた。東海岸から西海岸へ、一般に対して開かれたパブリックな資本市場からプライベートな資本市場へ、金融工学からテクノロジーへ、といった流れである。２００８年の金融危機を契機に規制当局はウォール街の著名金融機関に対してリスクテイクを減らすよう強制した。各社で儲かっていた自己勘定取引の担当組織は多かれ少なかれ閉鎖された。連邦準備理事会（ＦＲＢ）の量的緩和政策は銀行の苦境をさらに悪化させた。金利の低い短期で資金を調達して、それを長期で貸し出すという中核的なビジネスにおいて、ほとんど「スプレッド（金利差）」を取れなくなった。中央銀行によって長期の金利が押し下げられたからだった。

ほかの東海岸の金融ビジネスの担い手たちも同様に制約を受けていた。金融をめぐるリスク分析で繁栄してきたヘッジファンドでは運用成績がさえない局面に入った。リスクは中央銀行によって抑えられてしまい、それを分析しても利益は上がらなかった。社債やローンに投資するクレジット・ファンドは、負債の山の上に奇妙なデリバティブ（金融派生商品）の塔を築いてしまい、業界全体が恥をかき、やはり制約を受けた。ウォール街で唯一繁盛している職業はコンプライアンス担当役員に見えた時期もあった。

これらを総合すると、伝統的な金融セクターはもはや活躍の場ではなかった。２０２０年１月までの10年間でモルガン・スタンレーとゴールドマン・サックスの株価はそれぞれ77％、36％上昇した。これに対し、Ｓ＆Ｐ５００種株価指数は１８９％上昇し、テクノロジーの巨大企業の株価も大きく値上がりした。アップルの上昇率は実に９２８％だった。

セコイアやほかのベンチャーキャピタルはこの変革の勝者だった。21世紀の最初の10年間、投資家たちは低金利に対応するため、ウォール街のやり方で利回り（イールド）を追い求めた。それは、通常の金利より数％高い、サブプライムの住宅ローンを積み上げることだった。

この戦略が２００７年から08年にかけて悲惨な結末を迎えると、投資家たちはシリコンバレーのやり方で利回りに手を伸ばした。彼らは未上場のテクノロジー企業に賭けた。サブプライムの場合と同じく、追加の報酬のために追加のリスクを取るという発想だった。ただし、サブプライムの場合とは異なり、テクノロジー企業への賭けには持続的に利益を生み出す可能性があった。幸運にも、金融危機はスマートフォンやクラウド・コンピューティング、モバイル・インターネットの出現と重なり、これらの新しいプラットフォームの上で輝くようなビジネスを続々と立ち上げるチャンスがもたらされた。資本の投下先を金融工学からテクノロジーに切り替える絶好のタイミングが到来した。２０１１年に組成されたベンチャー・ファンドの年率のリターンは平均で、Ｓ＆Ｐ５００種株価指数の年間上昇率を７％ポイント上回った。そして、本書でこれまで見てきたように、上位のベンチャー・ファンドはさらに良い運用成績を収めた。[83]

ＦＲＢの低金利政策への固執が長引けば長引くほど、テクノロジーに着目して利回りを求める動きが加速した。ユーリ・ミルナーの後を追って銀行、プライベート・エクイティ、そしてヘッジファンドがこのゲームに群がった。20年にはタイガー・グローバルが運用する資産は４００億ドルと驚くべき規模になり、ジュリアン・ロバートソンのタイガー・マネジメントから枝分かれしたもう二つのファンドであるローン・パインとコートゥーもタイガー・グローバルと競い合うようになった。

このようなテクノロジーに味方する潮流は、セコイアの今後の進路について戦略的な問題を提起していた。同ＶＣは最高の報酬を約束する投資環境の一画に位置し、いくらでも望むだけの資金を調達できそうだった。勢力圏は三大大陸に広がり――２０２０年にセコイアはロンドンにヨーロッパの拠点を開設した――グローバルな展開が始まろうとしていた。1972年のセコイアの発足以来、ベンチャーキャピタルはニッチなビジネスだった。情報技術そのものがニッチな存在だったからだ。しかし、21世紀にはテクノロジーが経済成長の主要な原動力となり、セコイアはそれを解き放つ金融的な手法を我がものとしていた。このパートナーシップは50歳の誕生日に近づき、もしその道を選ぶなら、ウォール街に挑みかかるチャンスが手に入った。その休むことを知らない文化からして、今の栄光に胡坐《あぐら》をかくことはなさそうだった。[84]

一方で、残りのベンチャーキャピタル業界には、より深刻な問題が存在していた。FRBの政策が生み出す、低金利で簡単に手に入るイージー・マネーが、経験の浅い担い手によってシリコンバレーにより多く持ち込まれるようになったことだ。バブルを憂慮する古参のベンチャーキャピタリストたちが増えていった。あまりに大量のマネーが、限られた数の有力ベンチャー企業を追いかけていた。ある日、音楽が止まったなら、シリコンバレーはその報いに直面することになりかねなかった。

第14章
ユニコーンをめぐるポーカー・ゲーム

Unicorn Poker

2014年夏、フォーチュン誌はテクノロジーの産業に新しい1人のスターが登場したと告げる特集を掲載した。その人物は30歳の大学中退者で、自力で億万長者になった。人類の運命を改善する先見の明があった。そして、痛快なことに女性だった。彼女の大写しの顔が表紙になった。黒いマスカラを塗った鋭い青い眼、スティーブ・ジョブズを思わせる黒のタートルネック、ブロンドの髪、そして明るいリップスティックを引いた唇が特徴的だった。記事は彼女の率いるユニコーンのスタートアップが新しい血液検査技術によって医療を革命的に変化させる可能性があると解説していた。間もなくタイム誌はこの若き創業者を世界で最も影響力のある人々のリストに加えた。ハーバード大学メディカルスクールは彼女をその高貴な諮問委員会にメンバーとして招聘し、オバマ大統領は起業の促進・振興を担う対外特使（プレジデンシャル・アンバサダー）に指名した。[1]

そのわずか1年余り後の2015年10月、物語は暗転した。ウォールストリート・ジャーナル紙が一連の調査報道の第一弾となる記事で、セラノスという社名のこのユニコーンの詐欺行為を暴いた。革命的とされた血液検査装置に関する説明はでたらめだった。安価で正確な結果を期待させて患者を惑わしただけだった。次々に実態が露呈したセラノスは訴訟に取り囲まれ、90億ドルあった企業価値はゼロになった。創業者のエリザベス・ホームズは裁判を待つ身となった。ジョブズとの比較を想起させるほど偶像視された人物だったが、収監の可能性も視野に入った。

セラノスとホームズの失墜は必然的にシリコンバレーに対する告発として受け止められた。この祭司のように崇められた女性ばかりか、起業に関与するカルト的な集団までが信用を失った。

ホームズがこの企てに着手したのは、シリコンバレーの中心地であるスタンフォード大学の学部生時代だった。エンジニアリングの学部長と、それ以上の地位の人物たちを説得して、第三者に自分の身元を保証させた。そして、同大学の付属機関であるフーバー研究所の年長の有力者たちを何人もセラノスの取締役に招いた。これにより、見せかけだけの自分の会社に威厳ある雰囲気をもたらした。

グーグルやフェイスブックが前例となってシリコンバレーでは創業者に優しい慣行が出来上が

ったが、ホームズはこれを最大限活用した。セラノスにおける彼女の持ち株は、1株につき100個の議決権が付与され、彼女の行動に対するチェックが働かなくなった。また、彼女の不誠実さはシリコンバレーの文化を反映していたとさえ言えた。ペン入力のコンピューターの開発を目指したGO（ゴー）の大失敗以来、そして、それ以前も起業家は技術面の性能を実証するよう求める声を無視してきた。起業家は完成するまでごまかしてきた。ホームズは明らかに、自分の血液検査装置は、自分が主張するすべてのことを、いつかは実現すると信じていた。彼女は嘘をついていたというよりは、むしろシリコンバレーの業界用語である「早すぎる真実」を語っていた。

ホームズが世間の顰蹙《ひんしゅく》を買い、広範囲な批判が新しいフィレンツェたるシリコンバレーに向かった。これまで超富裕層に対する反感は、検索エンジンやアイフォーンを開発した、まだしも親しみが持てる技術オタクたちのあたりでとどまっていた。しかし、シリコンバレーがブームに沸いていたからこそ、そこで起きていた行き過ぎは、人々の憤りの的になった。

この地域は、常識を欠く若者で一杯だった。彼らは同じく常識では考えられないほどの幸運に恵まれていた。それでいて、彼らは自分たちが害を及ぼしているかもしれない人々に対して、わずかな関心しか払っていないように見えた。害を及ぼしているかもしれない相手とは、デジタルな情報が新しい時代の石油になるなか、プライバシーを侵害される可能性がある人々であり、ソフトウエアが代わりに仕事をこなすようになるなか、賃金が下がるかもしれない人々であり、そして、病状の診断でセラノスに頼っていた人々だった。その意味では、新しいフィレンツェは、啓蒙の中心地というよりは、不吉な陰謀団の巣窟だった。このエリートの小集団は、多くの人々には耐えられない速度で創造と破壊が進むという今後の社会に対する展望を持っていた上で、その社会を自分たちが形づくっていくのだと考えていた。[2]

シリコンバレー全体に対する告発の当否を論じる前に、セラノスをめぐる衝撃的な展開がベンチャー投資に携わる人々を震え上がらせたことを指摘しなければならない。一つに、それはテクノロジー企業の創業者たちに対する全米的な熱狂が急変し、瞬く間に冷めてしまう事態があり得ることを示した。さらにそれは、ベンチャーキャピタル業界に対して微妙で二面性のあるメッセージ、つまり擁護と警告の両方を含んだメッセージを発した。

擁護とは、セラノスの一件がシリコンバレーのＶＣにとって、むしろ正当性を立証する機会にもなったということだ。実はホームズは、サンドヒル・ロードの専門家たちからほとんど資金を調達できなかった。彼女はメッドベンチャーという医療機器に特化したパートナーシップの前で自らの事業計画を説明した。しかし、投資家たちからの質問に答えることができず、彼女が突然退出して会合は終わった。[3] ホームズはティム・ドレイパーにも近づいた。ヤフーに出資しようと試みたが、果せなかったベンチャーキャピタリストである。ドレイパーには家族のつながりがあり、エンジェル投資を行ったが、控え目な金額にとどまった。

懐疑的な専門家たちを口説くことに疲れたホームズは結局、大半の資金をシリコンバレーとは縁の薄い富豪たちから集めた。ウォルマートの創業家として有名なウォルトン・ファミリーは1億5000万ドルを投資した。メディア界の大立者であるルパート・マードックは1億2100万ドルを、デボス・ファミリー（メディア）とコックス・ファミリー（小売り）はそれぞれ1億ドルを拠出した。メキシコのカルロス・スリム、巨額の遺産相続で知られるギリシャ系アメリカ人のアンドレアス・ドラコポウロス、そして南アフリカのオッペンハイマー・ファミリーは合わせて8500万ドルを投じた。ベンチャーキャピタルの世界に少し立ち寄っただけのこれらの旅行者たちは、誰もホームズを厳しく追及したり、彼女に血液検査が本当に機能する証拠を求めたりする気はなかった。サンドヒル・ロードの視点に立てば、アマチュアは失敗するという慰めの教訓だった。プロは手を出さないようにしていた。

セラノスでの出来事はベンチャーキャピタル業界にとって警告でもあった。今回は被弾せずに済んだものの、ユニコーンの暴走で、何十億ドルもの紙の上の資産（上場前の現金化できない持ち株の価値）が雲散霧消する可能性があることを、このスキャンダルは示した。経験豊富なベンチャーキャピタリストたちは、同じような災難を回避したいと考えただろうが、それが可能になる保証はほとんどなかった。

2014年、アンドリーセン・ホロウィッツはオンラインの保険会社であるゼネフィッツの資金調達を2回主導し、同社はa16zにとって最大の投資先の一つとなった。a16zはゼネフィッツに対して成長するよう、急き立てた。同社の創業者はa16zを代表して取締役に就任していた人物から次のように怒鳴られたことを後に明かしている。「ぼやぼやするな。会社を大きくすることに集中しろ」[4]。何が何でも事業を拡大するよう迫られたゼネフィッツはわずか1年という短期間のうちに企業価値で45億ドルを達成した。しかし、16年には猛スピードで軌道を外れてしまい、売上目標には大きく届かず、少なくとも7州で保険に関する法律に違反したと報じられた[5]。困惑とスキャンダルのなか、企業価値は20億ドルと半分以下に激減した。

　このゼネフィッツの物語には、名誉挽回の取り組みという続きがあった。本物のベンチャーキャピタルであるアンドリーセン・ホロウィッツは、やがて法的な問題が浮上したとたん、即座に創業者を追放した。新しいＣＥＯを据えて、会社のモットーを「構え、撃て、狙え（狙うより撃つが先。スピード感を持って的を修正しながら進め）」から「誠実に運営する」に切り替えた[6]。

　しかし、ゼネフィッツとセラノスのハイブリッド型の展開も容易に想像できた。すなわちハンズオン型のＶＣと受け身の資金提供者が一緒に投資した場合、どのような成り行きが予想されるかということだ。ここで問題となるのは、受け身の資金提供者の反応である。彼らはセラノスでアマチュアのアウトサイダーの立場に終始した。その反対に、創業者に任せることを信念とするプロの立場を取られても、ＶＣにとっては困る。ＶＣはそのスタートアップが軌道を外れていることに気づき、正そうとするが、受動的な投資家たちは協力に応じないという構図が出来上がる。スタートアップのアーリー・ステージではＶＣが中心となって賢明で適切な判断に基づいた対応が行われても、レイト・ステージでは、あまりにハンズオフで経営責任を監督できない投資家たちが集まってしまい、混乱をきたすかもしれない、と言い換えてもよかった。
翌年、この危険性は机上の空論ではなくなった。

＊

セラノスとゼネフィッツの経営が曲がり角を迎えていたころ、ベンチマークのブルース・ダンレビーはウィーワークというユニコーンに夢中になっていた。ベンチマークが最初にウィーワークに投資したのは2012年のことで、主な理由はアダム・ニューマンという、人を魅了する共同創業者の存在だった。ターザンのような髪型をした6フィート5インチ（1メートル96センチ）の元イスラエル海軍の将校である。

ウィーワークの事業はどちらかと言えば平凡だった。果物入りの水や、無料のエスプレッソ、時折開くアイスクリーム・パーティなどでオフィス・スペースを活気づけ、短期で貸し出すというものだった。しかし、ニューマンは独特のやり方で自らの使命を一段高いものに昇華させた。彼は「働き方の将来像」を、あるいは「資本主義のキブツ（ヘブライ語で「集団」の意味）」を、はたまた「物理的なソーシャル・ネットワーク」を提供しているのだと主張した。ベンチマークが出資した当時、ニューマンの刺激的なマーケティング手法は、ガラス張りのブースをにぎやかな顧客で満たすことに成功しており、彼の壮大な野望は、べき乗則を信じる投資家には実に魅力的な香りがした。
ニューマンはあるとき、ベンチマークとの交渉の場で、荒唐無稽な大きさの評価額を要求した。「あなたには3棟しか建物がありませんよ」とダンレビーは拒んだ。「何を言っているのですか」とニューマンは反論した。「私には何百棟もあります。まだ完成していないだけです」[7]
ベンチマークのパートナーたちはニューマンの「早すぎる真実」をとても気に入った。そして彼に賭けたことは正しかったと判明した。[8]ベンチマークは2012年に1700万ドルを投資した。このときのウィーワークの企業価値は1億ドル弱と算定された。その1年足らず後には、評価額は4億4000万ドルに急増した。続いて15年夏をクライマックスに資金調達のラウンドが3回行われ、評価額は15億ドル、50億ドル、そして100億ドルと跳ね上がっていった。ウィーワークはユニコーンに、続いてデカ・ユニコーン（デカは10、つまり企業価値がユニコーンより1桁大きい。デカコーンとも）に変貌した。むき出しのレンガの壁が特徴のニューマンが提供するオフィスは、時代精神の一部を力強く反映していた。起業家的で、流行に敏感で、創造的で、それでいて儚《はかな》げな、新しい世代の働く者たちの美学である。セラノスとゼネフィッツが崩壊しつつあった16年、ベンチマークのウィーワークの持ち株には、紙の上で何億ドルもの利益が出ていた。
このような経緯の途中で何か根本的なものに変化が生じつつあった。ベンチマークがウィーワークのシリーズAの資金調達を、別のVCであるDAGベンチャーズがシリーズBを主導したあとに、次の3回のラウンドで投資信託会社や投資銀行が加わった。とりわけ投資銀行はVCとの間で軋轢を引き起こした。スタートアップへの出資の狙いは、単に価値が高まるような投資を行うことにとどまらず、各社にとって有益な関係の構築にあったからだ。

ＪＰモルガン・チェースのボス、ジェイミー・ダイモンは自社のテクノロジー企業の担当者たちを海軍の特殊部隊になぞらえた。彼らの任務は、起業家とつながりを持ち、いわば金融版の上陸作戦を展開するための拠点を構築することにあった。いったん足掛かりができたなら、ＪＰモルガンは大隊を送り、口座を開かせ、資産の運用・管理を受託し、そして上場のための助言を行うことになる。ＩＰＯの引き受けは究極の戦利品だった。その幸運を勝ち取った投資銀行に莫大な手数料をもたらすからだ。[9]

ＪＰモルガンのウィーワークとの関係にはダイモンの戦略がそのまま表れていた。ＪＰモルガンは２０１３年末のウィーワークの資金調達に参加し、15年には同社に対して6億５０００万ドルの融資枠を設定した。16年にはニューマン個人に１１６０万ドルを融資し、彼はニューヨーク市内で60エーカー（24万平方キロメートル）の地所を手に入れた。17年にはニューマンが同市のマンハッタン地区で不動産を購入するために２１００万ドルを追加で融資し、さらにウィーワークが百貨店ロード＆テイラーの同じマンハッタンの旗艦店を取得するための融資団を組成した。[10]この大盤振る舞いを通じて、ＪＰモルガンはいずれ間違いなく実現するであろうＩＰＯの引き受けで最も有利な立場を得た。創業者との関係構築がどれほどの優先事項であったかは、ニューマンが個人の銀行口座の取り扱いについて不満を述べたとき、JPモルガンの副会長が直々に問題の円滑な処理を約束したことからも明らかだった。[11]

ベンチャーキャピタルと投資銀行の対立は2014年のウィーワークの資金調達の際に表面化した。ウィーワークは承認を求めて取締役会を招集し、この資金調達の一環としてニューマンの保有株に強力な議決権（スーパー・ボーティング・ライツ＝多議決権）が付与されることを投資家側に通告した。議決権は1株につき10個で、これが認められれば、ニューマンは、彼を監督しているはずの投資家たちを打ち負かす力を得ることになる。

責任あるベンチャーキャピタリストとして、ダンレビーはこの動きに反対した。創業者が軌道から逸れたとき、方向転換を強制するのに十分な票が必要だった。これはa16zがゼネフィッツで行ったときと同じだった。もっとも、同時にダンレビーは資金調達を阻止したくはなかった。ウィーワークには資金が不可欠だった。これらのバランスを取って、ダンレビーは礼を失しない言い回しで自らの反対意見を表明した。強力な議決権は、投資家にとってだけでなく、ニューマン本人にとっても間違いだと強調した。「絶対的な権力は絶対に腐敗する」という格言があるではないかと、彼はほかの取締役たちに思い起こさせた。[12]

ところが誰からもダンレビーの懸念に賛同する発言は出なかった。投資銀行も、ヘッジファンドも、そしてプライベート・エクイティまでもが注目の非上場企業に近づいて利益を得ようとするなか、起業家側には自らの望むものを要求する力が備わっていた。ウィーワークを含め、ダイナミックなスタートアップでは、創業者に強力な議決権を付与することが当たり前になった。[13]さらに、JPモルガンなどの銀行・投資銀行は企業統治を副次的な問題と見なしているようだった。彼らは創業者にスーパーな議決権を認めても構わなかった。彼らが期待していたのは、創業者とのスーパーな関係を続けることだった。[14]話し合いは10分足らずで終わった。取締役会はダンレビーの異議を却下し、ニューマンに自分の会社に対する絶対的な権力を与えた。

現実はダンレビーが恐れていたとおりだった。すぐに腐敗が進んだ。ガバナンスが変更される前年の2013年、ニューマンはシカゴにあるビルの5％の権益取得を計画していた。しかも、同じ物件をウィーワークが借り上げる方向で交渉していた。これは明白な利益相反取引だった。このビルの持ち分を購入した場合、ニューマンは自分の会社からの賃貸料の支払いで個人的に利益を得ることを意味したからだ。[15]このときウィーワークの取締役会は監督者として適切な役割を果たし、ニューマンの権益取得に反対した。

ところが、ガバナンスの変更によりニューマンは取締役会の判断を覆す権限を手に入れた。彼はこのシカゴでのスキームを、ほかのあちこちでよみがえらせた。もはや誰も彼を制止しなかった。[16]彼はウィーワークが借りている5棟のビルを通じて個人的な利益を蓄積した。そして、ビルの持ち分の購入代金を支払うために、自分が保有するウィーワーク株のほんの一部を売却することもあった。[17]これらの取引を行うたびに、ニューマンの個人的な財産は、少しずつ会社の利益から実質的に切り離されてゆき、代わりに、会社の賃貸コストと結びついていった。ニューマンの利害と、ほかの株主たちの利害の間にギャップが生じつつあった。

当然のことかもしれないが、ウィーワークの財務状況はガバナンスの変更と並行して悪化していった。ベンチマークが初めて出資した時点では、このスタートアップには妥当なビジネスモデルがあった。安い料金で長期間、オフィス・スペースを借り上げ、それを原価より高い料金で利用者に短期で貸し出すというものだ。2012年には収支が黒字転換した。しかし、後に投資銀行や投資信託会社の出資によって同社には途方もない評価額がついてしまい、それを正当化するため、ウィーワークは猛烈な勢いで成長する必要に迫られた。そこで、同社は利用者に請求する料金を引き下げることにした。結果的にタイガー・グローバルが尊重していた経営指標である増分利益が反転した。ウィーワークでは収入が100万ドル増えるごとに、損失が100万ドル以上膨らんだ。例えば、15年に同社の売上高は倍増したが、損失は3倍になった。[18]

投資家からの信頼をつなぎとめるため、ニューマンはシリコンバレーの決まり文句をこれでもかと繰り出した。ウィーワークは会社ではなく「プラットフォーム」だった。ウィーワークは「ネットワーク効果」を享受するだろう。ウィーワークは「先行者（ファースト・ムーバー）」であり、「繁栄するエコシステム」でもあり、「デジタルによって強化され」、「拡張性の高い（スケーラブルな）」存在だった。[19] あまり批判的に考える傾向のない観察者には、説得力があるように聞こえたかもしれない。なにしろ、グーグルからフェイスブックまでシリコンバレーの巨大企業群は、利益を心配するよりも先に、自らを圧倒的な規模に成長させていた。

しかし、実際にはオフィスレンタルの会社には特段デジタルな部分はなく、ネットワーク効果も、あったとしても弱かった。[20] ニューヨークのパーク・アベニューのビルにウィーワークのテナントが増えても、近くの五番街のウィーワークのテナントの居心地が改善するわけではないだろう。

２０１６年初めになると、ベンチマークも手に負えない難問に直面していることを自覚した。それまでは、カリスマ的な創業者が率い、利益の上がり始めたスタートアップに的確な賭けをしていた。ウィーワークの企業価値は1億ドルから１００億ドルへと１００倍に飛躍した。しかし、レイト・ステージになって無頓着な投資家たちが現れると、創業者は業績を赤字にしてしまい、利益相反にあたる行為を繰り返していた。うわべだけテクノロジー企業を装って大口をたたき、それを唯一の慰めにしていた。ウィーワークの高騰した評価額が支えを失い、実際の価値に向かって崩落するリスクがベンチマークには明らかに見えていた。それは14年にウィーワークに投資した資産運用会社のティー・ロウ・プライスにとっても同じだった。「評価額が上昇し、その一方でコーポレート・ガバナンスは蝕まれていく。そのような様子を我々は目撃していた」とティー・ロウ・プライスのある幹部は振り返った。[21] 何百万ドルもの紙の上の利益が蒸発する恐れがあった。

10年ほど前までは、このような危険性と向き合う投資家には明確な解決策が存在していた。過大評価されている会社が上場していたなら、単純に株式を売却すればよかった。また過大評価されている会社が未上場だったなら、投資家はその影響力を行使して、事業戦略の修正を迫り、実態が評価額に追いつくよう、改善させた。ところが、今ではグロース投資の資金が潤沢になり、ユニコーンは未上場のままでいられるため、どちらの解決策も講じることができなくなった。ウィーワークは上場企業ではないため、株式の売却は困難だった。ウィーワークの創業者は強力な議決権を認められていたため、ほかの株主には方向転換を要求する力がなかった。2015年後半のあるとき、ニューマンは資金提供者たちにエキセントリックな挨拶をした。消火器を持ち出し、安全栓を引き抜くと、出資が見込まれていた投資家に白い泡を浴びせた。蹴られてもしきりに尻尾を振る子犬のように、その投資家は翌年、ウィーワークに資金を拠出し、同社の評価額は160億ドルに上昇した。[22]

ウィーワークが自ら主張する企業価値と、創業者の無謀な振る舞いとの間の裂け目は大きくなった。ベンチマークはニューマンの姿勢を変えるべく孤独な厳しい取り組みに着手した。2017年、5人のパートナーの一行がマンハッタンに飛び、いくつもの現地の投資先を訪問した。ニューマンとの会談では、赤字の業績と創業者の持ち株売却に不快感を表明した。しかし、一行はゲームの手札は自分たちのほうが劣っていることを分かっていた。当時のバブルのような金融環境では、ニューマンはほかから言いなりになるお金を調達することができた。彼には、自分に難しい要求を突きつけるVCに耳を傾ける義務はなかった。実際、ニューマンはベンチマークに屈するどころか、目標実現を可能にしてくれる究極的な人物と手を組もうとしていた。

*

その人物とは、孫正義だった。強気相場で沸くアメリカのテクノロジー市場に2度目の突進中で大忙しだった。2016年、孫はセールスマンの技能を炸裂させて、サウジアラビアとアブダビを説得し、計600億ドルを引き出した。翌年、彼はこれを用いて「ビジョン・ファンド」と呼ぶものを立ち上げ、ユニコーン狩りに乗り出した。軍資金は最終的に986億ドルとなり、それまでで最大規模のベンチャー・ファンドの実に30倍余りに膨れ上がった。

孫はこの大きさこそが優位性になると計算していた。[23]振り返れば1990年代には、1億ドルの小切手を切る彼の能力がヤフーをたくましくした。今、ライバルたちに衝撃を与え、畏怖の念を抱かせるには、小切手の金額をさらに膨らませる必要こそあったが、原則は変わっていなかった。しかも、強気相場が続く間は、資金を素早く投じているだけで、孫は保守的なベンチャーキャピタリストたちよりも多くのお金を稼げそうだった。つまり彼は安心して、ユニコーンたちに向かって資金を噴射することができた。手にしているホースが太くなっていることを除けば、台本の中身は同じだった。

孫が莫大なファンドを用意したというニュースはベンチャーキャピタル業界に衝撃波となって広がった。セコイアでは、マイケル・モーリッツが2012年にトップを退いて以降、2度目となる経営戦略への介入を行った。前回はヘッジファンドに辛抱強く取り組むことを主張したが、今回はパートナーたちに超大型のグロース・ファンドの組成を促した。モーリッツがヤフーをめぐって経験した、ソフトバンクによるいじめの戦術に対する防御を強化しなければならなかった。「金正恩と孫正義には少なくとも一つ違いがある」とモーリッツはミサイルを振り回す北朝鮮の独裁者に言及しながら幹部たちに宛てて書いた。「前者はＩＣＢＭ（大陸間弾道ミサイル）を持ち、それらを空中に弧を描くように投射する。後者はベンチャー・ファンドやグロース段階に投資するファンドが苦労して得た利益を消し去るために新しい武器庫を利用することに躊躇しない」

モーリッツは、およそ１０００億ドルで武装した孫がテクノロジーへの投資のための市場を歪めてしまう可能性があると見た。一部の企業の評価額を、後に急落しかねない水準まで押し上げたり、また、競争を強いられるほかの企業の評価額までも暴落させたりすると考えられたからだ。孫がルールにお構いなしに荒っぽいことをするからには、セコイアは行動計画を変更しなければならなかった。モーリッツは「(ボクシングで世界王者だった) マイク・タイソンがかつて言ったように『誰もが顔にパンチを食らうまではプランを持っている』」とした上で、「今こそ（ルールに縛られずに）相手の耳に噛みつくときだ」と主張した。[24]

モーリッツに背中を押されて、セコイアは80億ドルのグロース・ファンドの組成を進めた。セコイアがシリーズＡの段階で出資した企業が成長を遂げ、大規模な資本増強が必要になった際には、それまで面倒を見てきたこの出資先がソフトバンクの手に落ちてしまわないように、小切手を切ることにした。もっとも、ほかの伝統的なベンチャーキャピタルは、モーリッツのこの動きに追随できる立場になかった。彼らはこのグロース投資にかかわることを避け、ＶＣの黎明期からの家内工業的で、小規模な事業展開に忠実であろうとした。また、彼らにはリミテッド・パートナーたちに数十億ドル規模の軍資金を要請する足がかりもなかった。「スモール・イズ・ビューティフル」を支持する最も著名なＶＣがベンチマークであり、その姿勢の妥当性が試されようとしていた。

２０１７年、孫正義はウィーワークがマンハッタンに構える物件の一つにアダム・ニューマンを訪ねた。約束より1時間半遅れて到着した孫は、腕時計にちらりと視線を落としたあと、最大で12分、一緒にいることができると伝えた。２人はウィーワークの施設をかいつまんで見て回った。ニューマンはＲ＆Ｄセンターと名づけた場所を誇示したがっていた。照明やドアを操作できるタッチパネルや、ＩＤカードを読み取らせるとその人物に合う高さに自動調整するスマートデスクなどが備わっていた。[25] これらの小道具の有用性はあまり明確ではなかった。それでも孫には十分印象的だったようで、12分が過ぎると、ニューマンに車に同乗するよう誘った。

２人はリムジンの後部座席に乗り込んだ。孫は自分のアイパッド（ｉＰａｄ）の画面をつつき、やがて結果を表示して、ニューマンに渡した。ソフトバンクからウィーワークへの44億ドルの投資を提案していた。驚異的な金額で、ベンチマークが創業以来の22年間に調達した累計額を上回っていた。

ニューマンは青いインクで自分の名前を、孫の赤い署名の隣にサインした。30分後、孫はタームシートの写真をニューマンに電子メールで送付した。ソフトバンクはウィーワークの企業価値を200億ドルと算定していた。[26] 金融における多くのイノベーションと同様に、ユーリ・ミルナーが編み出したグロース投資という手法も危険な極限まで拡張されていた。孫がウィーワークから本能的に嗅ぎ取ったものが正しかったなら、ヤフーでの大当たりを何倍もの規模で再現することになるはずだった。

初期の投資家たちにとって、ウィーワークが突きつける難問の本質が、孫の出資によって一層明確になった。創業者を抑え込むという望みが、これまで以上に遠ざかってしまったことだった。孫の資金はニューマンにその誇大妄想を2倍にせよと指示しているかのようだった。「彼は『細心の注意を払いながらこの資本を使ってほしい』と言われたわけではなかった」とウィーワークのある幹部はあきれたように振り返った。「まるで『もっとクレイジーに、もっと早く、もっと大きく』と急かされているようだった」[27]

ニューマンはやみくもな拡大に乗り出した。オフィス面積ではニューヨークで最大の借り手となり、社有ジェット機に6300万ドルを注ぎ込み、アパートメントのウィーリブ、学校のウィーグロウ、金融機関のウィーバンク、客船のウィーセイル、そして旅客便のウィースリープを展開すると約束した。

もっとも、孫はニューマンを規律に従わせる可能性を排除したものの、ほかの株主に対して、ウィーワーク株の買い取りを約束し、脱出口を用意した。孫は2017年および、その次のラウンドで既存の投資家から株式の一部を積極的に購入し、流動性に乏しいはずのものに流動性を与えた。ティー・ロウ・プライスはこのチャンスに飛びついた。「我々はできるだけ多くを売却した」とある幹部は記憶していた。[28] ベンチマークも所有するウィーワーク株の5分の1を手放した。関係者たちによれば、ソフトバンクによる購入価格は同ＶＣの当初の投資に対するリターンにして15倍の水準に設定されていた。

これは部分的なエグジットであり、ベンチマークは残る80％の株式を維持したままだった。それでもソフトバンクが買い取るという条項は歓迎すべき保険だった。ベンチマークは最低でも、かなりの倍率のリターンを見込めたからだ。[29] このような経緯を観察していたベンチャーキャピタリストたちにとっての関心事は、脱出口を設ける取り組みが、今後標準的になるかどうかだった。有望な会社をシリーズＡで支援し、事業の順調な立ち上がりを祝福したものの、レイト・ステージの投資家たちによってその会社のガバナンスが破壊された場合、どのようになるのか、ということだった。結末に至る前に果たして、持ち株を現金化できるだろうか——。

＊

ウィーワークに投資する1年前の２０１１年2月、ベンチマークはウーバーという名前の配車サービス会社のシリーズＡの資金調達を主導した。セラノスとは異なり、ウーバーの魔法は正真正銘だった。ボタンを押せば、車がやってきた。乗客をごまかす必要はなかった。ウィーワークとも違い、ウーバーはベンチマークの最もお気に入りのゾーンのど真ん中に位置していた。西海岸のスタートアップで、百戦錬磨の起業家が率い、その将来性はテクノロジーに根差していた。ウィーワークは「ネットワーク効果」を備えた「プラットフォーム」だと主張して、人を煙に巻いたが、ウーバーは本物だった。成長するにつれて、車の数は増え、待ち時間は短くなり、この便利なサービスを利用できる都市も増えた。

ウーバーへの投資を計画・先導したのは、ベンチマークに旗揚げから3年後の1998年に加わったビル・ガーリーだった。彼は同VCの文化にぴったり適合した。ガーリーの採用にあたり、既存のパートナーたちはまさに自分たちに似た人物を選ぼうとしていた。当初からのメンバーたちは、いずれも背丈が6フィート（1メートル83センチ）を超えていた。ガーリーはドアの枠のように高く、6フィート9インチ（2メートル6センチ）あった。当初からのメンバーたちは、自分たちをプロバスケットボール・チームのシカゴ・ブルズになぞらえていた。ガーリーは学生時代に全米大学体育協会（NCAA）の最上位（D1）バスケットボール・リーグ所属校の選手向けの奨学金を得ていた。知的にも肉体的にも競争力を備えていた当初からのメンバーたちは、ガーリーにベンチマークに入るよう誘う前に、彼のことについて話し合った。そして、ガーリーの中に自分たちと同じ資質を見た。「好感度が高い」と1人目が指摘した。「好奇心が旺盛だ」と2人目が続いた。「彼とはバスケットボールの試合を一緒に観戦できそうだ」と3人目が強調した。[30] しばらくして、パートナーの1人がガーリーを狩猟に連れていくと、彼はイノシシを追いかけて急な斜面を下った。「彼はある種の獣だ」とそのパートナーが話すと、「それは気に入った」と別のパートナーが敬意を込めて応じた。[31]

ガーリーのウーバーに対するシリーズAでの投資は、知的に賭けを組み立てるという点で完璧なモデルだった。彼はベンチマークに入る前に、ネットワーク型のビジネスを研究するスタンフォード大学の教授陣の1人であるブライアン・アーサーの著作に感銘を受けた。そこでは、ネットワーク効果を享受する企業群が、ミクロ経済学の基本法則の想定とは、真逆の存在であることを説明していた。収穫逓減ではなく、収穫逓増という環境の中にあるからだった。

多くの通常の産業セクターでは、供給量を増やしていく生産者は、その製品の価格が低下していくのを目の当たりにする（収穫逓減）。豊富であるということは安いことを意味した。これとは反対に、ネットワーク型のビジネスでは、ネットワークの拡大に伴い、消費者にとっての利便性が向上し、生産者は自分の製品に追加料金を請求できる（収穫逓増）。その上、消費者の利便性の向上と並行して、生産コストは低下していく。ネットワーク構築が進むにつれて、規模の経済性が働くからだ。[32] ベンチマークがイーベイを支援した際に判明したように、ネットワーク型ビジネスへの投資の報酬は莫大になる可能性があった。

ベンチマークと契約、参加したガーリーは、イーベイのコンセプトの適用対象を製品からサービスにまで広げた。彼にとって最初のヒットとなったスタートアップは、オープンテーブルという顧客とレストランを結びつける事業を手掛けていた。イーベイと同じく、オープンテーブルは売り手（レストラン）と買い手（食事の予約をしたい顧客）のマッチングの改善に取り組んだ。顧客は値段、場所、料理の種類によってレストランを選べるようになり、予約はとても便利になった。

ガーリーはこのオープンテーブルに興奮した。ネットワーク効果が理論の予想どおりに強力であることが証明されたからだ。このネットワークに加わるレストランが増えると、より多くの顧客がサイトを訪れるようになり、それがレストランをさらに呼び寄せた。ある日、オープンテーブルの進捗状況を確認していたガーリーは、1人の営業担当者が驚異的な数のレストランの新規登録を獲得していることに気づいた。この外れ値が出現した理由は、既に強固なネットワークがあるサンフランシスコをこの担当者が受け持っていたからだった。「何てことだ。これは実にうまくいっている」。ガーリーは当時そのように感じたと振り返った。[33]

オープンテーブルが成功したあと、ガーリーはほかの産業セクターで同種のビジネスを探し始めた。「我々は内部でも検討を開始した」と彼は回顧した。「もし情報を完璧に共有できるようにしたなら、どの産業で変革が起きるだろうか」。オープンテーブルの登場によって、例えば顧客は、翌週の月曜日の午後7時で予約したいアジア料理のレストランを価格帯を特定して検索できるようになった。この威力は新しいものだった。それ以前は、電話をいくつもかけて回り、予約先が見つかるまでに1時間もかかることがあっただろう。

ガーリーと同僚のパートナーたちは、同様の仕組みを導入する機が熟しているセクターについて考えをめぐらせ、やがてタクシーとリムジンのサービスに行き着いた。乗客とドライバーのマッチングは極めて非効率だった。改善の余地は確かに大きそうだった。ガーリーには実体験もあった。シアトルの高層ビルで出資先の取締役会が終わり、車に乗ろうとしたが、予約していた迎えの車が見つからなかった。「空港に遅れそうで、周辺を走り回る羽目になった。しかも、ご存じのように、シアトルの街中には坂の傾斜がきつい場所もある」[34]。同様なトラブルを避ける需要は大きいと考えた。

このように連想を続けるうちに、ガーリーに新しいスタートアップのイメージが浮かび上がった。オープンテーブルの配車予約への応用だった。次はこのコンセプトを現実に変える起業家を探すことだった。ガーリーはそれまでと同じくらい精査しながら進めた。タクシー・マジックというバージニア州のスタートアップのことを聞きつけた彼は、大陸を何度か横断して出資の可能性を協議した。

しかし、このビジネスを慎重に検討し、どのような事業の組み立て方が適切かを知っていた彼にとって、タクシー・マジックのアプローチは、求めているものと違っていた。同社の創業者たちは開発したアプリで黄色い車体のタクシーを呼び、支払いもスマートフォンで済ませられるようにしていた。しかし、タクシーの料金は規制されていたため、ガーリーには行き止まりに見えた。ネットワーク効果で勢いを得るには、低料金で参入して、事業規模を拡大していくことが欠かせなかった。ところが、規制業種であるタクシー・ビジネスと結びついていたこの東海岸の会社は、肝心のネットワークの部分に目をつぶっていた。ガーリーにとっては、このネットワークの拡大の可能性こそが、そもそも輸送というサービスを検討に値する存在にしていた。数カ月の交渉のあと、ガーリーはこのバージニアの創業者たちと組むことを断念した。

２００９年、ガーリーはエンジェル投資家を探しているウーバーのことを耳にした。嬉しいことに、ウーバーの戦略は規制されていない黒い車体のリムジンを標的にしていた。「我々は彼らとすぐに面会しなければならない」と考えたとガーリーは振り返った。[35] しかし、このときも彼が感情の高まりを自制する展開となった。ウーバーの共同創業者であるギャレット・キャンプとトラビス・カラニックに会った際に、どちらもフルタイムでは事業に関与するつもりがないことを知り、良い印象を受けなかった。２人が代わりに採用したライアン・グレイブスという若きＣＥＯは、新しいビジネスを構築するだけの成熟度を欠いていた。ネットワーク効果の発想を輸送に生かす事業を切望していたガーリーだったが、ウーバーへの投資を見送った。Ｂ級の選手に資金を投じるリスクを取るつもりはなかった。

それから1年余りして、ウーバーがガーリーのレーダーに再登場した。今度はシリーズＡの投資家たちを求めていた。また変化が起きていた。若きライアン・グレイブスはより重要性の低い地位に回り、トラビス・カラニックがフルタイムのＣＥＯに就いた。これにより、ウーバーにまったく新しい光が当たった。カラニックはこれまでに2回の起業の実績があった。猛烈に戦闘的で、なりふり構わず突進するカラニックは、最も厳しい障害でも押しつぶして進みそうだった。規制当局や既存のリムジン会社と対峙して、都市圏の交通を揺さぶってみせる勇気を持つ人物がいるとすれば、彼だった。

ガーリーは自分とカラニックの相性が良いとも感じていた。一つには、この創業者はジョークが通じた。カラニックがベンチマークのオフィスで事業説明を予定していた日に、あるパートナーがウーバーのアプリを開くと、(ベンチマークの)ライバルであるセコイアの本部のそばにリムジンが1台停車していた。当時のウーバーはリムジンが少なかった。そのパートナーはこの車でカラニックはセコイアに事業説明に行き、同じ車でセコイアからベンチマークに来る計画なのだろうと想像した。いたずらしても構わないと考えたこのパートナーは、自分がウーバーのサービスを理解していることをカラニックに見せつけるため、スマートフォンで車を1台呼び出した。するとほどなく、画面上ではセコイアの駐車場から小さな黒いアイコンが出てきた。案の定、カラニックは徒歩でベンチマークにやって来た。汗をかき、遅刻した。その晩、ベンチマークはカラニックにランニングシューズを贈った。

まだ求愛期間中だったある日曜日の夜、ガーリーにカラニックから電話があり、サンフランシスコのホテルのバーへ来るよう求めてきた。ウッドサイドのガーリーの自宅からは35マイル(約50キロ)の距離だった。しかし、この種の電話はベンチャーキャピタリストが待っていたものだった。家族が寝入ると、ガーリーは車で北に向かった。そして、カラニックと翌朝まで話し合った。ついに足並みがそろった。ガーリーは自分が想像していたチャンスに直ちに、しかもふさわしいCEOのもとで、挑むスタートアップを見つけた。

翌日、ベンチマークはカラニックにタームシートを提示した。少しやり取りがあったあとに、パートナーたちはウーバーのシリーズAの資金調達を主導し、5分の1の持ち分と引き換えに1200万ドルを拠出した。[36] ガーリーはオープンテーブルのリムジン版にたどり着いた。このスタートアップに対する彼の野心は、オープンテーブルに匹敵する結果をもたらすことであり、順調に進めばおそらく20億ドル規模の企業価値で上場を果たすだろうと見ていた。[37]

＊

物語のこの時点では、ウーバーの先行きにトラブルが待ち構えているとは予期されていなかった。エリザベス・ホームズと違ってカラニックは多くの経験を積んだ大人だった。ガーリーもカラニックが立ち上げた初期の会社の一つを支援した友人に電話をかけるなど、注意深く点検していた。[38] また、ウィーワークとも異なっていた。同社をめぐっては、そもそもベンチマークのパートナーたちの中に不動産に関連したビジネスに対する懐疑心があったにもかかわらず、出資に踏み切った経緯があった。

今回、ウーバーが展開していたのは、売り手と買い手が自由に参加するマーケットプレイス型のビジネスであり、ガーリーはそれについて深く理解していた。ベンチマークからの資金で活動を本格化させたカラニックは、ガーリーの期待に十二分に応えた。カラニックはニューヨークのリムジン市場を守る制限的なルールをかいくぐりながら進んだ。法律・条令に抵触することは一切なく、ウーバーはライセンスを認めるに値する存在だと市長を何とか納得させるまで違反行為を徹底して避けた。ほかにも、カラニックはダイナミック・プライシングという洗練されてはいるが、人気のないアイデアを実行し、ガーリーはこれを称賛した。ウーバーは低額の予測可能な料金を請求するのではなく、利用者の需要に応じて料金を変動させた。需要が急増するピーク時に、ウーバーは料金を引き上げて、市内に追加のドライバーを引き寄せ、車両不足を未然に防いだ。料金のつり上げだと不満を漏らす批判的な人々もいたが、カラニックはその方針を貫いた。

「トラビスは真の起業家だ」とアマゾンのジェフ・ベゾスは賛同するようにガーリーに言った。

「そのように考える理由は何でしょう」とガーリーは尋ねた。

「彼はこの件（ダイナミック・プライシング）で屈しなかった」とベゾスは回答した。[39]

2011年後半にはカラニックがシリーズBの資金調達を進める準備が整った。彼の粘り強さをベゾスが称賛したこともあって、出資希望者には事欠かなかった。ベゾス自身、300万ドルの拠出を保証し、ゴールドマン・サックスも加わると約束した。このラウンドを主導するベンチャーキャピタルを求めていたカラニックが第一候補に選んだのはアンドリーセン・ホロウィッツだった。特にa16zのパートナーのジェフ・ジョーダンに敬意を払っていた。オープンテーブルの元CEOで、別のデジタル・マーケットプレイスであるエアビーアンドビーの取締役だった。ジョーダンは従来型の製品と新しい情報の融合を理解し、一時期はペイパルの社長を務めたことから、スタートアップの規模拡大のための手法を知っていた。ウーバーがジョーダンとガーリーの両方を味方につけることができたなら、シリコンバレーのベンチャーキャピタルから最高のアドバイスを得ることになりそうだった。

カラニックはa16zと交渉している間に、ほかの出資希望者に応対しても問題はないと考えていた。最も食い下がってきたのは、かつてUUNETを支援したVCであるメンロ・ベンチャーズに入ったばかりのシェービン・ピシェバーだった。ピシェバーはジョーダンやガーリーと同クラスではなかった。大柄で、自己宣伝の才能に恵まれた、少しなれなれしく近づいてくるタイプで、3年前に「起業家精神に関する、とりとめのない、時差ぼけの、半分明晰な、美しい電子メール」と賞賛された、奇妙なエッセイで注目を集めた。[40]

そのエッセイでは「フェイスブックの内部の人々は、より高度な使命と大義について知り、それらに突き動かされなければならない」と指摘した。その上で「彼らはザッカーバーグという天才を中心に革新をもたらし、拡張し、それをよりエレガントで、当を得た、個々人に向けた、感動的なものにするという使命を負っており、そうあるべきだ」とした。[41] この種のこびへつらう、ナンセンスなメッセージを受け取った側の有力者たちは、ピシェバーのことを鋭敏で、その上、賢明だとまで見なしがちだった。カラニックもこの追従を浴びて楽しんだ1人だった。間もなくマーク・アンドリーセンがａ16ｚはウーバーの企業価値をおよそ3億ドルに評価する用意があると示唆した。これは1年足らず前にベンチマークが出資した際の5倍の水準だった。[42]

ａ16ｚが提示した評価額に満足したカラニックは、ピシェバーに電話をかけて、メンロ・ベンチャーズの出資を受け入れないことになるだろうと伝えた。

ピシェバーが振り返るには、「やあ。相棒《ホーミー》」とカラニックは受話器越しに呼びかけてきた。「本当に君とこの取引をしたい。しかし、会社の利益のためには、よそと進めなければならないんだ」

「そのように言われた瞬間を私は記憶している」とピシェバーは回顧した。「私は感情的に反応することもできた。例えば『お願いだ。止めてくれ』と」。しかし、ピシェバーは代わりに、別のトーンを選んでカラニックに返事をした。「注意して聞いてほしい。おめでとう」と潔く切り出した。「絶対にこのまま進むべきだ。もし、デューデリジェンスの過程で何か不都合なことが起きた場合には、思い出してくれ。私は10万パーセント、君を支持している。だから強気で交渉するがいい。君にはバックアップがあるんだ」

「恩に着るよ」とカラニックは答えたという。[43]

ａ16ｚと手を組んだ結果、カラニックはシリコンバレーの成功物語ではおなじみの道を進みつつあった。ある強力な投資家の支援を得てシリーズＡの資金調達を実現したのに続き、同じくらい強力な投資家に支えられてシリーズＢの資金調達を計画していた。もし、カラニックがこの調子で続けていたなら、後にウィーワークを蝕むガバナンスの空白がウーバーをも悩ませることはなかっただろう。

しかし、ここで歴史は思いがけない方向に逸れていった。アンドリーセンは、カラニックが約束された値だと受け止めていた3億ドルの評価額を撤回した。このベンチャーキャピタリストは、カラニックとの夕食の際に、ウーバーの利用者数と売上高のせいで評価額が過大になっていると主張した。彼は提案の4分の1を減額した。

カラニックはアンドリーセンに歩み寄りを促そうと試みた。しかしアンドリーセンは考えを変えなかった。

数日後、カラニックは減額を了承し、アイルランドで開かれるテクノロジー関連のカンファレンスに向かった。しかし、評価額にはなお困惑していた。彼はアンドリーセンに電子メールを送り、a16zの現在の提示額である2億2000万ドルと、当初の3億ドルの間のどこかで、より良い取引を求めた。しかし、アンドリーセンは立場を変えなかった。

カラニックは憤慨し、ピシェバーに電話した。

そのときピシェバーは会合に参加するため、アルジェリアにいた。画面を見たが、悩ましいことに、アルジェリアでは発信元を表示する機能は働いていない様子だった。

少々、ためらった後に、ピシェバーは電話に出ることにした。

「やあ。相棒」と聞き覚えのある声がした。

ピシェバーはアドレナリンが少し噴き出したのを感じた。「どうしたんだい」と尋ねた。

「私に言ったことを思い出してくれ。今も有効だよね」

「クソがつくくらい、もちろんだ」

「ダブリンで会えるかな」とカラニックは尋ねた。

「次の便に乗るよ」とピシェバーは約束した。[44]

ピシェバーはヨーロッパを北上し、カラニックとアイルランドの首都で落ち合った。2人は石畳の通りを歩き、パブに立ち寄るとギネス・ビールを頼んだ。ウーバーには無限大の可能性があると繰り返すカラニックには、より強いカリスマ性が感じられた。「あのとき私は本当に理解した。彼は何兆ドルにも上る事柄（ウーバーが攻め込む市場の規模）について話していた」とピシェバーは後に語った。[45]

ホテルに戻ったピシェバーはカラニックにテキスト・メッセージを送った。ウーバーの企業価値を2億9000万ドルとした。a16zの減額した提案を30％余り上回った。

ピシェバーはカラニックからの返信を待つ間、神経をピリピリさせていた。少し前には、彼はこの男との絆を感じながらも、結局より名声のあるパートナーシップとの取引を選ばれてしまった。

しかし、今回はカラニックは別のVCと話をしていなかった。その代わりに彼は、ある旧友とVCの振る舞いについて話していた。カラニックにはジレンマがあった。彼と彼の会社は単純ではない選択を迫られていた。知名度の低い投資家からの気前の良い提案と、著名な投資家からのしみったれた提案のいずれを取るかを問われていた。メンロ・ベンチャーズのシェービン・ピシェバーと、a16zのジェフ・ジョーダンのどちらを、高い評価額と、価値の高い助言のどちらを選ぶべきだろうか――。

「君には名の知られたベンチャーキャピタリストからの追認は必要ない」とその友人は言った。「そのハードルはもう超えている」。このカラニックの友人の見立てでは、ウーバーが全米規模でサービスを展開するためには、莫大な資金が求められる。「要はできるだけ安く資本を集めることだ。資本は力だ。資本があればあるほど、選択肢が増える」とこの友人はカラニックを促した。[46]

待っているうちに、ますます気が気でなくなったピシェバーはカラニックにもう一度、テキスト・メッセージを送信した。提案を2億9500万ドルに引き上げた。

今度はカラニックが即座に返信した。2億9000万ドルの提案で結構だ。喜んで受け入れるという。「これで決まりだ。こちらに来てほしい」とカラニックは指示した。[47]

ピシェバーはタームシートを印刷し、カラニックのホテルの部屋に持参した。そこで2人は署名した。デューデリジェンスが終わると、メンロ・ベンチャーズは2億9000万ドルの評価額で、2500万ドルを投資し、会社の株式8％を取得した。ベゾス、ゴールドマン、そしてさらに投資家数社で合わせて1200万ドルを拠出した。

＊

今となってみれば、ピシェバーの出資が発端となって、ウーバーではその後、問題が生じていったことが分かる。カラニックは資金こそが力であり、ベンチャーキャピタルによる専門性のある導きは不要だと決めてかかった。このため、メンロ・ベンチャーズがかなりの投資を行ったにもかかわらず、その代表のピシェバーはウーバーの取締役に就任せず、投票権を持たない取締役会のオブザーバーどまりとなった。言い換えるなら、彼には監督能力が期待されていなかった以上、オブザーバーがふさわしいということだった。

むしろ、ピシェバーのウーバーでの主な役割は、チアリーダーを務めることだった。彼は髪の毛を剃って、自分の頭に会社のロゴが浮き出るようにした。ラッパーのジェイ・Zが株主になるよう手配した。後にカラニックのガールフレンドになる音楽家を主役に据えたパーティを開いた。グーグル、フェイスブック、そして若者たちの反乱のおかげで、創業者に優しい対応はVC業界に必須となったが、ピシェバーはそれを最大限押し広げ、自らを創業者の兄弟分や従者と位置づけた。あるとき、カラニックがロサンゼルスに飛ぶと、ピシェバーは迎えの車を空港に送った。後部には着替えのために新しいスーツが用意してあった。[48]

時代精神を反映していたのは、創業者に対するへつらいだけではなかった。カラニックに代表される調達が容易な「安い資本」を惜しまず投入するという判断もそうであり、結果的にネットワーク型のビジネスが抱える問題含みの側面とつながってもいた。ネットワーク型のビジネスは勝者が大きな勝利を収めるという点で刺激に満ちており、敗者たちはほとんど何も手にできない。

しかも、ネットワーク型のビジネスでは勝者が最良の製品を作っているとは限らない。その製品が真っ先に規模を確保し、ネットワーク効果で勢いを得ただけのことかもしれない。

ウーバーの場合も、ライバルたちが挑戦してくる前に一定の規模に到達することを急ぎ、そのために、次々と資金を投じて、利用者が配車サービスを割安に感じることができるようにした。この経営姿勢は、少しあとに「ブリッツスケーリング（電撃的な規模拡大）」という言い回しでシリコンバレーを席巻することになる。時間を２００５年に巻き戻せば、ポール・グレアムはVC業界がスタートアップにあまりに多くの資金を供給しており、まるで農家がフォアグラづくりのためにガチョウに餌を詰め込んでいるようなものだと不満を漏らしていた。ところが、ネットワーク型のビジネスでは資本が積み重なると、本当に力になる。ペイパル対X・ドット・コムにしろ、メイトゥアン（美団）対ディエンピン（大衆点評）にしろ、極めて大きな報酬が期待されるテクノロジーの闘いでは、費用が残酷なほどかさむ。

果たせるかな、シリーズBの資金調達から1年後、ウーバーに競争相手が2社現れた。アクセルが支援するヘイローという会社が２０１２年の年末にかけてボストンとシカゴでタクシーの配車アプリを立ち上げた。高額なリムジンのセグメントよりもはるかに大きな市場でウーバーを出し抜こうとしていた。ヘイローの先行を許すまじと決意したウーバーは、自らもタクシーの配車サービスに乗り出した。

続いてジムライドというスタートアップが低料金で配車サービスを提供する実験に着手した。

サービス名はリフトで、プロフェッショナルではないドライバーが利用者を乗せた。当初、カラニックは規制当局がリフトのサービスを禁止すると予想した。無資格のアマチュアのドライバーが、専用の保険もかけずに営利目的で運転することは、交通安全の基準を満たしていないのは明らかだと思われた。普段は規制当局には近寄らないウーバーだが、このときばかりはカリフォルニア州公益事業委員会に対して、自社のリムジン・サービスのドライバーたちは適切な免許を得ていることを引き合いに、ライバルの活動停止を働きかけた。[49]ところが、このカリフォルニア州の規制当局はリフトにゴーサインを出した。間を置かずにカラニックは、独自のアマチュア・ドライバーが運転するウーバーXのサービスで反撃に出た。

路上での競争が、資金集めの競争へと発展することは避けられなかった。2013年前半にへイローはシリーズBで3100万ドルの資金を調達し、ニューヨーク市でのサービス開始に備えた。[50]リフトもピーター・ティールのファウンダーズ・ファンドが主導するラウンドで1500万ドルを集めた。次のラウンドは、ウーバーでのチャンスを逃したことを後悔するa16zが主導し、6000万ドルを調達した。

しかし、ウーバーのシリーズAを取りまとめたベンチマークから見て、同社が依然、優勢であることは、良いニュースだった。この競争が勝者総取りのパターンにあてはまるのなら、勝者となる公算が大きいウーバーと共に、このまま突き進むべきだった。13年8月、カラニックは自陣が勝っていることを誇示した。優れた評判があるグーグルのベンチャー投資部門の主導で、破格の2億5800万ドルをシリーズCで調達した。フロントランナーの地位を強調するかのように、このラウンドにはプライベート・エクイティの大手であるTPGが加わり、その手はずをカラニック自身が整えた。契約文書では、TPGに向こう6カ月以内に8800万ドルを追加投資する権利を認めていた。これは電撃的な拡大策、ブリッツスケーリングで圧倒するぞというウーバーからライバルたちへの警告だった。

ここに至って、ガーリーはウーバーをオープンテーブルのリムジン版以上のものと見なすようになった。手ごろな料金のウーバーXのサービスは、この会社が利用者を地下鉄やバスから奪い取るばかりか、自家用車の保有にまで挑戦状を叩きつけて、さらに大きな市場を獲得できそうなことを示していた。また、ピシェバーが投資して以降、ガーリーがウーバーのガバナンスについて感じていた懸念は、すべて和らいでいた。グーグル・ベンチャーズは尊敬される存在であり、その上、TPGの設立時からのパートナーでウーバーの取締役に就任予定のデイビッド・ボンダーマンのことをガーリーはとても敬愛していた。[51]

ガーリーと同僚のパートナーたちはウーバーに対して実に楽観的で、シリーズCのラウンドではベンチマークとして1500万ドルを拠出した。同VCの全体の運用規模が4億5000万ドルであることを考えれば、これはかなり踏み込んだ関与と言えた。そして、ベンチマークが常に10倍以上のリターンを目標にしていることを踏まえれば、シリーズCで35億ドルにまで上昇した評価額から始めても、目標達成は視野に入っていると、意識的に表明したに等しかった。[52]

続く18カ月間、ガーリーは意気軒高だった。ヘイローからの挑戦は、同社がネットワークの拡大に勢いをつけることができないまま、立ち消えとなった。サイドカーという別の挑戦者の取り組みも徒労に終わった。リフトだけが抵抗を続けたが、それでもウーバーはなお優勢だった。2014年春、リフトがシリーズCで2億5000万ドルを集めると、数週間後、カラニックはシリーズDで12億ドルもの巨額の調達を行い、対抗した。リフト、ウーバーのいずれも今回の資金はドライバーたちへの還元にあてた。ガーリーはなおも動じなかった。当時、シリコンバレーにはあらゆる種類の投資家たちから資金が殺到し、ベンチマークはあちこちの投資先で、同様の資金調達競争に直面していた。「バーンレート（手持ちの資金が減少していく速さを示す経営指標）は月に届きかねないほどの勢いで跳ね上がっていた」とガーリーは投資先の各社の経営状況を振り返った。「その現象は配車サービスにとどまらなかった。地上の至るところで起きていた」[53]

バーンレートの値がいくつだったにせよ、ウーバーは驚異的な金額に上る価値を株主にもたらしていた。シリーズDの資金調達では評価額が170億ドルに達した。

その直後の2014年6月、ニューヨーク大学教授のアスワス・ダモダランがウーバーの真の価値はそれをはるかに下回っていると主張する批判的な記事を書いた。[54]彼はタクシーのグローバルな市場規模は推計でおよそ1000億ドルだとし、ウーバーのフェアバリューは59億ドル、シリーズDでの評価額の半分以下だろうと結論づけた。

ガーリーはこれに反論し、自身のブログのエッセイで、タクシーの市場はウーバーの低料金のおかげで拡大するだろうと強調した。「焦点は存在している市場ではなく、我々が創造しつつある市場だ」とガーリーはカラニックの発言を引用した。これらの議論のどのあたりに説得力を感じるかはさておき、驚くべき事実は、ウーバーの企業価値に対する主要な批判者でさえ、何と59億ドルと見積もったことだ。1年足らず前のシリーズCでの評価額を24億ドル上回っていた。

企業価値が大きく膨らむなか、ウーバーでは同時期にウィーワークで起きていた憂慮すべき展開と、似た状況が発生しつつあった。カラニックはゆっくり、かつ着実に自らの権力を固めていった。その犠牲になったのは、投資家たちだった。ピシェバーを取締役に就かせず、取締役会での票決から排除したほかにも、カラニックはシリーズBのラウンドを利用して、自分に反対するあるエンジェル投資家を取締役から退任させた。[55] 続く2013年のシリーズCのラウンドでは、カラニックは強力な議決権を自分自身と共同創業者たち、さらに初期の投資家たちに付与した。

結果的にこのシリーズCと次のシリーズDの支援者たちが拠出した大量の資金には、それに見合う影響力が付与されなかった。原則論として、ベンチマークはこの扱いを好まなかった。1年後、ウィーワークが同様の対応を講じた際に、それを好まなかったのと同じだった。しかし、このときベンチマークのシリーズAの持ち株には、強力な議決権が与えられた。しかも、ウーバーはパートナーシップのこれまでの歴史で過去最大の成功案件になろうとしていた。このため、ガーリーにはわざわざレイト・ステージの投資家を代弁して、この船を揺るがすつもりもなかった。加えて、ガーリーはカラニックと良好な関係を保っており、ガーリーの助言は役立っている様子だった。彼はサンフランシスコのマーケット・ストリートにあるウーバーの本社に入るためのカードキーを保有していた。正式にどれほどの議決権があるかは別にして、彼は同社に対して影響力を行使できているように感じていた。

ところが、2014年の年末にかけてガーリーは自分の影響力が弱まりつつあると感じ始めた。何億ドルもの資金がウーバーに押し寄せ、カラニックは有名人になった。その一方で、誉れ高いシリーズAの投資家としてのベンチマークの重要性は必然的に希薄化した。しかも、カラニックはもはやガーリーの助言に関心がないように見えた。カラニックはウーバーの向こうっ気が強い企業文化を守ろうと決めていて、その考えとぶつかったときには、なおさらだった。

そこでガーリーは、カラニックが最高財務責任者(CFO)を採用し、その人物を上級幹部に据えて、今では大規模になった事業を適切に管理してもらうことを望んだ。また、ガーリーはカラニックに強力な法律顧問を見つけるようにと圧力をかけた。特にウーバーの経営陣の間には、大企業に期待される基準に達しない行動があったからだ。14年10月、シリコンバレーのジャーナリストのサラ・レイシーがカラニックのことを女性蔑視で「ブロ(男友達)」重視の文化を助長していると非難した。これに創業者は、ウーバーならぬ「ブーバー」と呼ばれるべきだと冗談で切り返した(ブーは親しみを込めて彼女や彼氏を指す言葉)。この会社が自分の女性たちとの出会いを増やしてくれたからだという。[56]

レイシーからの激しい攻撃のすぐあとで、カラニックの側近が自分のほうから、状況をさらに厳しいに方向に追い込んでしまった。レイシーのスキャンダルをかき集めて、彼女を脅す計画をほのめかし、それが露見した。[57]ガーリーはカラニックの起業家らしい攻撃性を気に入っていたもののの、超えてはいけない一線があり、ウーバーにはそれを見分けるシステムが存在していなかった。ガーリーがこの点をカラニックにいくら指摘しても、聞き入れようとしなかった。カラニックはこの業界屈指のＶＣを「チキン・リトル（騒々しい臆病者）」と形容した。[58]ガーリーは自分が窮地に陥ったと感じた。ダンレビーがウィーワークで追い詰められたと気づいたのと同じだった。ガーリーは賢い投資計画を思いつき、適切な担い手が現れるのを辛抱強く待ち、そして10億ドルを優に超すリターンを同僚のパートナーたちに確保した。しかし、その利益はあくまでも紙の上の存在でしかなかった。ウーバーは上場しておらず、このためガーリーが持ち株を売却して、利益を現金化することはできなかった。

また、カラニックには強力な議決権が認められていたため、ガーリーはカラニックに耳を傾けさせることもできなかった。[59]仮に、シリーズＢを主導する投資家が強力な投資家だったなら、ガーリーにとっては志を同じくする味方になってくれたかもしれないが、カラニックは現実にはチアリーダーを選んだ。シリーズＣの主力投資家はほとんどあてにならなかった。グーグルが計画する無人運転の自動車の開発はウーバーと競合しかねないという理由で、グーグルを代表する取締役会のメンバーをカラニックは脇に追いやっていた。結果的にガーリーを応援してくれるのは、ＴＰＧのデイビッド・ボンダーマンだけになった。しかし２人では取締役会の判断を票決で変えるには不十分だった。CEOに対する効果的なチェックは働いていなかった。

＊

2015年初め、ガーリーは不満をさらけ出し始めた。自らのブログに長文のエッセイを掲載し、慎重な言い回しを連ねながらも、上場を先延ばししているユニコーンの企業群に関する問題点を解説した。ガーリーはウーバーの名前こそ挙げなかったが、読者たちは同社が主題だと理解した。[60]

ガーリーのエッセイは問題を3点指摘した。第一に、ユニコーンが過大に評価されていたことだ。シリコンバレーのほかの投資家たちとは違って、ガーリーにはその点をはっきりと語る準備ができていた。テクノロジー企業のレイト・ステージの資金調達は、「最も競争が激しく、最も混雑していて、そして（『バブル』より小さい『フロス』で）最も泡立っている」と率直に説明した。[61]新しい資金提供者たちがシリコンバレーに殺到しているせいだった。銀行、投資信託、プライベート・エクイティ、ヘッジファンドなど様々なテクノロジーへの投資の初心者たちのことで、彼らはスタートアップに1000万ドルを投じることには、ほとんど関心がなかった。運用規模が数10億ドルに上るこれらの資金提供者にとって、その程度ではポートフォリオに目立った変化が生じなかった。むしろ1億ドルの小切手を切ることを望んだ。これらの「経験不足なマネー」は、それゆえレイト・ステージの大規模案件に集中してしまい、評価額の急上昇を招く結果となった。

第二の問題点は、金融工学と関連があった。シリコンバレー以外の投資家は、しばしば自分たちを保護する条項、例えば会社清算という事態に陥った場合への備えとして、残余財産の分配をほかの投資家よりも優先して受ける権利を契約に盛り込むことを主張した。これが、ユニコーンの評価額をさらに歪めた。この種の保証を得る投資家は、当然ながら株式取得にあたって、そうではない投資家よりも多くを支払うことになった。この割り増し（プレミアム）の存在がそのスタートアップの評価額を見かけ上、押し上げてしまった。一方、これより前の投資家には残余財産優先分配権が付与されていないため、理屈では保有株の価格は、新たに加わった投資家の保有株よりも割安となってしまう。言い換えるなら、レイト・ステージの投資家が、例えば１００億ドルの評価額で投資したからといって、ほかの投資家もそのユニコーンに同じ企業価値を認めているとは限らないということだった。現実は次のようなものだろう。シリーズAのラウンドで資金を投じた投資家は、強力な議決権を付与されるので、保有株の価値は大きい。これに対しシリーズCの投資家は議決権の大きさ、つまり経営に対する発言力が弱いので、保有株の価値はそれより小さい。また、シリーズEの投資家は残余財産優先分配権を持つので、シリーズCの投資家と同数の株式を保有していても、その価値は大きい。このような複雑さのなかで、ユニコーンの本当の価値を判断するのはほぼ不可能だった。

第三の問題点は、最初の二つから生じた。レイト・ステージの評価額――新聞の見出しにもなる見かけ上、一番大きな値――は正当化できない水準に膨れ上がり、テクノロジー企業の創業者たちの思い上がりを助長したことだ。強力な議決権を与えられていることや彼らを礼賛する風潮によって、既に制御不能に陥る恐れが出ていただけに、深刻な事態だった。結果的に起業家たちは、ますます何をしても許されるかのように振る舞った。事業の実態について情報をほとんど開示せず、しばしば投資家たちを意図的にミスリードした。本当に許容されるのか疑わしい会計処理も蔓延した。[62] シリコンバレーになだれ込む経験不足な投資家の目をごまかすのはあまりに容易だった。ユニコーンに対するガバナンスは崩壊していた。

エッセイを公表した時点で、ガーリーが主に懸念していたのは、ウーバーの中国進出計画だった。カラニックはアマゾン、グーグル、その他のすべての大手テクノロジー企業が挫折した場所で、市場を切り開こうと決意していた。２０１４年以降、彼は配車サービスでは現地で首位のディディ・クワイディ（滴滴快的、後のディディ・チューシン＝滴滴出行）との勝ち目の薄い競争に巨額の資金を注ぎ込んだ。この大胆なギャンブルが可能になったのは、バブル的な評価額で何億ドルもの資金を調達できたからであり、カラニックの言いなりになる取締役会が彼を止めなかったからだった。ガーリーに可能だったのは、いらだつことだけだった。彼がカラニックに繰り返し伝えたように、中国に資金を投じることと、リフトとの闘いに資金を投じることは根本的に異なっていた。ネットワーク型の産業においては、勝利の可能性が高ければ、費用のかさむ競争に臨むことは正当化される。そうではないならば、無謀な行為だった。

デイビッド・ボンダーマンの支持を得たガーリーは、カラニックにウーバー・チャイナとディディの合併を検討するよう働きかけた。これは壊滅的な料金戦争に対するVCの典型的な反応だった。[63] 2015年1月、カラニックはディディの経営幹部たちとの協議を始めることに同意し、中国市場を明け渡すことと引き換えにディディのかなりまとまった株式を要求した。しかし、カラニックが欲していた代価は信じられないほど大きかった。カラニックは中国のライバルに対し、実に株式の40％を譲渡するよう求めた。ディディはカラニックの提案を一顧だにせず、逆にあざけるように中国だけでなく、グローバルに攻勢をかけた。ディディはウーバーと競合するリフトに1億ドルを出資した。インドや東南アジアを含め、ほかの地域でもウーバーと対立する勢力との技術共有の提携を発表した。利益を後回しで、急成長を志向するブリッツスケーリングの闘いはグローバルなものに発展した。

ガーリーとデイビッド・ボンダーマンは激怒した。カラニックの仕事は敵対的な領域で資金を蕩尽《とうじん》することではなく、中核的な市場で優位性を固めることだった。このCEOがナポレオン的な中国遠征に突き進むことは、まさに取締役会が伝統的に阻止してきた類いの行き過ぎだったが、このときのウーバーの取締役会は去勢された状態にあった。カラニックが勝機のない闘いに資金を投じていたにもかかわらず、ガーリーがエッセイの中で予見していたように、ウーバーは企業価値が上昇し続ける恵まれた財務条件のもとで経営していた。2015年末、ウーバーはシリーズGの資金を調達した。企業価値は625億ドルの驚異的な水準に達し、ベンチマークが出資額を倍増させたシリーズCでの評価額の18倍超に上った。

2016年4月、ガーリーが公表したユニコーン批判の第二弾も大いに注目された。今度は特定の脅威に的を絞っていた。レイト・ステージの投資家は残余財産優先分配権を持つため、ほかの投資家に比べて、ユニコーンによる型破りな挑戦をより許容しがちだった。[64]下振れリスクがある程度、抑制されているレイト・ステージの投資家にはユニコーンに無謀な成長を迫らない理由がなかった。例えば、中国市場に大枚をはたくかどうかの選択を前にした場合、レイト・ステージの投資家はユニコーンに実行を促すかもしれなかった。残余財産優先分配権のおかげで、彼らは何が起きようとも出資分を回収できるかもしれなかった。つまり、彼らには上振れの可能性に賭ける理由が、いくらでもあった。ガーリーはこの危険性を自分が愛好するゲームの戦略になぞらえながら、次のように要約した。典型的なレイト・ステージの投資家は、「ポーカーのテーブルで（手札が弱くても多くのチップを賭けがちな）ルーズアグレッシブなプレイヤーのように行動する[65]」

翌月、ガーリーにとって最悪の展開をカラニックがもたらした。彼は自分の右腕的な存在である資金調達の担当者を世界で最も甘い機関投資家のもとに送った。運用規模が3000億ドルに達するサウジアラビアのソブリン・ウェルス・ファンドである。このときもガーリーには、うめき声を上げることしかできなかった。サウジからの大量の資金調達はベンチマークの持ち株の希薄化につながるだけで、そのお金はディディとの競争に消えてゆく見込みだった。[66]以前にも増して、ディディとの闘いは間違った賭けに感じられた。2016年5月にはその中国企業が国内市場でのリードを広げ、その上、軽快な足取りでシリコンバレーに踏み込み、アップルから10億ドルを調達した。ウーバー自身は酔っぱらっているかのように、ニューヨークからムンバイまで各地で販促資金のバラマキ競争を繰り広げた。このとき求められていたのは、資本ではなく、節度だった。

続いてガーリーの暗い予感を超える事態が待ち構えていた。サウジのパブリック・インベストメント・ファンド（正式名称）はウーバーに対する巨額の35億ドルの出資提案の一環として、取締役会を8人から11人に増員し、この3人の指名権をカラニックに与えるとした。この要求はカラニック本人と彼のチームからのものだと思われた。彼らは明らかに、ガーリーがまだウーバーに対して持っていたわずかな影響力を根こそぎにしようとしていた。

ガーリーはウィーワークのダンレビーと同様に、解き難いジレンマに向き合っていた。35億ドルの資本注入の実現を危うくすることなく、カラニックの息がかかった取締役の増加に異議を唱えることはできそうになかった。また、彼はこの35億ドルが賢く使われそうにないと疑っていたが、もちろん自分の見立てが間違っている可能性もあった。莫大な新しい軍資金はウーバーに力を与え、より多くのマーケット・シェアをあたかも買い物でもするかのように手に入れ、さらにグローバルなブリッツスケーリングの闘いに最多の資金を投下して、想像を絶する価値を獲得できるかもしれなかった。ガーリーはコーポレート・ガバナンスについての信念と、ネットワーク効果への期待を比較しながら迷った。カラニックがVCをチキン・リトルと呼んだのはもしかして正しいのではないか――。「我々は皆、ネットワーク効果を信じている。しかし（大当たりを狙う賭け事の）テーブルにとどまるために、20億ドルから30億ドルをすってても構わない人などいるだろうか」とガーリーは考えた。「ウォーレン・バフェットやジャック・ウェルチ、ほかの誰でもウーバーの取締役に招聘できるかもしれないが、彼らは何をしたらよいのか分からないだろう」[67]

カラニックの目論見を挫《くじ》く方策はないと判断したガーリーは、サウジからの投資の受け入れに同意し、取締役3人の増員という毒薬も飲み込んだ。しかし、彼はウーバーをめぐる冒険譚を振り返り、自分の判断を後悔していると打ち明けた。「あれはおそらく、今の自分なら、違ったやり方で対応することのリストの最上位にくる一つだ」と語った。「私には反対することができた。変える必要があると彼らに言っただろう」[68]

*

その年の夏になって、一つ望ましいことが起きた。カラニックが良くない兆候を見て取り、中国で和平を結ぶことを求めた。サウジの資本注入から2カ月後の2016年8月、彼は中国市場をディディに譲り、引き換えにこのライバル企業の株式の18％を受け取った。18カ月前にカラニックが要求した40％に比べれば、控えめな水準での決着であり、しかも、この間にウーバーは中国で20億ドルの損失を被っていた。それでもディディの株式の18％には、60億ドル近い価値があった。[69]このように利益が出る形で撤退交渉に成功したのは、ウーバーがサウジ製のお金の大砲を抱えて、威嚇したことが大きく作用した。

ガーリーは安堵したものの、依然ウーバーにとらわれの身だった。持ち株を売却できず、創業者はほとんど聞く耳を持たなかった。[70]彼にできたことと言えば、カラニックに成熟を迫り、特に向こうっ気が強いスタートアップの企業文化を捨てるよう促すことぐらいだった。ガーリーはカラニックに、ビジネスにおいては少々退屈なことが良い結果をもたらすと指摘した。「財務や法務での革新的な取り組みがなければ、競争には勝てない。そして、人事を作り直さなければ、競争には勝てない。これらは経験が大きくものを言う分野だ」と話したという。[71]

カラニックが注意を払うことを拒否したとき、ちょうどガーリーにMBAのクラスで講演するよう依頼が舞い込んだ。この機会を利用して自分の苦境について議論してみることにした。もし、賢い学生が反抗的なユニコーンの取締役会の一員だったら、何をするだろうか。しかし、ガーリーは誰一人、具体的なアイデアを持ち合わせていないことに気づいた。「検討に値した唯一の答えは、企業に説明責任を負わせることに関しては、公開市場がより良い仕事をするだろう（ユニコーンを上場させるに限る）だった」と嘆いた。[72]

２０１７年2月、カラニックのこれまでの振る舞いの代償が突然、露わになった。スーザン・ファウラーという元従業員がウーバーでのセクシャルハラスメントの横行ぶりを詳しく説明し、その告発が口コミで広がった。カラニックは謝罪と組織の立て直しを試み、調査のために一組の権威ある法律事務所と契約した。しかし、月末までにさらに二つの危機が急浮上した。ウーバーに有力な科学者たちの1人を引き抜かれたグーグルが、これに激怒し、自動車の無人運転技術を盗んだとしてウーバーを提訴した。続いてカラニックの忌まわしい動画が出回り、多くの人々が疑っていたことが確認されたと受け止められた。CEOは最低な人物で、ウーバーは最低な会社だった。

この動画は、あるウーバー契約車のダッシュボード上のカメラに録画されたもので、後部座席のカラニックが音楽に合わせて不器用に体をくねらせ、両脇から女性に挟まれている様子が映っていた。

乗客が何者かを認識したドライバーは、利用者の増加を狙って運賃を引き下げるウーバーの傾向について苦情を訴え始めた。

「おかげで私は9万7000ドルを失った」とそのドライバーがこぼした。「あなたのせいで自己破産だ」

「でたらめだ」とカラニックは反論した。「よく聞け。自分の失態の責任を取りたくない、そのような人たちがいるものさ。彼らは人生のすべてを他人のせいにする」

セクシャルハラスメントの申し立てに、この動画が加わってウーバーの評判は急速に失墜した。士気の低下した従業員たちをグーグルやエアビーアンドビー、フェイスブック、そしてリフトまでが引きはがし始めた。

悪いニュースは続くもので、2017年3月、ニューヨーク・タイムズ紙がウーバーの規制当局に対する非常に攻撃的な戦術をすっぱ抜いた。ウーバーのエンジニアたちは、配車サービスが認可されていない都市向けに、普段は本物のアプリの裏に隠れているプログラムを開発した。警察などの法執行機関の担当者たちがウーバーの車を呼び、差し押さえようとしても、アプリが取り締まる側からの配車要請だと認識して、影のプログラムを立ち上げ、車が向かっているように見せかけるだけで、実際には配車されないという仕組みだった。[73] ウーバーではこれを「グレイボール」と呼んでいた。

また、シリコンバレーの「インフォメーション」というニュースサイトが、カラニックの韓国出張を批判的に取り上げた。カラニックと数人の現地のマネジャーたちがエスコート・バーを訪問した。カラニックは誰も同伴する女性を選ばなかったものの、同僚の何人かはそれぞれ別室に連れ出したという。不愉快な暴露が連発する間に、ガーリーはウーバーの車両リース部門で巨額の損失が発生していることを知った。彼が何度も指摘していたように、ウーバーの財務管理の欠如は惨状を呈していた。

このような事態の到来を自分が予期していたという事実は、ガーリーにとって何の慰めにもならなかった。「正しいが、無能では、ベンチャー投資ではあまり価値がない」と彼は後に語った。[74]

それどころか、ストレスの悪影響が出始めていた。イノシシを追って坂を下るように過ごしてきたガーリーは、太り気味で不機嫌で、まともに眠れなかった。まんじりともせず、未明まで起きていたとき、ベンチャー投資の歴史上、最大級の未実現の大当たりの一つに対する責任の重さをひしひしと感じたという。

ベンチマークはウーバーの株式の18％を保有し、その価値は85億ドルに上っていた。この紙の上の値上がり益と、実際に獲得する金額の差を想像すると、ひどく苦しくなった。もし、ウーバーがゼネフィッツやセラノスと同じ道をたどったらどうなるだろうか。ベンチマークの多くのリミテッド・パートナーたちは既にこの想定された満塁ホームランからの利益を計上していた。基金の投資担当者たちはボーナスをもらい、車や住宅を購入していた。彼らは大学や基金に利益を還元してもいた。もし、ウーバーで収めつつあった勝利が、失敗に帰したなら、その結果はベンチマークの運用成績に依存する大学の講堂や研究室に波及するだろう。そして、人々は自分について何と言うだろう。カラニックの攻撃性を大目に見てしまった。忍び寄るガバナンスの変化と闘い損なった。完璧だった投資が破滅的な結末に陥るのを許してしまった——。

ウーバーを舞台にした最後のショックがガーリーの脱出口を開けた。2017年6月、ウーバーの有毒な企業文化の調査にあたっていた二つの法律事務所が作業を終了した。突き止めた内容は、取締役会が想像していた以上に嘆かわしいものだった。報告書は数百ページを費やして性的暴行やその他の暴力行為を詳しく説明していた。二つの法律事務所はカラニックの重要な側近の1人を解雇し、取締役会には独立した取締役を1人追加するよう勧告した。カラニック自身には休業を要求するべきだとした。

ガーリーと盟友のデイビッド・ボンダーマンは好機だと判断した。これまでカラニックは強力すぎて、押しのけることができなかった。法律事務所の報告書は彼らの影響力の源泉となった。勧告どおりにカラニックを休業に追い込んで、運が良ければ、彼はこのまま戻ってこないかもしれなかった。

「トラビス。率直に言って、私は君がいないこの会社を想像できないが、君がいるこの会社も想像できない」とボンダーマンはカラニックに伝えた。[75]

退却は前進のための最良の準備と考えたカラニックは法律事務所が促す休業に同意した。彼は経営の現場から離れることを、自発的に選択した小休止だと表現した。母親が船舶の事故で最近亡くなり、彼は日常の仕事などから暫時外れる必要があった。また、従業員向けにメッセージを送り、「最も戦略的な意思決定」には引き続き携わることができるとし、「また会いましょう」と元気に告げた。

ガーリーは意図を理解した。自分が何かをしない限り、カラニックは遠からずウーバーに戻ってくる。そこで、ガーリーは全従業員が集まる会議で法律事務所の勧告の内容が明らかにされたとき、立ち上がって聴衆に語った。

「この会社は間違いなくシリコンバレーの歴史上、最も成功したスタートアップです」と温かい口調で始めた。そして、待ち受ける一連の課題に焦点を移した。問題のある経営トップを、つまりウーバーの暗い側面の同義語となってしまった人物を取り除くことによってのみ事態の打解は可能だった。「我々は世界で最も大きく、最も重要な会社の一つと考えられています」とガーリーは説いた。「我々の行動、会社としての行動はそのような期待に応え、期待に沿ったものでなければなりません。さもないと、我々は問題を抱え続けることになります」

ガーリーは「我々の信望は赤字に陥っています」とも主張した。「何か（批判的な記事など）を読んで、公平ではないと文句を言うだけでは、解決策にはなりません」[76]

陽気に「また会いましょう」と記したカラニックは、経営のかじ取り役を辞める考えがないことを示唆していた。これに対しガーリーはウーバーの信望が危機にあると訴えて、対決の準備を進めていることをにじませた。

＊

ガーリーは、三つの計略でカラニックに迫った。個々の計略が注目に値し、全体では驚くべきドラマになった。1世代前、シスコのような会社から創業者を追放することは物議を醸した。今、ガーリーは創業者礼賛という、シリコンバレーの思い込みに立ち向かいつつあった。

ガーリーは仲間を集めることから始めた。ウーバーの2人のエンジェル投資家が保有株の価値をカラニックが棄損していると信じるようになった。彼らはカラニックの帰還を阻むため、喜んでガーリーと組むつもりだった。メンロ・ベンチャーズもチームに加わった。同VCでは、このときまでにシェービン・ピシェバーが転職し、あまりご機嫌取りをしないベンチャーキャピタリストに交代していた。次にガーリーは専門家たちをチームに招いた。コーポレート・ガバナンスやホワイトカラーの犯罪に詳しい大学教授らとブレインストーミングを行った。ガーリーは法律家や危機対応の広報事務所と契約した。

すぐにガーリーはゲームプランを固めた。彼の株主連合はカラニックに完全な退任を強いるだけの票数を持ち合わせていなかった。しかし、カラニックが大人しく引き下がらない場合には、最後通告を報道機関にリークするという脅しとセットで突きつけることにした。多くのベンチャーキャピタルは人事をめぐる醜い争いを世間の目から遠ざけることに執着している。ベンチマークがこの対決を吹聴するかもしれないと威嚇するのは、実際に明るみに出れば、さらに追加で投資家たちが反カラニックに回ると計算したからだ。

シリコンバレーの規範に反するやり方だったものの、ガーリーはチームメイトたちを結束させた。「我々は歴史の正しい側にいると思います」と彼らに伝えた。

2017年6月20日、ガーリーは攻撃を開始した。ベンチマークの同僚の2人のパートナーがシカゴに飛んだ。そこではカラニックがウーバーに戻った際に経営のナンバー2として支えてくれる幹部候補との面接の準備をしていた。ガーリー自身はベンチマークの会議室に陣取り、電話会議システムで仲間たちを呼び集めた。従業員たちを前に歴史の評決を意識させたときとは違って、ガーリーは今度はハリウッド映画を引き合いに出した。

ニューヨーク・タイムズ紙のマイク・アイザック記者が取材した見事な記事によると、ガーリーは仲間たちに「(SFホラー映画の)『ライフ』という作品を観たことがありますか」と尋ねた。「宇宙にいるライアン・レイノルズと、捕獲された黒いぬめぬめとしたエイリアンが出てくる作品です」

「エイリアンが逃げ出す。どういうわけか箱から出てしまう。そして、宇宙船の乗組員全員が殺害される。そして、人類を皆殺しにするため、宇宙船は地球に向かう。そんな筋書きです。すべてはエイリアンが外に出てしまったせいです」

電話回線とつながったスピーカーから何人かの笑う声が聞こえた。

「そうです。トラビスはまさにあのエイリアンのようです」とガーリーが発言した。「どこかで、我々が彼を箱の外に出してしまったら、彼は全世界を破壊するでしょう」[77]

シカゴではガーリーのパートナーであるマット・コーラー(元フェイスブック)とピーター・フェントン(元アクセル)がザ・リッツ・カールトン・ホテルの金色のエレベーターに乗り込んだ。最上階ではカラニックが待っていた。

コーラーとフェントンは直ちにメッセージを伝えた。退任してほしいのだと話した上で、カラニックにチーム・ガーリーとしての書簡を手渡した。

書簡はこの悲痛な年に発生し、発覚した厄災を列挙していた。セクシャルハラスメントをめぐる調査、グーグルとの係争、そしてグレイボールというまやかしである。「大衆はウーバーには倫理的、道徳的な価値観が根本的に欠けていると認識している」と書簡は強調した。同社には「その中核的な部分を変える」ことが不可欠であり、この目的のために、CEOの交代が要請されるとした。

カラニックは部屋の中をそわそわと行ったり来たりし始めた。「この道を進みたいのなら、醜悪な事態に陥ると覚悟したほうがいい」と訪問者たちに向かって叫んだ。

コーラーとフェントンはカラニックに結論を午後6時までに下すよう通告した。その時刻が過ぎたら、情報を公表する。ニューヨーク・タイムズ紙の1面を飾るような記事で取り上げられ、ほかの投資家たちはベンチマークの側に付くだろう。カラニックは尊厳を保って去ることも、それを持たずに去ることもできる、という趣旨だった。

カラニックは1人にしてくれるようにと頼んだ。フェントンとコーラーはその場を離れ、ガーリーに報告した。ベンチマークの本部からガーリーはテキスト・メッセージを送った。「彼は時間稼ぎをしている」

カラニックは取締役会のメンバーや投資家たちに電話をかけ始めた。ガーリーの連合のわずかでも切り崩そうとした。書簡の署名者たちは議決権でウーバーの40％を占めていた。カラニックがその1人か2人でもひっくり返し、これ以上、連合側の手に落ちるのを防ぐことができれば、自分の会社をつかんで離さずに済むからだった。

「こんなことになるなんて！」。カラニックはある投資家に懇願した。「私は変わることができます。自分自身を変えさせてください！」

彼の訴えは聞き入れられなかった。ウーバーのガバナンスはあまりに低いところまで落ちてしまい、取締役会の少なくとも一部は、それまでの経営に積極的に関与しない、受け身の姿勢を後悔していた。その晩、カラニックは観念し、辞表にサインした。

ガーリーの計略の一つ目は完璧に実行された。

＊

ドラマはまだ終わっていなかった。カラニックが完全にいなくなったわけではなかった。彼はなお取締役会の一員であり、議決権の16％を保有する大株主だった。アップルを追い出されたあとのスティーブ・ジョブズのように、彼も会社への復帰を計画するかもしれなかった。実際、休暇を取ったあと、カラニックはウーバーの幹部への接触を開始し、まるで会社から離れる気はなかったかのようだった。ウーバーの14人からなる経営委員会はカラニックの復帰が許可された場合には、一斉に辞任する意向を示した。ガーリーはカラニックの動きを止めなければならなかった。

2017年7月、ベンチマークは二つ目の計略の準備を始めた。数カ月前、孫正義がベンチマークのもう一つの問題を抱えたユニコーンであるウィーワークを支えることになった。パートナーたちは孫が特別な支援をウーバーにも提供するかもしれないと考えた。確かに彼は何をしでかすか分からない危険な人物だった。しかし、ウィーワークではベンチマークの持ち株の一部を買い取って助けてくれた。孫のウーバーに対する投資がガバナンスをリセットする好機となる可能性があった。普段、孫やほかのレイト・ステージのプレイヤーたちは創業者に優しい条件を受け入れることで有名であるものの、ウーバーでは創業者が追い出されていた。孫はその後任者に優しいかもしれなかった。マット・コーラーとピーター・フェントンは孫の考えを確認するため、アイダホ州サンバレーに飛んだ。そして彼らは楽観的な気持ちになって戻って来た。[78]

翌月、ベンチマークは三つ目の最も積極果敢なギャンブルに出た。創業者への敬意の名残をすべてかなぐり捨て、カラニックを相手取った訴訟を起こした。彼の取締役会への影響力を断ち切ることが狙いだった。ベンチマークは提訴にあたり、グーグルからの企業秘密の窃盗などの不正行為を知っていたなら、カラニックが取締役3人の指名権を得ることには同意しなかったと主張した。つまり、カラニックは欺いてこの3人分の取締役会の席を獲得したということだった。[79] 訴訟ではこれらの増員を撤回させ、カラニックが取締役を続けることを禁じるよう求めた。[80]

その後の数週間、ベンチマークは孫に対する働きかけと訴訟に並行して取り組んだ。孫はウーバーの企業価値を400億ドルから450億ドルの範囲で評価して、既存の株主からの株式の購入に応じそうに見えた。直近の評価額からはおよそ3分の1割安だが、それでも歓迎できる脱出経路だった。さらにユーリ・ミルナーに似た動きとして、孫は比較的小規模ながらも、680億ドルの評価額で投資し、会社の面子を保つことを提案した。一方、ベンチマークはウーバーの経営陣や取締役会から非難されたものの、訴訟を継続した。ベンチマークの観点では、訴訟はハンマーだった。カラニックを震え上がらせることに役立った。

9月下旬、カラニックの後任として新たにCEOに就任したダラ・コスロシャヒは孫からの投資を快諾した。ベンチマークが想定していたとおりに、これは新たな資本の調達というよりは、ガバナンスの再調整だった。取り決めでは、強力な議決権は廃止され、カラニックの保有分は全体の16%から10%に引き下げられることになった。また、コスロシャヒは新しい取締役の指名権を得て、カラニックの影響力を打ち消すことになった。実質的にコスロシャヒとベンチマークは、カラニックがサウジからの投資を受け入れた際に、ベンチマークに対して行ったことを、孫を利用して覆したと言えた。[81]

カラニックは全力で抵抗した。議決権の見直しには、まだ法的には検証されていないメカニズムがあり、カラニックはその部分で闘おうとした。[82]しかし、二つの方向から攻め立てるベンチマークの戦略がカラニックを追い詰めた。孫が流動性の提供というアメを示したことで、より多くの投資家たちがガーリーの側についてしまった。提訴というムチを振ったことで、カラニック自身に対立者たちとの和解を選ぶ誘因が生まれた。最終的に、カラニックはベンチマークが法的手段を使った攻撃を放棄することを条件に、孫からの投資とガバナンスの変更に同意した。

２０１８年１月、孫との契約が正式に成立した。カラニックは取締役会での多数派工作を断念し、ベンチマークは訴訟を取り下げた。

ビル・ガーリーとベンチマークにとって、試練続きの経験だった。カラニックを追放して、投資先の会社を救ったが、それは普段順守していたＶＣのルールブックを細断することによって、ようやく可能になった。シカゴでの最後通告、城壁を突き破る兵器としての孫正義の利用、そして訴訟のすべてが即興的に活用された。ユニコーンの登場以前には、いずれも必要とされていなかったものである。

＊

ウィーワークとウーバーの行き過ぎを振り返ると、ベンチャーキャピタルを主犯として描きたくなるだろう。「いかにしてベンチャーキャピタリストたちは資本主義を歪めているか」。これがニューヨーカー誌の回顧的な記事の見出しだった。[83] しかし、セラノスのスキャンダルのあとに起きた反発と同じように、批判があまりに広範囲に及んでしまい、テクノロジー企業への投資家には様々な種類があることへの指摘がなおざりだった。

ウィーワークの資本は圧倒的に、これまでの標準的な顔ぶれ以外の投資家たちが拠出していた。具体的には銀行や投資信託であり、その当時アラブの湾岸諸国のマネーの導管（コンデュイット）の役割を担っていた孫正義だった。[84] ウィーワークの物語で名の知られたＶＣはダンレビーのベンチマークくらいだった。孫が怪物級の小切手を２０１７年に切る以前の17億ドルまで資本が集まった段階でも、ベンチマークの拠出額はわずかに全体の約１％にとどまっていた。ダンレビーをウィーワークの創業者であるアダム・ニューマンが抱いていた目標を実現させる主要な担い手と位置づけるのは、飛躍しすぎであろう。さらに、ダンレビーの影響力について言うなら、彼は強力な議決権をニューマンが要求していることに反対し、絶対的な権力は絶対に腐敗すると警告を発した程度だった。

ウーバーの場合も同様だった。ベンチマークは２０１６年に行われたサウジの巨額の投資よりも前に調達された資金の１％の、さらにその３分の１を投じただけだった。しかも、ガーリーがカラニックと疎遠になってしまったのは、まさにガーリーがカラニックの行き過ぎの少なくともその一部を是正しようと試みたからだった。ガーリーのあとから出資したチアリーダーたちの中には、おべっかを使うＶＣもいた。しかし、カラニックの目標実現の担い手たちはシリコンバレーの外からやってきた。

事実として、標準的なベンチャーキャピタリストは、ウィーワークにおいても、またウーバーにおいても、より一般化して言えば、あまりにも強力なユニコーンにおいて、主たる悪役ではなかった。２０１４年から16年にかけてアメリカのベンチャー投資の資金は、非伝統的な投資家である投資信託やヘッジファンド、ソブリン・ウェルス・ファンドなどがその４分の３足らずを拠出していた。[85] だからといって、ベンチャー投資を担う業界がユニコーンのガバナンスの崩壊という課題に直面していた現実は変わらない。ガーリーは15年に著した苦悩のエッセイで、ユニコーンは上場すべきだという最も明快な是正策を提案した。自分を支援してきたベンチャーキャピタルに耳を傾けなくなった傲慢な起業家は、上場によって今度こそ監査人、銀行家、規制の当局者、そして法律家の意見を聞かなければならなくなる。

２０１９年、ガーリーのエッセイでの主張を裏づけるように、ウーバーとウィーワークでのＩＰＯに向けた準備作業はそれぞれを健全な経営へと促す契機になった。ウーバーでは、ガーリーが唱えてきた管理の仕組みをダラ・コスロシャヒが受け入れた。ＣＦＯのポストは埋まり、新たに就任した法務の最高責任者がウーバーは倫理を真剣に受け止めると示唆した。経営体制を刷新したおかげで、ウーバーのＩＰＯは比較的、順調に進んだ。19年5月の上場初日の終値で見た株式時価総額は６９０億ドルに達した。公開前のピークの評価額の７６０億ドルには届かなかったものの、格別に大きな金額であり、ベンチマークは２７０倍のリターンをもたらしたこの投資を祝った。[86]

対照的にウィーワークでは、誇大妄想狂のアダム・ニューマンがコスロシャヒのような改革に踏み込むことを潔しとしなかったため、ＩＰＯの過程で相応の罰を受ける結果となった。機関投資家などを対象にした一連の説明会に向けて財務情報の公開を求められたウィーワークは、狂信的な教団（カルト）との類似性を感じさせる異様な文書を作成した。「アダムはビジョナリー、経営者、イノベーターという三つの役割を同時にこなしながら、コミュニティや文化の創造者としても活躍できるユニークなリーダーであることを証明した」と魔法にでもかかったように表現した。ニューマンは未公開株の市場では著名な起業家だけに、彼の次の資金調達への参加を切望するレイト・ステージのおべっか使いたちが相手なら、このような虚栄心の強いナンセンスな文書で切り抜けることが可能だっただろう。

しかし、今度は彼のほうから公開市場の投資家向けに株式の売却を望んでいるのであり、直面している相手は実に厳しかった。金融分野を取材するジャーナリストたちは、ウィーワークの情報開示を嘲笑した。株式アナリストたちは数字のあらさがしにいそしんだ。そして、ハーバード大学ビジネススクールのノリ・ジェラード・リーツ教授はウィーワークの特徴が「複雑怪奇な企業構造、今後も続くと予想される損失、あまりに多い対立、実効性のあるコーポレート・ガバナンスを完全に欠いていること、そして、めったにお目にかかることのない『ニューエイジ』の言葉遣い」にあるとこき下ろした。公開市場の投資家たちがウィーワークの株式の購入を拒んだため、取締役会はＩＰＯを撤回し、遅ればせながらニューマンを解任した。

ガーリーは正しかった。ＩＰＯの過程で、これらのユニコーン２社に冷たいシャワーを浴びせ、現実に気づかせるという作業が行われた。２社では未上場のためにカバナンスが機能不全に陥ってしまい、この作業は求められても実行できずにいた。

では、この教訓は広く共有され、テクノロジーの世界の危機的な状況は峠を越したのだろうか。

ユニコーンのガバナンスを損ねてしまった最大の当事者である孫正義はウィーワークでの屈辱を受けて、自分のやり方が間違っていたことを認めた。「投資の判断がまずかった」と口にした。[87]その償いとして孫は、「もっとクレイジーに、もっと早く、もっと大きく」ではなく、利益を生み出すことを企業に求めていくと約束した。起業家には今後、忌まわしいあの強力な議決権を付与せず、彼らが取締役会の過半の票を握ることも認めないと誓った。さらに、ソフトバンク自身、投資先の取締役には就かないという従来の受け身な慣行を止めるとした。[88]

また、ガーリーによる批判が広く受け入れられた兆候として、株式公開を長く遅らせていたユニコーンの企業群が次々に陰から出てきた。ベンチャーキャピタルが支援するIPOを通じた資金調達額は2020年には計380億ドルに上り、これまでで最高の水準となった。[89]

もっとも、これらは変化の兆しでしかなかった。第二、第三のセラノスとゼネフィッツが登場するリスクは依然、ベンチャー投資の業界を悩ませていた。孫が新しい基準を維持し続けるかどうかは誰にも分からなかった。ユーリ・ミルナーのDSTを含むほかのグロース・ステージに特化したVCは、取締役会に加わることを拒否したままだった。IPOの急増は有望だったが、SPAC（特別買収目的会社）と呼ばれる新しい手段を使った上場方式が登場して水を差した。SPACは、経営状態を精査されたり、情報を開示したりといった従来型のIPOの手続きで生じる過程を踏まずに上場するために用いられる。

金融環境も無責任な振る舞いを助長した。連邦準備理事会（FRB）が低金利を維持している限り、「安い資本」は豊富にあって、お金が無造作に使われてしまう。あまりに大量の資金が、あまりに少ない投資案件を追いかけていた。そして資金提供者は人気企業に取り入るために、ほとんど監督業務の放棄を迫られているも同然だった。ベンチャーキャピタルは革新的な若い企業に資金を提供する最も優れた形態として自らの地位を確立したはずだった。ところがこの業界は無謀なレイト・ステージの投資家たちがユニコーンの企業群とポーカー・ゲームに興じることを防げなかった。

結論

幸運、スキル、そして国家間の競争

Luck, Skill, and the Competition Among Nations

映画、書籍、ポッドキャスト、あるいは楽曲を創作したことがある人なら誰でも、『シュガーマンを探して（邦題はシュガーマン　奇跡に愛された男）』というドキュメンタリー映画が忘れられない。シクスト・ロドリゲスという名前のデトロイト出身の才能あるシンガー・ソングライターの物語で、ボブ・ディランやキャット・スティーヴンスの栄光の歩みとの比較を想起させる。

ロドリゲスは1970年代前半に若きアーティストとして2枚のアルバムを発表した。しかし、いずれも跡形もなく消えてしまった。売り上げは惨憺たるものだった。レコード・レーベルは廃盤にした。やがて、彼は解体の仕事に従事し、創作ではなく、破壊に努めることになった。政府の競売にかかった遺棄された住宅をわずか50ドルで購入し、そこでその後の30年間老いていった。

ところが、世界の反対側で素晴らしいことが起きた。オーストラリアや南アフリカの人々が彼のアルバムを発見し、夢中になった。オーストラリアのレーベルが彼の作品のコンピレーションを制作し、南アフリカでは海賊版がミリオンセラーとなった。ある1曲は反アパルトヘイト運動の応援歌として歌われた。しかし、ロドリゲスには自分がスターになる予感はまったくなかった。世に知られない時代と、名声の時代を同時に記録したこのドキュメンタリー映画を著者が初めて観たとき、南アフリカの友人に電話をかけた。ロドリゲスについて聞いたことがあるかと尋ねた。もちろんだという返事だった。友人は彼のすべての歌詞をそらんじていた。彼にとっては成長期のサウンドトラックだった。

社会学者のマシュー・サルガニックは、コロンビア大学の博士課程の大学院生だった2005年にこのシュガーマン現象について詳しく調査した。結局のところ、創作の分野ではロドリゲスのような物語は繰り返し、不意を突いて現れる。『ハリー・ポッター』が当初、出版社に却下されたものの、大ヒットしたのは好例だろう。多くの書籍や楽曲、映画を用意すれば、一躍有名になる作品が出てくるには十分だが、実は戦利品の大半は少数の作品がかき集めている。サルガニックは何がこの偏った結果をもたらしているのかを理解したかった。そこで何人かの協力者たちと一緒に実験を計画した。その成果は、これからベンチャーキャピタルに対する評決を下すにあたって良い出発点になる。

サルガニックは実験の参加者向けに、未知のアーティストの楽曲を聴いて自分のライブラリーにダウンロードするかどうかを決めるウェブサイトを開設した。参加者はそれぞれ無作為にバーチャルな部屋を割り当てられた。例えば１９７０年代のアメリカ音楽の部屋、南アフリカ音楽の部屋という風にパラレル・ワールドが広がっていた。驚くことではなかったが、参加者は先に聴いた人々がダウンロードした楽曲を選ぶ可能性が高く、つまり社会的な影響力に反応していた。最初の人気が雪だるま式に広がり、それぞれの仮想世界でメガヒットが生まれた。人気はほかの楽曲を圧倒し、それぞれの楽曲の勝利は必然だと思われるほどだった。

しかし、人気の楽曲には、もともと優位性が備わっていると受け止めるのは間違いだった。サルガニックのもう一つの実験の世界では、参加者を別々のグループに分けて、まったく同じ楽曲リストを提示した。すると、異なる楽曲がそれぞれのグループで最上位につけた。例えば「ロックダウン」という楽曲は、あるグループでは首位になり、別のグループではリストにある48曲のうち40番目にとどまった。サルガニックは驚くべきことに、大ヒットはランダムに発生すると結論づけた。[1]

この実験結果はもちろん、花形のベンチャーキャピタリストに謙虚であるようにと促す内容だ。べき乗則が支配するビジネスでは、好循環が重なり続いていくフィードバック効果が働き、一部のベンチャーキャピタリストがその担当領域を支配してしまう。金銭的に大きな分け前にあずかり、注目案件への最良のアクセス手段を得て、最高の運用成績を上げる。これに対して、業界の残りの部分は苦戦が見込まれる。事実、1979年から2018年までに組成されたベンチャー投資ファンドの運用成績は、上位5%のファンドが株価指数の上昇率を楽々と上回ったものの、ファンド全体の中央値は、株価指数の上昇率をわずかながら下回った。[2]

もっとも、このコンテストの勝者たちは、サルガニックの実験を踏まえれば、単に幸運だったにすぎない。おそらくはランダムに起きた、緒戦の成功がネットワーク効果で勢いを得て、高く舞い上がった。もし、歴史を何回か繰り返すことができたなら、そのうちの数回で『ハリー・ポッター』は無名のまま、低迷を続けたかもしれない。クライナー・パーキンスはフレンドスターではなく、フェイスブックに投資したかもしれない。そしてゴールドマン・サックスのボスたちはアリババの株式を保有し続け、孫正義の二度目の活躍の足場を奪っていたかもしれない。歴史のどのようなバージョンであっても、べき乗則のおかげで、少数の勝者が特大のスターになることが保証される。しかし、誰がスターになるかには幸運という要素がからんでくる。[3]

2018年、全米経済研究所（NBER）はこの論理を直接ベンチャーキャピタル業界にあてはめて検証したワーキング・ペーパーを公表した。[4] 著者たちはフィードバック効果の存在を確認した。初期にいくつかのヒットを放ったVCは、次にもヒットを打つ公算が高まる。具体的には、最初の10件の投資でIPOに漕ぎつける回数が1回増えるごとに、後の投資でもIPOを果たす確率が1・6%ポイントずつ高まるという。いくつかの仮説を検証した著者たちは、成功が成功を導く、それは良い評判が良い結果をもたらす効果があるからだと結論づけた。当初の投資の1

件ないし2件が当たると、そのＶＣのブランドが十分に高まり、魅力的な案件——とりわけスタートアップの経営が既に順調になり、投資リスクが小さくなったレイト・ステージの案件——に対するアクセスを得ることにつながっていた。さらに、それらの1発ないし2発のヒットは、スキルを反映していないようだった。むしろ、それは「適時に適所にいること」、換言すれば、幸運の結果だった。サルガニックの楽曲での実験と同じように、ベンチャーキャピタルのうち、どこが勝つかは、幸運と経路依然性が説明しているように見える。

ここまで本書は、ランダム性がベンチャーキャピタルの成功を左右するのだという説（ランダム性支配論）を支持せず、代わりにそれぞれのＶＣが持つスキルを強調してきた。その理由は4点ある。

第一に、ＶＣの成功には経路依存性があるからといって、それは、そのＶＣにスキルがないことを実際には証明していない。そもそも、ベンチャーキャピタリストがゲームに参加するためにはスキルが要る。そして、ＮＢＥＲのワーキング・ペーパーの著者たちが述べているように、多くのスキルを持つプレイヤーたちの中で、勝者が絞られていく過程に対してだけ経路依存性は影響を及ぼすのである。しかも、あるプレイヤーがなぜほかのプレイヤーに対して勝つのか、そのわけを経路依然性に基づいて明快に説明することは難しい。順調なＶＣでは、今後のＩＰＯの実現率が１・６％ポイント高まることが究明されたが、この値は特段大きいものではない。しかも、本書でこれまで取り上げてきたように、経路依存性は頻繁に中断しているのが現実だ。[5]例えば、アーサー・ロックは評判が高かったにもかかわらず、アップルへの投資後は成功しなかった。メイフィールドは１９８０年代には主導的な勢力だったが、同じく影が薄れた。クライナー・パーキンスはシリコンバレーを四半世紀にわたって牛耳ることが可能だと示したが、その後はあっという間に退潮した。アクセルの場合は、初期に成功したあとに、困難に直面したが、やがて勢いを取り戻した。セコイアでは、投資への強いこだわりと警戒心を怠らないために、繁栄のあとに挫折した数多くのＶＣを列挙したスライドをまとめたことがあった。それを「消え去った者たち」と名づけた。

スキルの重要性を信じる第二の理由は、いくつかのパートナーシップの起源にまつわる。クライナー・パーキンスがこのビジネスでリーダー的存在になったのは、タンデムとジェネンテックで実績を上げたからだった。両社とも同ＶＣのオフィスでの検討から生まれたスタートアップで、トム・パーキンスが設立に積極的に関与した。この部分に幸運は関係していなかった。タイガー・グローバルとユーリ・ミルナーはレイト・ステージのベンチャーキャピタルを発明した。彼らのテクノロジー企業に対する投資のアプローチは本当に斬新であり、音楽家が覚えやすい曲を創作して競争するのと同等以上のものを提供したと言える。ポール・グレアムはＹコンビネーターを通じて多くの起業家たちにまとめて対応し、シード・ステージの投資に対する同じく独自のアプローチを示した。ランダムに出現する幸運ではなく、巧妙なイノベーションがグレアムの名前をＶＣ業界の歴史に刻んでいる。

第三に、いったん名声が確立したなら、その後は実力は関係ない、つまりベンチャーキャピタリストは自らのブランドの力を利用して取引に加わっているという見方は、誇張しすぎの可能性がある。セコイアのパートナーの視界に入った案件は、ほかのVCのライバルたちも目にする。小さな家内工業的な組織が入り乱れて闘うこの業界において、競争が足りないということはない。多くの場合、投資案件を勝ち取るには、ブランドと同じくらいスキルが必要である。それは、起業家に感銘を与えるほど十分にビジネスモデルを理解することであり、投資先の候補の企業価値を合理的に判断することである。業界全体の推移を集計した、ある慎重な分析によると、投資に成功した上位案件の収益のおよそ半分を新設・新興のVCが獲得していた。加えて、著名なVCが投資の機会を得ても、しくじる例は無数にあった。[6] アンドリーセン・ホロウィッツはウーバーへの投資を見送った。そのブランドは効かなかった。ピーター・ティールはストライプの初期に出資した。しかし、セコイアと同じくらい資金を拠出するだけの確信を欠いていた。知名度の高いVCにはリスクがより小さいレイト・ステージのラウンドに参加する「特権」があるとの見方は、案件によって当否が分かれるだろう。しかも、勢いがあるユニコーンでは、株式取得費用がかさむ。例えばウーバー、とりわけウィーワークの場合には、一部のレイト・ステージの投資家たちが多額の損失を被った。

第四に、スキルの果たす役割を軽視するスキル不要論はベンチャーキャピタリストの投資先の企業に対する貢献を過小評価している。確かに、貢献の有無や大きさを突きとめるのは難しい場合がある。インテルで約30年にわたって会長や取締役を務めたアーサー・ロックを筆頭に、多くのベンチャーキャピタリストは脚光を浴びることを避けてきた。彼らはコーチであり、アスリートではなかった。しかし、本書は彼らのコーチングが大きな違いを生んだいくつかの事例を発掘してきた。ドン・バレンタインはアタリとシスコを混乱から救い出した。NEAのピーター・バリスはUUNETが新たなGEインフォメーション・サービシズになることができると見抜いた。ジョン・ドーアはグーグルの創業者2人を説得してエリック・シュミットと協力させた。ベン・ホロウィッツはニシラとオクタの足固めの時期を乗り切るのに一役買った。これも確かなことだが、ベンチャーキャピタリストが投資先を導くというストーリーも彼らの重要性を誇大に表現している可能性がある。これらの事例の少なくとも一部では、投資家からの助言なしでも、創業者は自分で問題を解決できたかもしれなかった。しかし、ベンチャーキャピタリストがプラスの影響を与えているという定量的な分析が現にある。また、質の高いVCに支援されたスタートアップはほかよりも成功する確率が高いという研究結果が繰り返しまとまっている。[7] このような主張の風変わりな補強材料もある。旅客便の路線の利便性が高まり、ベンチャーキャピタリストがスタートアップを訪問しやすくなった場合、何が起きたかを調べたところ、スタートアップの業績改善が確認された。[8]

シクスト・ロドリゲスの物語が教えてくれるように、べき乗則が支配するビジネスでは初期の幸運と経路依存性の効き目は大きい。もちろん、ベンチャーキャピタルによる投資も例外ではなく、賢明であることよりも、運に恵まれていることのほうがより良い結果をもたらす場合もある。イギリス人のアンソニー・モンタギューはたまたま歯ブラシを持って粘ったおかげで、リンゴをかじるように、アップルの株式を手に入れたことを本書でも触れた。しかし、賢明さはベンチャーキャピタリストがこの仕事に持ち込むほかの資質と同じく、結果につながる主要な原動力であることに変わりはない。ほかの資質とは、よそよそしい創業者にまず会いに行く押しの強さ、投資が無に帰しかねない必ず訪れるであろう暗黒期を乗り切る胆力、そして才能はあるが、手に負えない創業者を励まし、導くために必要な相手の感情を理解する能力である。

優れたベンチャーキャピタリストは、自分自身を起業家たちの気持ちのむらを調整する道具に変えることができる。投資先の企業で物事が円滑に進んでいるときには、自己満足に陥らないように、鋭い質問をぶつける。物事が難航しているときには、チームが一致団結し、目標をやり遂げる決意を新たにするよう働きかける。

＊

本書には二つ目の主張がある。特定のベンチャーキャピタルやベンチャーキャピタリストが備えているスキルがどのようなものであれ、彼らはグループとして経済や社会にプラスの効果を及ぼしているというものだ。例えば、アップルへの資金提供は、明らかに個々のスキルの良し悪しを検討するのにふさわしい事例ではない。専業のＰＣメーカーの登場という機が熟していたにもかかわらず、何人かのベンチャーキャピタリストが資金を投じることを拒否した。しかし、個々の判断ミスがあっても、ベンチャーキャピタリストはグループとして最終的にはスティーブ・ジョブズに資金を拠出した。その結果、生まれた企業は数えきれないほどの消費者を喜ばせ、従業員には雇用を、投資家には富を作り出した。

先に本書が示したベンチャーキャピタルやベンチャーキャピタリストのスキルをめぐる主張に対して反論があったように、彼らが集団的に発揮する影響力についても、もっともな反論がある。疑義は、次の３点に集約できる。ＶＣ業界は、社会に有益なビジネスの開発よりも、自分たちを富ませることに長けている。ＶＣ業界は、白人男性の狭小なクラブによって支配されている。そして、ＶＣ業界は制御不能な破壊者（ディスラプター）をたきつけてばかりで、破壊的な影響を受ける側を顧みずにいるというものだ。

これらのうち、最も説得力が乏しいのは、ＶＣが支援するビジネスには社会的な有用性がないという不満だ。当然ながら、巨大なテクノロジー企業（ビッグテック）には暗黒な側面がある。アマゾンやアップル、フェイスブック、グーグルほどの巨大な企業になると、あらゆる種類の影響を社会に与えており、良いものも、そうではないものもある。政府が悪しき部分を取り締まることは正しい。プライバシーの侵害、フェイクニュースの拡散、そして誰が、いつ、誰と情報をやり取りするかを決めてしまうかのような情報化時代の民間の力。これらは規制当局にとって正当な標的である。

しかし、これはＶＣに対する告発ではない。ＶＣが最初にテクノロジーの大手企業を支援したとき、彼らは消費者にとって良い製品を創り出すことを支援していたのである。誰も電子商取引やＰＣ、ソーシャル・メディア、ウェブ検索のない世界に戻ることを望んではいない。テクノロジーの大手企業がそれ以降、脅威をもたらす存在になっているとしたら、それはあまりに巨大になったからである。ＶＣとスタートアップという段階は、もうとっくの前に終わっている。ＶＣはこれらの企業が揺りかごにいたころに、何らかの形で無責任に振る舞うようプログラムしたと主張することは無理だ。

それどころか、その逆が本当である。大半のＶＣは創業者に法的、社会的な制約に対してより少なくではなく、より多く注意を払うよう促す傾向がある。フェイスブックでは、アクセルが企業文化の浄化を狙ってショーン・パーカーを排除した。ウーバーでは、ベンチマークが最終的にカラニックを社外に放り出した。そして、ベンチャーキャピタリストたちはデジタル地図、オンライン教育、バイオテクノロジーなど明らかに恩恵をもたらすものを支援してきた。ＶＣが生み出した企業群は、退行の原因というよりも、進歩の原動力なのである。

また、ベンチャーキャピタルは特定のビジネスを創出できなかった、あるいは、なすべきことをしなかったとして非難される。この種の不満で最も一般的なのは、ベンチャーキャピタルが社会的に有用なプロジェクトよりも、とりわけ気候変動と格闘するための重要な技術分野よりも、軽薄なアプリに資金を流しているというものだ。しかし、本書でこれまで見てきたように、VCが熱意を欠いているわけではない。2006年から08年にかけて、VCは何十億ドルもの資金を風力発電、太陽光パネル、バイオ燃料などに投じ、クリーンテックへの流入額は3倍に膨らんだ。これらのグリーン・ファンドの運用成績は振るわなかったが、それは、むしろ各VCが環境問題に情熱をかけて取り組んでいることを浮き彫りにする。議論の余地はあるものの、ほぼ間違いなく、各VCは社会的な使命感を、リミテッド・パートナーに対する責任よりも上位に据えたのであり、偶然にもこれらのファンドのリミテッド・パートナーの多くは大学や慈善団体だった。さらに08年以降、ベンチャーキャピタリストたちはクリーンテックへの熱意を改めて示し、電気自動車（EV）プロジェクト、農産物の持続可能性を促進するテクノロジー、そしてリサイクルから出荷作業まであらゆる場面でエネルギー効率を高めるソフトウエアなどに投資してきた。

ここで一つの疑問が思い浮かぶだろう。本当はベンチャー投資家たちは根の優しい人々だろうが、彼らの資金提供の手法がクリーンテックなどの資本集約的な分野に向かないのではないか――。この見方は部分的には正しいものの、同時に誇張されている。確かに、ベンチャーキャピタルにとって、研究開発コストが大きなテクノロジーの分野では追加のリスクを負うことになり、さらに開発に何年も要する製品では年率換算の投資収益が低下する。ある研究によると、1991年から2019年にかけてVC業界の収益率はクリーンテックの投資案件では年間2％と微々たる水準にとどまり、これに比べてソフトウエアの投資案件では同24％に達した。[9]

しかし、グリーンなプロジェクトが「ベンチャー投資の支援対象として適さない」と断じるのは、拡大解釈のしすぎだろう。理由の一つは、クリーンテックも案件によっては、巨額の資本を必要とせず、時間軸も長くないことだ。例えば、送電網から家庭内の電化製品向けに電力を引き込む最適なタイミングを決めるソフトウエアが挙げられる。もう一つの理由は、２０１０年以前のクリーンテックへの投資が大こけに終わったのは、ベンチャーキャピタルの失敗であるのと同じくらい、政府の失敗だと言えることだ。政治家たちは二酸化炭素の排出への課金や規制を声高に主張し、そのシグナルを受けてＶＣは行動した。結局、政策は実現せず、ＶＣは当然ながら損失を被った。２０１０年よりあとには、これに匹敵するショックは発生せず、クリーンテックへの投資の運用成績は改善した。14年から18年にかけて、ＶＣのグリーンな投資案件の収益率はグロスで年間21%超となり、このうちＩＴを活用した電力供給システム（スマートグリッド）やエネルギー貯蔵技術のスタートアップに対する投資の収益率は同約30%に上った。[10] さらに、ベンチャーキャピタリストは資本集約度が一定程度高い領域（機械化が必要だったり、設備投資がかさんだりする領域）を管理できないという見方も歴史的には支持されない。本書が早い段階で取り上げた物語では、数々のベンチャーキャピタリストたちが多額の資金を必要とするいくつものハードウエアのプロジェクトで成功を収めた。フェアチャイルド・セミコンダクター、インテル、タンデム、スリーコム、シスコ、そしてＵＵＮＥＴを想起されたい。

この業界の最初の数十年間、ＶＣは適切なタームシートをまとめた上で、資本集約的なプロジェクトに資金を提供した。彼らは忍耐力を示し、大量の資金を投じることの見返りとして投資先に対し、多くの株式を自分たちに渡すよう要求した。1960年代、デービス&ロックはあらゆる支援対象のスタートアップに45%前後の持ち株比率を期待した。70年代と80年代には、シリーズAの投資家たちは通常株式の3分の1を受け取ると予想した。90年代になると、持ち株比率はさらに低下した。セコイアとクライナー・パーキンスは多額の資金をグーグルに拠出したが、合わせて4分の1の株式を取得しただけだった。ついに一番底の水準を迎えた2005年には、アクセルがザッカーバーグを支援して、フェイスブック株のわずか8分の1を得るにとどまった。アーサー・ロックなら少なすぎて話にならないと言ったであろう。[11]

既に見てきたように、出資比率が一段と低下していった背景には、若き創業者たちの自己主張の強さがあった。しかも、グーグルやフェイスブックなどのソフトウエアのスタートアップの場合、必要とする資金が限られ、その一方で短期間に天文学的な大きさの報酬が約束されていたという事実も、この現象に影響を及ぼしていた。つまり、ベンチャーキャピタリストが大きくない持ち株比率で満足していたことに驚きはないのである。今後、VCが資本集約的なプロジェクトに資金を提供していくには、過去を思い起こす必要がありそうだ。彼らは結果的に生き残る企業のかなりの株式を保有することになるのであれば、巨額の資本であっても拠出することが可能なのである。[12]

過去四半世紀にインターネット、スマートフォン、そしてクラウド・コンピューティングが驚異的な普及を遂げたことが、ベンチャーキャピタルはソフトウエアだけに関係しているとの神話を生み出した。しかも、勝ち残った事業者はよく知られた名前であり、大衆の意識の中では非常に大きくなる。このため、ほかの比較的地味なテクノロジーは目立たず、ますます神話は強固なものとなった。しかし、VCはソフトウエアだけを支援することができると言うのは二重に間違っている。一つには、ソフトウエアがほぼすべての産業に関係しているからだ。仮に百歩譲って神話が正しいとしても、それはベンチャーキャピタルの活動がある狭い分野に限定されているという意味ではない。より重要な点は、一般的な認識に反して、資本集約的なプロジェクトに投資するインターネット以前の伝統が今も続いていることだ。

2007年、ラックス・キャピタルというパートナーシップが最初のファンドを組成した。預かった資金を分かり切った案件に投じることはないと明確にうたった。「誰もがお金を投じ続けるインターネットやソーシャル・メディア、モバイル、ビデオゲームは扱わない」と同VCを共同で立ち上げたジョシュ・ウォルフは説明した。[13] ラックスは代わりに医療用ロボット、人工衛星、放射性廃棄物の処分などの領域に投資してきた。その結果は、これらの資本集約的な課題がベンチャーキャピタルの手に余るものではないことを示している。2020年時点でラックスは高い収益性を誇り、運用規模は25億ドルに達していた。[14] 21年の前半には投資先の9社が成功裏にエグジットを果たし、同VCは新たに15億ドルを集めた。

フラッグシップ・パイオニアリングというベンチャーキャピタルは資本集約的なテクノロジー

が支援対象になることを示すもう一つの事例だ。ボストンを拠点とするこのＶＣは、医療分野で野心的な突破口を切り開く投資案件に集中してきた。そして、たとえリスクとコストが大きなムーンショット型の投資であっても、ＶＣが多くの株式を保有して、成果を十分に享受できるのであれば、前に進むことができると立証した。

フラッグシップはクライナー・パーキンスがジェネンテックへの投資で行った取り組みに呼応するかのように、スタートアップを内部で孵化させ、各種のリスクのうち、発光するほど高温な「白熱型のリスク」を取り除いた。その上で、外部にも資金を拠出するよう持ちかけた。これにより、投資先が成功して、上場に漕ぎつけた暁には、通常株式のおよそ半分を保有するフラッグシップの懐には桁外れの利益が転がり込み、それをリミテッド・パートナーたちに分配することになる。[15] そのようなフラッグシップの投資先の1社が、新型コロナウイルスのワクチンを開発したバイオテクノロジー企業のモデルナである。ベンチャーキャピタルの有用性を示すこれほど強力な証拠はほとんどないだろう。

もちろん、ベンチャーキャピタルは不作為という過ちを犯す。金融面で専門性があるからといって、すべてに対して回答を持ち合わせているわけでもない。基礎科学では、政府の後押しを受けている研究室が常に不可欠であり、ベンチャーキャピタルの影は薄い。評価額が50億ドル規模を超えるような企業に対しても、株式市場のほうが優れたコーポレート・ガバナンスを発揮するだろう。非常に資本集約的な投資には、極端な例を挙げるなら最先端の半導体工場への投資には、資金力のある大手企業のほうが適しているだろう。

しかし、リーチの広さという点では、ベンチャーキャピタルがはるかに際立っている。企業価値にして数百万ドルから数十億ドルまでの幅広い規模の、革新的で野心的なスタートアップにとってＶＣはシード投資やグロース投資を含め、頼りになる存在である。ＶＣにしても、スタートアップが収益性の高い市場を狙い、投資家に10倍以上のリターンをもたらすような挑戦に臨むのであれば、現実には事業領域はどこでも構わなかった。

具体的に挙げれば、新種のハンバーガーの開発（インポッシブル・フーズ）、新しい販売手法の眼鏡店（ワービー・パーカー）、ファッションの新しいコンセプト（スティッチ・フィックス、レント・ザ・ランウェイ）、バーチャル・リアリティを楽しむヘッドセット（オキュラス）、健康管理のためのウェアラブル端末（フィットビット）、手ごろな価格のスマートフォン（シャオミ）、電動スクーターと自転車のシェアリング・サービス（ライム）、遺伝子検査サービス（トゥエンティスリーアンドミー）、手術支援ロボット（オーリス・ヘルス）、オンラインのメンタルヘルス・サービス（ライラ・ヘルス）、商品販売・サービス事業者向けの決済サービス（ストライプ、スクエア）、そしてネット銀行（レボリュート、モンゾー）などが投資対象となる。

これに対して、ベンチャーキャピタリストはもっと良い方法で社会の資源を配分できるはずだという批判が必ず出てくる。しかし、批判する人々の主観的な優先順位も、正当なものなのか、同様にただされるべきであろう。ＶＣに支援されていないすべてのビジネスが高潔だとは限らないからだ。ＶＣは利益の上がる、何百万人にも支持される製品に資金を投じている。その意味でＶＣは少なくとも消費者の選択を尊重しているのである。

＊

ベンチャーキャピタルに対する二つ目の大きな不満は、この業界が限られたエリート校出身の白人男性たちに支配されているのではないか、ということだ。これは一つ目の不満よりはるかに説得力がある。２０２０年２月時点で、ＶＣの投資担当のパートナーに占める女性の比率はショッキングなほど低く、16年の11％よりは上昇したものの、16％にとどまった。[16] 対照的に弁護士と医師の女性比率はそれぞれ38％と35％だった。[17]

この業界が改善の努力をしているのは確かだ。19年にアメリカ国内のＶＣで新たに指名されたパートナーのうち女性の比率は42％に上り、性差別が和らぐ兆候が見られた。[18] 人々はセクシャルハラスメントで知られるベンチャーキャピタリストの何人かに眉をひそめ、不快な発言をした男性にますます非難を浴びせるようになった。研究者たちは女性蔑視（ミソジニー）の実態を計測する調査を実施し、20年公表の論文で結果を報告している。計２万８０００人のベンチャー投資家に対して、有望ではあるが、架空のスタートアップを売り込む延べ８万本の電子メールを送信した。すると、女性の起業家を装った電子メールは、内容がまったく同じで男性の起業家をかたった電子メールよりも、関心を示す返信が9％多くあったという。[19]

もっとも、このような姿勢の変化があっても、お金が最終的に行き着く先には、残念ながら控え目な影響しか及ぼしていない。20年に行われたVCの投資のうち、創業者が女性だけのスタートアップに向けられた比率は6・5％にとどまった。創業者の少なくとも1人が女性というスタートアップに向けられた比率は、それよりやや大きい17・3％だった。[20]

人種の面から見た場合、進展はもっと遅れている。ベンチャー投資の仕事は人種に分け隔てなく開かれているものの、例外的なのはアジア系の人々で、VCのパートナーに占める割合は約15％と、アジア系の人々が労働人口の全体に占める割合の2倍余りに相当する。[21]ところが、黒人系は逆である。労働人口に占める割合は13％に上るにもかかわらず、VCのパートナーに占める割合はわずか3％どまりだ。黒人の起業家が調達する資金は、全体の1％にも満たない。[22]黒人系の進出の遅れは、ほかの多くのエリート的な職業にも表れているが、この業界では著しい。一例を挙げるなら、ファイナンシャル・マネジャーと総称される専門職種で、黒人系の比率は8・5％にとどまるが、それでもVCのパートナーの3倍強にあたる。[23]

一方、ヒスパニック系はさらに進出の度合いが低い。彼らは労働人口の17％、ファイナンシャル・マネジャーの11・4％をそれぞれ占めるが、VCのパートナーでは比率は4％にすぎない。[24]これは不公平であるにとどまらず、経済発展を抑制している。才能を持つ人々がイノベーションに貢献する機会を奪われている。ある試算では、この欠陥に対処したなら、アメリカの国内総生産（ＧＤＰ）は２％大きくなるという。[25]

２０２０年、黒人男性が白人の警察官に首を圧迫されて死亡した事件を契機に「ブラック・ライブズ・マター」の抗議運動が全米に広がった。これを受けて、何人かのベンチャーキャピタルのリーダーたちがより良い行動を起こすと約束した。アンドリーセン・ホロウィッツは標準的ではない経歴を持つ少数の起業家に対して、訓練を施し、資金を提供するプログラムを開始した。「法の前では平等であっても、法執行機関の前では不平等であるとは、恐ろしいことだ」と同ＶＣは強調した。[26] また、ウーバーを支援したシード投資家の一つであるファースト・ラウンド・キャピタルは、次のパートナーを黒人系にすると宣言した。グーグル・ベンチャーズはパートナーに黒人系で、ツイッターに所属していたテリ・バーンズを指名した。

これらの取り組みは始まりにすぎず、業界はたった今、起訴されたら有罪であろう。あまりにも一握りのエリート大学を出た白人男性の領域になっており、ＭＢＡを持つベンチャーキャピタリストに至っては、その３分の１がハーバード大学ないしスタンフォード大学のビジネススクールを修了している。[27] ベンチャー投資の世界はある程度、実力主義（メリトクラシー）である。そして、同時に批判者たちが言うところの、鏡（ミラー）に映ったように似た人物ばかりで多様性に乏しい「ミラー・トクラシー」でもある。

＊

ベンチャーキャピタル業界に対する三つ目の大きな不満は、制御不能な破壊者たちを増長させているというものだ。この種の批判は往々にして、ウーバーなどによる「ブリッツスケーリング」の動きへの反発でもある。この造語を考案したのは、グレイロックのベンチャーキャピタリストで、それ以前はリンクトインの創業者だったリード・ホフマンで、元々は経営上の一つの選択肢というよりは、義務を指していた。ネットワーク型のビジネスでは、勝者総取りの論理が働くため、スタートアップは競争相手に先んじて一定の規模を築き上げることが不可欠となる。[28] しかし、それほど思慮深くない投資家の手にかかると、ブリッツスケーリングは「手っ取り早くお金持ちになる」こと以上の意味をほとんど持たなくなった。そして、このフレーズは、孫正義の「もっとクレイジーに、もっと早く、もっと大きく」から、マーク・ザッカーバーグの「素早く行動し破壊せよ」まで、ほかの悪名高いスローガンと並行して使われてきた。

しかし、やがてVCから軍資金を受け取っている当事者までがブリッツスケーリングに苦情を訴え始めた。2019年、起業家のジェイソン・フリードは、VCには「ビジネスを育てるよりも、枯らしている事例のほうが多い」と断じた。VCの資金力が大きくなった結果、多くの投資先の経営者には、賢い使い方を学ぶ以前に、お金を支出するよう圧力が加わっているからだ。「種をまくには水が要る。しかし、馬鹿でかいバケツに入った水を全部かけたら、芽は出てこない」とフリードは歯に衣着せずに指摘した。[29] また、起業家のティム・オライリーはVCの支援する企業が数多く挫折していることに着目し、挑発的な見方を提示した。「ブリッツスケーリングは実際には成功の秘訣とは言えない。（消え去った企業の敗因を考慮せずに、生き残り組だけを観察した）生存者バイアスにすぎず、それを戦略と装っている」[30]

このオライリーによる批判はベンチャーキャピタルに対する告発というよりは、創業者たちへの警告だった。起業の目的が個人的な自律性の確保にあるとしても、創業者たちはVCのお金には条件が付いて回ることを理解しなければならない。また、自分では一定のペースで成長したいと考えても、VC側は彼らが望んでもいない圧力をかけてくるかもしれない。経験の浅い創業者には、これらの現実を知らされる必要があるだろう。もっとも、VCにとっては当たり前のことである。VCは慎重な創業者に対して、よそで資金を調達するべきだと真っ先に宣告する。事実、「起業家の大多数はベンチャーキャピタルの資金を手にするべきではない」とビル・ガーリーは2019年1月にツイートした。「私はジェット燃料を売っている」とファースト・ラウンド・キャピタルのジョシュ・コペルマンはこれに同意した。しかし、現実には「ジェット機（のように飛ぶ会社）を作りたくない人々もいる」という。[31]

これらの発言が示すように、VCは幅広い業種の企業を支援できるようでいて、別の意味では、その能力を発揮できる対象が狭い。VCはリスクを取って早く成長することを希望する野心的な少数派に適した存在である。ベンチャーキャピタリストたちは、ほかの誰よりも、このことが公になって得をするグループである。不向きな会社に無理やり資金をつぎ込んでも、それを失うだけだからだ。

一方で、オライリーの批判の矛先は、微妙な形でベンチャーキャピタルにも向かっている。創業者たちが急激な成長を試みて失敗したときに問題は生じない。彼らは危険性を承知の上で自発的にＶＣの資金を受け入れたと想定されている。むしろ、創業者たちが急成長を果たし成功したときに問題が起きる。競争に敗れた既存企業の従業員たちの生活を一変させるからだ。もちろん、それまでの業種内の秩序が崩れることは、通常テクノロジーの進歩に伴う、正当な代償であり、破壊は創造である。

しかし、この混乱がテクノロジーそのものではなく、テクノロジーへの資金提供に起因するとしたなら、判断は変わってくる。ベンチャーキャピタリストたちが資金をブリッツスケーリングに投入すると、結果的に製品・サービスをコスト以下で提供できるユニコーンの企業群が生まれることがある。この場合、ユニコーン各社は必ずしも技術面で上回っているわけではなく、ＶＣからのいわば補助金で優位に立って、既存の勢力をなぎ倒しているとも考えられる。例えば、配車サービスでは、ベンチャーキャピタリストたちの資金で、利用者が支払う料金は人為的に引き下げられてしまい、既存のタクシー業者は歪んだ競争の場で闘いを強いられたのかもしれない。厳しい市場競争は、それが公正である場合には、道徳的にも政治的にも正当化される。しかし、市場が不正に操作されているなら、正当性は失われる。

歪みが皆無の経済システムなど存在しない。したがって、焦点はブリッツスケーリングが歪みを有害なレベルにまで引き上げているかどうかである。もし、補助金を得ているユニコーンが、より効率的な既存企業を押しのけていることを例示できれば、ブリッツスケーリングが経済全体の効率性を損ねていることになるだろう。ブリッツスケーリングの動きが最も盛んだった2018年に2人の研究者たちが実証を試みた。「赤字企業がこれまでよりはるかに長い期間にわたって経営を続け、既存企業を弱体化させることが可能になっている」と2人は指摘した。そして「議論の余地は残るにせよ、これらの勢力は経済的な価値を破壊している」と断定した。[32] しかし、この主張は時期や業種によってはあてはまるかもしれないが、大部分のケースではほぼ確実に間違っている。

理由は市場競争の本質と関係している。繰り返しになるが、歪みが一切ない経済システムは存在せず、既存企業は一般的に強力な優位性を備えている。各社は規模の経済性や強力なブランド、自分たちが形成に貢献した政府による規制、配送や仕入れでの取引先との確立した関係を享受している。

これらの既存勢力の優位性を考えれば、反逆する勢力を助けるブリッツスケーリングは市場を歪ませているのではなく、平準化させていると言えるだろう。再び配車サービスを例に挙げれば、既存のタクシー業者は多くの場合、地方の規制当局を意のままにしてきた。この不公平な優位性をベンチャーキャピタルの資金が均衡させた。[33]「もし、ウーバーやリフト、エアビーアンドビーが電撃的に規模を拡大していなかったなら、これらの企業は官僚主義的な手続きに身動きが取れなくなり、築こうとしていた未来の実現はもっと緩慢なものになっただろうと主張することが可能だ。あるいは、未来は実現しなかったかもしれない」とオライリー自身が述べている。

理屈の上では、非常に多額のベンチャー投資が流れ込んで、市場競争に過度の修正を引き起こす場合もあるだろう。孫正義のような辣腕がブリッツスケーリングのペースを設定したときには、反ブリッツスケーリングの批判もあながち的外れとは言えないだろう。しかし、ごり押しのように進むブリッツスケーリングは、ベンチャーキャピタルの落ち度ではなく、通常行われていることだ。ビル・ガーリーがウーバーの手元資金があまりに早く減っていく様子に震え上がっていたことを想起されたい。孫でさえ、ウィーワークで屈辱を味わったあとに、懲りたと認めた。

ブリッツスケーリングをめぐっては、最後にもう一つ注目すべき論点がある。スタートアップ側が狙っているのは、市場を支配する力の確立であり、一種の独占に近いものだ。これは三つの意味で社会に損害を与える。あまりに強大な企業には、仕入れ先や労働者への支払いを過小にする可能性、消費者への請求を過大にする可能性、そしてイノベーションを抑制する可能性がある。これらの問題への正しい対処法は、独占状態が生じたら、それを規制することであり、ベンチャーキャピタルを罰することではない。詰まるところ、ベンチャーキャピタルの役割は守りを固めた既存企業の力を突き崩すことであり、独占とは敵対的な関係にある。

アマゾンに対する挑戦は、ＶＣの支援する若い企業群が突きつけている。新興の消費者ブランドであるグロッシアーなどがそれで、同じく新興のストライプなどの協力で代金を回収している。同様にフェイスブックへの挑戦は次世代のソーシャル・メディアのプラットフォームが担っている。具体的にはセコイアが支援するティックトック（TikTok）やa16zの庇護を受けるクラブハウスなどである。フェイスブックがこれまでにインスタグラムとワッツアップという著名な挑戦者2社をのみ込んだという事実は、ここでの主張を損ねるものではない。競争政策当局はビッグテックに対する懐疑的な見方の高まりを受けて、フェイスブックが将来の挑戦者を買収することを阻むかもしれない。しかし、フェイスブックによるインスタグラムとワッツアップの巨額買収は、VCが次なる競争相手に資金を提供する強力な誘因を作り出してもいる。

サンドヒル・ロードの住人たちほどの裕福で力を持つようになった一派は、批判的な精査の対象になって然るべきである。ただし、ここまでに挙げた三つの不満のうち、一つだけが正面から論じるに値する。ベンチャーキャピタル業界は確かに徒党を組んでおり、あまりに白人、男性、ハーバード・スタンフォードの卒業生に偏っている。未来を形づくるにあたって大きな影響を与えるセクターは、多様性をもっと真剣に受け止めるべきである。

しかし、残りの二つの不満は、説得力に欠ける。ベンチャーキャピタルがクリーンテックなどの社会的に有用な産業には適さないというのは、実際には当たっていない。また「やるからには思い切りやれ」のブリッツスケーリングの心構えも、経済の効率性を損ねるほどには、一般的に極端ではない。テクノロジーが生活の隅々に浸透するにつれて、民主的な社会では独占の出現からフェイクニュースの伝播やプライバシーの侵害にまで及ぶ負の側面が懸念されるのは当然である。ただし、脅威は成熟した大手テクノロジー企業からのものばかりだ。ベンチャーキャピタルはこれらのプラットフォームを揺るぎないものにするどころか、混乱に陥れると見たほうがよいだろう。

ところで、次にベンチャーキャピタルの功罪の評価表の反対側にも目をやって、グループ全体としての長所を認めなければならないだろう。

＊

ビジネススクールや金融関連の学部・研究科での調査・研究から決定的に判明したことがある。ベンチャーキャピタルの支援対象の企業は、そうではない企業に比べて、富の創造やイノベーションに著しく大きな影響を与えていることだ。アメリカでは企業全体のわずか1％しかVCの支援を受けていない。[34] ところが、ジョシュ・ラーナーとラマナ・ナンダが1995年から2019年までの四半世紀にわたる、金融セクターを除くIPOを果たした企業を調べたところ、件数でその47％をVC支援企業が占めていた。言い換えれば、VC支援企業はそうではない企業に比べて、けた違いに大きな確率で株式市場に到達しそうだということだった。

さらに上場を果たしたVC支援企業は、VCから支援を得たことのない上場企業を、業績で上回りがちで、イノベーションもより多く生み出していた。その結果、VC支援企業は、研究対象期間の最後の時点では、全体の株式時価総額の76％を占めるまでになり、IPOの占有率よりも高かった。R&Dへの支出では実に全体の89%を占めた。[35] ほかの調査では、ベンチャー投資がより多くの特許申請につながっていることが確認されている。しかも個々の特許の重要性も高く、VC支援企業が申請した特許の22%が引用頻度で上位10%の分類に入っている。[36]

これらの知的な成果物は、経済全体に生産的な波及効果をもたらす。ある企業で生み出されたテクノロジーは、ほかの企業でも役立つだろう。革新的な製品は、世界中の個人や企業の効率を高めることができる。

ベンチャーキャピタルは自らが支援する企業が紛れもない成功を収めると、しばしば次のような疑問を突きつけられる。VCがこの成功をもたらしたのか、それともVCは単にその場に居合わせただけなのか——である。

既に見てきたように、一連の研究ではVCの指導を受けているスタートアップのほうが同業他社よりもはるかに巧みに経営できていることが分かっている。そして、本書ではVCが投資先にプラスの影響を及ぼす事例をいくつも挙げてきた。また、仮に特定のVCのスキルが投資案件の選定だけに限られ、投資先のスタートアップの経営を導くことにはない場合であっても、そのスキルは重要である。賢明な案件選定を通じて、最も投資を受け入れるに値するスタートアップに必要な資金が回る公算が高まるからだ。つまり、VCの介在によって、社会全体の貯蓄が生産的な分野に割り当てられていくことが保証されるのである。

この資金提供の部分に特化したVCの機能を評価するにあたっては、社会学的な観点も加えるべきだろう。１９９０年代以降、アナリー・サクセニアンの著作によって、シリコンバレーがイノベーションの中心地としてボストンを追い抜いた理由が理解されるようになった。シリコンバレーが持つネットワークの質の高さが核心部分だった。カリフォルニアの小さなスタートアップの間では、マサチューセッツの密閉型の企業の間よりも自由に人材やアイデアが移動した。本書はさらにもう一つの特徴を指摘した。サクセニアンが強調したこの肥沃なネットワークを育んだのは、とりわけベンチャーキャピタリストたちだったということだ。

カリフォルニアのイノベーションの弾み車が勢いよく回り始めるにあたり、アーサー・ロックの活躍がスタンフォード大学の存在と、政府による地元の防衛産業への発注と同じくらい寄与した。シリコンバレーがボストンを超える際に頼りになったのは、例えばイーサネットの技術を持つスリーコムの背後にいたベンチャーキャピタリストたちのチームだ。同社は東海岸での資金調達を試みたものの、断念し、西海岸のベンチャーキャピタルに代わるものはないと判断した。

シリコンバレーの主な挑戦者である中国の台頭もさかのぼれば、米系のベンチャーキャピタルに行き着く。シリコンバレーの発展を再現するかのように、中国のインターネット企業はアメリカのベンチャー投資家や、アメリカで経験を積んだベンチャー投資家のおかげで次々に立ち上がった。ベンチャーキャピタルが応用科学の商業利用に貢献したことは、やはり明白である。

この貢献は拡大しており、今後も続くだろう。先ほどとは期間を変えてアメリカ企業全体のＩＰＯに占めるＶＣ支援企業の比率を確認すると、１９８０年から２０００年にかけて35％と、既に相当な水準に達していた。続く20年間では占有率が49%に跳ね上がった。[37] 将来を展望した場合、経済の根本的な変化を受けて、VCはさらに前進するだろう。

これまで企業の投資の大半は形のある（タンジブル、有形な）ものに向かった。資本は物理的な実体のある製品、機械、建物、工具などの購入にあてられた。現在、企業の投資の多くは形のない（インタンジブル、無形な）ものに使われている。R&D、デザイン、市場調査、ビジネス・プロセス、そしてソフトウエアなどである。[38] この新しい無形資産への投資は、VCのまさにスイートスポットに重なる。業界の歴史を振り返れば、早くも1962年にロックがVCの役割を説明するにあたって、自分は「知的簿価（インテリジェント・ブック・バリュー）」を見て投資しているのだと説明していた。

これに比べると、VC以外の資金提供者にとって無形資産の取り扱いは課題含みだ。銀行や債券への投資家は「担保」の確保によって損失から身を守ろうとする。担保とは、債務の返済が滞った場合に、その債務者の資産を差し押さえ、売却・現金化する債権者の請求権のことである。しかし、無形資産には埋没性という問題がある。物理的な実体がないなどの理由から、ブランドや特許といった一部を除けば、転売先が見つかるとは限らない。このため、いったん無形資産に投資すると、それを全額回収することは困難（埋没費用の発生）となる。[39]

また、伝統的な株式への投資家は財務諸表に明記されている有形資産を集計することなどを通じて、企業価値を評価している。これに対し、無形資産はそもそも価値の計測が難しい。標準的な会計の規則はあてはまらず、値は不透明である。したがって、投資家として無形資産が関係する案件、例えば、ソフトウエアの開発プロジェクトを評価する場合には、それにかかわるテクノロジーに詳しくなければならない。ハンズオン型のベンチャーキャピタリストは、この無形資産が有形資産を置き換えていく、当惑するような世界で資金を配分するための、より優れた能力を備えている。

ベンチャーキャピタルには無形資産に対する資金提供に適しているという特性があるため、地理的な広がりを見せつつあるのは当然だろう。シリコンバレーはなお業界の中心地である。アメリカのVCの3分の2がシリコンバレーを本拠地とし、ベンチャー投資向けの資金調達における州別のシェアではカリフォルニア州が2004年から19年にかけて44％から62％に大きく増やしている。[40]しかし、同時にカリフォルニア州を拠点とする投資家がほかの州の企業を積極的に支援するようになった。また、VCが組成するファンドへの資金流入が全体的に急増し、シリコンバレーの外のVCにも豊富に流れ込んでいる。

この恩恵を最も受けているのが、ボストンとニューヨークという従来の金融センターである。さらにこの資金はロサンゼルスとシアトルを含む有力な産業都市や、もっと驚くべき場所をも潤している。セコイアの出身者2人が率いるドライブ・キャピタルというVCはオハイオ州の拠点から12億ドル相当のファンドを運用している。新型コロナウイルスが大流行した2020年から21年にかけてリモートワークが出現すると、テクノロジーの有力者たちが列をなして交通渋滞のシリコンバレーに見切りをつけた。税金や家賃の負担軽減を求めてテキサス州オースティンとフロリダ州マイアミという、にぎやかで刺激的な2大目的地などに向かった。

8VCというパートナーシップのリーダーであるジョー・ロンズデールは、自分自身のオースティンへの転出を、イノベーションがどこででも起こる可能性があることを証明する賭けだと説明した。「才能のある人々が全米各地でトップのテクノロジー企業を築きつつある」と彼は記している。「我々はアメリカの未来がこの国の真ん中、良き統治と合理的な生活費の場所に打ち立てられることに賭けている」[41]

未来の産業に資金を提供するという点で、ベンチャーキャピタルに優位性があることを裏づけるように、ベンチャー投資の拠点はアメリカ以外にも広がっている。2009年から18年にかけてVCによる投資額で世界の上位10都市のうち4都市はアメリカの外にあった。北京、上海、深圳、そしてロンドンである。[42]有望なVCの集積地はイスラエル、東南アジア、インドにも出現した。一般的にデジタル化に遅れていたヨーロッパでもベンチャー投資は19年までの5年間で倍増した。[43] 21年にはフォーブス誌のミダス・リストにラテンアメリカのベンチャーキャピタリスト3人が登場した。この地域からのランキング入りは初めてのことだった。全体として世界のベンチャー企業への資金提供で、アメリカが占める割合は低下しており、06―07年には80%あったものの、16―19年は50%を下回っている。[44] 1世代前には、科学者やエンジニアたちはアメリカを唯一の創業の地とみなしていた。今、彼らはあらゆる場所にチャンスを見つけ出している。

グローバルにＶＣが受け入れられていることは、ここまでの本書の議論を裏打ちしている。この業界の魅力は、この業界の欠点とされるものを、はるかに上回っているのである。個々のＶＣはスキルを発揮する。グループとしては、最もダイナミックな企業群に資金を提供し、不均衡な形ながらも富と研究・開発の活動を生み出し、知識経済を牽引する肥沃なネットワークを結びつけている。今後、無形資産がますます有形資産の影を薄くしていくなかで、ベンチャーキャピタリストのハンズオン型の対応は我々の繁栄に一層貢献していくだろう。

もちろん、ＶＣ業界には解決できない社会問題が無数にあり、その一部、例えば格差の問題は、むしろ悪化させてしまうかもしれない。[45] しかし、格差への正しい対応は、ＶＣの重要性を疑うことでも、ＶＣの活動を妨げることでもない。それはベンチャーキャピタリストとして富を築いた人々を含む、過去の世代で途方もなく繁栄した幸運な人々に課税することである。

そして逆説的なことではあるが、ベンチャーキャピタルの成功は業界に新たな挑戦をもたらしている。ＶＣは世界に広がるにつれて、一段と大国間の競争に巻き込まれていくだろう。

＊

ベンチャーキャピタルをめぐる地政学は既に二つのフェーズを経過している。第一のフェーズはおよそフェアチャイルド・セミコンダクターに資金を提供したころに始まり、アリババに対しても行った前後まで続いた。アメリカの国外にＶＣはほぼ皆無だったため、国家間の競争という議論は不要だった。第二のフェーズを迎えたのは世紀の変わり目のころ、ＶＣが各国にも広がった時期だった。ただし、グローバリゼーションの大半の側面がそうであるように、一般的にはウィンウィンの関係だと想定されていた。アメリカのＶＣは中国のデジタル経済の誕生に一役買い、中国は勝利を実際に収めた。しかし、アメリカも明らかに勝者で、中国への投資で並外れた利益を上げた。中国が技術面で高度化を一段と進めることは、アメリカの国益を脅かしかねないと見る観察者はごく少数だった。結局のところ、シリコンバレーは非常に大きく先行していたため、中国が多少追いついても構図はほとんど変わらないと認識していた。

２０１７年辺りから、第三のフェーズに入った。アメリカでも中国でも指導者たちはグローバリゼーションをウィンウィンの関係だとは、あまり受け止めなくなり、世界を競争の観点から見る傾向が強まった。また、大国間の対立が激化するなか、デジタル経済において先頭にいたはずのアメリカはその差をすっかり詰められてしまった。中国はアメリカと同じくらい多くのユニコーンを輩出し、胸を張った。ドローンやモバイル決済、次世代の５Ｇネットワーク機器といった一部の分野ではアメリカの先を行った。

生活のあらゆる側面でスマートフォンを利用する中国の消費者の習慣は、非常に密度の濃いデータを生成した。そして骨の折れるデータへのタグ付けの作業を中国の低コストの労働力を投入して進めた。これら二つの要因が組み合わされて、中国は人工知能（ＡＩ）システムの育成競争で優位に立った。この年、つまり2017年、シリコンバレーの多くは、その有用性が証明されていない仮想通貨（暗号資産）に対する熱気にのみ込まれていた。一方、中国のスタートアップはＡＩ分野で先を急ぎ、スマートフォンを経由して提供する即時ローンから、顔認証のためのアルゴリズムまで用途を開拓した。[46] そしてこの年、中国はアメリカを抜いてベンチャー投資の収益源のトップになった。偶然とは思えない展開だった。[47]

競争のムードがアメリカと中国を包み、両国間の技術格差も縮小するなか、ウィンウィンの前提は再検証の必要がある。また、ベンチャーキャピタル業界はほかの担い手に比べて経済成長やイノベーションへの貢献が大きいだけに、地政学的な考察から除外してはならない。結果論ではあるが、アメリカのベンチャーキャピタリストたちが中国でテクノロジー関連のセクターを構築するにあたって、果たした役割は、アメリカよりも中国に利益をもたらした。アメリカの投資家はお金を得たが、中国は戦略的な産業を手に入れた。

実際、中国側の優位性はアメリカのベンチャーキャピタルが開発に一役買い、軍事利用の可能性もある技術分野で最も明確になっている。世界をリードする商業用のドローンの製造元で、深圳に本社を構えるＤＪＩテクノロジーの支援者にはアクセルとセコイア・チャイナが含まれている。[48] アメリカ陸軍はセキュリティ上の理由からＤＪＩのハードウエアの軍内での利用を禁止しており、2020年には司法省も連邦の資金を使ってＤＪＩの製品を購入することを禁じた。同様にＡＩでは世界のトップ企業の1社であるセンスタイムがタイガー・グローバルから資金を調達したが、現在、同社は商務省の制裁対象の企業リストに掲載されている。その理由は中国の監視機関に協力していることで、特にイスラム教徒が多数派の新疆ウイグル自治区での関係が問題視されている。

中国が優れた技術力を獲得する過程でアメリカ側の寄与があったことは、今後の戦争のあり方が変化していくことを視野に入れた場合、より大きな意味を持つ。最近までアメリカは、ステルス航空機や空母、精密誘導兵器などの領域で卓越していることによって軍事的に優勢な立場にあることが保証されてきた。しかし、中国の軍指導部はＡＩを兵器に利用し、これらのテクノロジーを飛び越えることを目指している。例えば、低コストで消耗品のように使える自律型のドローンを大群で戦場に投入して、空母を時代遅れの存在にしてしまう考えだ[49]。

米軍の司令官たちも同様にＡＩの可能性をよく理解しているが、これまで米軍に圧倒的な優位性をもたらしてきた過去の装備調達の慣行に縛られているようだ。これは軍事版のイノベーターのジレンマである。アメリカ海軍は２０３０年代のどこかで、次世代の空母艦載型の戦闘攻撃機「Ｆ／Ａ・ＸＸ」の生産を始める計画で、有人のパイロットが搭乗するタイプの投入が有力視されている。しかし、未来の戦場は無人機による戦いが中心になる。ソフトウエアが戦争を制するのである。

中国の国防部（国防省）はＡＩ兵器をめぐる競争で勝利するため、国防科技大学に２００人を超えるＡＩ研究者を集め、政府による取り組みとしては世界最大級のＡＩプロジェクトを開始した。これは、アメリカが科学者を大量動員して原子爆弾を開発した第二次世界大戦中の「マンハッタン計画」に似ているが、中国の戦略の中核的な部分ではない。中国はアリババやテンセントなど世界一流の企業を創出する際にアメリカ流のＶＣの威力を経験した。その中国は民間のＡＩビジネスを支配することが、ＡＩ兵器で支配的な立場を確立することにつながると理解している。

本書で指摘してきた規模を目指す闘いは、ＡＩでも焦点になる。大量のデータ、大規模な演算処理能力、そして完璧なアルゴリズムを作る科学者チームへの多額の投資が欠かせない。これらの３項目を達成できるのは、グローバルに繁栄している企業だけだろう。センスタイムは既に国防科技大学の３倍余りのＡＩ研究者を採用し、テネシー州のオークリッジ国立研究所にある世界屈指のスーパーコンピューターを超える演算処理能力を持つインフラを整備した。センスタイムの科学者たちは西側のＡＩ研究者たちと深いつながりを持つ。２０１８年現在、ＭＩＴとセンスタイムのＡＩでの提携プロジェクトは、ＭＩＴの学部・研究科を横断して27件の研究に資金を助成している。[50]

今のところグーグルをはじめとするアメリカの企業のＡＩチームは中国勢より大きい。しかし、グーグルはアメリカ国家のパワーという発想に懐疑的で、同社の技術力を軍事的な支配力に生かすことはかなり難しい。２０１８年には、リベラルな従業員や社内の海外出身の科学者たちからの圧力で、グーグルはペンタゴン（国防総省）が主導するＡＩプロジェクト「メイブン計画」から撤退した。ソフトウエアの巨大企業に比べると、ボーイング、ＲＴＸ（レイセオン）、ロッキード・マーティンなど防衛大手の研究予算は非常に少なく、ＡＩ兵器で突破口を切り開く立場にいない。[51]

要するに、センスタイム、ＤＪＩ、そして中国のベンチャー投資のエコシステムが生み出したその他の企業がアメリカに難題を突きつけているということだ。ベンチャーキャピタルが民生用途、軍事用途の両方でパワー・バランスを変えている。これを前にして、政府は何をすべきだろうか。どのようにすれば、起業家精神にあふれ、繁栄するセクターを持っているチャンスを、その地政学的な利益を享受しつつ、最大限生かせるだろうか。特に中国への対応において――。

＊

ＶＣ支援企業がイノベーションを促進する効果を政府がさらに後押しすることをめぐっては、事態改善の助けにならない二極化した議論がある。その一つは、国家が介入しても何の貢献も期待できないという、リバタリアンの立場からの間違った主張である。既に見てきたように、インターネットはペンタゴンのプロジェクトとして始まり、マーク・アンドリーセンは政府が資金援助していた大学の研究所に勤務しながら最初のウェブ・ブラウザーを開発した。また、政府による二つの政策転換、具体的には年金基金がＶＣに投資することへの規制の解除とキャピタルゲイン課税の軽減によって、１９８０年ごろから大量の資金がベンチャー投資ファンドに勢いよく流入した。

もう一つの極端な主張は、政府の産業政策を信奉する立場からのもので、国家の介入にも失敗があることを軽視している点で、同じく間違っている。政府は60年代に中小企業投資会社（SBIC）を支援したものの、ほとんど無駄に終わった。SBICは民間のベンチャー投資のパートナーシップよりもかなり非効率であることが判明した。80年代に半導体産業に投じられた納税者からの補助金は、同産業の回復とはほとんど無関係だった。業界自体が半導体の生産から革新的な製品の設計に移行したことがより重要だった。

中国でも同様に科学分野の教育と研究に対する政府の投資が国家としての成功に貢献した。しかし、ほかの政府による介入は失敗だった。2014年に習近平国家主席が「超越のために奮闘する」ことを技術者たちに呼びかけて以降、中国はおびただしい数の「政府引導（主導）基金」に資金を注ぎ込み、16年だけで566基金が設立された。しかし、このお金の大半が空費されそうだ。[52]

ほかの国々の事例からは、政府の行動の良し悪しを自動的に判定できるものではなく、詳細な設計にかかっていることが分かる。1993年、イスラエルはこれまでで最も効果的と言えるベンチャー投資への政府介入に乗り出し、ヨズマ・グループと呼ぶ1億ドル規模の政府基金を設けた。

このお金はイスラエルへの進出を希望する海外のベンチャーキャピタルへの助成に使われた。

民間の投資家たちが1200万ドルのファンドの組成を約束した場合、ヨズマは追加で800万ドル（総額の40％）を拠出した。この条件は初期の投資リスクをイスラエル政府が共有したという意味では投資家たちに有利と言えるもので、さらに同国政府は将来の利益に対する自らの請求権に上限を設定した（投資家たちが政府出資分を安く買い取ることができるようにした）。このように寛大な条件で政府資金を提供すると共に規制を変更した。外国人投資家にはアメリカ流のリミテッド・パートナーシップの仕組みを利用することを認め、自由度を最大限にし、課税を最小限にした。

アメリカ人を中心とする経験豊富なベンチャーキャピタリストたちを呼び込む「クラウディング・イン」の効果を働かせたイスラエルは、自国の科学分野の人材の宝庫から才能のある人々を、勢いづくスタートアップのシーンに続々と送り込んだ。ヨズマ設立以前、イスラエルには活動的なベンチャー投資ファンドは一つしかなかった。10年後、政府が助成を中止した時点では、60グループに増え、資産の運用規模は合計で約100億ドルに膨らんでいた。2007年にはベンチャーキャピタルの規模をGDP比で見ると、イスラエルがほかのどの国よりも大きくなっていた。[53]

対照的な事例に欧州連合（EU）型の介入がある。2001年、欧州委員会はベンチャー投資への助成金として20億ユーロ（19億ドル）余りを割り当てた。しかし、イスラエルの成功を支えた制度設計の変更を並行して進めることはなかった。欧州委員会はリミテッド・パートナーシップを容認しなかった。労働市場の規制の見直しという厄介な課題にも対処しなかった。VCのエグジットを容易にするスタートアップと親和性の高い株式市場を構築できなかった。

結果的にこの政策は、民間のベンチャーキャピタリストを呼び込むクラウディング・インどころか、追い出すクラウディング・アウトの方向に働いてしまった。ヨーロッパでは起業してもチャンスが限られるため、ベンチャーキャピタルはこの公的な補助のある投資家たちと一緒に競争することに関心を示さなかった。[54] 加えて、政府に支援されている投資家たちは、スキルの点でも、意欲の点でも劣り、クラウディング・アウトの作用はヨーロッパのベンチャー投資の質を低下させてしまった。それは投資案件の選定や投資先に対するコーチングで顕著だった。ヨーロッパのベンチャー投資ファンド業界はその初期から2007年まで平均のリターンはマイナス4%だった。[55]

以上の多様な政策実験からは、各国政府がベンチャーキャピタルの振興に取り組むにあたっての一つの警告と、四つの教訓を導き出すことができる。このうち警告とは、イスラエルがまれな事例だということだ。うまく見習うことができた国々はシンガポールやニュージーランドなどわずかである。残念ながら、多くの場合、ベンチャー・ファンドに納税者のお金を投入しても効果がないことが証明されており、とりわけ公的資本が民間のベンチャーキャピタルを圧倒するほど大きいときにあてはまる。[56] また、公的なお金で、資本コストを軽減すれば、起業を促進するという考え方は原理的には筋が通っている。政府は起業家を支援しつつも、民間の投資家のほうがスタートアップの選択にも、そして重要なことに、スタートアップの閉鎖にも、長けていると認識している。しかし、政府がベンチャー投資活動を補助すると、活動そのものがしばしば官僚主義や士気の低下、縁故主義など政府ならではの側面を帯びてくる。ハーバード大学ビジネススクールのジョシュ・ラーナーは２００９年、各国政府によるベンチャーキャピタル振興の試みを説明する権威ある書籍を刊行し、それを『破れた夢の大通り』と形容した。[57]

一方、制度設計に役立つ最初の教訓は、ＶＣの促進には資金面での助成よりも税制優遇措置のほうが効き目があるということだ。補助金はベンチャー投資家に政府資金を使った投機を促す。損失を被っても、その一部を納税者が負担するため、ずさんな賭けを助長してしまう。これに対し、税制優遇措置はスタートアップにとっての資本コストの削減という同じ目標に資するものだが、より健全なインセンティブを作り出す。ベンチャーキャピタリストはいろいろやり繰りして当初の資金を調達しなければならず、リスクを取ることには当然慎重になる。ここで税制優遇措置を通じて、ベンチャーキャピタリストは賭けがうまくいったら、上振れ分の多くを受け取れると保証する。ＶＣにとってのインセンティブが強化され、できるだけ賢明な投資を行い、投資先企業の支援に一層励むことになる。

ＶＣに対する最も効果的な税制優遇のメカニズムはリミテッド・パートナーシップである。様々な利点の中でも、この構造は法人に対する二重課税を回避していることが特徴だ。通常の企業では利益はその企業のレベルで最初に課税され、利益が配当として支払われると株主のレベルでも課税される。しかし、リミテッド・パートナーシップは、法人としての所得に課税されない

「パススルー・エンティティ」として扱われ、成功した投資からの収益を構成員であるパートナーに分配する。それを受け取ったパートナーが税金を支払う。課税はこの一度きりである。デービス&ロックの時代からアメリカのベンチャー投資ではリミテッド・パートナーシップが法人の形態としては支配的で、ほかの国々ではイギリス、中国、そしてイスラエルがその後、受け入れた。しかし、裕福な投資家が税金を逃れていることは望ましくないという理由で、パススルーのリミテッド・パートナーシップを許可しない国々もある。この発想は理解可能だが、間違いでもある。起業のインセンティブを損なうことなく、裕福な投資家に公平な負担を支払わせる方法はある。例えば、ベンチャーキャピタルへの税制優遇と高めの相続税を組み合わせることだ。

　政策上の二つ目の教訓は、ベンチャー投資家への税制優遇でとどめず、スタートアップの従業員にも別のインセンティブを与えるべきだということだ。スタートアップで働く場合、残酷な目に遭うことがある。ある調査によれば、ＶＣからの支援を得た起業家のおよそ4分の3が、会社の解散に至り、まったくお金を受け取ることができなかった。[58] 才能に恵まれた人材がこれらのベンチャー企業にエネルギーを注いでいた事例も多く、彼らには大企業で給与をもらって働くという選択肢もあった。優秀な人材を快適で安全な職場から引きはがすためには、報酬は大きくなければならない。活気に満ちたスタートアップからはプラスの波及効果があり、社会も彼らに対する大きな報酬を望むべきだろう。それゆえ、政府は従業員へのストックオプションの付与を奨励するために全力を尽くす必要がある。

ストックオプションは現金に乏しいスタートアップが世界で一流のやり手を引きつける最良の手段になった。イギリス、カナダ、イスラエル、そしてバルト三国は従業員向けのストックオプションが機能する法律・税制のルールを承認したが、抵抗する国々もある。ヨーロッパの一部の国々は議決権のない株式の付与を法律で認めていない。しかし、ストックオプションにまで議決権を与えた場合、スタートアップのガバナンスは悪夢のような複雑な対応を迫られるため、結果的には用いることができない。ほかにも、ストックオプションが付与された時点で税金が課される国々がある。例えば、ベルギーは従業員がストックオプションを受け入れた瞬間にその価値の18％を徴収する。そのオプションはやがて無価値になる可能性があるにもかかわらず、課税している。

2020年にフランスは遅まきながらルールを改正し、従業員向けのストックオプションを実効性あるものにした。ドイツの財務相は追随すると約束した。それでもヨーロッパにはアメリカに追いつくためにするべきことが多い。アメリカのスタートアップの従業員は、自分の勤務先の株式を、ヨーロッパの同じ立場の働く者と比べて2倍多く保有している。[59]

政府は発明のポンプを起動することでテクノロジー系のスタートアップを振興することができる。つまり政策上の三つ目の教訓は、政府は科学に投資しなければならないということだ。具体的には二つの焦点がある。一つ目は若き科学者に研鑽を積ませること、そして二つ目は、VCの資金を引き寄せる商業化にはまだ遠い基礎研究の促進である。大学の研究室への投資は、結果的に得られた発見の商業利用を可能にする法的な規定と結びつけることが不可欠である。アメリカでは1980年バイ・ドール法によって、大学が連邦政府の研究助成金の助けを借りて実現した発明を特許登録し、スタートアップにライセンスすることを認めた。その結果、多くの大学は発明家とベンチャーキャピタリストをつなぐ、洗練された技術移転窓口を設立した。産業のクラスターが資本と人材の迅速な循環に依存しているように、知的財産は最も生産的な用途を追求するために制約から解放されなければならない。

政策上の最後の教訓は、各国政府はグローバルな視野で考えるべきだということだ。ビザをふんだんに発給して、外国の科学者や起業家たちを引きつける競争に挑まなければならない。そして各国政府は外国のベンチャーキャピタリストたちが安心できる、国際的に認められた税に関する規定と、法的な枠組みを受け入れるべきである。政府はその国の株式市場が未発達な場合、新興企業が外国の株式市場に上場することを奨励すべきである。政府は開かれた国際的な競争を犠牲にして、自国の企業を優遇してはならない。その国がほかの経済圏と連携できればできるほど、ベンチャーキャピタリストがその国からスタートアップを見つけ出そうとする誘因は大きくなる。より大きな潜在的市場は、より大きな投資機会を意味する。イスラエルが繁栄している一因は、同国のスタートアップが最初からアメリカ人が購入する製品を作ることを目指してきたことだ。ヨーロッパで抜きん出た成功を収めたスカイプやスポティファイは、アメリカのＶＣの資金を利用し、アメリカの消費者に販売して事業を拡大した。

テクノロジーの地政学的な影響を懸念する政治家たちには、政府が直接ベンチャーキャピタルに助成することが魅力的な選択肢に映るかもしれない。しかし、それは間違いである。大半の場合、四つのシンプルな段階を踏めば、より多くの利益を得ることができる。リミテッド・パートナーシップを奨励する。ストックオプションも奨励する。科学分野の教育と研究に投資する。そしてグローバルに考える、である。

＊

ではアメリカは特に中国からの挑戦にどのように対応すべきだろうか。三つの政策手段を検討する必要があるだろう。アメリカから中国への技術関連の投資をさらに抑制する。中国からアメリカへの投資の流れを妨げる。中国人科学者たち——彼らは産業スパイに関与する中国政府のエージェントからの圧力を受けやすい可能性がある——のアメリカへの流入を規制して知的財産の保全を図る、である。これら三つの手段はすべて、アメリカの伝統的な経済的、文化的な開放性に真っ向から反し、直前で触れたばかりの「グローバルに考える」という主張をも損ねる。しかし、中国からの挑戦の重大さを考えれば、それぞれについて真剣に検討を加えなければならない。

アメリカの中国へのベンチャー投資を抑制することは、これらの選択肢の中で、最も魅力に欠ける。初期のアメリカからの投資の波は中国側に有利に働いたが、その後の損得計算は変わった。

中国でのベンチャー投資は、現地化が進み、自己完結するようになった。チーミン（啓明）のようなパートナーシップには、シリコンバレーの資金提供者から学ぶものはほとんど残っていない。したがって、アメリカの資金提供者を中国から遠ざけても、戦略的な利点はほとんどない。今後、アメリカのＶＣが中国に持ち込むノウハウは、多かれ少なかれ、中国から上がる利益と得られる知見に見合ったものでしかないだろう。矛盾しているようだが、グローバリゼーションのこの側面についてのウィンウィンの物語は、大半の観察者が信じなくなったときに、真実になっている。

中国からアメリカへのベンチャー投資を制限することは、アメリカ側の観点からは、より理にかなっている。対米投資の流れは顕著になっている。２０１７年から19年までの3年間で計92億ドルに達した。[60] ところが、中国の資本がアメリカのテクノロジーのセクターに入ってきても、アメリカ側が得るものはほとんどない。そもそもお金も、またそれに付随するビジネスについての洞察も必要ない。また、こと中国からの投資に関しては、外国からのベンチャー投資を支持する層が普段、賛成理由として主張している点があてはまらない。中国の市場は広範囲なアメリカのテクノロジー企業に対して実質的に閉じられており、中国のＶＣとのつながりがあっても、現地では役に立たないのである。この限定的な利点しかない、中国からの対米ベンチャー投資を認め続ける場合には、リスクとセットで判断しなければならない。中国の投資家がベンチャーキャピタルのテントに入ることを容認した場合、それは彼らが新興技術についての情報を得ることを意味する。アメリカのスタートアップには国家安全保障へのかかわりがほとんどないため、中国からの投資は無害に見えるかもしれない。しかし、センスタイムで確認したように、テクノロジーはしばしば軍民両用（デュアルユース）である。民生用に見えるテクノロジーは軍事用に姿を変えることができる。

アメリカの大学や企業での勤務を望む中国人科学者たちの道をふさぐという第三の対中国政策の是非はどうだろうか。これは最も鋭いジレンマを突きつける。アメリカにとって中国からの移民に開放的であることには本当に利点がある。アメリカは中国のベンチャーキャピタルよりも中国の科学者たちから、はるかに多くの恩恵を受けている。しかし、開放性がリスクを伴うのも事実である。中国の広範なスパイ活動のプログラムには、情報提供者となるアメリカ国内の中国人科学者たちを募集する組織的な試みが含まれている。開放と制限という対立する主張のバランスを取るため、アメリカはヘッジをかけなければならない。中国の科学分野の人材に対し、一般的には開放的であり続けながらも、中国のスパイ活動に対して精力的に防諜作戦を展開すべきである。アメリカ在住の科学者たちが外国の勢力に秘密を渡した場合、彼らを逮捕し、処罰しなければならない。諜報機関は彼らを捕まえるための十分な資源を持たなければならない。

中国は先進諸国から知的財産を吸い上げようと決意している軍事的な競争相手である。アメリカは自らの商業的、および戦略的な利益を守るしかない。そのための正当な手段が中国の対米ベンチャー投資を制限し、知的財産を保護することである。ただし、アメリカは中国の勢いを弱めようとするだけでなく、中国よりも早く進むために一層努力しなければならない。[61] 政府には科学分野の教育と研究にかなり多く投資して、VCが支援するイノベーションの基盤を築くことが求められる。また政府はベンチャー投資のパートナーシップへの課税を引き上げようとする、人気取りの圧力に抵抗しなければならない。そして、シリコンバレーとペンタゴンの間により良い協調関係を構築して、VCの支援対象企業が主要な防衛契約を獲得できるようにすべきである。

これらの措置は、アメリカが技術面の卓越性を維持する保証にはならない。イノベーションの競争は外れ値のような異端児的存在が制するからだ。もし、アマゾンやインテルがいなければ、現在のアメリカのパワーは違って見えていただろう。中国も同じで、ネットワーク機器の大手ファーウェイ（華為技術）がいなければ、そのパワーは異なって受け止められただろう。しかし、アメリカがベンチャーキャピタルのシステムを守り、称え続けるならば、勝算はアメリカに有利になる。

この主張は強権的な国家運営は中国の強みではなく、弱みの表れだという判断に基づいている。強みがあるのは確かである。中国は科学の振興に対して積極的に関与し、見事なことに2000年から18年にかけて、R&Dへの支出を、急速に成長するGDPとの比較で0・9%から2・1%に引き上げた。この間、アメリカの全国レベルでのR&Dへの支出はGDP比で2・5%から2・8%の間で推移した。[62] しかし、マイナス面として、中国の権威主義的な政治文化が自由な発想の起業家精神と究極的には対立していることが挙げられる。現状維持が既得権益となっている政府は、破壊的なイノベーションを解き放って秩序に混乱をもたらしかねないリスクを取らない。

2020年秋、この緊張関係を鮮やかに示す事例が表面化した。アリババは西側の競争相手を凌駕する機械学習の半導体「含光（ハァングアン）800」を開発したと明らかにし、中国が目覚ましい技術進歩を遂げていることを発信した。それまで半導体の設計が中国の弱点だったことを考えれば、この発表はアメリカの半導体メーカーへの警鐘だった。

ところが、勝利に浸るアリババの創業者ジャック・マーは自分が中国国家の中で不興を買う側にいることに気づかされた。マーがこの国の金融規制を批判すると、政府は彼の決済サービス企業であるアント・グループのＩＰＯを阻止した。アリババに対する独占禁止法違反の調査も開始し、28億ドルの罰金を科した。政治的な動機による締めつけのなか、マー自身が数カ月、公の場から姿を隠し、アリババの株価は4分の1下落した。翌年春、ピンドゥオドゥオ（拼多多）というライバルのオンライン上の大型店の創業者である億万長者が、明らかに次は自分が標的になるかもしれないと恐れて、退任した。「トップにいることは安全ではない」とある関係者は厳しい口調で漏らした。[63] 21年夏には、このコメントに先見の明があるように思われた。テンセント、ディディ、そして教育にテクノロジーを活用する産業全体が政治的な締めつけの対象となり、共産党の規制機関が検察官、裁判官、陪審員として機能した。

アメリカにも数々の欠点はあるが、起業家をこれほど厳しく扱うことはない。ジャック・マーに最も立場が似ている人物はアマゾンのジェフ・ベゾスだろう。彼はドナルド・トランプに極めて批判的なワシントン・ポスト紙を所有しているため、トランプの激怒の対象となった。

しかし、この2人を並置してみると、両国の類似性ではなく、相違点を強調するのに役立つ。中国ではインターネットの大物が政府を批判的に報じる日刊紙を発行することなど想像できない。中国でベンチャー投資家と時間を一緒に過ごしたなら、どのような圧力を感じているかが分かるはずだ。政治的な関心を引かずにアリババに資金を提供できたシャーリー・リンの時代は過ぎ去った。デジタル技術が力を発揮する現在、ベンチャーキャピタリストは政府の審議会に加わり、政府の優先順位を認識して投資することが期待されている。

２０１９年に取材旅行で中国を訪問した筆者は、北京を本拠地とする1人のベンチャーキャピタリストにインタビューした。その人物は政府の建設的なリーダーシップについて丁寧に説明した。しかし、インタビューが終わり、筆者がレコーダーの電源を切ると、その同じベンチャーキャピタリストが国家の介入を激しく非難した。確かなことは分からないが、その後、締めつけがエスカレートしていることは、中国から人材を流出させている公算が大きい。一方、自由な発想に満ちあふれ、起業家精神がほとばしるシリコンバレーの様子には、アーサー・ロックの全盛期から半世紀を経た今でも、驚かされる。

このような気概を実感し、それが秘めている地政学的な意味合いを理解するには、ピーター・ティールのファウンダーズ・ファンドを思い起こすべきだ。ティールはもっぱらペイパルの創業者として、フェイスブックのシード投資家として、そして大統領候補時代のドナルド・トランプへの支援を含む保守的な大義への篤志家として知られる。このうち3番目は彼をシリコンバレーにおける悪役とするのに十分だった。

しかし、これらをどのように評価するにせよ、ティールの最も思いがけない功績は、ほかの部分にある。それは彼のファウンダーズ・ファンドが冷戦以降に創設された主要な防衛企業2社の両方を支援していることだ。ペンタゴンのために人工衛星を打ち上げるスペースXと、戦場向けの情報システムを含む各種のソフトウエアを提供するパランティアの2社である。そして、このこと自体が特筆すべき快挙である。軍事の上層部が感銘するほどの規模と信頼性を持つ企業を新たに作り上げることは並大抵ではない。既に述べてきたように、VCには資本集約的で長期的な課題に取り組むことは不可能だと言われることが多い。栄誉に安住することを望まないファウンダーズ・ファンドは2017年、大リーグに参入できるくらいの潜在性を備えた3番目の防衛分野のスタートアップを見つけ出すと決め、担当のパートナーにトレエ・スティーブンスを指名した。彼はシリコンバレーじゅうを探し回ったが、徒労に終わった。同僚たちはシンプルな言葉で応じた。そのような会社が存在していないのなら、始めるしかない[64]。

そして4年後、ユニコーンが出来上がった。次世代型の防衛システムを開発するアンドゥリルというスタートアップである。情報プラットフォームの「ラティス」はコンピューターによる画像処理、機械学習、メッシュ型ネットワーキングを組み合わせて戦場の状況を表現する。「ゴースト4sUAS」は軍事偵察用ドローンである。太陽光発電で稼働する「セントリー・タワー」

はアメリカとメキシコの国境沿いに設置されている。今後ＡＩが従来型の戦争機械を圧倒していく時代にあって、アンドゥリルが目指しているのは、グーグルのプログラミングの妙技と、ロッキード・マーティンの国防に集中する姿勢を組み合わせることだ。

アンドゥリルはアメリカの国家安全保障に変革を引き起こす存在かもしれない。しかし、同社はそれよりも重要なものを想起させる。シリコンバレーの持ち前の大胆さと、ベンチャーキャピタルを突き動かす世界に対する特別な考え方を体現しているからだ。問題にひるんでいる人がいたなら、そこに行け。挑戦して失敗しろ、挑戦することに失敗してはならない――。

何よりも思い出してほしいのは、べき乗則の論理である。すなわち、成功の報酬は名誉ある挫折のコストよりもはるかに大きいことだ。この人々を激励してやまない公理が、アメリカのベンチャーキャピタル集団を国家のパワーを支える不朽の柱に変えた。デービス＆ロックの設立から60年余り、ＶＣがうまくゆかないほうに賭けるのは、やはり賢明ではない。

謝辞

過去の著作と同様に、私は外交問題評議会に最大の恩義を感じている。そこは10年余りにわたって職業上のマイホームとなっている。会長のリチャード・ハース、研究プログラムのリーダーであるジェームズ・リンゼーとシャノン・オニールにお礼を申し上げる。私はこのプロジェクトに4年間没頭することができた。この特権のおかげでおよそ300回のインタビューを行った。オーラル・ヒストリーやお宝が埋もれた電子メールの山から、ユーチューブのビデオクリップ、財務関連の報告書に至るまで多くの資料を徹底的に読み込み、視聴して理解した。リチャード、ジム、シャノンの3人は原稿の初期の読者であり、実は評議会が指名した匿名の優れたレビューアーたちだった。書き手を甘やかすことがない彼らの厳しい推敲を要求するコメントに背中を押されながら、私は第二稿の苦闘にお馴染みの怒り、疲労、感謝の思いを抱きながら取り組んだ。

ノンフィクションライターにはベンチャーキャピタリストと同様に、ネットワークが不可欠である。評議会のメンバーのニック・ベイム、スティーブ・デニング、そしてオーレン・ホフマンは私がシリコンバレー取材の糸口をつかむために助けてくれた。評議会の外では友人で、クロックタワー・グループの創業者であるスティーブ・ドロブニーが私をシリコンバレー、中国の両方のVCと結びつけてくれた。北京と上海でのインタビューはクロックタワーのカイウェン・ワンが手伝ってくれた。通訳のスキルと分析的なアドバイスは非常に貴重だった。香港ではチャーリー・シーが私を彼のサークルの事情通のチャイナ・ウォッチャーたちに紹介してくれた。クロックタワー・テクノロジー・ベンチャーズのマネジャーのベン・サベージは私を彼のファンドの諮問委員会に招き、ベンチャー投資のプロセスを内側から垣間見るチャンスを与えてくれた。言うまでもなく、クロックタワーも、その投資先も本書には登場していない。それでも、クロックタワーで起業家たちによる企業説明の会合や、リミテッド・パートナーたちとの投資先企業に関する検討会合に同席できたことで、私のこのビジネスに対する感触や理解が深まった。

何人かの学識経験者には惜しみなく助言していただいた。シカゴ大学のスティーブン・カプランはVCの運用成績に関するデータの不透明なニュアンスを私がなんとか理解して進むために助けてくれた。彼はあるとき、著名なパートナーシップによるリターンの情報開示の方法は「とんでもない」と解説してくれた。ハーバード大学ビジネススクールのジョシュ・ラーナーと、スタンフォード大学のレスリー・バーリンからは本書のいくつかの章について素晴らしいコメントを頂戴した。ウォートン校のピーター・コンティブラウンは私の問題意識とネットワーク理論の関連性に気づかせてくれた。スタンフォード大学のフーバー研究所のニーアル・ファーガソンはネットワークが歴史的分析に役立つことを教えてくれた。マウンテンビューにあるコンピューター歴史博物館のマルグリット・ゴン・ハンコックには本書の最初の数章を検証するための専門家グループを組織してもらった。ハーバード大学ビジネススクールのベイカー・ライブラリーのローラ・リナードと彼女の同僚たちには東海岸の初期のベンチャーキャピタリスト関連の資料を渉猟する作業を手伝ってもらった。私は外交問題評議会のメンバーであるジョー・ハードとスティーブ・タナンバウム、そして私の原稿に考え抜いた反応を示してくれた友人のマラ・ガオンカーとエリク・セラノ・バーンセンに感謝している。また、多くのベンチャー投資家、起業家、テクノロジー企業の幹部、スタートアップに詳しい法律家、基金の責任者たちが複数の長時間インタビューに応じてくれた。彼らは、内部でのやり取りの記録、投資関連のレポート、運用成績のデータの閲覧を認めてくれた。彼らは自転車に乗ったり、ハイキングをしたり、あるときには航空機を操縦したりしている間も話してくれた。私は可能な範囲でこれらの情報源を特定、記載した。避けられないことだが、一部は匿名のままであることを望んだ。

この4年間、私にとっての最も身近な協力者は外交問題評議会で共に働いてくれた有能なリサーチ・アソシエイトたちだ。マイヤ・マンチーノは私がこの物語の全体像を整え、フェアチャイルドへの資金提供からアップルのIPOまでベンチャー投資の初期の歴史に関する情報を2年かけて完璧に知識として取り込むために助けてくれた。シベレ・グリーンバーグは私が中国のデジタル経済の台頭を理解するために手伝ってくれた。おかげで私はシリコンバレーと中国の起業家たちとの相互の影響や、中国のテクノロジー産業の驚くべきアメリカ起源に関する資料をむさぼるように読むことができた。イスマエル・ファローキはその後のシリコンバレーを担当し、特にYコンビネーターをめぐる経緯、UUNETへの資金提供、そしてユニコーンたちのガバナンスを揺るがす出来事について掘り下げてくれた。優秀なインターンやフリーランサーには数多くのギャップを埋めていただいた。ジェームズ・ゴーベル、アラン・リュウ、アーロン・ペズーロ、サブリヤ・ペート、ザイブ・ラソール、ジェニー・サムエルズ、エズラ・シュワーツバウム、ジョー・スタブダル、ロバート・ウイッカーズ、そしてアレックス・ヤーギンである。アリフ・ハリアナワラはプロジェクトの最終局面から参加して補遺にある図表の取りまとめを手伝ってくれた。私が謝意を表さなければならない相手はまだいる。挿入写真を受け持ってくれたトビー・グリーンバーグ、制作の過程でずっと原稿の面倒を見てくれたペンギン・プレスのミア・カウンシル、そして多くの鋭い目を持つペンギン社の校正担当の達人たちにである。

　もちろん、とっておきの何人かの名前を私は最後の最後まで残している。多大な感謝とお礼の気持ちを私のエージェントのクリス・パリスラムに、そしてペンギンの編集者であるニューヨークのスコット・モイヤーズとロンドンのローラ・スティックニイに捧げる。私がベンチャーキャピタルと格闘しなければならないというのは、スコットの発案だった。私は認めるべきではないのだろうが、実はスコットが私の5冊の著書のうち3冊の主題を示唆してくれた。スコットが残りの2冊の火つけ役でないのは、我々が当時まだ出会っていなかったからである。有望なプロジェクトを見抜く目と、それらを軌道に乗せるための第六感を備えた彼は、最高のベンチャーキャピタリストに相当する出版業界の貴重な人材である。そして、クリスはべき乗則のアイデアが私のプロジェクトの中心になる可能性があることを最初に認識して、タイトルと構成案の両方を私に提供してくれた。ローラは文章で描く場面を巧みに切り替える魔法のような目を持ち、何度も私がタイミングを間違えないよう救ってくれた。このドリームチームと働けて私は幸運だった。

年表

1946年	ロックフェラー、ホイットニーの両ファミリーがベンチャーキャピタル（VC）の実験を開始
1946年	ジョルジュ・ドリオがアメリカン・リサーチ・アンド・デベロップメント（ARD）を立ち上げ。ARDはベンチャー投資に特化した法人だが、上場していた
1957年	リード・デニスがサンフランシスコで証券マンたちを集めて「ザ・グループ」を結成し、テクノロジー系のスタートアップを支援
1957年	アーサー・ロックが「8人の反逆者」に資金を提供し、フェアチャイルド・セミコンダクターを創設。西海岸の半導体産業が始動
1958年	米連邦政府が中小企業投資会社（SBIC）として知られるベンチャー投資の担い手たちに助成を開始
1961年	アーサー・ロックがニューヨークを離れてカリフォルニアに移り、デービス&ロックを設立。融資をしない、出資が専門で、投資の期限を定めているパートナーシップの形態のVCでは初めての成功例となった
1962年	ロックがサンフランシスコでの講演で「損を帳消しにする」ためにも、投資先の中には満塁ホームラン級の大当たりが必要だと説明
1968年	デービス&ロックは22倍余りのリターンを上げて支援者たちに還元。ウォーレン・バフェット、ヘッジファンドの草分けであるアルフレッド・ウィンスロー・ジョーンズの2人を凌ぐ運用成績を収めた

1968年	ロックがインテルに資金を提供。57年の離脱劇の成功を再現すべく、8人の反逆者のうちインテルを興した2人を支援した
1972年	ARDが閉鎖。ロックが作り上げた西海岸のベンチャー投資モデルの勝利を告げる出来事に
1972年	フェアチャイルド・セミコンダクター出身のドン・バレンタインがVCのセコイア・キャピタルを設立
1972年	8人の反逆者の1人、ユージン・クライナーがヒューレット・パッカード幹部のトム・パーキンスと組み、VCのクライナー・パーキンスを旗揚げ
1973年	VCのサッターヒルが電子式印刷システムの発明家（キューム社の起業家）と外部の強力な最高経営責任者（CEO）を結びつけて「キューム・モデル」を確立
1974年	バレンタインがアタリを支援。出資先に積極的に介入するハンズオン型のベンチャーキャピタリストが混乱に陥った会社を立て直し、勝者にする手法を実証
1974年	クライナー・パーキンスがタンデム・コンピューターズを内部で「孵化・保育（インキュベート）」してからスタートアップとして分離独立
1976年	クライナー・パーキンスがジェネンテックを支援。段階を踏んで資金を提供し、成功に導く
1977年	アップルが何度も拒否に遭いながらも資金を調達。この間の経緯からVCのネットワークは少数の個人よりも優れていることが浮き彫りに
1977年	ディック・クラムリッチと東海岸の2人のパートナーたちでVCのニュー・エンタープライズ・アソシエイツ（NEA）を設立

1980年	アップルとジェネンテックの新規株式公開（IPO）が劇的な成功を収め、その後のテクノロジー銘柄をめぐる株式市場の高揚感の到来を予感させた
1981年	ボブ・メトカーフが東海岸でベンチャーへの投資資金を集めようと努力したものの、最終的に西海岸で支援者たちを得ることに。シリコンバレーのベンチャーキャピタリストたちの強さを示した
1983年	アーサー・パターソンとジム・スワーツが特定の産業分野に特化した初のVC、アクセル・キャピタルを立ち上げ
1983年	税制と規制が有利な形で改正されたのを受けて、米ベンチャー投資ファンドの運用資産は120億ドルに達し、6年間で4倍に
1987年	セコイアがシスコを支援し、経営陣を一新。同VCにとって最終的に単一の投資案件から1億ドルの収益を得る最初の事例に
1993年	新型コンピューターを開発するGO（ゴー）はジョン・ドーアのカリスマ性に背中を押されて、奮闘したものの、計画を実現できずに終わる。「やるからには思い切りやれ」とムーンショットを狙うドーアの意欲は衰えなかった
1993年	イスラエルが政府基金のヨズマ・グループを創設。ベンチャー投資を促進する政府プログラムの成功例に
1993年	アクセル、NEA、メンロ・ベンチャーズのVC勢がUUNETを支援。政府が運営するインターネットは大衆の情報伝達手段に
1994年	クライナー・パーキンスがネットスケープを支援。オンライン空間の体験を変革することに
1995年	セコイアのマイケル・モーリッツがヤフーに対する支援を主導。モーリッツは同VCの、後には業界のリーダーとして頭角を現す

1996年 ソフトバンクの孫正義がヤフーに1億ドルを投じる。
「グロース投資」の台頭を告げると共に、孫がモーリッツの反感を買う契機に

1996年 ジョン・ドーアがアマゾンを支援。インターネット関連投資ではシリコンバレーのトップの地位を示す格好に

1997年 ベンチマークのボブ・ケーグルがイーベイを支援。最終的に50億ドルの利益をもたらし、
同VCのスモール・イズ・ビューティフルのモデルが威力を発揮

1998年 セルゲイ・ブリンとラリー・ペイジがVCに頼ることなく100万ドルを調達。エンジェル投資の幕開けを象徴

1999年 グーグルが資金調達の条件設定でクライナー・パーキンスとセコイアに対して主導権を発揮。
ソフトウエアの創業者たちの影響力を誇示する結果に

1999年 ゴールドマン・サックスのシャーリー・リンがアリババに資金を提供。
同社のその後の離陸を可能にしたストックオプションを伝授

2000年 米ベンチャー投資ファンドへの新規の資金拠出が1040億ドルとなり、当時のピークに到達

2000年 孫がゴールドマンに続きアリババに出資。
アメリカのテクノロジー分野の不振で被った巨額の損失を埋め合わせる結果に

2003年 タイガー・グローバルがヘッジファンドとしては初めて、
目的を未公開のテクノロジー企業への投資に限定して資金を調達

2004年 グーグルが上場。2種類の株式を用いて創業者たちの経営権を維持し、
一般株主の権限は弱めるその後のIPOの前例を作る

2004年	クライナー・パーキンスがクリーンテックへの投資強化という問題含みの実験に乗り出す
2005年	ピーター・ティールがファウンダーズ・ファンドを開始。出資先の創業者たちに経営を任せることで、伝統的なVCと差別化
2005年	ポール・グレアムとジェシカ・リビングストンがYコンビネーターを設立。スタートアップのインキュベーターの新しいモデルに
2005年	キャシー・シューがキャピタル・トゥデイ（今日資本）を立ち上げ。中国人が運営する最初の成功した米欧式のVCに
2005年	アクセルがフェイスブックに資金を提供。パートナーシップ内のチームワーク力を証明
2005年	セコイアがニール・シェンを採用して、セコイア・チャイナを旗揚げ
2009年	ユーリ・ミルナーがフェイスブックに対してグロース投資を実施。テクノロジー企業の創業者がIPOを遅らせる手段に
2009年	マーク・アンドリーセンとベン・ホロウィッツがVCを結成。すぐさま業界のリーダーに
2010年	セコイア・チャイナがメイトゥアン（美団）を支援。後にグーグルを抜いてセコイアの歴史上、最もリターンの大きな投資案件に
2010年	ビノッド・コースラがインポッシブル・フーズに資金を提供。クリーンテックに対する新しい、より成功を収める投資の波の始まり
2012年	エレン・パオがクライナー・パーキンスの差別的な対応を提訴

2013年	未公開を続ける大型化したテクノロジー企業が増えるなか、アイリーン・リーが「ユニコーン」という分類を考案
2017年	孫正義が990億ドルのビジョン・ファンドを組成
2017年	セコイアが80億ドルのグロース投資向けのファンドで対抗。モーリッツは孫を北朝鮮の独裁者になぞらえた
2017年	中国がベンチャー投資のリターンでアメリカを上回る
2017年	ファウンダーズ・ファンドがパランティアとスペースXでの成功を踏まえ、防衛企業の3番目としてアンドゥリルを支援
2018年	ベンチマークと同VCの盟友の投資家グループでウーバーの創業者トラビス・カラニックを追放。「創業者に対する優しさ」に限界があることを示す
2019年	ウィーワークがIPOに失敗。コーポレート・ガバナンスに関心を払わない旅行者のようなハンズオフ型のベンチャー投資家が加わることの危険性を露呈
2020年	新型コロナウイルスのパンデミックでVC支援企業の評価額が急騰
2021年	中国が国内のテクノロジー・セクターを締めつけ

補遺・図表

［勝者が大半を取得］

アメリカのベンチャー投資の運用成績 95、75、50、25パーセンタイルの推移

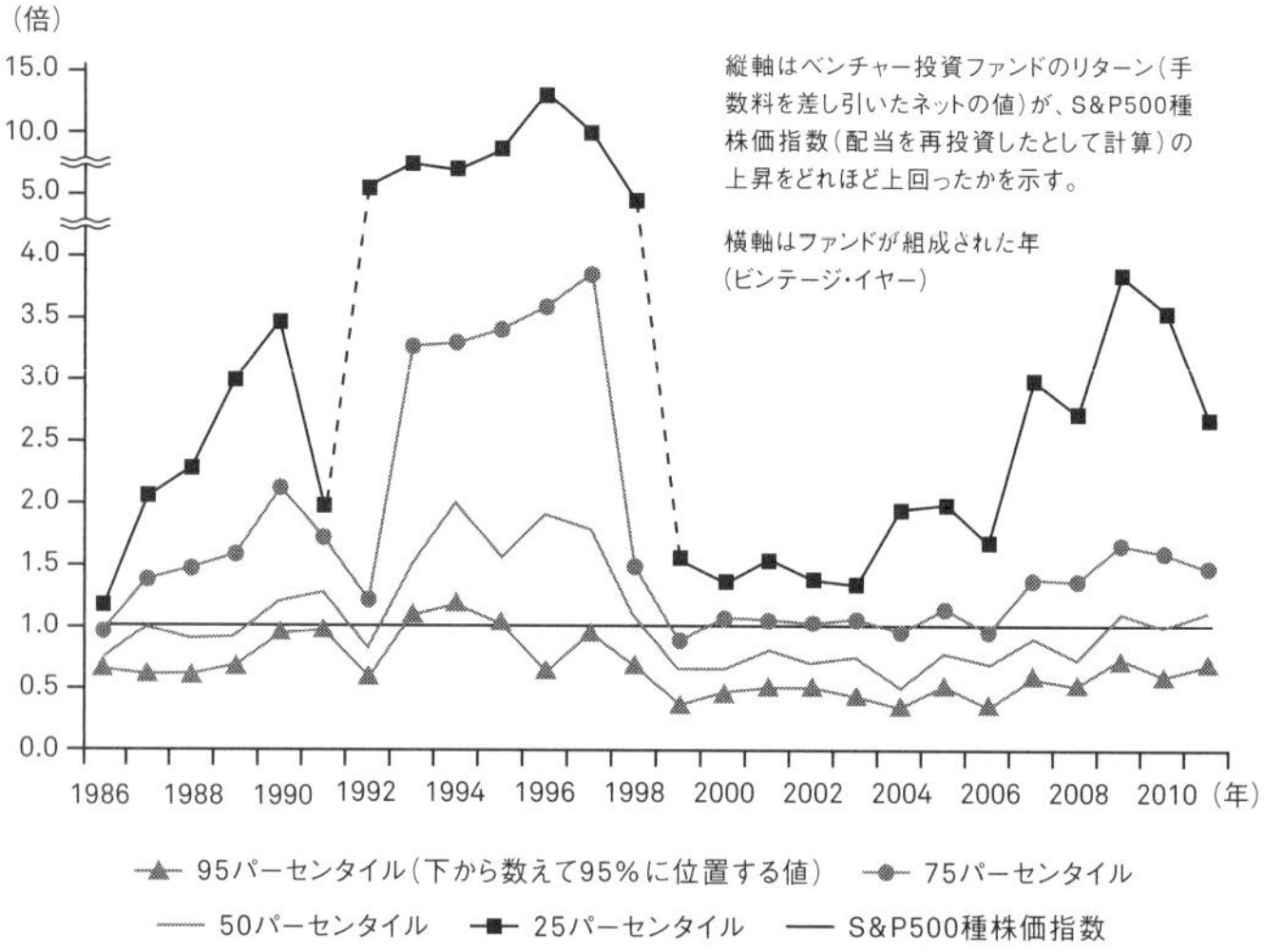

出所：データはシカゴ大学のスティーブン・N・カプラン、および投資情報サービス会社のバージス

（注）2011年よりも後の年は集計の対象外。ファンドはまだ満期を迎えていない

［VCの勝者はより大きく勝つ］

投資戦略ごとの内部収益率（IRR）、2004-16年に組成したファンドが対象

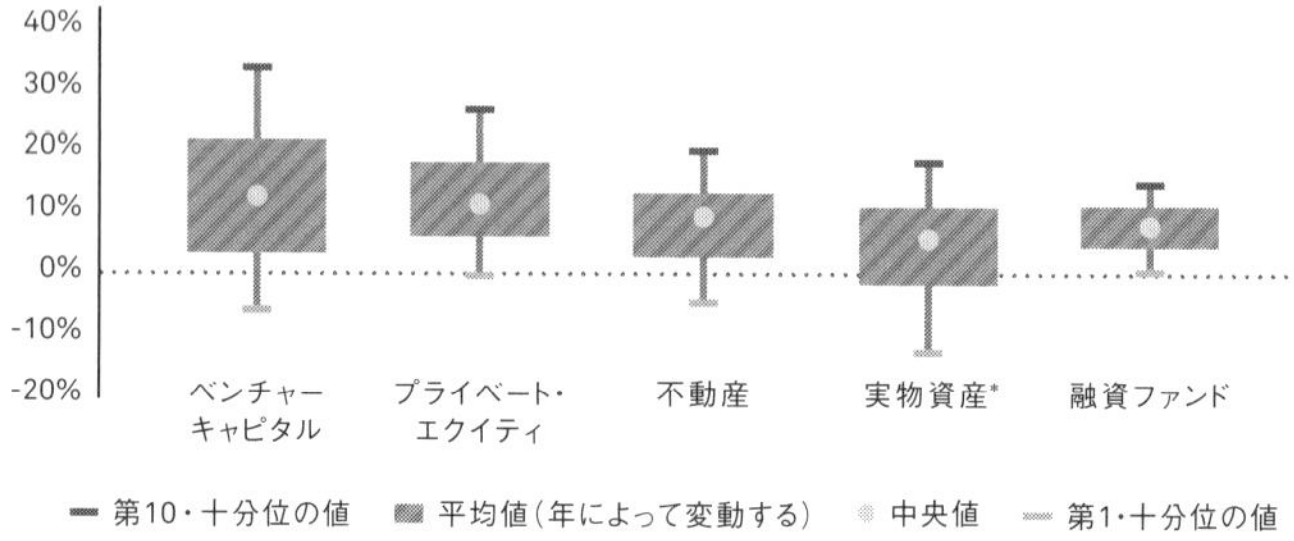

出所：情報サービス会社のピッチブック

＊実物資産には天然資源、インフラ、木材、金属などが含まれる

[カリフォルニアの興隆]

米ベンチャー投資ファンドの
州別資金調達シェア
2004年
総額:170億ドル

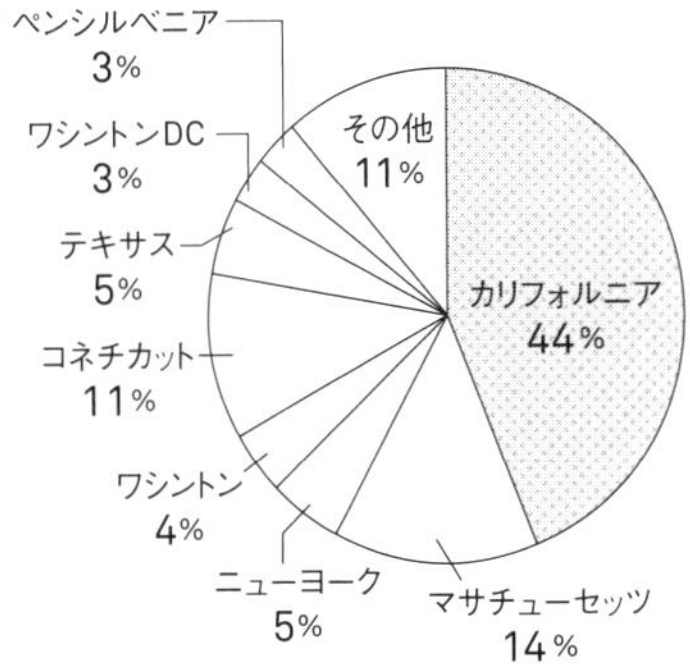

米ベンチャー投資ファンドの
州別資金調達シェア
2019年
総額:505億ドル

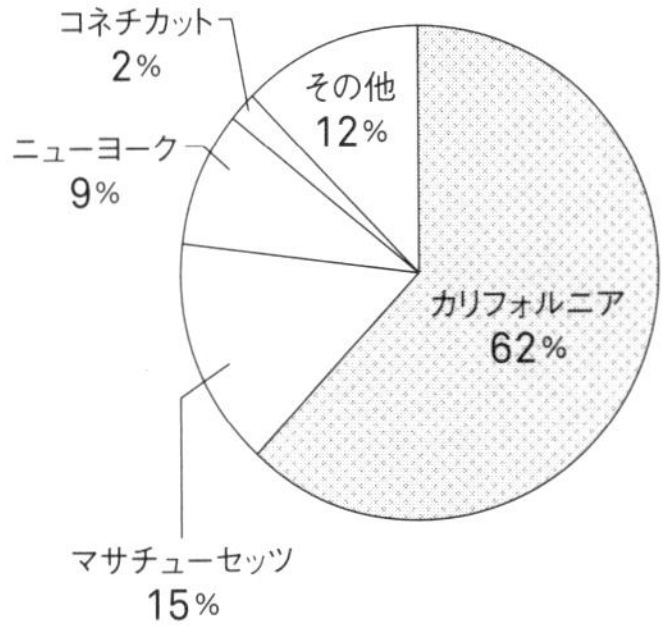

出所:全米ベンチャーキャピタル協会(NVCA)の年報、データはピッチブックから
(注)ファンド、もしくはリミテッド・パートナーシップの所在地で分類した

[乏しい多様性]

VCの投資担当パートナー
人種別

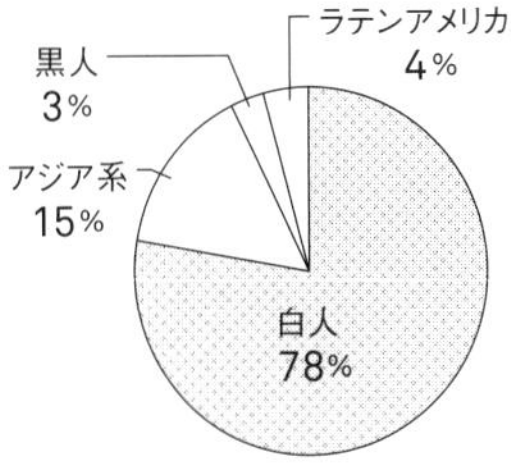

VCの投資担当パートナー
性別

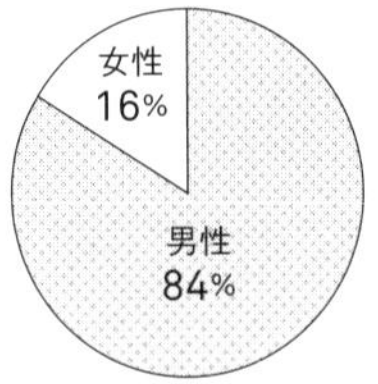

MBAを取得した
ベンチャーキャピタリスト
出身校

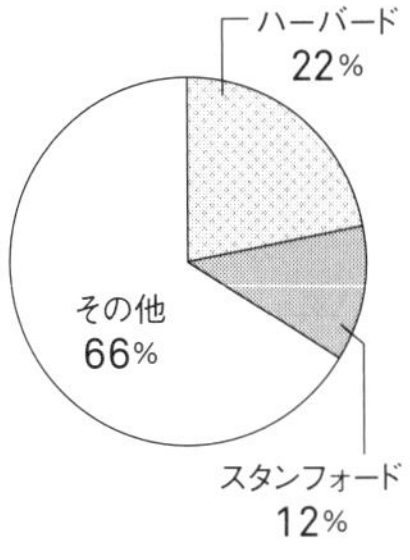

出所:デロイト、NVCA、ベンチャー・フォワードによるVCを対象にした人的資本調査・2021年版、
ポール・ゴンパースとソフィー・ワンの2017年の共著論文「イノベーションにおける多様性」

[富の興亡]

上位のベンチャーキャピタルの推移

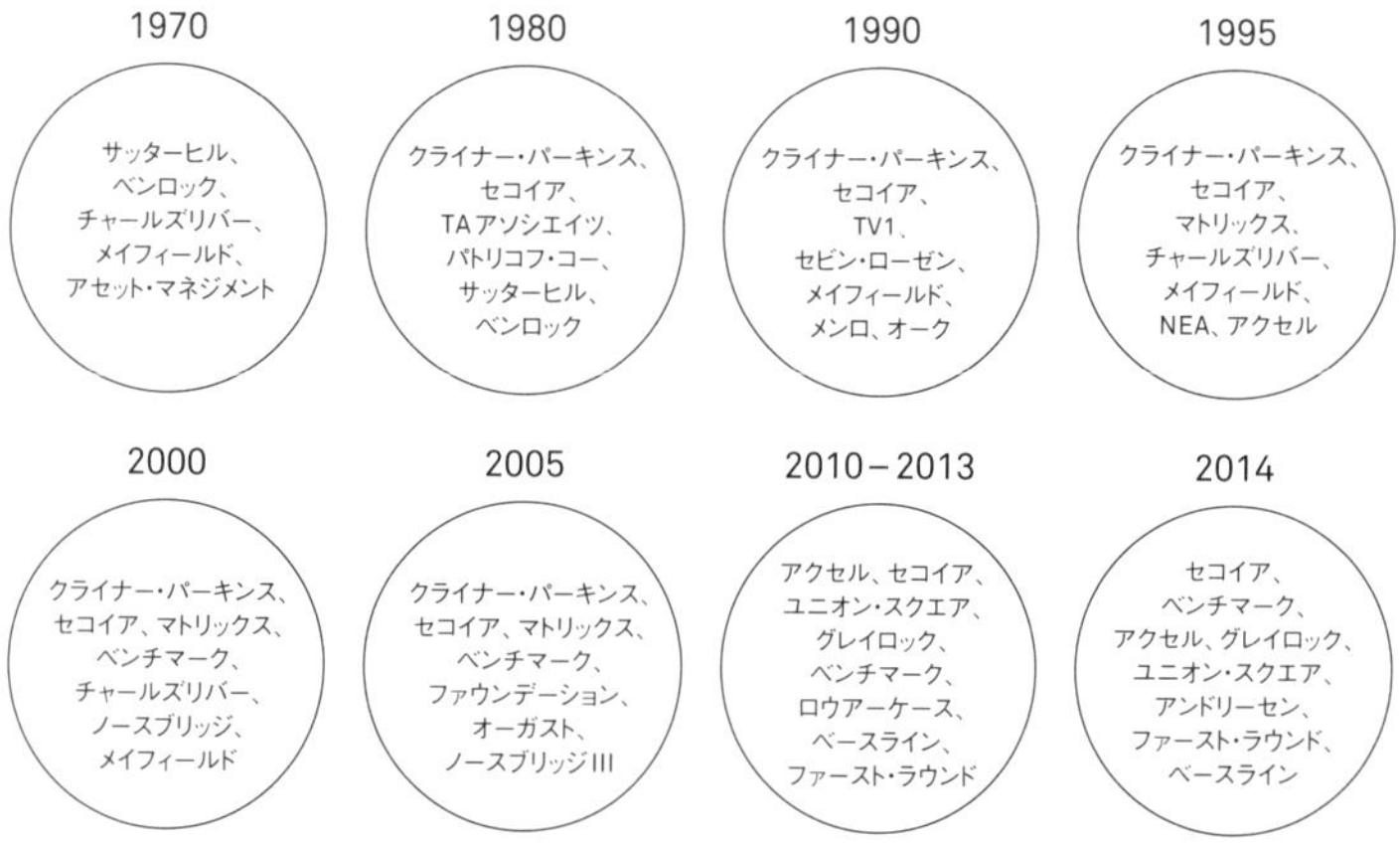

出所：ブラウン大学インベストメント・オフィス（大学基金）のジョー・ダウリング、
投資情報サービス会社のトラステッド・インサイト

[中国の台頭]

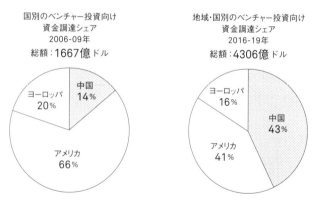

国別のベンチャー投資向け
資金調達シェア
2006-09年
総額：1667億ドル

地域・国別のベンチャー投資向け
資金調達シェア
2016-19年
総額：4306億ドル

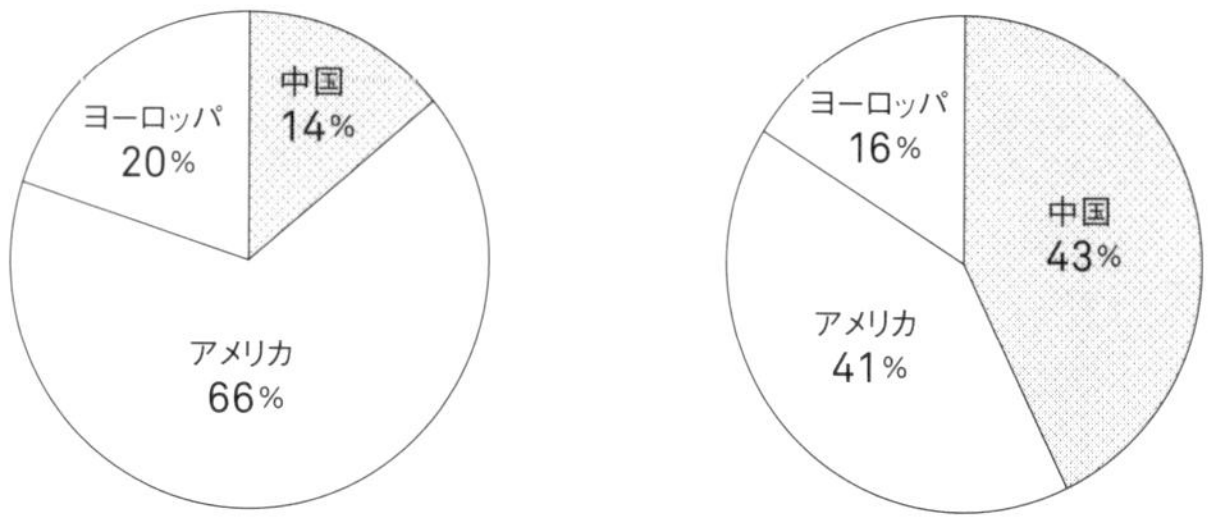

出所：NVCA、スタティスタ（アメリカ）、Zero2IPO（中国）、ピッチブック（ヨーロッパ）
（注）ヨーロッパに関するデータは年間の為替レートでドル換算した

[ソフトウエアが投資資金を食い尽くす]

業種別に見たVC支援企業の評価額の推移

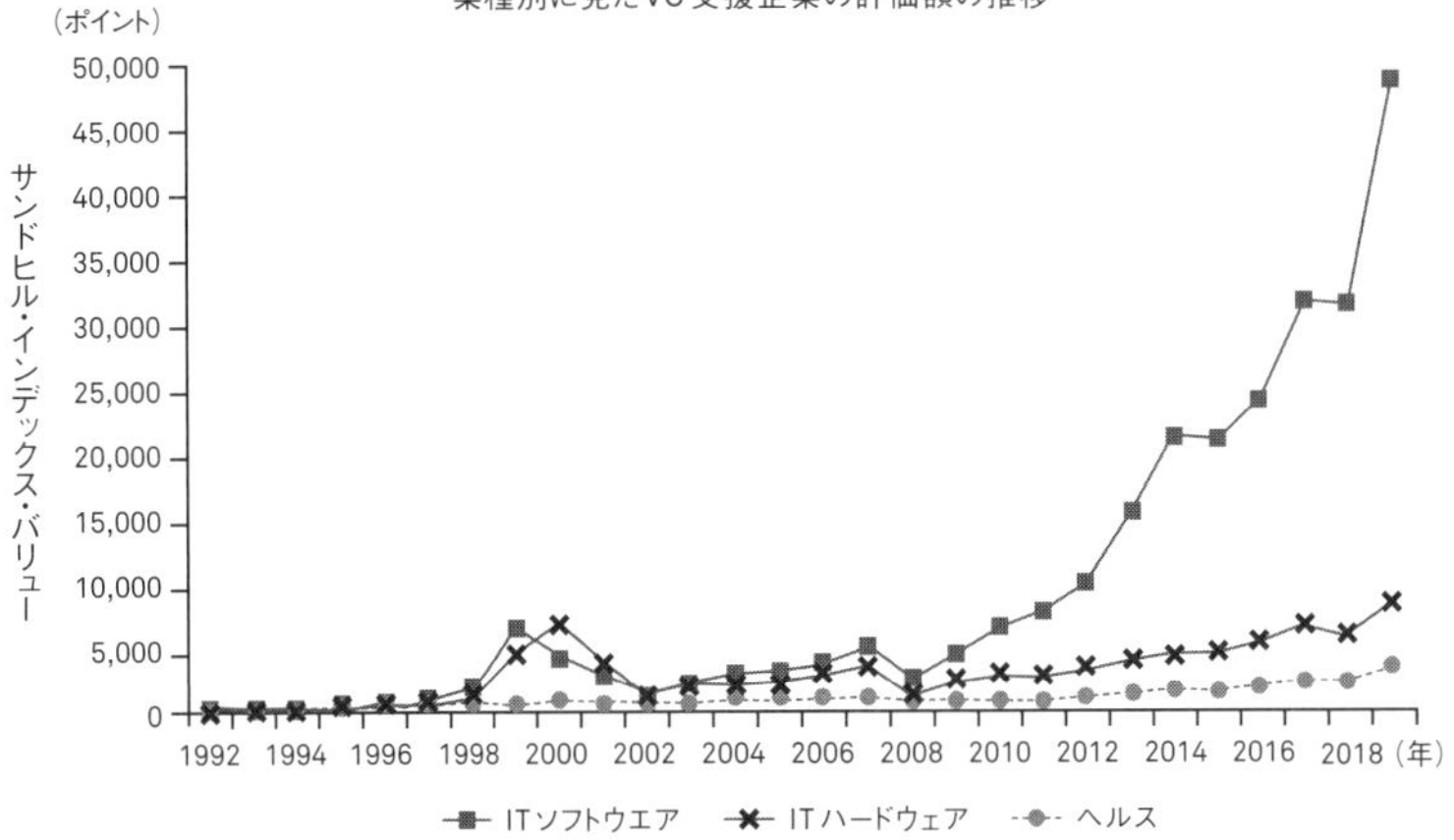

出所:サンドヒル・エコノメトリックス

(注)企業価値は資金調達ラウンドごとに決まる。その際のデータを収集して指標化した。
対象はVC支援企業3万3000社

[ユニコーンのバブル]

資金調達のステージごとの評価額の推移、プレマネーの中央値

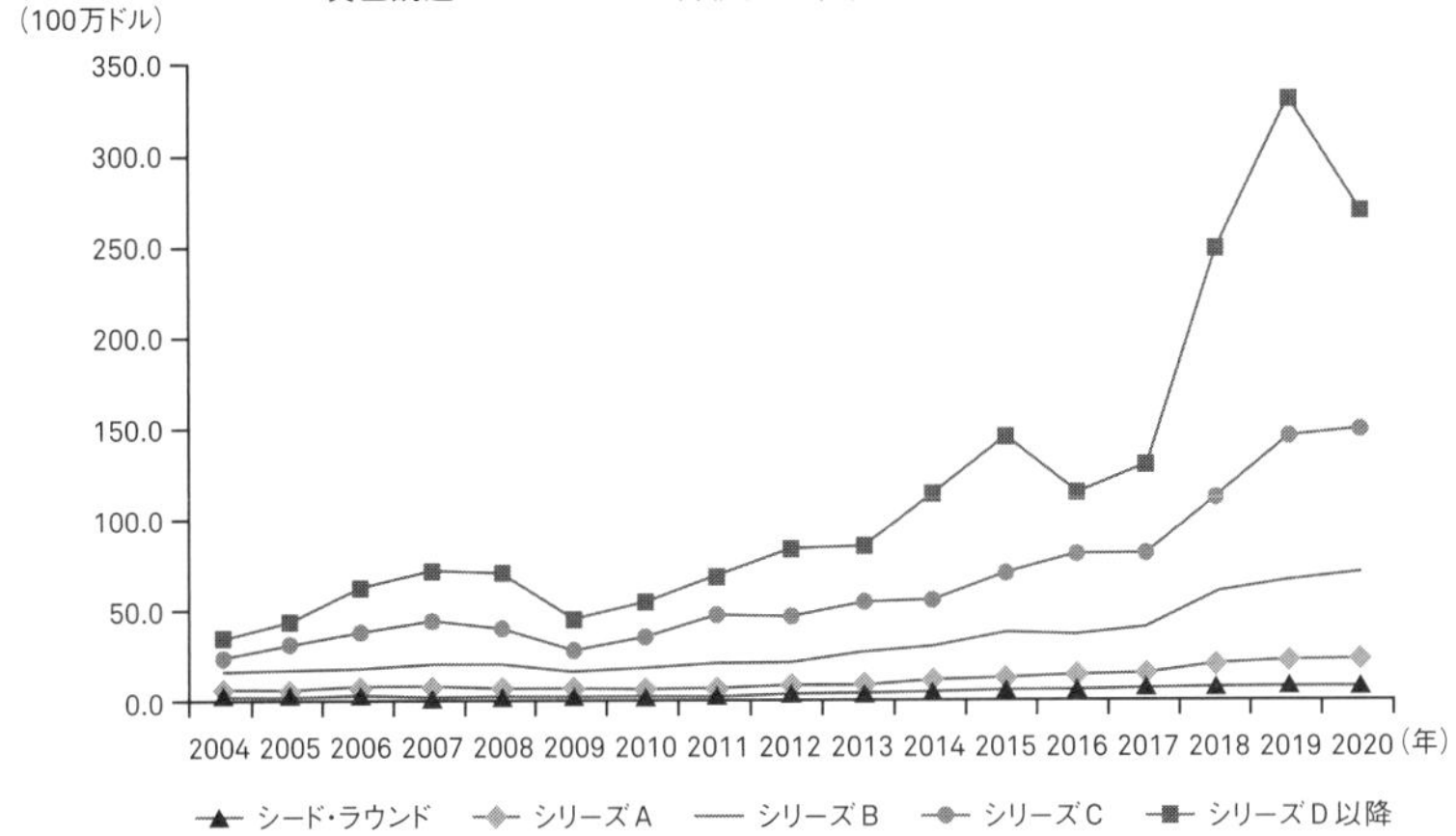

出所:ケンブリッジ・アソシエイツ、データはピッチブック

63. "China's Rulers Want More Control of Big Tech," *Economist*, April 10, 2021.

64. Stephens, interview by the author, March 29, 2019.

＊記載のURLは原則として原著刊行時点のもの

収を生み出していると言える。それは政府の研究を通じて彼らが得ている支援を相殺するだろう。

46. 清華大学の2018年のグローバルな調査によって、中国がAI関連の研究論文、特許、ベンチャー投資で世界をリードしていることが判明した。さらに、中国では国家の奨励で、スタートアップが続々とAI分野に進出している。国務院は17年7月に次世代AI開発計画を公表し、その中で「AIは国家の競争力を強化し、国家の安全を守る主要な戦略である」と指摘した。Gregory C. Allen, “Understanding China’s AI Strategy,” Center for a New American Security, Feb. 6, 2019.

47. “Life Is Getting Harder for Foreign VCs in China,” *Economist*, Jan. 9, 2020.

48. DJIのソフトウエア開発の一部は、主にアメリカ市民で構成するスタッフによってパロアルトで進められている。

49. Allen, “Understanding China’s AI Strategy.”

50. Meg Murphy, “MIT-SenseTime Alliance Funds Projects from All Five Schools,” *MIT News*, Aug. 24, 2018.

51. 2015年の防衛産業の上位4社のR&D予算の合計は、グーグルのR&D支出の27%に過ぎなかった。*Innovation and National Security: Keeping Our Edge*, Independent Task Force Reports (New York: Council on Foreign Relations, 2019), cfr.org/report/keeping-our-edge/pdf/TFR_Innovation_Strategy.pdf.

52. Lance Noble, “Paying for Industrial Policy,” GavekalDragonomics, Dec. 4, 2018. 以下も参照。Lerner, *Boulevard of Broken Dreams: Why Public Efforts to Boost Entrepreneurship and Venture Capital Have Failed—and What to Do About It* (repr., Princeton, N.J.: Princeton University Press, 2012), 32.

53. Lerner, *Boulevard of Broken Dreams*, 123, 155–57. 筆者はイスラエルのベンチャー投資の動向を説明してくれた現地のベンチャーキャピタルJVPのフィオナ・ダーモンにも謝意を表したい。Darmon, interview by the author, April 17, 2017.

54. Lerner, *Boulevard of Broken Dreams*, 124.

55. Lerner, *Boulevard of Broken Dreams*, 123.

56. 25カ国を対象にしたある2010年の調査では、少額の補助金はスタートアップに役立つ可能性があるが、多額だと事業の展望を悪化させる方向に働きかねないという。以下を参照。James Brander, Qianqian Du, and Thomas F. Hellman, “The Effects of Government-Sponsored Venture Capital: International Evidence” (NBER Working Paper Series, working paper 16521). ヨーロッパの14カ国を対象にした、さらなる証拠については以下を参照。Marco Da Rin, Giovanna Nicodano, and Alessandro Sembenelli, “Public Policy and the Creation of Active Capital Markets,” *Journal of Public Economics* 80, no. 8–9 (2006): 1699–723.

57. 1990年代にカナダでは起業を目指す「リトル・ガイ」たちがベンチャー投資を行う場合に助成したが、労働組合やそれとつながる組織の裏金になることがあった(Lerner, *Boulevard of Broken Dreams*, 119–22.)。オーストラリアでは政府がスタートアップを育む11グループのインキュベーターを支援したものの、資金の大半をインキュベーターの経営者たちが吸い上げてしまった。(Ibid., 11.) ドイツではベンチャー投資の公的なファンドであるWFGの試みが失敗している。以下を参照。Noble, “Paying for Industrial Policy.” このほかの事例では、ベンチャー投資への助成には、「商業化以前」のプロジェクトや、生活が厳しい地域に焦点を合わせるといった付帯条件があり、勝者を選ぶという元々困難な仕事を致命的に複雑なものにしている。

58. Robert E. Hall and Susan E. Woodward, “The Burden of the Non-diversifiable Risk of Entrepreneurship,” *American Economic Review* 100 (June 2010): 1163–94.

59. これらの説明はVCのインデックス・ベンチャーズがオンラインで公開しているガイドブックから引用した。以下を参照。Index Ventures, “Rewarding Talent: The Guide to Stock Options.”

60. データはロジウム・グループから。

61. 外交問題評議会の同僚たちのおかげで、筆者はこの対中姿勢を考案した。以下を参照。*Innovation and National Security.*

62. データはOECDから。国全体(政府に限らない)の支出を指す。OECD, “Gross Domestic Spending on R&D (Indicator)” (2021), doi:10.1787/d8b068b4-en.

32. Martin Kenney and John Zysman, "Unicorns, Cheshire Cats, and the New Dilemmas of Entrepreneurial Finance," *Venture Capital: An International Journal of Entrepreneurial Finance* 21, no. 1 (2019): 39.

33. O'Reilly, "The Fundamental Problem with Silicon Valley's Favorite Growth Strategy."

34. Manju Puri and Rebecca Zarutskie, "On the Life Cycle Dynamics of Venture-Capital-and Non-Venture-Capital-Financed Firms," *Journal of Finance* 67, no. 6 (Dec. 2012): 2248.

35. Lerner and Nanda, "Venture Capital's Role in Financing Innovation," 240.

36. ベンチャー投資と特許申請の因果関係については以下を参照。Samuel Kortum and Josh Lerner, "Assessing the Impact of Venture Capital on Innovation," *Rand Journal of Economics* 31, no 4 (2000): 674–92. VCの支援対象企業が申請した特許の質については以下を参照。Sabrina Howell et al., "How Resilient is Venture-Backed Innovation? Evidence from Four Decades of U.S. Patenting" (working paper 20-115, Harvard Business School, 2020), 4, ssrn.com/abstract=3594239. このワーキング・ペーパーの著者たちは、VCの支援対象企業が傾向として比較的多くの独自性がある特許、権利の範囲が広い特許、そして基礎科学に密接に関連する特許を保有している点に注目する。

37. 以下の資料の表4から筆者が計算した。Jay Ritter, "Initial Public Offerings: Updated Statistics," site.warrington.ufl.edu/ritter/files/IPO-Statistics.pdf. VCの支援対象企業は雇用でも存在感を高めている。VCの支援対象企業の雇用者数は1981-85年には、全米の2.7%から2.8%で推移していたが、96-2000年には同4.2%から6.8%に上昇し、01-05年にはさらに同5.3%から7.3%に高まった。以下を参照。Puri and Zarutskie, "On the Life Cycle Dynamics of Venture-Capital-and Non-Venture-Capital-Financed Firms," 2256. さらに、サンドヒル・エコノメトリックスのデータによると、1992年にはVCの支援対象企業の評価額の合計値は、全米の上場企業の株式時価総額を合わせた値の0.5%の大きさしかなかったが、2000年初めには6%に拡大した。

38. S&P500種採用銘柄の場合、事業価値（エンタープライズ・バリュー）に比べた無形資産の大きさは1995年には68%だったが、2018年には84%に拡大した。以下を参照。Jason Thomas, *Global Insights: When the Future Arrives Early*, Carlyle Group, Sept. 2020, carlyle.com/sites/default/files/Global%20Insights_When%20The%20Future%20Arrives_Sept_2020.pdf.

39. Jonathan Haskel and Stian Westlake, *Capitalism Without Capital: The Rise of the Intangible Economy* (Princeton, N.J.: Princeton University Press, 2017), 68.［邦訳：ジョナサン・ハスケル、スティアン・ウェストレイク『無形資産が経済を支配する：資本のない資本主義の正体』山形浩生訳、東洋経済新報社、2020年］

40. 規模が上から50位までVCのパートナーのうち、少なくともスタートアップ企業1社の取締役に就いている人々を集計したところ、その69%がベイエリアのVCに所属し、ほかに11%がニューヨークの、同じく11%がボストンのVCのパートナーだった(Lerner and Nanda, "Venture Capital's Role in Financing Innovation.")。同様に株式公開前の時点で企業価値が100億ドルを超えたことのあるアメリカ企業22社のうち、17社をシリコンバレーが生み出した。(Kyle Stanford, "The Bay Area Still Holds the Keys to VC," PitchBook *Analyst Note*, Feb. 26, 2021.) ベンチャー投資向けの資金調達の州別シェアは補遺のページを参照。

41. Joe Lonsdale, "California, Love It and Leave It," *Wall Street Journal*, Nov. 15, 2020.

42. William R. Kerr and Frederic Robert-Nicoud, "Tech Clusters," *Journal of Economic Perspectives* 34, no. 3 (Summer 2020): 57.

43. ヨーロッパにおけるベンチャー投資のデータは以下から。Gene Teare and Sophia Kunthara, "European Venture Report: VC Dollars Rise in 2019," *Crunchbase*, Jan. 14, 2020.

44. Lerner and Nanda, "Venture Capital's Role in Financing Innovation."

45. 批判的な人々には、ほかにもやり玉に挙げていることがある。税金を投入した基礎科学の研究成果をスタートアップが利用して、創業者たちが大儲けすることは公正かと疑問視する。しかし、政府がR&Dを支えるのは、まさに民間がそれを生かして経済の進展を加速すると期待しているからである。ベンチャーキャピタリストたちの成長とイノベーションへの貢献を考え合わせれば、彼らは将来の税

and Specialty, 2017," Association of American Medical Colleges, aamc.org/data-reports/workforce/interactive-data/active-physicians-sex-and-specialty-2017. 投資銀行の上級職に占める女性の比率はわずか17％であり、ベンチャーキャピタルとほぼ同じである。銀行業界における女性の存在感については以下を参照。Julia Boorstin, "Survey: It's Still Tough to Be a Woman on Wall Street—but Men Don't Always Notice," CNBC, June 26, 2018, cnbc.com/2018/06/25/surveyon-wall-street-workplace-biases-persist---but-men-dont-see-t.html.

18. Pam Kostka, "More Women Became VC Partners Than Ever Before in 2019 but 65% of Venture Firms Still Have Zero Female Partners," Medium, Feb. 7, 2020, link.medium.com/RLcsLvmNxbb.

19. Will Gornall and Ilya A. Strebulaev, "Gender, Race, and Entrepreneurship: A Randomized Field Experiment on Venture Capitalists and Angels" (working paper, 2020), 1.

20. "The US VC Female Founders Dashboard," PitchBook, Feb. 28, 2019, pitchbook.com/news/articles/the-vc-female-founders-dashboard.

21. 労働省労働統計局の2018年の報告書によると、アジア系は労働人口の6％を占める。以下を参照。"Labor Force Characteristics by Race and Ethnicity, 2018," BLS Reports, Oct. 2019. アジア系のベンチャーキャピタリストの比率は以下から。NVCA-Deloitte, fig. 2.

22. NVCA-Deloitte Human Capital Survey, 3rd ed., March 2021, fig. 2. 以下も参照。Richard Kerby, "Where Did You Go to School?," *The Journal Blog*, July 30, 2018. 黒人の起業家への資金提供は2020年の数字で、出所はクランチベース。

23. 「ファイナンシャル・マネジャー」とは国勢調査局の用語であり、「財務報告書の作成や投資活動の指示、所属組織・機関での長期的な財務目標に向けた計画の策定」に従事する労働者を指す。アメリカ国内では69万7000人がいて、年間給与の中央値は13万ドル。以下を参照。"Labor Force Statistics from the Current Population Survey," U.S. Bureau of Labor Statistics, last modified Jan. 22, 2020, bls.gov/cps/cpsaat11.htm.

24. ヒスパニック系のベンチャーキャピタリストの比率は以下から。NVCA-Deloitte, fig. 3. 労働市場におけるヒスパニック系の人口については以下を参照。U.S. Bureau of Labor Statistics, "Labor Force Statistics from the Current Population Survey."

25. Lisa Cook and Jan Gerson, "The Implications of U.S. Gender and Racial Disparities in Income and Wealth Inequality at Each Stage of the Innovation Process," Washington Center for Equitable Growth, July 24, 2019.

26. "Introducing the Talent x Opportunity Fund," Andreessen Horowitz, June 3, 2020, a16z.com/2020/06/03/talent-x-opportunity.

27. Paul A. Gompers and Sophie Calder-Wang, "Diversity in Innovation" (working paper 17-067, Harvard Business School, 2017), 67. いくつかの報告書・研究論文はベンチャーキャピタリストのエリート主義をより顕著に感じさせる。その一つによると、ベンチャーキャピタリストの40％がハーバード大学、ないしスタンフォード大学に進んでいた。ただし、ここでは両大学の学部、大学院のいずれかに在籍していた場合に該当者として扱っている。Kerby, "Where Did You Go to School?"

28. Tim Sullivan, "Blitzscaling," *Harvard Business Review*, April 2016, hbr.org/2016/04/blitzscaling.

29. Eric Johnson, " 'Venture Capital Money Kills More Businesses Than It Helps,' Says Basecamp CEO Jason Fried," *Vox*, Jan. 23, 2019.

30. Tim O'Reilly, "The Fundamental Problem with Silicon Valley's Favorite Growth Strategy," *Quartz*, Feb. 5, 2019. オライリーは少なくとも1990年代にまでさかのぼるVCに対する批判に同調していた。ジョン・ドーアがGO（ゴー）という手のひらサイズの携帯型コンピューターのスタートアップ——テクノロジーの裏づけのないコンセプトの段階だった——に資金を拠出したとき、ドーアを批判する人々は彼の「やるからには思い切りやれ」式のあまりに大胆な姿勢を非難した。野心をより少なく、忍耐をより多くしていたなら、GOは成功したかもしれない。

31. Erin Griffith, "More Start-Ups Have an Unfamiliar Message for Venture Capitalists: Get Lost," *New York Times*, Jan. 11, 2019.

資ステージに特化する傾向がある。そのVCの草創期にあるセクター、ある投資ステージの収益性が高かった場合、その後も数年にわたって高収益が続く可能性がある。ここにVCの運用成績の「系列相関」が認められるという。これはブランド力を持っていること、投資案件へのアクセスで優位性を発揮できること、といった経路依存性とは異なる。Paul A. Gompers et al., "How Do Venture Capitalists Make Decisions?," *Journal of Financial Economics* 135, no. 1 (Jan. 2020): 169–90.

6. ここでは1995年から2012年にかけて毎年、リターンの大きさで100位までに入った案件を対象にした。平均では新設・新興のVC（組成したファンドの数が4本以下のVC）がリターンの半分を得ていた。Cambridge Associates, "Venture Capital Disrupts Itself: Breaking the Concentration Curse," 2015.

7. VCのコーチングに価値があることは以下の資料が確認している。Morten Sorensen, "How Smart Is Smart Money? A Two-Sided Matching Model of Venture Capital," *Journal of Finance* 62, no. 6 (Dec. 2007): 2725–62 およびYael V. Hochberg, Alexander Ljungqvist, and Yang Lu, "Whom You Know Matters: Venture Capital Networks and Investment Performance," *Journal of Finance* 62, no. 1 (Feb. 2007): 251–301. 以下の資料もVCのコーチングに価値があることを確認しているが、起業が初めての創業者、または過去に失敗した経験がある創業者に限られるという。Paul Gompers et al., "Skill vs. Luck in Entrepreneurship and Venture Capital: Evidence from Serial Entrepreneurs" (working paper 12592, National Bureau of Economic Research, 2006), nber.org/papers/w12592.

8. Shai Bernstein, Xavier Giroud, and Richard R. Townsend, "The Impact of Venture Capital Monitoring," *Journal of Finance* 71, no. 4 (Aug. 2016): 1591–622.

9. これらの数値は手数料を差し引く前のグロスのリターン。出所はサンドヒル・エコノメトリックス。以下の資料で引用されている。Josh Lerner and Ramana Nanda, "Venture Capital's Role in Financing Innovation: What We Know and How Much We Still Need to Learn," *Journal of Economic Perspectives* 34, no. 3 (Summer 2020): 246, pubs.aeaweb.org/doi/pdfplus/10.1257/jep.34.3.237.

10. 2014年から18年にかけてクリーンテック投資のグロスのリターンは対米でも対海外でも年率21%強だった。対照的に05年から09年はマイナス1.2%だった。データはケンブリッジ・アソシエイツのリシャン・マーから。

11. サンドヒル・エコノメトリックスからのデータは、これらが代表的な事例であることを裏づける。1992年に最初の資金調達ラウンドに参加した投資家たちは、平均で合わせて株式全体の3分の1を取得した。17年から19年にかけては、この比率が5分の1弱に縮小した。

12. ベンチャーキャピタルは環境に優しいグリーンなプロジェクトには向かないと考えられているが、その反対に賭ける事情通の投資家たちも多い。企業や億万長者の慈善家たちはクリーンテックに投資するベンチャー・ファンドを相次ぎ設立している。彼らにはグリーンな研究に資金を提供するために、どのような形式を選ぶことも可能だったが、VCのモデルを借用することを選択している。最も有名な事例はビル・ゲイツが立ち上げたブレイクスルー・エナジー・ベンチャーズで、ジョン・ドーアが意思決定機関のメンバーに加わっている。

13. Wolfe, interview with the author, Oct. 3, 2017.

14. ラックス・キャピタルは獲得した投資リターンがVC業界の上位4分の1に入ると明らかにしている。特に医療用ロボットのオーリスの持ち株を目を見張るような高額で売却したことが業績を押し上げた。

15. 活動を開始した2000年から18年前半までの間に、フラッグシップ・パイオニアリングとその投資先はこれまでにない治療法をめぐって50回以上の臨床試験を実施し、500件を超す発明を特許登録した。同VCは07年から15年にかけて組成したファンドの内部収益率（収益性の指標の一つ）が35%だったと公表している。以下を参照。Hong Luo, Gary P. Pisano, Huafeng Yu, "Institutional Entrepreneurship: Flagship Pioneering," Harvard Business School case study, 9-718-484, April 26, 2018.

16. NVCA-Deloitte Human Capital Survey, 3rd ed., March 2021, fig. 1.

17. 法曹界における女性についてのデータは国勢調査局から。以下を参照。Jennifer Cheeseman Day, "More Than 1 in 3 Lawyers Are Women," U.S. Census Bureau, May 8, 2018, census.gov/library/stories/2018/05/women-lawyers.html. 医療分野における女性についてのデータは以下を参照。"Active Physicians by Sex

Information, Aug. 4, 2017.
79. カラニックの広報担当者はこの申し立てを否定し、「訴訟にはまったく根拠がなく、嘘と虚偽の主張に満ちている」と述べた。Mike Isaac, "Uber Investor Sues Travis Kalanick for Fraud," *New York Times*, August 10, 2017.
80. *Benchmark Capital Partners VII, L.P., v. Travis Kalanick and Uber Technologies, Inc.* (2017), online.wsj.com/public/resources/documents/BenchmarkUberComplaint08102017.PDF.
81. 報道では、この立て直しをコスロシャヒとゴールドマン・サックスが考案・主導したと描写された。しかし、極めて強力な議決権を撤廃するというアイデアは、コスロシャヒが起用される前のシカゴでの最後通告を準備する過程で、ベンチマークの法律家たちが練り上げたものだった。以下を参照。Isaac, *Super Pumped*, 289.
82. Alfred Lee, "Uber Voting Change Proposals Could Face More Hurdles," *Information*, Oct. 2, 2017.
83. Charles Duhigg, "How Venture Capitalists Are Deforming Capitalism," *New Yorker*, Nov. 30, 2020.
84. ビジョン・ファンドにはソフトバンク自身が331億ドルを拠出した。そしてサウジアラビアが450億ドルを、アブダビが150億ドルをそれぞれ投じた。一握りのテクノロジー企業が合わせて55億ドルを投資したが、そのうち34億ドルは債券に似た特徴を持つ優先株で構成されていた。
85. Michael Ewens and Joan Farre-Mensa, "The Deregulation of the Private Equity Markets and the Decline in IPOs," *Review of Financial Studies* 33, no. 12 (Dec. 2020): 5463–509.
86. Heather Somerville, "Toyota to Invest $500 Million in Uber for Self-Driving Cars," Reuters, Aug. 27, 2018.
87. Sam Nussey, "SoftBank's Son Admits Mistakes After Vision Fund's $8.9 Billion Loss," Reuters, Nov. 6, 2019.
88. Arash Massoudi and Kana Inagaki, "SoftBank Imposes New Standards to Rein In Start-Up Founders," *Financial Times*, Nov. 4, 2019.
89. これは、ベンチャーキャピタルの支援を受けたアメリカに本社を置く企業のIPOを対象に集計した。それまでの最高額は前年である2019年の240億ドル。16年はわずか50億ドルだった。Jay Ritter, "Initial Public Offerings," Feb. 1, 2020, table 4d (updated), site.warrington.ufl.edu/ritter/files/IPO-Statistics.pdf.

結論　幸運、スキル、そして国家間の競争

1. Tim Sullivan, "That Hit Song You Love Was a Total Fluke," *Harvard Business Review*, Nov. 1, 2013, hbr.org/2013/11/was-gangnam-style-a-fluke.
2. 運用成績が95パーセンタイル（下から数えて95%に位置する値）のベンチャー投資ファンドは比較基準である「パブリック・マーケット・イクイバレント（PME）」の2.9倍のリターンを叩き出した。ここでのPMEは配当金を再投資した場合のS&P 500種株価指数である。75パーセンタイルは1.3倍、50パーセンタイル（中央値）は0.95倍のリターンだった。これらのリターンはリミテッド・パートナーに対するものではない。図表化したリターンの推移は補遺のページを参照。データはシカゴ大学のスティーブン・N・カプランから。
3. スタートアップ企業のフィードバック効果に関する優れた説明は以下を参照。David Easley and Jon Kleinberg, *Networks, Crowds, and Markets: Reasoning About a Highly Connected World* (New York: Cambridge University Press, 2010), 549–50.［邦訳：デイビッド・イースリー、ジョン・クラインバーグ『ネットワーク・大衆・マーケット：現代社会の複雑な連結性についての推論』浅野孝夫、浅野泰仁訳、共立出版、2013年］
4. Ramana Nanda, Sampsa Samila, and Olav Sorenson, "The Persistent Effect of Initial Success: Evidence from Venture Capital" (working paper 24887, National Bureau of Economic Research, 2018), nber.org/papers/w24887.pdf.
5. さらにNBERのワーキング・ペーパーの著者たちは1.6%ポイントの増加分のうち半分は経路依存性以外の要因で説明可能だとしている。VCによっては特定のテクノロジーや産業、あるいは特定の投

以下の資料の円グラフを参照。Alfred Lee, "Uber Voting Change Proposal Could Face More Hurdles," *Information*, Oct. 2, 2017.

60. Bill Gurley, "Investors Beware: Today's $100M+ Late-Stage Private Rounds Are Very Different from an IPO," *Above the Crowd*, Feb. 25, 2015.

61. ガーリーは具体的に提示しなかったものの、彼の主張を裏づける数値は存在する。2015年までの10年間で、すべての投資のステージで企業価値は上昇し、このうちシリーズA、B、Cでの評価額の中央値はおよそ2倍になった。しかし、ガーリーが指摘したように、レイト・ステージでの資金調達のラウンドが最も泡立っていて、評価額の中央値は3倍余りになった。ガーリーが警告を発した後の2016年、17年には、シリーズD以降のラウンドで評価額は下落し、ユニコーンは過大評価されているという彼の感触が確認された。ところが、続く18年、19年にはレイト・ステージでの評価額がこれまでにないほど劇的に上昇した。孫正義の巨額で、向こう見ずな取り組みを反映していた。以上で示した倍率は、投資顧問業のケンブリッジ・アソシエイツが筆者に提供してくれた。

62. 例えば、売り手と買い手が自由に参加する場所（マーケットプレイス）を提供する企業の場合、そのプラットフォームでの取引の総額を誇示する可能性がある。決済額の少なくとも80%は同社の収入ではなく、製品やサービスを提供する企業が受け取っていることを説明しないかもしれない。

63. 皮肉なことに、ディディは同社そのものが、ソフトバンクやユーリ・ミルナーを含む株主たちによって設計されたシリコンバレー流の合併の産物であったため、手強いライバルとなった。

64. レイト・ステージの投資家は、残余財産優先配分権を享受したほかにも、無料で追加の株式を付与される約束（いわゆるPIK配当）を取りつけ、IPOの際に保証された金額の支払いを受ける取り決めを交わすことがあった。繰り返しになるが、これらにはレイト・ステージの投資家が担うべきリスクを軽減し、彼らがより野心的になるよう促す効果があった。

65. Bill Gurley, "On the Road to Recap: Why the Unicorn Financing Market Just Became Dangerous . . . for All Involved," *Above the Crowd*, April 21, 2016.

66. 「バランスシート上に何十億ドルもの資金があることは、単純に支出を続けることを意味していた」。Gurley, author interview.

67. Gurley, author interview.

68. Gurley, author interview.

69. 企業情報のデータベースであるクランチベースによると、ディディは2016年6月に資金調達を行い、その時点の企業価値はプレマネーで235億ドルだった。ウーバー・チャイナを吸収合併した後の9月にも資金調達を実施し、評価額はプレマネーで336億ドルに増えていた。この2番目の数値からは、ウーバーが引き換えに取得したディディの株式18%の価値が約60億ドルだったと分かる。ウーバーはそれが63億ドルになった20年9月にディディの株式の一部を売却した。

70. ウィーワークをめぐっては、ベンチマークにとって幸運なことに、ソフトバンクが同ＶＣの保有株の一部を積極的に買い取った。しかし、ガーリーにはこのときまでウーバー株を1株たりとも売却するチャンスが訪れなかった。

71. Sheelah Kolhatkar, "At Uber, a New C.E.O. Shifts Gears," *New Yorker*, March 30, 2018.

72. Gurley, author interview.

73. Mike Isaac, "How Uber Deceives the Authorities Worldwide," *New York Times*, March 3, 2017. ウーバーの法務責任者はグレイボールにゴーサインを出す決断を下した。これが初めて使われたフィラデルフィアでは、配車サービスを禁じる具体的な法律がなかったからだ。しかし、グレイボールの存在が公に知られるようになると、ウーバーはその使用を禁じ、連邦政府の司法省は刑事捜査を開始した。

74. Gurley, author interview.

75. Kolhatkar, "At Uber, A New C.E.O. Shifts Gears."

76. Isaac, *Super Pumped*, 279.

77. Isaac, *Super Pumped*, 290–91.

78. Jessica E. Lessin, Serena Saitto, and Amir Efrati, "At $45 Billion Price, SoftBank Talks Enflame Uber Tensions," the New World of Business," *Harvard Business Review*, July–Aug. 1996.

33. オープンテーブルのサービスの普及率はサンフランシスコでは90%に達していた。営業担当者は少数となった残りを追いかけていたわけだが、これは不利なように見えて、実は強力なネットワーク効果によって打ち消されていた。Gurley, interview by the author, May 16, 2019.

34. Gurley, author interview.

35. Gurley, author interview. ガーリーはこのとき、キャブラスというタクシーの配車サービスへの投資も検討していた。

36. ベンチマークは1100万ドルを投じて会社が新たに発行する株式（プライマリー）を取得したが、さらに100万ドルを支払って共同創業者のギャレット・キャンプから既存の株式（セカンダリー）を購入した。合計では1200万ドルで、ウーバーの企業価値の評価額は出資後の段階（ポストマネー）で6000万ドルだった。Gurley, author interview.

37. Gurley, author interview.

38. この友人はマーク・キューバン。Gurley, author interview.

39. Gurley, author interview.

40. Michael Arrington, "SGN Founder's Rambling, Jetlagged, Semi-lucid, and Beautiful Email on Entrepreneurism," *TechCrunch*, Sept. 27, 2008.

41. Michael Arrington, "SGN Founder's Rambling, Jetlagged, Semi-lucid, and Beautiful Email on Entrepreneurism," *TechCrunch*, Sept. 27, 2008.

42. カラニックの理解では、a16zは出資前の「プレマネー」の段階でウーバーの企業価値を3億ドルと見積もって提案していた。一方、ベンチマークが出資した際には、企業価値をポストマネーでは6000万ドルと評価した。シリーズAのポストマネーでの評価額と、シリーズBのプレマネーでの評価額を比較することが、この間に生み出された価値を測定する最良の方法である。

43. Pishevar, interview by the author, April 13, 2019.

44. Pishevar, author interview.

45. Pishevar, author interview.

46. カラニックの友人はマイケル・ロバートソン。2人は以前のスタートアップからの知り合いだった。以下を参照。Brad Stone, *The Upstarts: How Uber, Airbnb, and the Killer Companies of the New Silicon Valley Are Changing the World* (New York: Little, Brown, 2017), 173–74.

47. Pishevar, author interview.

48. Mike Isaac, *Super Pumped: The Battle for Uber* (New York: W. W. Norton, 2019), 193.［邦訳：マイク・アイザック『ウーバー戦記：いかにして台頭し席巻し社会から憎まれたか』秋山勝訳、草思社、2021年］

49. Stone, *Upstarts*, 200–4.

50. Matthew Lynley, "Hailo Raises $30.6 Million, Looks to Digitize New York's Cabs," *Wall Street Journal*, Feb. 5, 2013.

51. Gurley, author interview.

52. Gurley, author interview.

53. Gurley, author interview.

54. Aswath Damodaran, "Uber Isn't Worth $17 Billion," *FiveThirtyEight*, June 18, 2014.

55. このエンジェル投資家はロブ・ヘイズ。さらに別のエンジェル投資家のクリス・サッカはオブザーバーとして取締役会に出席することを止めるよう告げられた。

56. Sarah Lacy, "The Horrific Trickle Down of Asshole Culture: Why I've Just Deleted Uber from my Phone," *Pando*, Oct. 22, 2014.

57. Ben Smith, "Uber Executive Suggests Digging Up Dirt on Journalists," *BuzzFeed*, Nov. 17, 2014.

58. Isaac, *Super Pumped*, 122– 25.

59. カラニックは全体の議決権の約16%を保有していた。このほかに、共同創業者、シード投資家、そしてベンチマークを除くシリーズAおよびシリーズBの投資家が合わせて59%の議決権を持っていた。

8. ダンレビーは次のように振り返った。「我々は不動産に関連したビジネスに手を出さない。それでもウィーワークに投資したのは、この起業家が非常に特別な存在だと考えたからだ」。Dunlevie, interviews by the author, May 15, 2019, and Oct. 12, 2020.

9. David Benoit, Maureen Farrell, and Eliot Brown, "WeWork Is a Mess for JPMorgan. Jamie Dimon Is Cleaning It Up," *Wall Street Journal*, Sept. 24, 2019.

10. Benoit, Farrell, and Brown, "WeWork Is a Mess for JPMorgan. Jamie Dimon Is Cleaning It Up."

11. Eric Platt et al., "WeWork Turmoil Puts Spotlight on JPMorgan Chase and Goldman Sachs," *Financial Times*, Sept. 24, 2019.

12. Dunlevie, author interviews.

13. 2015年10月の時点で、企業価値で上位10社に入るベンチャーキャピタル支援のアメリカ国内の未上場企業を見てみると、このうち9社が2種類の株式を発行していた。以下を参照。Alfred Lee, "Inside Private Tech Voting Structures," *Information*, Oct. 29, 2015.

14. JPモルガンはウィーワーク株をほかの投資銀行よりも多く保有し、ベンチマークはそのJPモルガンの2倍にあたるウィーワーク株を保有していた。しかし、ベンチマークはJPモルガンおよびほかの投資銀行を味方に引き込まない限り、最大の株主であるニューマンを凌ぐことはできなかった。ニューマンが極めて強力な議決権を取得して以降、彼の立場は難攻不落となった。当初計画されていたIPOの前には彼の議決権はさらに大きくなり、1株当たりの議決権は10個から20個に増えた。

15. Eliot Brown, "WeWork's CEO Makes Millions as Landlord to WeWork," *Wall Street Journal*, Jan. 16, 2019.

16. 取締役会はニューマンの複数の利益相反取引を拒否するどころか、それらを入念に調べ、最終的には承認した。

17. Brown, "WeWork's CEO Makes Millions as Landlord to WeWork."

18. Brown, "WeWork's CEO Makes Millions as Landlord to WeWork."

19. Nitasha Tiku, "WeWork Used These Documents to Convince Investors It's Worth Billions," *BuzzFeed*, Oct. 9, 2015.

20. ウィーワークは海外へ出張する利用者に世界各国の同社施設を利用できるようにして、新規顧客の開拓につなげようとした。しかし、この種のネットワーク効果はグローバルなホテル・チェーンのロイヤルティ・プログラムと同等であり、テクノロジー企業のネットワーク効果ではなかった。

21. Maureen Farrell and Eliot Brown, "The Money Men Who Enabled Adam Neumann and the WeWork Debacle," *Wall Street Journal*, Dec. 14, 2019.

22. Farrell and Brown, "The Enabled Adam Neumann and the WeWork Debacle."

23. ビジョン・ファンドが立ち上げられる前まで最大だったベンチャー投資ファンドは、2015年にニュー・エンタープライズ・アソシエイツによって組成された。

24. Michael Moritz, email to Sequoia leaders, Sept. 17, 2017.

25. Steven Bertoni, "WeWork's $20 Billion Office Party: The Crazy Bet That Could Change How the World Does Business," *Forbes*, Oct. 24, 2017.

26. Bertoni, "WeWork's $20 Billion Office Party."

27. Amy Chozick, "Adam Neumann and the Art of Failing Up," *New York Times*, Nov. 2, 2019.

28. Farrell and Brown, "The Money Men Who Enabled Adam Neumann and the WeWork Debacle."

29. ソフトバンクに下値を保証してもらえることの価値の大きさは、間もなく明らかになった。2020年春の同社の業績報告では、ウィーワークの企業価値はピークの470億ドルから29億ドルに急落した。

30. Randall Stross, *eBoys: The First Inside Account of Venture Capitalists at Work* (New York: Ballantine Books, 2001), 233–34.

31. Stross, *eBoys*, 239.

32. アーサーは著作の中で顧客を囲い込む「カスタマー・グループ・イン」の働きについても指摘している。顧客はいったん使い方に習熟すると、そのサービスを利用し続ける傾向があり、競合企業にとってライバルの固定客を奪い取るハードルは高い。以下を参照。W. Brian Arthur, "Increasing Returns and

維持するための費用）を差し引いたネットでの数値である。また、ナスダック100指数（ナスダック市場に上場する時価総額の大きい上位100銘柄で構成）に連動する投資信託「QQQ」のパフォーマンスとの比較が有益である。QQQのリターンは2009年から21年にかけて年率21.5%だった。11年から21年に限れば、同20.3%だった。

72. Goetz, author interview.

73. Lizette Chapman, "'Psychological Torture': The Alleged Extortion of a Venture Capitalist," *Bloomberg*, March 14, 2020, bloomberg.com/news/features/2020-03-14/the-story-behind-the-alleged-extortion-of-michael-goguen?sref=C3NLmz0P.

74. Moritz, memo to the Stewards' Council, April 14, 2016.

75. Jeff Wang, email to the author, Nov. 3, 2020.

76. 2009年9月のファンドの開始から2020年12月までの運用成績（配当金を再投資した前提での計算）はネットのリターンが年率19%だった。2016年6月から2020年12月まででは、同34.5%だった。主要国の株式で構成する株価指数であるMSCIワールド指数は、これらの期間の上昇率が共に年率11.5%だった（同じく配当金を再投資したベース）。

77. Moritz, author interviews.

78. Johnson, interview with the author, Sept. 24, 2019.

79. Johnson, author interview.

80. Johnson, author interview.

81. Johnson, author interview.

82. Leone, author interviews.

83. この数値は2020年9月現在のもので、手数料を差し引いたネットのリターン。投資情報サービス会社のバージスが維持・管理する高品質のデータベースに収録されている53本のベンチャー・ファンドの運用成績の加重平均を算出した。S & P500種株価指数との比較は配当金を再投資したベース。上位5%のファンドに限れば、S & P500の年間上昇率を23%ポイント上回った。分析データはシカゴ大学のスティーブン・N・カプランから。

84. モーリッツは2019年夏、ウォール街にIPOの手数料収入は安泰ではなくなるかもしれないと注意を喚起した。彼はテクノロジー企業が近い将来、ウォール街にサービスを求めず、独自に株式上場の手配を進めるようになると予想した。以下を参照。Michael Moritz, "Investment Banks Are Losing Their Grip on IPOs," *Financial Times*, Aug. 18, 2019, ft.com/content/7985bb78-bdbf-11e9-9381-78bab8a70848.

第14章　ユニコーンをめぐるポーカー・ゲーム

1. John Carreyrou, *Bad Blood: Secrets and Lies in a Silicon Valley Startup* (New York: Knopf, 2018), 208–9.［邦訳：ジョン・キャリールー『BAD BLOOD：シリコンバレー最大の捏造スキャンダル全真相』関美和、櫻井祐子訳、集英社、2021年］

2. ベンチャーキャピタルが支援するスタートアップをめぐって世論は著しく変化した。その実例は以下を参照。Erin Griffith, "The Ugly Unethical Underside of Silicon Valley," *Fortune*, Dec. 28, 2016. 一部のとりわけ執拗な批判者たちは、テクノロジーの巨大企業が個人の熟考や自律的な思考をなくそうとしていると見ていた。以下を参照。Franklin Foer, *World Without Mind: The Existential Threat of Big Tech* (New York: Penguin Press, 2017).

3. Carreyrou, *Bad Blood*, 16.

4. William Alden, "How Zenefits Crashed Back Down to Earth," *BuzzFeed*, Feb. 18, 2016.

5. William Alden, "Startup Zenefits Under Scrutiny For Flouting Insurance Laws," BuzzFeed, Sept. 25, 2015.

6. Rolfe Winkler, "Zenefits Touts New Software in Turnaround Effort," *Wall Street Journal*, Oct. 18, 2016.

7. Wondery, "WeCrashed: The Rise and Fall of WeWork | Episode 1: In the Beginning There Was Adam," Jan. 30, 2020, YouTube, youtube.com/watch? v= pJSgJpcx1JE.

49. Patrick Collison, interview by the author, Sept. 19, 2017.

50. ストライプの初期の投資家には、ほかにピーター・ティール、a16z、イーロン・マスク、ゼネラル・カタリスト、さらにはポール・グレアムとサム・アルトマンらがいた。

51. データはバージスから。

52. リスクを恐れていないことの証明として、セコイアは当時行った155件のベンチャー投資のうち、ほぼ半分で損失を被った。

53. Shahed Fakhari Larson, "Silicon Valley's Quiet Giant," *Brunswick Review*, Sept. 18, 2019, brunswickgroup.com/sequoia-capital-doug-leone-silicon-valley-i11786.

54. セコイア・インディアは2006年に4億ドルのグロース・ファンドを、07年には3億ドルのアーリー・ステージ・ファンドを組成した。

55. Shailendra Singh, interview by the author, June 20, 2019.

56. Singh, author interview.

57. Shah, interview by the author, Nov. 4, 2020.

58. Manish Singh, "Sequoia Announces $1.35 Billion Venture and Growth Funds for India and Southeast Asia," *TechCrunch*, July 6, 2020, techcrunch.com/2020/07/06/sequoia-announces-1-35-billion-venture-and-growth-funds-for-india-and-southeast-asia.

59. Botha, author interviews; Leone, author interviews.

60. モーリッツとレオンの最初のグロース・ファンドは最終的にリターンが2倍となった。紛らわしいことに、このファンドはグロース・ファンドIIIと呼ばれた。セコイアは1980年代にドン・バレンタインのリーダーシップのもと、実験的にグロース・ファンドを1本組成していた。この初期のファンドは上々の運用成績を収め、ネットで4.5倍のリターンがあった。ただし、個々の投資家の拠出額は平均200万ドル程度で、その点ではベンチャー・ファンド並みの扱いだった。Leone, author interviews.

61. セコイアは2006年にスコット・カーターとアレクサンダー・ハリソンをサミット・パートナーズから引き抜いた。翌07年にはパット・グレイディとミッキー・アラベロビクを採用した。5人目のグロース投資の専門家はTCV出身のクリス・オルセンだった。15年までにはグレイディを除く全員がセコイアを去った。

62. Pat Grady, interview by the author, Oct. 28, 2020.

63. ヘッジファンドの歴史はこれらの革新的な融合の事例に満ちている。例えば、1980年代にはスタンレー・ドラッケンミラーらが、株式の銘柄選定の担当者たちによる企業分析と、コモディティへの投資家らによるチャート（図表）分析の伝統を組み合わせた。

64. Leone, author interviews.

65. Grady, author interview.

66. Grady, author interview.

67. グレイディは次のように回顧している。「我々が（セコイアで）グロース・ビジネスを開始したとき、仕事の多くをスプレッドシートに頼りながら進めた。もっとも、2009年にサービスナウに投資した際には、最終決定の直前の60分で私が（収益を予測する）モデルを作った。ソファに座って、あれこれいじりながら仕上げた。焦点はモデルではなかった。チームであり、製品であり、市場だった」。Grady, author interview.

68. 以下のラディのシリコンバレーめぐりの説明は、もっぱらグレイディからの情報に基づく。Grady, email to the author, Nov. 11, 2020.

69. 法律のこの点が十分に理解されていなかった一因は、ベンチャーキャピタリストたちが多くの場合、会社の身売りを阻止する権利が付与されている優先株を保有していたことにあった。当時セコイアが取得していたのは、サービスナウのセカンダリーの普通株（従業員などの保有株）だったため、この強みを持たなかった。

70. Leone, author interviews.

71. ここで示したセコイアのグロース・ファンドの運用成績は、手数料やキャリーコスト（ポジションをなるまで、その人材が優秀かどうかを特定できないというものだった。レオンの考えでは、それは注意散漫な経営者だけの見方であり、熱心な経営者はしっかりと目配りしているため、誰が優秀なのかをもっと早い段階で知る。「誰が優秀な学生かどうかは期末試験まで待たなくても分かる」。Leone, author interviews.

32. Gandhi, interview by the author, May 17, 2019.
33. Y Combinator, “Jim Goetz and Jan Koum at Startup School SV 2014,” YouTube, youtube.com/watch?v=8-pJa11YvCs.
34. その後、アップストアからのダウンロード数を追跡するというアイデアは、シリコンバレーのあらゆるVCが取り入れ、情報をサードパーティーのプロバイダーが販売した。しかし、ワッツアップに投資した当時、セコイアは独自の集計の仕組みで優位に立っていた。Goetz, author interview.
35. Brad Stone, *The Upstarts: How Uber, Airbnb, and the Killer Companies of the New Silicon Valley Are Changing the World* (New York: Little, Brown, 2017), 89.［邦訳：ブラッド・ストーン『UPSTARTS：UberとAirbnbはケタ違いの成功をこう手に入れた』井口耕二訳、日経BP、2018年］
36. グレアムはエアビーアンドビーをめぐり次のように回顧している。「彼らは資金をまったく調達せずに終わったかもしれない。しかし、偶然にもセコイア側の窓口だったグレッグ・マカドゥが休暇向けのレンタル・ビジネスについて理解のある一握りのベンチャーキャピタリストたちの1人だった。彼は過去2年、それについてかなり時間をかけて調べ上げていた」。以下を参照。Paul Graham, “Black Swan Farming,” (blog), Sept. 2012, paulgraham.com/swan.html.
37. Sequoia Capital, “Dropbox Milestone Note,” March 23, 2018.
38. テクノロジーの分野のイラン系アメリカ人には、ほかにソフトウエアの起業家でエンジェル投資家のアリとハディのパートビ兄弟、ウーバーを支援したベンチャーキャピタリストのシェービン・ピシェバー、そしてグーグルの初期の幹部だったオミッド・コーデスタニらがいる。さらに50人余りについては、以下を参照。Ali Tamaseb, “Iranian-Americans in Silicon Valley Are Getting More Powerful,” Medium, Aug. 28, 2017.
39. Anders, “Inside Sequoia Capital.”
40. スカウト・プログラムはセコイアに、アルフレッド・リン、マイク・バーナル、ジェス・リーを含む採用対象の候補者たちの投資の才覚をテストする機会を与えることにもなった。この3人は後にパートナーとしてセコイアに加わった。
41. Stephen Armstrong, “The Untold Story of Stripe, the Secretive $20 Billion Startup Driving Apple, Amazon, and Facebook,” *Wired*, Oct. 5, 2018.
42. このほかの長所として、コリソン兄弟のプランは、電子商取引のサイトを実際に作り上げているプログラマーたちへの利便性の提供を強く意識していたことが挙げられる。クレジットカードを使ったソリューションは、理論的には信頼性が高いように思われたが、オンラインのプラットフォームに組み込むには、扱いにくく、費用がかかった。このため、プログラマーたちのコミュニティはコリソン兄弟のソリューションのほうがより優れていると理解すると考えられた。
43. Graham, email to the author, May 31, 2021. このYコンビネーターの2人の創業者たちとは、いとこどうしのハージ・タガーとクルベア・タガーだった。
44. サム・アルトマンとパトリック・コリソンは連絡を取り合い、ソフトウエアやスタートアップについてアイデアを共有した。「我々は意気投合した。それだけのことで、何かが生まれるとは考えていなかった」とアルトマンは後に語った。Altman, interview by the author, Sept. 20, 2017.
45. Altman, author interview.
46. 「パトリックは喜んで我々に3万（ドル）で4%（の株式）を持たせてくれた。当時予想していたよりも気前のよい条件だったため、私はサムと分割すると伝えた」。Graham, email to the author, Dec. 8, 2020.
47. Botha, author interviews.
48. John Collison, interview by the author, Sept. 21, 2019.

た。Goetz, author interview.

16. 創業者たちにはセコイアへの売り込みを後回しにする傾向があったため、「リアクティブ」であることの問題は、一層深刻だった。彼らはブロードウェイの舞台に立つ前に、要求水準がより厳しくない聴衆を相手に、売り込みの練習を行っていた。その結果、セコイアはリアクティブであるばかりか、締め切りまでの時間が短いというプレッシャーの中、対応を迫られていた。

17. ボサの取り組みについて、ジム・ゲッツは次のように述べている。「彼が行動心理学に基づいて行ったことは、おそらく我々がベンチャーキャピタル業界にもたらした最も重要な変化だった」。Goetz, author interview.

18. ここで引用したのはCRVのジョージ・ザカリーの発言。以下の印象的なポッドキャストのシリーズから。George Zachary, The "*20VC*" Podcast, October 12, 2020, produced by Harry Stebbings. https://www.thetwentyminutevc.com/georgezachary/

19. Botha, author interviews.

20. ボサは行動科学の「アンカリング」という知見の重要性も強調した（アンカリングについては本章の本文でも後述する）。あるスタートアップの企業価値を決める際に、セコイアのパートナーたちは、しばしばほかの投資家たちが、これぐらいと考えた評価額に、引っ張られてしまっていた。たとえ、自分たちのほうがそのスタートアップについて、より多く知っていたとしても、先に出てきた数字が、あたかもアンカー（錨）のように働き、判断が歪んでいた。例えば、セコイアは2015年1月に立体画像のソフトウエアのプラットフォームであるユニティへの出資額を倍増させるチャンスを見送った。同社に対して最近示された買収提案の金額に影響されたからだ。7カ月後、セコイアは間違いを認め、ユニティに追加出資した。しかし、この間に企業評価はほぼ2倍になっていた。Sequoia Capital, "Unity Milestone Note," Sept. 18, 2020.

21. Botha, author interviews.

22. Goetz, author interview.

23. Leone, author interviews.

24. Botha, author interviews.

25. Amira Yahyaoui, interview by the author, Nov. 11, 2020. アミラ・ヤヒアウイはセコイアが支援する創業者。

26. 具体的に明らかにしていない健康上の問題があったにもかかわらず、モーリッツは壮健だった。2019年の65歳の誕生日に、彼はお祝いの自転車の遠乗りに出かけ、先頭集団に入って若い男性たちをリードした。

27. ゲッツはリミテッド・パートナーたちに宛てた退任の挨拶状の中で、若者たちに賭けるセコイアの伝統に言及した。「組織を刷新し、作り直す意欲は、多くの場合、経験の浅い同僚たちに力を与えることによって引き出され、我々の成功の基盤となっている」。Michael J. de la Merced, "Sequoia Capital Reshuffles Leadership," *New York Times*, Jan. 31, 2017.

28. ある基金の投資担当者で、人脈の広い人物が、セコイアの勝ち続ける文化（ウィニング・カルチャー）について次のような考えを示した。「セコイアは世界に通用する大物ながら、Aチーム（エリート集団）に入りたがっている人たちを束ねている。彼らは十分にお金持ちで、もう一日働く必要はない。彼らの全員がいつでも辞めて、自分で何十億ドルもの資金を集めることができる。しかし、全員がAチームにとどまりたいのだ」

29. Yang, author interview. ジンガリの発言は以下を参照。George Anders, "Inside Sequoia Capital: Silicon Valley's Innovation Factory," *Forbes*, March 26, 2014.

30. ドロップボックスとエアビーアンドビーではセコイアを代表して、ブライアン・シュライアーとアルフレッド・リンがそれぞれの取締役に就任していた。どちらも資金調達には携わっていないが、新進気鋭の注目人材だった。

31. レオンが新たに採用した人材に対するコーチングに関与したのは、ベンチャーキャピタルの間で一般化していた見方を軽蔑したからだ。その見方とは、採用から何年も経過し、実績を評価できるようにローチを自称している代表例である。しかし、それぞれを立ち上げたパートナーたちの既存の人脈が各VCの成功につながっており、その貢献度は、少なくとも新しいアプローチのそれと同程度である。

第13章　全員で戦うセコイア

1. 以下を参照。Bruce Schoenfeld, "What Happened When Venture Capitalists Took Over the Golden State Warriors," *New York Times*, March 30, 2016. バスケットボールのデータについては以下を参照。Ben Cohen, "The Golden State Warriors Have Revolutionized Basketball," *Wall Street Journal*, April 6, 2016; さらに以下を参照。Chris Smith, "Team of the Decade: Golden State Warriors' Value Up 1,000% Since 2009," *Forbes*, Dec. 23, 2019.
2. "Why Startups Are Leaving Silicon Valley," *Economist*, Aug. 20, 2018.
3. 以下を参照。Christopher Mims, "China Seeks Out Unlikely Ally: U.S. Tech Firms," *Wall Street Journal*, Sept. 21, 2015; さらに以下を参照。Gardiner Harris, "State Dinner for Xi Jinping Has High-Tech Flavor," *New York Times*, Sept. 25, 2015.
4. 2009年には1400法人のベンチャーキャピタルがアメリカ国内で投資を進めた。10年後にはその数は3500法人に上った。09年よりも前には年間5000社足らずのスタートアップが立ち上げられていたが、19年にはおよそ1万社に増えた。以下を参照。"NVCA 2020 Yearbook," National Venture Capital Association, March 2020, nvca.org/wp-content/uploads/2020/04/NVCA-2020-Yearbook.pdf.
5. セコイアは1980年代後半と1990年代に生命科学の分野での投資のために女性2人を採用した。2人は90年代後半に退任した。次にアメリカ国内で投資担当のパートナーとなった女性は2016年に採用されたジェス・リーだった。翌17年にはアナリストだった女性がパートナーに昇格した。18年にはさらに2人が投資担当のパートナーとなった。20年にはアメリカ国内の投資チームの5分の1強を女性が占めた。本章でこれから、セコイアでは新たに投資担当のパートナーになった人材に独自の支援策を講じていることを説明していくが、この仕組みはクライナー・パーキンスの女性たちが経験したような不満を、セコイアの女性たちが抱くのを回避する上で役立った。16年にはジェンダーの問題をめぐりセコイアは最悪の事態に直面した。あるエキゾチックなダンサーがひどい虐待を受けたとして、セコイアのパートナーのマイケル・ゴーグエンを告発した。ゴーグエンは辞職したが、後に原告との法的闘争に勝利を収めた（この係争については本章の本文でも後述する）。
6. 人材を採用する際の優先事項について、モーリッツはそのアプローチは師匠であるドン・バレンタインのものだと説明したが、彼自身の選好も反映していた。Michael Moritz, *DTV* (self-published, 2020), 40.
7. Alex Ferguson, *Leading: Learning from Life and My Years at Manchester United*, with Michael Moritz (London: Hodder & Stoughton, 2015), 377.［邦訳：アレックス・ファーガソン、マイケル・モーリッツ『人を動かす』喜多直子訳、日本文芸社、2016年］引用はモーリッツが書いたエピローグから。
8. Calacanis, email to the author, Oct. 3, 2019. セコイアに数年所属したが、そのまま在籍し続けるほどには、うまくゆかなかった、あるベンチャーキャピタリストが同じことを筆者に指摘した。「セコイアの秘密とは、彼らがほかよりも熱心に働くことだ」
9. Ferguson, *Leading*, 353.
10. この上席のパートナーはピエール・ラマンドだった。Botha, interviews by the author, May 14 and Sept. 24, 2019, and Nov. 4, 2020.
11. Botha, author interviews.
12. Leone, author interviews.
13. Botha, author interviews. この筋肉隆々の相手はジム・ゲッツだった。
14. 「これは職務以上のことをした、ほんの一例である」とメモには記されていた。Sequoia Capital, "WhatsApp Milestone Note," Feb. 19, 2014.
15. 新しい体制への移行は正式には2009年に行われたが、非公式には1年ないしそれ以上早く始まってい

Horowitz, April 28, 2010, a16z.com/2010/04/28/why-we-prefer-founding-ceos.

40. 調査会社のCBインサイツの分析によれば、2009年から14年までに実現したVCが支援したエグジットの上位100件のうち、22件はセコイア・キャピタルの投資先だった。NEAとアクセル・パートナーズは共に13件に関与した。以下を参照。"The Venture Capital Power Law—Analyzing the Largest 100 U.S. VC-Backed Tech Exits," CB Insights Research, March 8, 2014, cbinsights.com/research/venture-capital-power-law-exits.

41. アンドリーセンのトーク・ショー「チャーリー・ローズ」での発言。*Charlie Rose*, February 19, 2009.

42. アンドリーセンのブログからの引用。以下を参照。Marc Andreessen, "The Truth About Venture Capitalists," *pmarca* (blog), June 8, 2007. さらに、学術研究の状況をまとめた論文（サーベイ論文）は、VCのスキルで最も重要なものは投資案件の選定だと示唆している。以下を参照。Paul A. Gompers et al., "How Do Venture Capitalists Make Decisions?," *Journal of Financial Economics* 135, no. 1 (Jan. 2020): 169–90.

43. Casado, interview by the author, Aug. 7, 2019.

44. Casado, author interview.

45. Horowitz, author interview.

46. Andreessen, author interview.

47. Horowitz, author interview.

48. Horowitz, author interview.

49. Horowitz, author interview.

50. アンドリーセンは次のように言明する。「創業者に優しいというのは、完全に外で組み立てられた話だ。我々からは言っていない。大きな作り話の一つだ。我々は創業者のパフォーマンスを重視する」。Andreessen, author interview.

51. ホロウィッツはキャリアの初期にネットワークのエンジニアだった。彼がニシラに投資した理由の一部は、その後のネットワーキングの業界では、断絶的な変化がほとんど起きておらず、それに驚かされたことだった。Horowitz, author interview.

52. ジンガへの投資は利益を上げたが、フォースクエアへの投資は期待外れだった。

53. Dan Primack and Marc Andreessen, "Taking the Pulse of VC and Tech," June 18, 2015, in *The a16z Podcast*, produced by Andreessen Horowitz, youtu.be/_zbZ9ja19RU. アンドリーセンはさらに、ミルナーが影響を及ぼした革新的な取り組みとして、国別の比較と、従業員などからのセカンダリーな株式の取得を挙げた。Andreessen, author interview.

54. Zoe Bernard, "Andreessen Horowitz Returns Slip, According to Internal Data," *Information*, Sept. 16, 2019, theinformation.com/articles/andreessen-horowitz-returns-slip-according-to-internal-data.

55. Bernard, "Andreessen Horowitz Returns Slip." ここで指摘しているファンドは、2010年と12年に組成された「ファンドⅡ」と「ファンドⅢ」である。11年と12年に組成された「アネックス」と「パラレル」のファンドではない。「アネックス」と「パラレル」はいずれも満期に完全には到達しておらず、運用成績は確定していない。

56. Alex Konrad, "Andreessen Horowitz Is Blowing Up the Venture Capital Model (Again)," *Forbes*, April 30, 2019. アンドリーセン、ホロウィッツの両方ともフォーブス誌の記者に当初のマーケティングの口上には誇張があったと認めた。「ベンチャーキャピタル業界は危機に陥ってはいなかった」とアンドリーセンは語った。「私は行き過ぎていた」とホロウィッツも告白した。企業経験のないままゼネラル・パートナーになったのはコニー・チャンだった。

57. Yael V. Hochberg, Alexander Ljungqvist, and Yang Lu, "Whom You Know Matters: Venture Capital Networks and Investment Performance," *Journal of Finance* 62, no. 1 (Feb. 2007): 253. さらに、VCを対象にした大規模調査によって分かったことがある。投資先のうち事前にVCのネットワークとつながりを持っていなかったのは、10社のうち1社とわずかな比率だった。以下を参照。Gompers et al., "How Do Venture Capitalists Make Decisions?" アクセル、ベンチマーク、そしてファウンダーズ・ファンドは斬新なアプ

22. Shleifer, author interviews.

23. Coleman, author interviews.

24. コールマンは「彼ら（中国のインターネット関連企業）が何をしようとしているのかを説明する適切なアナロジー（この企業はアメリカの○○社に相当するといった類推をもたらすもの）がなかった」と振り返る。同様に、タイガーは中国の検索エンジンのバイドゥ（百度）の初期に投資する機会を逸したが、その理由の一部はアメリカのグーグルが莫大な収益を上げると、まだ実証されていなかったことだった。説得力のあるアナロジーが見つからない以上、タイガーは資本の投下に慎重になるしかなかった。また、タイガーは中国進出にあたり、既に十分なリスクを取っていた。実績の乏しいVIEという投資の仕組み（第10章で取り上げたケイマン諸島に法人登記するなどして、中国の外国資本による投資に対する制限に抵触しないよう工夫すること。VIEは変動持分事業体）を信用し、その上、流動性のある市場からプライベート・エクイティに足を踏み入れていた。コールマンが言うように「制度的には、投資会社がさらに取ることができるリスクは限られている」。Coleman, author interviews.

25. Shen, interview by the author, Nov. 6, 2020.

26. Shleifer, author interviews.

27. Coleman, author interviews.

28. Michael Wolff, "How Russian Tycoon Yuri Milner Bought His Way into Silicon Valley," *Wired*, Oct. 21, 2011.

29. Alexandra Wolfe, "Weekend Confidential: Yuri Milner," *Wall Street Journal*, Nov. 22, 2013, wsj.com/articles/weekend-confidential-yuri-milner-1385166742.

30. 2005年以降に組成された、未公開株などへ投資するタイガーの一連のファンドはDSTを支援した。DSTが2010年にロンドン証券取引所に上場した際に、タイガーの出資比率は5分の2に上っていた。当時、タイガー側でミルナーとの関係を主導していたパートナーは、リー・フィクセルだった。Shleifer, author interviews; Fixel, interview by the author, Dec. 4, 2019.

31. Milner, interview by the author, May 13, 2019.

32. セコイアはバブルのピークだった1999年にグロース投資のファンドを立ち上げた。2000年の相場暴落後、ファンドの資産価値は当初の0.3倍に減少した。最終的には2倍となったが、これはセコイアのパートナーたちが、外部投資家が元本以上を確保できるよう、基本的に無償で働いたためだった。パートナーたちは第13章でも触れるように、儲かった部分の自分たちの分け前をファンドに追加で拠出した。Leone, Moritz, and Botha, author interviews.

33. タイガー・グローバルは数回にわたってフェイスブックの株式を取得し、持ち分はIPO前には合計で約2%に達した。株式取得時のフェイスブックの企業価値は、この間の平均で200億ドルだった。

34. Coleman, author interviews.

35. 2011年8月、ミルナーはソーシャル・ネットワークのツイッターの投資ラウンドを主導した。彼自身は4億ドルを投じて会社発行の新株（プライマリー）を取得し、さらに従業員から同じく4億ドル相当の持ち株を購入することになった。フェイスブックへの出資からは2年が経過していた。この間にミルナーによる2層構造の株式取得の仕組みは変わっていないが、取得額は2倍になった。

36. テクノロジー企業への投資の総額については以下を参照。Begum Erdogan et al., "Grow Fast or Die Slow: Why Unicorns Are Staying Private," McKinsey & Company, May 11, 2016. ほかのいくつかの資料によれば、2018年には同じく総額で約1200億ドルが投じられた。

37. Aileen Lee, "Welcome to the Unicorn Club, 2015: Learning from Billion-Dollar Companies," *TechCrunch*, July 18, 2015, techcrunch.com/2015/07/18/welcome-to-the-unicorn-club-2015-learning-from-billion-dollar-companies.

38. Yuri Milner, "Looking Beyond the Horizon" (MBA graduation speech, Wharton School of the University of Pennsylvania, Philadelphia, May 14, 2017).

39. ホロウィッツは後のブログへの投稿で、創業者がずっと実権を握り続けた長寿のテクノロジー企業の実例として、24社を挙げた。以下を参照。Ben Horowitz, "Why We Prefer Founding CEOs," Andreessen

Curse" (2015).

第12章　ロシア系、ヘッジファンド系、そして担い手が広がるグロース投資

1. Yuri Milner, interviews by the author, May 13 and July 27, 2019, and Nov. 24, 2020. 以下も参照。Jessi Hempel, "Facebook's Friend in Russia," *Fortune*, Oct. 4, 2010, fortune.com/2010/10/04/facebooks-friend-in-russia/.
2. このパートナーはアレキサンダー・タマス。後にバイ・キャピタルを立ち上げた。
3. Milner, author interviews.
4. David Kirkpatrick, *The Facebook Effect: The Inside Story of the Company That Is Connecting the World* (New York: Simon & Schuster, 2010), 285.
5. Milner, author interviews.
6. Milner, author interviews.
7. Julia Boorstin, "Facebook Scores $200 Million Investment, $10 Billion Valuation," CNBC, May 26, 2009, cnbc.com/id/30945987.
8. Dan Primack, "Marc Andreessen Talks About That Time Facebook Almost Lost 80% of Its Value," *Fortune*, June 18, 2015, fortune.com/2015/06/18/marc-andreessen-talks-about-that-time-facebook-almost-lost-80-of-its-value.
9. Milner, author interviews.
10. Milner, author interviews.
11. ミルナーは最初の投資に続いて、元従業員や初期の投資家からも株式を取得した。2010年末時点でミルナーの保有株の価値は8億ドルに上った。Milner, author interviews.
12. 2009年のミルナーの出資は、フェイスブックが上場を2012年まで延期することに貢献した。この3年間の延長というのは典型的なようだ。アメリカのテクノロジー企業が上場するまでに要する期間は、1990年代には7年半（中央値）だったが、このフェイスブックをめぐる取引の後の10年間は10年半（同）に増えている。フロリダ大学のジェイ・リターの集計データを参照。Table 4a, site.warrington.ufl.edu/ritter/files/IPO-Statistics.pdf.
13. ミルナーは投資先の経営に干渉しないハンズオフ型のスタイルで臨んだが、そのためには、神経を落ち着かせることが必要だった。これに対し、上場企業を相手にする投資家たちは、投資先企業のガバナンスに無関心でいることが可能である。彼らの保有株式の流動性が高いからで、議決権を行使する必要もなく、簡単に売却することができる。対照的にミルナーは流動性の乏しい株式を購入していた。Milner, author interviews.
14. 1980年代には、IPOを果たしたテクノロジー企業のすべてではないが、大半が利益を上げていた。1999年にはわずか14%が黒字経営だった。以下を参照。Ritter data, table 4a.
15. 以下を参照。Sarah Lacy, "How We All Missed Web 2.0's 'Netscape Moment,' " *TechCrunch*, April 3, 2011, techcrunch.com/2011/04/03/how-we-all-missed-web-2-0s-netscape-moment.
16. Coleman, interviews by the author, June 18 and Sept. 17, 2019.
17. Shleifer, interviews by the author, Sept. 16 and 17, 2019. このシュライファーの友人は、ジェイコブ・アセット・マネジメントのアンドリュー・アルバート。
18. Peter Lynch, "Stalking the Tenbagger," in *One Up on Wall Street: How to Use What You Already Know to Make Money in the Market*, with John Rothchild (New York: Simon & Schuster, 1989), 95–106.［邦訳：ピーター・リンチ、ジョン・ロスチャイルド『新版ピーター・リンチの株で勝つ：アマの知恵でプロを出し抜け』三原淳雄、土屋安衛訳、ダイヤモンド社、2001年の第6章「10倍株をねらえ」］
19. Coleman, author interviews.
20. Coleman investment letter, July 2003.
21. Shleifer, author interviews.

51. Lee, interview by the author, June 20, 2019.
52. Lee, author interview.
53. Lee, author interview.
54. Lee, author interview.
55. Lee, author interview.
56. Vassallo, interview by the author, June 25, 2019.
57. Vassallo, author interview.
58. その後、パオは裁判を起こすことになるが、審理の過程で浮上したドーア宛の電子メールの一つでパオは次のように書いている。「ランディが取締役に就くことは、私にとってまったく問題ではありません。その結果を私は喜んでおり、議論の必要はありません」。以下を参照。Nellie Bowles and Liz Gannes, "At Kleiner Perkins Trial, Randy Komisar Accuses Ellen Pao of 'Politicking,'" *Recode*, March 17, 2015, vox.com/2015/3/17/11560414/at-kleiner-perkins-trial-randy-komisar-accuses-ellen-pao-of.
59. 「古株は若手のパートナーたちの育成に時間を費やすべきである。古株が若手を搾取して、自分たちのブランドに利用してはならない」。Vassallo, author interview. ドーアはこの点について、上席のパートナーたちが投資先の取締役会の一員になるべきかどうかは、「そのときどきの判断」だと述べている。Doerr, author interview.
60. Ellen Pao, "This Is How Sexism Works in Silicon Valley," *New York*, Aug. 21, 2017, thecut.com/2017/08/ellen-pao-silicon-valley-sexism-reset-excerpt.html.
61. Deborah Gage, "Former Kleiner Partner Trae Vassallo Testifies of Unwanted Advances," *Wall Street Journal*, Feb. 25, 2015.
62. パオは2013年10月16日付で提訴した。s3.amazonaws.com/s3.documentcloud.org/documents/1672582/pao-complaint.pdf.
63. これらの詳細部分の再現にあたり、バサーロがパオの訴訟で行った宣誓証言を利用した。以下を参照。Gage, "Former Kleiner Partner Trae Vassallo Testifies of Unwanted Advances."
64. Trae Vassallo et al., "Elephant in the Valley," www.elephantinthevalley.com.
65. Paul A. Gompers et al., "Gender Effects in Venture Capital," SSRN, May 2014, ssrn.com/abstract=2445497.
66. 独自にVCを経営するクライナー・パーキンス出身の女性4人はメアリー・ミーカー、アイリーン・リー、ベス・セイデンバーグ、そしてトレエ・バサーロ。このうち最初の3人は2018年、19年、20年のミダス・リストに掲載され、ミーカーは世界の上位10人に入った。ドーアは個人的な資産を4人全員に対して投じている。
67. この意見についてドーアは次のような趣旨の主張をしている。堅苦しく管理しないことが、ベンチャー投資のパートナーシップでは典型であり、それが現実には健全なやり方である。また、リーダーシップは集団として発揮されるもので、自分が個人的にパートナーシップの責任者を務めているわけではない。Doerr, author interview.
68. アクセルの2006年以降の投資で、上位7件に入ったのはクラウドストライク（サミア・ガンディー）、クオルトリクス（ライアン・スウィーニー）、スラック（アンドリュー・ブラシア）、アトラシアン（リッチ・ウォン）、フリップカート（スブラタ・ミトラ）、スーパーセル（ケビン・コモリー）、そしてテナブル（ジョン・ロックとピン・リー）だった。これらの7件は、うち3件がスタートアップを対象にした投資で、4件がグロース段階の企業向けの投資で、地理的にはアメリカ、ヨーロッパ、インドの3方面に分かれていた。
69. テリーサ・ガウがアクセルのマネージング・パートナーに就任し、ソナリ・デ・ライカーはロンドン・オフィスの共同代表になった。
70. Swartz, author interviews.
71. 著名なVCは自らの優位性を当然視してはならないことを裏づける分析結果が2015年に公表された。2000年以降のベンチャー投資の成績上位の半分余りが、設立されたばかりや新興のパートナーシップが行ったものだった。Cambridge Associates, "Venture Capital Disrupts Itself: Breaking the Concentration

いは、すべてを集めた「プールド」な平均）では、グロスのリターンはおよそ2倍に達した。したがって、クライナー・パーキンスの同年のファンドが単に「元本を回収」しただけでは、運用成績が業界平均を下回ったことになる。これとは別に、ドーアはクライナー・パーキンスで運用成績がマイナスになったファンドは1本しかないと強調した。2000年のナスダックの暴落に痛打されたファンドだったという。Doerr, author interview.

40. クライナー・パーキンスは2010年組成のファンド、KPCB XIVが2021年3月時点で手数料を差し引く前の段階で価値が7倍になったと公表した。しかし、これはすべてを「保有し続けていた場合」、つまりリミテッド・パートナーに分配済みの株式の値上がり益を含めた場合の数値だった。

41. クライナー・パーキンスはクリーンテックへの計19億ドルの投資が、手数料を差し引く前の段階で、2021年第一四半期時点で計57億ドルの価値を生み出していると筆者に力説した。これ以上の詳しい説明や細分化された数値の提供を拒んでいるため、評価は難しい。第一に、クライナー・パーキンスは一つ前の注でも触れたように、運用成績の説明にあたり、「保有し続けていた場合」という標準的ではない手法を用いており、それによって、どの程度かは不明だが、数値は膨らんでいる。第二に、どの年に組成されたファンドと比較するべきかが不明である。クライナー・パーキンスによると、リターンは3倍だった。これは、2008年組成のファンドの業界平均であるグロスで2.8倍のリターンを上回っているが、2010年組成のファンドの同3.6倍を下回っている。第三に、直前に挙げた比較対象となるデータは2020年の第三四半期の期末時点のものであり、クライナー・パーキンスが示した2021年第一四半期の後半時点の数値は、この間の株式相場の上昇を受けて、同VCにとって有利になっている。比較対象となるデータはシカゴ大学のスティーブン・N・カプランが提供してくれた。

42. 先に原注の34で指摘したように、ミダス・リストはバックワード・ルッキングである。このため、ドーアは2021年にはクライナー・パーキンスの投資担当のパートナーを既に退いているにもかかわらず、ミダス・リストに登場した。

43. これ以降のクライナー・パーキンスの組織内部の文化についての説明は、ブルック・バイヤーズ、フランク・コーフィールド、ケビン・コンプトン、ジョン・ドーア、ビノッド・コースラ、アイリーン・リー、テッド・シュレイン、トレエ・バサーロを含む数多くのパートナーへのインタビューに基づいている。

44. Frank Caufield, interview by the author, May 15, 2018.

45. コースラはマッケンジーが「いつも鋭く質問し、誰に対しても厳しく抑制する役割」を果たしていたと回顧している。Khosla, author interview.

46. Aileen Lee, interview by the author, June 20, 2019; Trae Vassallo, interview by the author, June 24, 2019.

47. クライナー・パーキンスの元パートナーの1人は次のように振り返る。「非常に上席の幹部を外から連れてくることにはリスクが伴う。彼らはそれまでのキャリアのどこかの時点で采配を振るうことに慣れている。しかし、投資先の企業の取締役会では、VCの代表は発言権を持つ1人でしかない。命令を発するのではなく、影響力を行使することに努めなければならない。組織を運営する人が、偉大な投資家になるとは限らない。（レイ）レーンの場合、投資家としての実績はひどい。一部の企業に対して、どれほど強気であるべきか、まったく理解していなかった。いつ勝負に出るべきかも分からずにいた」

48. コンプトンは後に「私がクリーンテックに10倍違う何かを見つけたとは思わない」との考えを示した。Compton, interview by the author, Feb. 12, 2019.

49. Doerr, author interview.

50. Paul A. Gompers and Sophie Q. Wang, "Diversity in Innovation" (working paper 17-067, Harvard Business School, 2017), https://www.hbs.edu/ris/Publication%20Files/17-067_b5578676-e44c-40aa-a9d8-9e72c287afe8.pdf. 著者たちはさらに次のように指摘している。科学ないしエンジニアリングの博士号取得者のうち女性の比率は、1990年の30%が2012年には40%超に拡大した。これはベンチャー業界に進む人材に占める女性の比率に比べ、少なくとも3倍も高い水準で推移した。同様にMBA取得者のうち女性の比率はこの間に35%から47%に上昇した。

25. Gouw, author interview; Fenton, author interview; Jim Breyer, interview by the author, Feb. 9, 2019.
26. Breyer, author interview.
27. Kirkpatrick, *Facebook Effect*, 123.
28. Kirkpatrick, *Facebook Effect*, 123.
29. ザッカーバーグは2008年、グラハムをフェイスブックの取締役会のメンバーに招いた。
30. Kirkpatrick, *Facebook Effect*, 146.
31. Kirkpatrick, *Facebook Effect*, 148.
32. Pui-Wing Tam and Shayndi Rayce, "A $9 Billion Jackpot for Facebook Investor," *Wall Street Journal*, Jan. 28, 2012.
33. John Heilemann, "The Networker," *New Yorker*, Aug. 11, 1997.
34. 筆者とのインタビューでドーアはこれに強く異を唱えた。Doerr, interview with the author, March 5, 2021. しかし、どのVCが第一級と認識されているかを時系列でまとめた、ブラウン大学の基金の2017年の資料スライドによれば、クライナー・パーキンスは1980年から2005年まで首位だったが、その後は上位8位から消えた（このスライドの内容は本書の補遺に掲載している）。また、クライナー・パーキンスの動向を説明する別の典型的な事例として、2013年にロイターが、同VCは業界のトップ10のリストに選ばれていないと報じたことが挙げられる。このリストはモルガン・スタンレーと調査会社の「451グループ」の担当者たちが取りまとめたもので、ベンチャー投資のエグジットの成功例を基に分析した。以下を参照。Sarah McBride and Nichola Groom, "How CleanTech Tarnished Kleiner and VC Star John Doerr," Reuters, Jan. 16, 2013. フォーブス誌が毎年公表しているミダス・リストは（ほかのベンチャー・ランキングと同様に）タイムラグが生じるいわゆるバックワード・ルッキングの手法で算出されているものの、第三の指標になる。本章でこれから一部触れるが、クライナー・パーキンスのトップのパートナーであるビノッド・コースラとジョン・ドーアの2人は2001年にそれぞれ首位と3位につけた。そして、ドーアは05年から09年まで毎年、ミダス・リストの首位ないし2位にランク入りした。しかし、15年には30位となり、クライナー・パーキンスのパートナーではほかに唯一メアリー・ミーカーが50位内につけた。もう2人のパートナーのベス・セイデンバーグとテッド・シュレインはそれぞれ91位と99位だった。2020年のミダス・リストではランク入りしたパートナーがさらに減った。ドーアは44位で、ほかには93位のマムーン・ハミドだけだった。
35. 2005年の研究論文では、ベンチャーキャピタルが組成した一つのファンドと、その次のファンドのリターンの相関係数（1に近いほど相関関係は強い）は約0.7だった。以下を参照。Steven N. Kaplan and Antoinette Schoar, "Private Equity Performance: Returns, Persistence, and Capital Flows," *Journal of Finance* 60, no. 4 (Aug. 2005): 1791–823. これに対し、別の研究では次のことが分かった。「最初の10件の投資のうちIPOに至った比率が、競争相手よりも10%ポイント高いVC、すなわち1件より多くIPOを実現しているVCが、その後のすべての投資のうちIPOに成功した確率は1.6%ポイント改善するにとどまった」。以下を参照。Ramana Nanda, Sampsa Samila, and Olav Sorenson, "The Persistent Effect of Initial Success: Evidence from Venture Capital" Harvard Business School Entrepreneurial Management working paper 17065, July 25, 2018. 後に本書の結論で示すように、両研究とも経路依存性は絶対的ではないことを示している。VCは過去の成功に安住してはならない。
36. John Doerr, "Salvation (and Profit) in Greentech," TED2007, March 2007.
37. Doerr, "Salvation (and Profit) in Greentech."
38. クライナー・パーキンスがクリーンテックに賭けたとき、アクセルは準備された心の練習を実施し、この分野への投資を避けると決めた。
39. クライナー・パーキンスが2006年に組成したファンドは最終的に元本を回収した。主としてヘルスケア分野の2件の投資、具体的にはアレストおよびインスパイア・メディカル・システムズへの出資、そしてサイバーセキュリティ分野の2件の投資、こちらは具体的にはカーボン・ブラックとライフロックへの出資のおかげだった。データは2021年3月14日時点のもので、ジョン・ドーアとアマンダ・ダックワースから提供を受けた。ベンチャー業界全体での2006年組成のファンドの加重平均（ある合併前の2社がそれぞれ直近に資金調達を実施した時点の企業価値の合計額より50億ドル増えた。

77. 2020年の後半には、セコイアがメイトゥアンに最初に1200万ドルを投じて得た株式の価値は、50億ドルを超えるまでになった。これはセコイアがグーグルに対する1250万ドルの投資で得たリターンを上回った。

第11章　アクセル、フェイスブック、そして凋落するクライナー・パーキンス

1. Efrusy, interviews by the author, June 7, 2018, and Aug. 18, 2020.

2. Efrusy, author interviews.

3. この熱心な2人のサイクリストはピーター・フェントンとジム・ゲッツだった。どちらも次の10年間で業界のスーパースターとなる。

4. アクセルの内部資料による。ジム・スワーツが筆者に参照できるよう手配してくれた。

5. Swartz, email to the author, Aug. 19, 2020.

6. Golden, interview with the author, July 25, 2018.

7. Golden, author interview.

8. Efrusy, author interviews. 2005年にイーベイがスカイプを買収した。

9. Golden, author interview.

10. このくだり、また本書のほかの多くの部分の描写で、筆者はデビッド・カークパトリックの見事な著作の恩恵を受けている。その正確さは筆者自身の情報源も確認している。以下を参照。David Kirkpatrick, *The Facebook Effect* (New York: Simon & Schuster, 2010), 115.

11. ゴールデンは次のように回顧している。「すべてのノイズを締め出して考えることがときには必要だと認識し、誰もがそのような（従来型の）やり方から離れていった。創業者の資質は気にしないことだ。（そのサイトが）どれほど利用され、選ばれているかに集中し、（その結果次第で投資対象として）つかみ取ることだ」。Golden, author interview.

12. Efrusy, author interviews.

13. Efrusy, author interviews.

14. Kirkpatrick, *Facebook Effect*, 116.

15. Fenton, interview by the author, May 14, 2019.

16. この若きアクセルの同僚はピン・リーだった。Ping Li, interview by the author, March 27, 2019.

17. ここからのフェイスブックのオフィスの様子は以下の著作から多くを引用した。Kirkpatrick, *Facebook Effect.*

18. パターソンは次のように回顧している。「これは逃してはならないプロジェクトだというケビンの当然の、優れた分析的な判断を、私は後押ししただけだった。週末は彼らにつきまとい、月曜日にパートナーシップ（の会議）に連れてくるよう促した。彼は完璧に実行した」。Patterson, email to the author, May 2, 2019.

19. エフルジーは次のように回顧している。「我々が行った準備された心の練習のおかげだった。アーサーはフェイスブックを実際に見て、株式の取得への思いがとても強くなった。そのため、あの金曜日の晩すぐに、我々はこれをしなければならないと言った」。Efrusy, author interviews. 同様にジム・スワーツは次のようにコメントしている。「人々は我々を見て、フェイスブック（への出資計画）は出てきたばかりだと考える。それは違う。準備された心の練習の結果だ」。Swartz, interview by the author, Nov. 8, 2017.

20. Kirkpatrick, *Facebook Effect*, 118.

21. Theresia Gouw, interview by the author, March 29, 2019.

22. Gouw, author interview.

23. Kirkpatrick, *Facebook Effect*, 120.

24. Efrusy, author interviews.

ャー企業に焦点を合わせたセコイアのグロース・ファンドに軸足を移し、モーリッツが中国とインドの統括を主導した。モーリッツとレオンが非常に多くの時間を中国に費やしたことで、シェンと彼のチームの統合が可能になったと、後にゲイリー・リーシェルは評価した。Rieschel, author interviews.

57. Moritz, author interviews.

58. Shen, author interviews.

59. この医療調査会社はグリーン・ビラ・ホールディングス。以下を参照。Amy Orr, "Carlyle Suing Rival over a Deal in China," *Wall Street Journal*, Dec. 10, 2008.

60. セコイア・チャイナはジャンの退任時の対外発表文に、彼が主導した投資案件の一覧を記載した。その中で最も目立ったのはアジア・メディア（亜洲互動伝媒）で、CEOの資金流用疑惑を受けて2008年9月に東京証券取引所からの上場廃止を余儀なくされた。以下を参照。Sequoia China press release, Jan. 25, 2009, it.sohu.com/20090125/n261946976.shtml. 以下も参照。Lindsay Whipp, "Audit Problems Hit Asia Media," *Financial Times*, July 25, 2008.

61. セコイア・チャイナが実現したIPOには資産運用会社とファストフードのチェーンが含まれていた。シリコンバレーの通常のスタートアップに比べて、これらは技術集約型のビジネスではないという事実は、チェンが中国ならではの条件に適合して進めることを、モーリッツが許容していたことを示す。Shen, author interviews.

62. 資金調達に関するデータはZero2IPOから。アメリカ勢の中国での投資についてのデータは以下の資料から。Thilo Hanemann et al., "Two-Way Street: 2019 Update US-China Direct Investment Trends," Rhodium Group, May 2019, wita.org/atp-research/china-us-fdi-trends/.

63. Shen, author interviews.

64. Sun, author interview.

65. 2019年9月、筆者はワンとハイキングで一緒になった。筆者の過去の著作についてワンから何点か質問されたが、明らかに答えを分かっていた。

66. Sun, author interview.

67. シートリップを経営していた当時、シェンはグロース投資を中心に手がけるニューヨークのタイガー・グローバルに対し、契約締結の前になって自社の企業価値の評価の引き上げを提案した。重症急性呼吸器症候群（SARS）の感染流行が終わり、事業の展望が変化したことが理由だった。Scott Shleifer, interview by the author, Sept. 16, 2019.

68. Kai-Fu Lee, *AI Superpowers: China, Silicon Valley, and the New World Order* (Boston: Houghton Mifflin Harcourt, 2018), 24.［邦訳：李開復（カイフー・リー）『AI世界秩序：米中が支配する「雇用なき未来」』上野元美訳、日本経済新聞出版、2020年］

69. 同じく2015年には、アメリカ系のVCが約350件の投資を実行した。Hanemann et al., "Two-Way Street," 38. データはZero2IPOでも参照できる。

70. フォーブス誌の2015年のミダス・リストでは、セコイア・チャイナのスティーブ・ジー（計越）が21位につけた。主にディエンピンで利益を上げたことが理由だった。セコイア・チャイナのクイ・ジョウ（周逵）も61位に入った。

71. 中国のベンチャー産業には北京、上海、香港に中心があり、地理的に分散しているという点で、引き続きアメリカとは異なっている。しかし、シリコンバレーの形成期以降に起きた輸送と通信の革命を考えれば、中国側の地理的な広がりは驚くべきことではない。「クラスター」が一つの場所である必然性も、もはやなくなった。

72. Xu, author interview.

73. ディディとクワイディの合併では、VCが主導的な役割を果たしたようには見えない。代わりに投資銀行家であるゴールドマン・サックスのバオ・ファンとジーン・リュウ（柳青）が受け持った。

74. シェンがこの場面の写真を筆者に見せてくれた。謝意を表したい。

75. Shen, author interviews.

76. メイトゥアン・ディエンピンは2016年1月の資金調達にあたり、企業価値を162億ドルに設定した。

賞者で、世界銀行のチーフエコノミストを務めたポール・ローマーが何度も強調している知見である。彼はチャーター・シティという論争を呼ぶアイデア（途上国に、より制度的に優れた仕組みの都市を持ち込み、それを経済発展の起爆剤にする構想）を提唱している。以下を参照。Sebastian Mallaby, "The Politically Incorrect Guide to Ending Poverty," *Atlantic*, July/Aug. 2010.

33. 1999年の上海の雰囲気を著名な起業家のボー・シャオ（邵亦波）は次のように回顧した。「ストックオプションとは一体どのようなものか、誰も知らなかった。この概念をどのように翻訳すればよいのか、数カ月頭を悩ませた」。Shao, interview by the author, Feb. 14, 2019.

34. Wu, interview by the author, Nov. 12, 2019.

35. Wu, author interview.

36. Lau, interview by the author, July 31, 2019.

37. リンは当時を振り返り、そのパートナーは自分に次のように戒めようとしたのだろうと考えている。ゴールドマンでのキャリアに、何の役にも立たないような投資の道に近づいてはならない──。Lin, author interview.

38. Wu, author interview. ゴールドマンで同社のアジアの未公開株への投資を担当していた法律家のエド・スンは、ニューヨークの投資委員会はリンのベンチャー投資のポジションを「ゼロ」にして清算することに前向きだったと認めている。Sun, author interview.

39. ゴールドマン・サックスによるアリババ株の放出は、2003年12月と04年3月の２回に分けて行われた。これと並行してアメリカのベンチャー投資のグループであるIDCがテンセント株を南アフリカの出版社のナスパーズに売却し、10倍から20倍の間のリターンを得た。2020年まで持ち続けていたなら、世界で7番目に大きな企業の大株主だった。

40. Xu, interview by the author, Nov. 8, 2019. 以下も参照。Stephen Glain, "Rainmaker," *Forbes*, March 28, 2008.

41. Glain, "Rainmaker."

42. シューは監査法人から投資銀行に移り、続いてプライベート・エクイティのベアリング・プライベート・エクイティ・アジアに転じた。Xu, author interview. 以下も参照。Glain, "Rainmaker."

43. Xu, author interview.

44. JD・ドット・コムは設立当初、360バイ・ドット・コム（360buy.com）など様々な名前で呼ばれていた。

45. Xu, author interview.

46. Xu, author interview.

47. Xu, author interview.

48. Shen, interviews by the author, June 20 and Nov. 10, 2019, and Nov. 6, 2020.

49. 人名の表記にあたっては、その人物がファーストネームに米欧流の名前を使っている場合、それをファミリーネームの前に置く。ファーストネームに中国の名前を使っている場合には、ファミリーネームが先にくる。ジャン・ファンは後者にあたる。

50. Leone, interview by the author, May 14, 2019.

51. Shen, author interviews.

52. セコイア・チャイナの最初のファンドはチーミンのファンド（1億9200万ドル）よりもやや小さい。

53. セコイア・チャイナに設立後まもなく加わったグレン・スンは、つつましいオフィスに驚いた。スンはそれまでプライベート・エクイティのゼネラル・アトランティックで働いていた。Sun, interview by the author, Nov. 10, 2019.

54. David Su, interview by the author, Nov. 8, 2019. デイビッド・スーはKPチャイナのパートナーの1人だった。

55. クライナー・パーキンスは2本目のファンドを2011年に組成した。最初のファンドよりも優れた運用実績を示した。Doerr, interview with the author, March 5, 2021.

56. 当初はレオンが中国でのビジネスを統括する責任者となった。2008年ごろから彼は成長段階のベンチ

16. Lin, author interview. 以下も参照。Clark, *Alibaba*, 114.
17. Lin, author interview.
18. Lin, author interview.
19. Lin, author interview.
20. Son, interview by David Rubenstein, *The David Rubenstein Show*, Oct. 11, 2017.
21. 当時、ソフトバンクで孫のために働いていたゲイリー・リーシェルは、北京での握手でアリババへの出資と、その具体的な条件、すなわち2000万ドルを出資して20%の持ち分を得ることが決まったと話している。しかし、リンの回顧によれば、孫が明確な意思表示をして約束しても、なお確固たる契約にするための作業が残っていた。とりわけ、アリババへの新規の資本注入に対して、ゴールドマンが事実上の拒否権を保有していたため、最終的な協議が必要になった。孫にはリンとの交渉が欠かせず、東京での会合でこのプロセスが進められることになった。リンの以上の説明はマーク・シュワルツおよび、ゴールドマンでアジアにおける未公開株の取引に関連した法的実務を担当していたエド・スン（孫偉清）が支持している。Rieschel, author interview; Lin, author interview; Sun, interview with the author, July 29, 2020.
22. Lin, author interview.
23. Rieschel, author interviews.
24. その後の交渉で、孫はアリババに追加で4000万ドルを投じることをゴールドマンに認めさせようとした。ヤフーの場合と同じで、孫は気に入った投資案件では、自分の持ち分をできるだけ大きくしたかった。結局、ゴールドマンは2000万ドルだけ承認した。これにより、孫は当初想定していた20%よりも多い、30%の株式を取得した。Lin, author interview. 以下も参照。Clark, *Alibaba*, 127.
25. 孫はナスダックでハイテク株が暴落する前の2000年初めの3日間だけだったが、自分はビル・ゲイツよりもお金持ちだったと語っている。Son, Rubenstein interview.
26. 孫がアリババで正確にいくらの利益を上げたのかは明らかではない。彼の当初の2000万ドルの投資には、アリババの電子商取引部門の赤字を補填するために使われるという付帯条項があったからだ。ソフトバンクの内情に詳しい関係者たちも、その約束の影響がどれほどあったのかについて、確かではないようだ。それでも、ソフトバンクの保有するアリババ株が時価で580億ドルに上っており、これまでで最大のベンチャー投資だったと言って差し支えない。
27. 孫がビジョン・ファンドを通じて行った巨額で性急な投資のいくつかで、2019年から20年にかけて問題が発生した。アリババの大成功があっても、孫が不名誉な立場に置かれることは避けられなかった。
28. 会社が倒産したとき、優先株を保有する株主の主張（例えば、配当や残余財産の分配）は、普通株を保有する株主のそれよりも優遇される。また、会社が増資を進めるとき（多くの場合、普通株を発行するため）、普通株では（1株当たりの会社に対する所有権や価値の）希薄化が生じるが、優先株はそのような変動から免れることが可能である。
29. 斬新な法的な枠組みを追求した投資家たちの1人がゴールドマン・サックス（GS）のシャーリー・リンだった。彼女によれば、「GSの投資委員会が同意してくれると思える大枠を考えるために法律家たちと多くの時間を費やした。それは高いハードルだった」。法律事務所のデービス・ポークとサリバン＆クロムウェルからの請求書の金額は「桁外れの」大きさだったという。Lin, author interview.
30. インターネット事業の認可は運営会社ではなく、個人が得た場合もあった。以下を参照。Kaitlyn Johnson, "Variable Interest Entities: Alibaba's Regulatory Work-Around to China's Foreign Investment Restrictions," *Loyola University Chicago International Law Review* 12, no. 2 (2015): 249–66, lawecommons.luc.edu/cgi/viewcontent.cgi?article=1181&context=lucilr.
31. 外国の支援を得ているインターネット関連のスタートアップの法的な位置づけに対して、中国があいまいな立場を示していたことに、西側の投資家たちは21世紀の初めまで不確実性を感じていた。
32. スタートアップの振興に中国がいち早く成功を収めたことは、途上国にとって法的な枠組みは作り出すよりも、外部委託したほうがしばしば容易であることを示している。これはノーベル経済学賞の受

what-young-people-are-just-smarter.

75. Paul Graham, "Startup Investing Trends," paulgraham.com (blog), June 2013, paulgraham.com/invtrend.html.

76. Graham, "Startup Investing Trends." グレアムはスタートアップのネットワークによって企業組織の中にあるヒエラルキーを重んじる考え方を追放する方策を検討した。Paul Graham, "The High-Res Society," paulgraham.com (blog), Dec. 2008, paulgraham.com/highres.html.

第10章　中国へ、そしてかき回せ

1. Rieschel, interviews by the author, March 18 and Nov. 7, 2019.

2. リーシェルは日本にいた信頼のおける相談相手から次のように言われたという。「ゲイリーさん、とても大事なことを申し上げます。日本人になろうとしてはいけません。その点では我々のほうが上手ですから」。Rieschel, interviews by the author.

3. データは、セントルイス連邦準備銀行が維持・管理するFREDデータベースから。

4. Rieschel, author interviews.

5. "The Valley of Money's Delight," *Economist*, March 27, 1997, economist.com/special-report/1997/03/27/the-valley-of-moneys-delight.

6. 2015年からの5年間で中国に特化したVCは計2160億ドルを、アメリカのVCは計2150億ドルをそれぞれ集めた。中国のVCについてのデータは現地のZero2IPOリサーチセンター（清科研究中心）から。アメリカのVCについてのデータは全米ベンチャーキャピタル協会から。

7. チーミンが2006年から11年にかけて組成した最初の3本のファンドはそれぞれネットで1.8倍、7.1倍、3.4倍を投資家に還元した。ファンドの元本の規模は合計で9億6100万ドル。還元額の合計はネットで41億ドル。医療分野でのホームランにはガン＆リー（甘利）、ビーナス・メドテック（啓明医療）、ザイラブ（再鼎医薬）、タイガーメッド（泰格医薬）、そしてカンサイノ・バイオ（康希諾生物）がある。

8. 2018年、中国は206社のユニコーンを誇り、これに対しアメリカのユニコーンの数は203社だった。また、フォーブス誌のミダス・リストには数人の中国人投資家が入った。1位にニール・シェン、5位にJP・ガン、6位にキャシー・シュー、そして7位にハンス・タンが名を連ねた。以下を参照。Peter Elstrom, "China's Venture Capital Boom Shows Signs of Turning into a Bust," *Bloomberg*, July 9, 2019, bloomberg.com/news/articles/2019-07-09/china-s-venture-capital-boom-shows-signs-of-turning-into-a-bust.

9. シェンはフォーブス誌のミダス・リストで2018年、19年、20年にいずれも1位になった。

10. 2016年時点で中国のベンチャー分野の投資家のうち17%が女性だった。これに対しシリコンバレーでの比率は10%だった。Shai Oster and Selina Wang, "How Women Won a Leading Role in China's Venture Capital Industry," *Bloomberg*, Sept. 19, 2016.

11. 一般的に中国の銀行は、相手が大手の民間企業であってもキャッシュフローに基づいて融資することには消極的だった。スタートアップはレーダー・スクリーンから、かなり遠かった。

12. リンよりも前にも一握りのアジア系のベンチャー投資家たちがいた。H&Qアジア・パシフィックのターリン・スー（徐大麟）やウォルデン・インターナショナルのリップブー・タン（陳立武）が知られている。先駆者の彼らはアメリカで訓練を受け、1990年代前半に中国本土のベンチャー企業に資金を提供した。しかし、彼らは50年代、60年代に活躍したニューイングランドのドリオ将軍にかなり似ていた。資金を拠出したプロジェクトでは、株式の大部分を所有し、投資に携わった自分の陣営のスタッフと利益を共有することを拒んだ。それゆえ、ドリオと同様に気前の良いライバルたちを前に力を失った。

13. Duncan Clark, *Alibaba: The House That Jack Ma Built* (New York: HarperCollins, 2016), 112.

14. Lin, interview by the author, Oct. 9, 2019. リンは、ほぼ1日続いた長時間のインタビューに、そして数多くのフォローアップの電子メールのやり取りに、応じてくれた。謝意を表したい。

15. Lin, author interview.

導者でも追い出さないのかと問われると、スティーブンスは、ファウンダーズ・ファンドはカラニックを更迭しないと回答した。Stephens, author interview.

52. サイアン・バニスターは2016年から2020年までファウンダーズ・ファンドのパートナーだった。Banister, interview with the author, May 16, 2019.

53. 1992年のある有名な事例を挙げるなら、ソロスはドラッケンミラーに「急所を突け」と伝えて、英ポンドの下落への賭けを10倍に増やすよう促した。この行動が、イギリスを欧州為替相場メカニズム（ERM）から離脱させることになった。Mallaby, *More Money Than God*, 161.

54. ファウンダーズ・ファンドでは、運用規模が10億ドルのファンドを組成した場合、その半額をわずか5社に絞って投資することがある。Stephens, author interview.

55. Nosek, author interview.

56. Guynn, "Founders Fund Emerges as Venture 2.0."

57. Nosek, author interview.

58. Alex Konrad, "Move Over, Peter Thiel—How Brian Singerman Became Founders Fund's Top VC," *Forbes*, April 25, 2017.

59. 撤退した投資家候補は、航空・防衛大手のノースロップ・グラマンだった。Konrad, "Move Over, Peter Thiel."

60. ティールが2005年に組成した最初のベンチャー投資ファンドは手数料を差し引いたベースで、出資金の6倍のリターンを得た。2007年からの2本目のファンドは8倍を超えるリターンだった。2010年からの3本目のファンドは2019年時点で3.8倍のリターンだった。以下を参照。Katie Roof, "Founders Fund, a Premier Venture Firm in Transition, Has Outsize Returns," *Wall Street Journal*, Feb. 26, 2019.

61. 305エマーソン・ホールの公式の定員は85人。アレクシス・オハニアン（本章で後出）は約100人がグレアムの講演を聞くために集まったと書いている。Alexis Ohanian, *Without Their Permission: The Story of Reddit and a Blueprint for How to Change the World* (New York: Grand Central Publishing, 2013), 47.

62. Christine Lagorio-Chafkin, *We Are the Nerds: The Birth and Tumultuous Life of Reddit, the Internet's Culture Laboratory* (New York: Hachette, 2018), 20.

63. Paul Graham, "Paul Graham on Doing Things Right by Accident," interview by Aaron Harris and Kat Manalac, *Startup School Radio, Y Combinator* (blog), Feb. 17, 2016, blog.ycombinator.com/paul-graham-startup-school-radio-interview/.

64. Ohanian, *Without Their Permission*, 47–54.

65. Lagorio-Chafkin, *We Are the Nerds*, 4.

66. Graham, "Paul Graham on Doing Things Right by Accident."

67. Livingston, interview by the author, June 6, 2019.

68. Graham, emails to the author.

69. Graham, emails to the author. リビングストンは「ポールのようなプログラマーにとって、投資に関連するすべてを標準化するという発想は、賢明で効率的なものだった。我々は人々にその都度、投資していく代わりに、グループとしてまとめて対応した」と回顧している。Livingston, author interview.

70. Yコンビネーターの機能はスタートアップの「インキュベーター（孵化器）」と位置づけられている。この呼称は以前から存在し、皮切りは1996年に設立されたカリフォルニア州パサデナのアイデアラブだった。ただし、事務所スペース、管理面からの支援、その他のサービスをスタートアップに提供することが中心だった。以下を参照。Laura M. Holson, "Hard Times in the Hatchery," *New York Times*, Oct. 30, 2000.

71. Ohanian, *Without Their Permission*, 138.

72. Ryan Singel, "Stars Rise at Startup Summer Camp," *Wired*, Sept. 13, 2005, wired.com/2005/09/stars-rise-at-startup-summer-camp.

73. この講演者はノースイースタン大学のオーリン・シバーズ。Lagorio-Chafkin, *We Are the Nerds*, 48.

74. Margaret Kane, "Say What? Young People Are Just Smarter," *CNET*, March 28, 2007, cnet.com/news/say-

26. Malloy, interview by the author, Feb. 12, 2019.

27. Moritz, interviews by the author, Sept. 24, 2019, and May 21, 2020.

28. Moritz, interview by the author, May 28, 2020; Levchin, email to the author, June 7, 2020.

29. ロアロフ・ボサは「正直に言って、ピーターには本当のところ会社を経営する気などなかった。彼の願望ではなかった」と回顧した。Botha, author interviews.

30. ティールは2012年にスタンフォード大学で行った一連の講義で起業家精神について詳しく説明した。これらは後に書籍にまとまった。以下を参照。Peter Thiel, *Zero to One: Notes on Startups, or How to Build the Future*, with Blake Masters (London: Virgin Books, 2014).

31. Thiel, *Zero to One*, 34.

32. ロアロフ・ボサはザッカーバーグをめぐるセコイアでの体験を次のように振り返った。「このビジネスに携わって私が理解したことの一つは、自分自身を状況に応じて調整する必要があるということだ。スタンフォード大学では力関係を教える講座がある。つまり、いつ強気に出て、いつ控えめに振る舞うかをわきまえることだ。危険なのは、その人物が成功した投資家で、大金を稼ぎ、とりわけ資本が力の源泉である時代に育っていたなら、常に強気に行動してしまうことだと私は思う。それはこのビジネスにおいて成功し続ける秘訣ではないだろう」。Botha, author interviews.

33. 「プレスリリースが出たとき、我々のCEOが退任したと知って驚いた。気分は良くなかった」。Botha, author interviews.

34. Jessica Guynn, "The Founders Fund Emerges as Venture 2.0," *San Francisco Chronicle*, Dec. 13, 2006.

35. Guynn, "Founders Fund Emerges as Venture 2.0."

36. ハウリーはこのファンドをクラリアム・ベンチャーズと呼ぶことを計画していたが、ノゼックからのファウンダーズ・ファンドという対抗提案を踏まえ、撤回したという。Nosek, author interview.

37. Nosek, author interview.

38. 1本目の5000万ドルのファンドは、このうち3500万ドルをティールとハウリーが拠出した。参加した機関投資家はイギリスからの1社だけだった。Nosek, author interview.

39. Thiel, *Zero to One*, 83.

40. Lynnley Browning, "Venture Capitalists, Venturing Beyond Capital," *New York Times*, Oct. 15, 2000.

41. 1974年から2019年までの45年間で、20倍以上のリターンがあった投資は最有力VCのセコイアでさえ42件にとどまる。Michael Moritz, *DTV* (self-published, 2020), 51.

42. ノゼックは自由放任主義が最良の創業者をティールのファンドに引き寄せる誘因になるとも信じていた。「自分の会社の経営に本当に深く関与する起業家は、それを行うのは自分であり、ほかの人材には不可能だと分かっている。(中略) 自分を追放しかねないVCを選んでしまうのは弱い起業家だ」。Nosek, author interview.

43. Trae Stephens, interview by the author, March 29, 2019. トレエ・スティーブンスは2014年にファウンダーズ・ファンドのパートナーになった。

44. ダイヤモンドのアナロジーは以下から借用した。Browning, "Venture Capitalists."

45. 「模倣して競争することは危険である。このことは、アスペルガー症候群の障害のせいで、社会的に場違いな言動をしているような個人のほうが、なぜ今日のシリコンバレーでは有利に見えるのか、その理由の一端を説明してくれるかもしれない」とティールは記している。Thiel, *Zero to One*, 40.

46. Thiel, *Zero to One*, 173.

47. Thiel, *Zero to One*, 34, 188.

48. Nosek, author interview.

49. Nosek, author interview.

50. Sebastian Mallaby, *More Money Than God: Hedge Funds and the Making of a New Elite* (New York: Penguin Press, 2010), 84–86.

51. 2019年、トレエ・スティーブンスはファウンダーズ・ファンドの創業者に優しい原則について質問された。これをあくまでも押し進め、ウーバーのトラビス・カラニックのような明らかに問題のある指

原注

第9章　ピーター・ティール、Yコンビネーター、そしてシリコンバレーの若者たちの反乱

1. Valentine, interview by the author, April 7, 2018.

2. Botha, interviews by the author, May 14 and Sept. 24, 2019, and Nov. 4, 2020.

3. David Kirkpatrick, "With a Little Help from His Friends," *Vanity Fair*, Sept. 6, 2010.

4. Mylene Mangalindan, "Spam, or Not? Plaxo's Service Stirs Debate," *Wall Street Journal*, Feb. 27, 2004.

5. Steve Bertoni, "Sean Parker: Agent of Disruption," *Forbes*, Sept. 21, 2011.

6. Bertoni, "Sean Parker."

7. Kirkpatrick, "With a Little Help from His Friends."

8. Bertoni, "Sean Parker."

9. Bertoni, "Sean Parker."

10. David Kirkpatrick, *The Facebook Effect: The Inside Story of the Company That Is Connecting the World* (New York: Simon & Schuster, 2010), 48.［邦訳：デビッド・カークパトリック『フェイスブック 若き天才の野望：5億人をつなぐソーシャルネットワークはこう生まれた』滑川海彦、高橋信夫訳（TechCrunch Japan翻訳チーム)、日経BP、2011年］

11. 以前、モーリッツはパーカーをティールに紹介したことがあり、ティールにはプラクソへの投資を呼びかけた。このため、パーカーはホフマンから改めて紹介されるよりも前にティールのことを知っていた。Moritz, email to the author, Oct. 29, 2020.

12. ピンカスはその後、ジンガというソーシャル・ネットワーキング上で楽しむゲームの会社を立ち上げた。ティールの会社のペイパルがバイラル・マーケティングの手法を試したほか、ティール自身、リンクトインや、フレンドスターという名前のフェイスブックの競争相手などのソーシャル・ネットワーキング分野の企業にも投資した。

13. Adam Fisher, *Valley of Genius: The Uncensored History of Silicon Valley* (New York: Twelve, 2018), 318.

14. この会話とその後の展開は、マックス・レフチンの回顧に基づく。Levchin, interviews by the author, Sept. 18 and 20, 2017.

15. モーリッツによれば、一部のパートナーたちは当初セコイアの持ち株が希薄化することに抵抗した。Moritz, interview by the author, May 28, 2020.

16. Jeremy Stoppelman, interview by the author, Nov. 15, 2017.

17. Botha, author interviews.

18. Luke Nosek, interview by the author, May 12, 2019.

19. Levchin, author interviews.

20. このエピソードをレフチンは詳細に記憶していた。モーリッツは細部まで覚えていなかったが、レフチンの迫力ある説明を承認した。Levchin, author interviews; Moritz, author interviews.

21. コンフィニティで働いていたティールの友人であるデイビッド・サックスはフォーチュン誌に次のように語っている。「ピーターは事業の現場まで担当することは決してなかった。しかし、彼はあらゆる大きな戦略的課題を特定し、それらを解決する才覚を発揮していた」。以下を参照。Roger Parloff, "Peter Thiel Disagrees with You," *Fortune*, Sept. 22, 2014.

22. 「投資家が会社の中の日常的な雰囲気を感じることはない。CEOが副社長たちをどのように管理しているかも知らない。したがって、副社長たちが、もはや限界だと宣言した場合には、その声を尊重する必要がある」。Moritz, author interviews.

23. この人物は、マディソン・ディアボーンのティム・ハード。

24. Nosek, author interview.

25. ティールの計画については、ルーク・ノゼック、ジョン・マロイ、ロアロフ・ボサを含む多くの情報源が証言している。

著者略歴

セバスチャン・マラビー

Sebastian Mallaby

米外交問題評議会で国際経済担当のポール・A・ボルカー・シニア・フェロー。主な著作にフィナンシャル・タイムズ紙とマッキンゼーが共同選考で2016年の最優秀ビジネス書に選んだThe Man Who Knew: The Life and Times of Alan Greenspan（邦訳『グリーンスパン：何でも知っている男』日本経済新聞出版）、More Money Than God: Hedge Funds and the Making of a New Elite（邦訳『ヘッジファンド：投資家たちの野望と興亡I、II』楽工社）など。オックスフォード大学で近現代史を学び、1986年の卒業後、エコノミスト誌に入り、南アフリカ、日本の駐在を経て1997-99年にワシントン支局長。1999年にワシントン・ポスト紙に移籍し、現在は客員コラムニスト。夫人はエコノミスト誌編集長のザニー・ミントン・ベドーズ氏。

翻訳者略歴

村井浩紀

Koki Murai

1984年に日本経済新聞社入社。ヒューストン、ニューヨーク、ロンドンに駐在。経済解説部長などを経て2018年から日本経済研究センター・エグゼクティブ・フェロー。訳書にジョセフ・S・ナイ『アメリカの世紀は終わらない』、マラビー『グリーンスパン』、ポール・ボルカーほか『ボルカー回顧録』、H・R・マクマスター『戦場としての世界』（いずれも日本経済新聞出版）など。

The Power Law（ザ・パワー・ロー）

ベンチャーキャピタルが変える世界　下

2023年9月22日　1版1刷

著者　　セバスチャン・マラビー
訳者　　村井浩紀
発行者　　國分正哉
発行　　株式会社日経 BP
　　日本経済新聞出版
発売　　株式会社日経 BP マーケティング
　　〒105-8308　東京都港区虎ノ門4-3-12

ブックデザイン　　新井大輔　八木麻祐子（装幀新井）
DTP　　マーリンクレイン
印刷・製本　　三松堂印刷

ISBN　978-4-296-11509-9